教育科学精品教材译丛

The Sociology of Education

教育社会学（第五版）

[美] 珍妮·H.巴兰坦　著

朱志勇　范晓慧　主译
吴康宁　审校

凤凰出版传媒集团
江苏教育出版社

著作权合同登记图字:10-2001-075号

图书在版编目(CIP)数据

教育社会学:一种系统分析法/(美)巴兰坦著;朱志勇等译. ——南京:江苏教育出版社,2005.12
(2011.2重印)
ISBN 978-7-5343-6150-0

Ⅰ.教… Ⅱ.①巴…②朱… Ⅲ.教育社会学 Ⅳ.G40-052

中国版本图书馆 CIP 数据核字(2005)第 146955 号

Authorized translation from the English language edition, entitled SOCIOLOGY OF EDUCATION, THE: A SYSTEMATIC ANALYSIS, 5th Edition, ISBN: 0130259748 by BALLANTINE, JEANNE H., published by Pearson Education, Inc, publishing as Prentice Hall, Copyright © 2001, 1997, 1993, 1989, 1983 by Prentice-Hall, Inc. A Division of Pearson Education.

All rights reserved. No part of this book may be reproduced or transmitted in any form or by any means, electronic or mechanical, including photocopying, recording or by any information storage retrieval system, without permission from Pearson Education, Inc.

CHINESE SIMPLIFIED language edition published by JIANGSU EDUCATION PUBLISHING HOUSE, Copyright © 2006

中文版权©2006 江苏教育出版社

未经出版者书面许可,不得以任何方式抄袭、复制或节录本书中的任何部分。
版权所有,侵权必究。

教育科学精品教材译丛

教育社会学:一种系统分析法

The Sociology of Education: A Systematic Analysis

珍妮·H·巴兰坦 著
朱志勇 范晓慧 主译   吴康宁 审校
责任编辑 赵 明

出版发行 **凤凰出版传媒集团**
     江苏教育出版社(南京市湖南路1号A楼)
网址 http://www.1088.com.cn
集团网址 凤凰出版传媒网 http://www.ppm.cn
经销 江苏省新华发行集团有限公司
照排 南京展望文化发展有限公司
印刷 扬州市文丰印刷制品有限公司

开本 787×1092 1/16 印张 24.75 字数 583 000
2011年2月第2版 2011年2月第1次印刷
印数 4 001—7 126 册

ISBN 978-7-5343-6150-0
定价 45.00元

江苏教育版图书若有印刷装订错误,可向承印厂调换。
苏教版图书邮购一律免收邮费。邮购电话:025-85400774,8008289797,邮购地址:南京市湖南路1号A楼,江苏教育出版社发行科。盗版举报电话:025-83658551。提供盗版线索者我社给予奖励。

编委会

顾问
顾明远　章新胜

主编
朱永新

副主编
严文蕃　张胜勇

编委（按姓氏笔画为序）
王智新　卢乃桂　许庆豫　朱小蔓　吴康宁
张斌贤　周　川　俞慧洵　赵　明　赵中建
钟启泉　徐　辉　袁振国　董　奇
James　Campell　Thomas　Shuell

海外咨询委员会

主任委员
韦　钰

委员（按姓氏笔画为序）
万毅平博士…美国肯尼索大学教育学院院长、教授
马立平博士…美国卡内基教育基金会
关小茹博士…美国芝加哥德保罗大学教学科技部主任
孙　静博士…澳大利亚昆士兰科技大学早期儿童应用研究中心
杨效斯博士…美国芝加哥森林湖学院亚洲研究中心主任
陈欣银博士…加拿大西安大略大学发展心理研究室主任
周　正博士…美国纽约圣约翰大学心理学系
秦志宁博士…美国明尼苏达州哈普金斯教育局测量评估部主任
彭凯平博士…美国加利福尼亚州立大学教授
蓝　云博士…美国得克萨斯州工科大学教育学院副院长

总序

作为高校教师，我们中的许多人常常为教育科学教材的陈旧落后而痛心疾首；作为教育学人，我们中的许多人也常常对经济学、社会学等显学学科教材建设的突飞猛进而羡美不已。

于是，我们坐卧不安，我们摩拳擦掌，我们立志超越，我们走到了一起。经过几年的努力，涵盖当代高等学校教育学专业的全部主干课程的大型海外教材《教育科学精品教材译丛》（下面简称《译丛》）呈现在读者面前。

许多年来，我国高等师范教育和高等学校教育学专业课程改革的步伐极为缓慢，师范教育的教育学、心理学、教材教法这三门课程多年不变，教育学专业的课程内容陈旧，课程的选择空间相当狭小。可以说，改变高等师范教育课程和高等学校教育学课程的落后状况，是《译丛》最为基本的宗旨。

另一方面，随着教育事业改革的深化，教育实践中产生的问题日益复杂，解决这些问题需要极为丰富的教育科学知识和能力。《译丛》追求的另一宗旨正是通过奉献世界上最先进的教育科学知识体系，促进我国教育事业改革的深化。

在过去的几年中，高等学校课程改革已经取得了相当明显的成效。深化课程改革的一条重要途径是引进国外尤其是发达国家的高校教材，藉此提高教育质量和增进学生的学习能力。《译丛》的宗旨和思路与我国高校教材改革的这种方向是一致的，而且是高校教材改革过程的组成部分。

促进学术交流，是《译丛》向往的又一宗旨。学术沟通的障碍，表征是交际语言，而深层原因则是学术语言与学术规范。《译丛》希望通过引进国外的教育科学知识体系和贯穿其

《教育科学精品教材译丛》总序

中的研究方法与表达方式,促进我国教育科学学术事业的进步,并为其走向世界奠定基础和开辟道路。

《译丛》是建国以来从海外引进的规模最大、门类最全的教育学科教材,被国内媒体称为"又一次重要的拿来主义"。在科教兴国的基本国策背景下,它所蕴涵的巨大社会意义已经超出教材本身。因此,《译丛》的编委会和出版者——江苏教育出版社对此高度重视,并为此做了大量的细致而扎实的工作。第一,组建了强大的编委会和翻译队伍。《译丛》的编委会阵容整齐,有各师范大学的博士生导师、教授以及一批海外教育专家;主要翻译人员和审校者均是教育科学专业的博士或教育科学领域的教授,其中一些译者长期旅居国外,并从事教育科学专业的研究和教学工作,他们均在教育科学领域具有相当深厚的积累,可以确保《译丛》的翻译质量。第二,精心筛选选题。《译丛》的入选图书品质上乘,所有选题皆经中、日、美等国专家反复磋商论证,精选而成。其中一些书目为国外学术机构所推荐,在国外大学拥有广泛的学术声誉。许多教材一版再版,最多的已达八版。

我们希望,这套教材能成为国内教育科学的替代课本或重要参考书,同时也能作为各地教师继续教育的重要资料。

我们期待,这套教材能给中国教育理论界带来一些观念和方法上的启示,为我国的教育科学的教学和研究,尤其是教材编写工作提供一定的借鉴。

我们相信,这套教材会得到许多中小学教师、校长、教育行政机关干部、教育科学研究人员、教育专业的研究生以及高校在校学生的关注和选用。

当然,我们更希望、更期待的是创新和超越。希望和期待我国的教育科学工作者编写出高水平的、具有中国特色的教材。站得更高才能看得更远,看得更远才能做得更佳,希望我们这套教材能使中国教育理论界有一个更高的起点,使中国的教师和师范学生有一个开阔的视野。需要说明的是,原书附有大量的索引,但为降低图书成本,减轻读者负担,我们只好割爱,敬请诸君谅解。

我们欢迎各种形式的参与和合作,欢迎专家和读者随时为我们荐书,随时提出各种建议和评论。

《教育科学精品教材译丛》编委会
二〇〇二年四月

中文版序

《教育社会学》(The Sociology of Education)得以译成中文版问世，我感到十分的荣幸。我曾遇见过许多出色的中国学者，很钦佩你们的工作，能与你们一起共享我的著作是一种殊荣。朱志勇博士与范晓慧承担了本书的翻译，我对他们表示感激。朱志勇博士毕业于香港大学，现为北京大学社会学系博士后，南京师范大学副教授，专业为教育社会学、课程与少数民族教育，2002年在芝加哥召开的美国社会学年会上我有幸遇见了他。正是他们的工作使我的中文版得以问世。

在过去的几十年里，教育社会学已在全球范围内凸显其重要性，究其原因，我想，在于当内外压力迫使教育改革之时，对于对世界各国教育感兴趣的任何学生与学者而言，该领域意义重大。各国间彼此参照以便再次确定自己的教育制度，了解其他国家正在如何教育自身的国民，在全球知识共享的时代尤其是如此。本书呈现了一种框架，有助于本科生、研究生、研究者、教育者理解他们的教育体制。虽然讨论此框架时所引事例来自美国，但是全球范围内的教育社会学家们的著作为本书的创作提供了非常重要的信息。本书虽仅有一章节专门讨论全球的教育体制，然而许多章节都与此话题相关并以此为基础。

本书着重讨论教育体制运作于周围的社区、所在的国家乃至全球的环境之中。如果中国学者在医学、工程学等领域的知识或技术有了新的发现，那么当其他国家将此新知识融入其教育系统中时，这就成了环境的一部分。我希望，这种研究方法适用于中国的同行，并起作用，欢迎批评指正。

在美国与加拿大,本书的读者为教育社会学专业的学生与学者,在该专业的高年级本科课程、研究生课程与研究中本书列为基础教材。读者认为,通过呈现主要的理论视角,对教育机构与教育社会学领域所面临的主要问题,本书提供了全面严谨的综述。它包括对许多经典著作、当今教育社会学的一些问题及正在进行的研究的讨论。从此意义上讲,这是本呈现教育社会学概观的重要著作。

珍妮·H.巴兰坦

前　言

本书旨在通过展示教育社会学领域中丰富多彩的重要论题之间的关联性并将其整合起来。它突出介绍了该领域中理论方法和问题的多样性，并强调将这些知识运用于对教育，尤其是对学校教育的理解。现代教育变化如此之快，以至一项艰巨的任务摆在面前：如何将这个有着纷繁复杂论题的动态学科的活力之处呈现出来。为了以有意义的方式呈现给学生，本书采用了统一的框架——开放系统法，旨在提供一致的结构，而不是拆散教育社会学理论与其经验性知识之间的关联。在本书的第五版中，有几处改动，并新增了三章。一章是关于教育系统中的学生问题，包括了影响学业成绩的因素，尤其是家庭和同辈群体这两大因素。先前有关全球学校的这一章扩充成两章：一章是探讨不同教育系统的理论；另一章则陈述不同政治经济制度下不同类型社会的教育系统中的个案研究，这些社会类型包括从核心社会到边缘社会，从发达社会到发展中社会。此外，本书还对原有的一些教育问题研究成果和资料做了广泛的更新。

在给许多本科生和研究生进行教育社会学教学并使用了各种教材之后，我非常担心，这些教材尽管质量很好，但都不能成功地对社会学、教育学或其他专业的本科生产生影响。许多教材层次很高，但有些主题覆盖面与方法有限，还有一些呈现出的研究深度超越了本科生所能掌握的范围。在对"本科生社会学教学课题"的研究中，我注重对学生资料的呈现，并尝试阐释研究中所形成的一些思想。本书适用于本科生或研究生入门阶段开设的"教育社会学"和"教育的社会基础"

课程。

本书写作目的有以下几点:

1. 方便学生理解和使用。大多数学生对本领域如何帮助解决他们所面对的一些问题感兴趣,因此我强调研究成果的实用性。这就涉及到选择什么样的研究主题。所选择的研究主题应该能够激起学生很大的兴趣并在他们与学校系统互动中有所帮助。
2. 以连贯的结构呈现资料。在开放系统法之下,只要不妨碍本教材结构的连贯性和整合性,教员可自由增加主题,删减部分内容,给主题重新排序。
3. 呈现教育社会学中多种理论方法。当今存在几种有价值的观点,本书对这些理论进行了阐述,并就怎样应用到本领域做了实例分析。
4. 将许多作者没有单独列出的几个主题归为重要章节,这些主题是目前存在或正在形成的重要主题,学生对此很感兴趣。本书分章探讨了高等教育、非正式教育("氛围"和"隐性课程")、学校环境、世界教育、教育运动和其他。
5. 指出本领域如何发生变化以及社会学家所起的作用。随着应用社会学(applied sociology)越来越受重视,更多的课程涉及到本书相关主题应用方面的知识。这是本书最后一章的要点,同时也贯穿了全书。
6. 激励学生参与到教育系统中来,在这里他们可以运用从教材中所学的知识。本书可以激励学生讨论,并且鼓励教师把其他有兴趣的主题以合乎逻辑的方式引入到课程中来。在提高教学效果的有效特征方面,它包括每章末呈现的课题及覆盖面广的问题。

本书没有试图用一种理论方法去排斥其他理论方法,相反,它关注的是所有方法的价值以及在对待同一问题上各自不同的侧重点。鉴于本书为综述,所以它是对这个领域的概观,而不是对一些主题进行综合全面的研究,这就给教员在教学上提供了灵活性,可在所需地方加以扩充。

第五版在原有的基础上对一些问题和资料进行了更新,同时针对理论上发生的新动向、新进展在内容上进行了修正。

在这里我对那些曾经就第一版的早期草稿提出建议的人表示感谢。他们是Peggy Hazen, Paul Klohr, Alan McEvoy, Reece McGee, Matthew Melko, Darryl Poole, Ted Wagenaar 和英国 Bulmershe 高等教育学院的同事。向对第五版的草稿进行评论的人表示感激,他们是加利福尼亚欧文大学的 Edythe M. Krammpe, 北科罗拉多大学的 James P. Marshall 和堪萨斯大学的 Lewis A. Mennerick。对印地安那大学本科生 Jeffrey Dixon 在研究上提供的帮助和教育博士 Harden Ballantine 在教育其他相关方面提供的帮助表示感谢。对安提俄克大学图书馆,英格兰里丁大学图书馆,伦敦大学图书馆和牛津大学图书馆提供的资料,并为写作本书提供的便利表示感谢。并且我要特别感谢 Prentice Hall 出版社的支持群体,尤其是 Nancy Roberts 和 Sharon Chambliss,他们提供了专业校对的帮助。

最后,当我的孩子通过了不同学校教育阶段并与我分享他们的经历时,他们不断变化的多样的经验不停地鼓励着我对这个领域的兴趣,同时 Hardy 在教育领域中的专业知识与创造性的想法给了我动力,支持与鼓励着我进行这项写作。

珍妮·H. 巴兰坦

目 录

中文版序 / i

前言 / i

第一章　教育社会学：独特的学校观 / 1

  教育社会学领域 / 1
    社会学家研究什么 / 2
    为什么研究教育社会学 / 2
    教育社会学家所研究的问题类型 / 4
  理论方法与教育社会学的发展 / 5
    功能主义理论 / 6
    冲突理论 / 8
    互动与解释理论 / 10
    教育社会学新近理论 / 11
    美国教育社会学 / 13
  开放系统法 / 13
  教育社会学的研究方法 / 17
  21世纪的教育社会学 / 18
  本书的框架 / 19
  结语 / 19
  教育社会学研究问题范例 / 21
  实践 / 21

第二章　教育中冲突的功能与过程：系统运作的原动力 / 23

  冲突的教育功能 / 23
  教育系统中过程的意义 / 24
  社会化功能：学什么与怎样学 / 25
    早期儿童教育之争议 / 25
    社会化中媒体与商业的角色 / 27
  文化传递功能与文化传承过程 / 30
    影响学习的一些因素 / 31

　　　　怎样传承文化/32
　　　　传承何种文化/33
　　社会控制与个人发展的功能/39
　　　　学校中的暴力与纪律/40
　　筛选与分配的功能：分类的过程/43
　　　　测试/43
　　　　成绩测试/45
　　变革与创新的功能：展望未来的过程/46
　　结语/48
　　实践/49

第三章　教育与分层的过程/51
　　学校教育的危机/51
　　　　美国的教育与分层/51
　　　　全球的教育与分层/52
　　分层过程：不平等现象不可避免吗/53
　　　　社会阶级的决定因素/53
　　　　分层的主要解释/57
　　分层与教育机会均等/62
　　　　教育机会均等的涵意/62
　　　　社会阶级再生产：公立与私立学校之争/62
　　　　"选择权"问题的争议/64
　　　　能力分组与教师期待/66
　　　　美国的学校资助/73
　　结语/74
　　实践/75

第四章　种族、阶级与性别——努力争取教育机会均等/76
　　性别与教育机会均等/76
　　　　性别角色的社会化/76
　　　　教育系统中的性别差异/78
　　　　与性别差异抗争/86
　　阶级、种族与矫正教育机会不均等的努力/87
　　　　公立学校注册入学趋势/87
　　　　下层阶级和问题学生/88
　　　　教育机会均等的研究/89
　　　　为废止种族隔离而斗争/91
　　　　废止种族隔离的法院案例/91

废止种族隔离学校的研究结果/93
　　　学生的目标、志向与前途/94
　融合的尝试/97
　美国一些少数族群的教育体验/99
　　　西班牙裔学生/100
　　　移民/101
　　　美国亚裔学生/103
　　　土著美国学生/104
　　　特殊教育的学生/106
　　　天才学生/107
　为少数族群学生改进学校/109
　结语/111
　实践/112

第五章　学校是一个组织/113

　学校的社会系统/114
　学校系统的目标/115
　　　社会与社区目标/115
　　　学校目标/117
　　　个体目标/118
　学校功能：学校的目标/118
　　　功能的多样化/118
　　　功能的未预期结果/119
　　　冲突的目标与功能/119
　学校是一个组织/120
　　　学校是科层制机构/120
　　　科层制机构特征/121
　　　学校作为科层制机构的发展情况/125
　　　教育科层制机构面临的问题/126
　　　"松散连接"的学校组织/128
　集权化决策与分权化决策：学校控制之争/128
　　　决策的集权化/129
　　　分权化/130
　教育系统内的专业人员/132
　结语/133
　实践/134

目　录

第六章　学校地位与角色："人们期待的方式"/136

角色的意义/136
系统内地位与角色/136
学校组织与角色/137
角色期待与角色冲突/137
角色观/137

学校中的角色/138
地方教育董事会：学校与社区间的纽带/138
督导：学校系统的管理者/141
校长：夹缝中的学校指挥者/143
教师：前锋/147
校内的辅助角色：幕后人员/156

结语/158
实践/159

第七章　学生：学校的核心/160

学生特征/160
学生角色的期待/161
了解学生角色/163
相冲突的学生角色期待/164
学生应对机制/164

学校的失败生与辍学学生/165
谁辍学/166
学生为什么辍学/169
团伙与学校/169
校内犯罪与暴力/171
留级与停学：学校对问题学生的反应/171
青少年雇佣及退学现象/172
辍学学生的前途/173
学生角色之批判/175

学生与非正式系统/176
学生自我概念/177
学校价值观氛围与学生成绩/177
教师与学生的期望/178
同辈群体与学生文化/179
学生应对策略/181

学生与所处的环境/184

家庭环境对教育成就的影响/184

家庭背景与家长参与/186

社会阶层背景/187

父母养育子女的风格/187

家庭抱负/187

单亲家庭/188

母亲角色/188

兄弟姐妹的数量/189

结语/190

实践/191

第八章　非正式系统与"隐性课程": 学校内真正发生了什么/192

开放系统研究法与非正式系统/193

隐性课程/194

再生产理论与非正式系统/194

教育氛围与学校效力/196

价值氛围/197

学校氛围与有效学校/197

班级学习氛围/198

班级内学生友谊与互动模式/200

非正式系统中的权力机制与作用/204

班级中权力机制的理论阐释/205

教师策略与非正式系统/206

结语/209

实践/210

第九章　教育系统与环境: 一种互相依存的关系/211

环境与教育系统/211

环境的种类/212

学校系统环境: 机构间的相互依存/214

家庭对学校的影响/214

宗教机构: 教会与政府的分离/215

教育经费: 资助学校/219

政治与法律机构/224

社区与社区学校/226

结语/227

实践/228

第十章 高等教育系统 /229

高等教育的历史与发展 /230
高等教育的历史功能 /230
高等教育发展趋势 /230

高等教育的理论方法 /233
高等教育的扩展 /234
接受高等教育的机会 /234
高等教育中的分层化与机会均等 /235
精英院校与公立院校 /236
招生与法庭 /237

美国高等教育的特征 /238
高等教育的发展 /239
由学习向工作的过渡与文凭危机 /239

高等教育系统的功能 /240
作为社区的大学 /240
科研功能 /241
教学功能 /241
服务功能 /241
"维持国家安全状态"的功能 /241
大学功能的冲突观 /242
大学学术功能与大商业倾向 /242
课程类型 /244

高等教育组织 /246
高等教育结构与科层制模式：起作用吗 /246

高等教育中的各种角色 /248
高等教育中的角色：受教育者/客户 /248
高等教育中的性别与种族 /250
大学生学龄增长 /255
高等教育中的角色：全体教员 /256
高等教育中的教员问题 /258
高等教育中的角色：行政管理人员 /260

高等教育的环境压力 /261
政府对高等教育资金的影响 /261
法院与入学特别保障政策 /265
环境反馈与机构变化 /265

高等教育成果 /266
高等教育：态度、价值取向与行为举止 /266

　　　　开放系统法的革新说/347
　　革新的产生/348
　　　　系统内的个体/349
　　　　学校层面的革新/349
　　学校革新的策略/350
　　　　策略的种类/350
　　　　实施革新过程中的困难与抵制/352
　　教育革新与政策形成过程中社会学家的角色/353
　　结语/355
　　实践/356

结　语　21世纪初期的学校/357
　　人口的发展趋势/357
　　家庭、经济与社会总趋势/357
　　新世纪的学校/360
　　教育系统中的改革与政策/361
　　综述/362

词汇表/364

译后记/373

第一章 教育社会学：独特的学校观

教育是一个终身过程，始于生而终于死。从"挫折"或经验中学习到正规机构中的学习，从后工业社会到非工业社会，从农村到城市环境，从年轻人到老年人，每个社会建立的教育呈现形式均不相同。

还记得进入正规学校第一天的情景吗？你期待已久。那一天，你见到了将长期替代父母而与你在一起的老师，见到了以后会知道是否喜欢的同学。接受教育是理所当然的事，是个人成长中的必经之路，上大学也成为高中毕业之后要做的事。但是，在世界许多地区，教育是特权，只有精英群体才能享受。世界上有 8.85 亿人为文盲，在发展中国家，成人文盲率为 49%，而在一些贫困地区，小学的辍学率甚至高达 100%。尽管在过去的几十年里，全球中小学入学率在不断增长，但是世界上仍有许多学龄儿童不能入学。非洲 54% 的年轻女性，亚洲南部和西部 37% 的女性都是文盲（Population Action International，1998；UNESCO，1995）。

社会学家对各种正规和非正规形式的学习经验感兴趣，因为它们有助于进行广泛的群体生活研究。本章为引言，目的在于使你熟悉教育社会学的独特视角，包括所研究的问题、运用的理论方法、研究教育系统的方法以及本书使用的开放系统法。

教育社会学领域

学生、家长、社区成员在生活中会不断地面临教育问题，比如：

我们的孩子在学校安全吗？ 根据美国公众的调查，学校最严重的问题是缺乏纪律，表现为打架斗殴，暴力和帮派成群（Rose and Gallup，1999）。然而，尽管最近在科隆比纳中学（Columbine High School）和其他学校发生了枪击事件，仍有 86% 的公众认为他们的学校是"非常安全而有秩序的"或是"一定程度上的安全与有秩序"（Rose and Gallup，1999，pp. 41—56）。

应该要求中学毕业生在诸如阅读和数学等主要学科上具有起码的能力吗？ 在许多国家以及美国许多州和城市，学生入读中学或毕业时被要求参加阅读测试。一些教育者认为，所要求的能力测试迫使教师采取应试教育，另一些人则认为学校应该为学生在教育过程中的学术能力（academic competence）负责，测试是反映学校承担其责任的一种手段。那么，要求测试的意义有哪些？

应该怎样资助学校教育？ 许多国家施行中央集权的学校资助和决策，然而，在美国，纳税人投票决定当地学校的税款，有些学校因资金短缺而被迫削减一些项目。学校税收的失败是对学校所做工作的一种抗议吗？这是在要求发展其他资助资源吗？这是否说明社区对学校会有更多的控制权？

什么样的教师和课堂环境可以给儿童提供最好的学习经历？ 教育者就课堂学习与经验学习、合作学习与个体指导进行了争辩。有效教学策略的研究成果有助于教育者富有成效地实施他们的角色（Pescosolido and Aminzade, 1999）。

社会学研究使教育问题明朗化，为教师、市民和政策制定者的决策提供了帮助。因此，要理解教育制度首先要理解它的意义并为之铺设一个理论基础。

社会学家研究什么

社会学家研究群体情境中的人，在这个大框架下有许多方向，可以细分为社会制度研究、过程研究以及其他与群体相关的情境研究。社会结构由六大部分组成，包括了家庭、宗教、教育、政治、经济与健康，它们也构成了社会学的主体领域。复杂的正规组织，如学校，是社会制度结构的一部分，通常也就是通过这些结构，制度才得以运作。

过程 作为社会动态部分，给结构带来了活力。在社会化过程中，人们了解自己被期待的角色。社会分层过程决定了人们在社会结构中的位置及其相应生活方式。变革是个永久的过程，它不断迫使学校和其他组织适应新的要求。我们生活中既接受学校的正规教育，又接受家庭、同辈、媒体与其他影响的非正规教育。然而，世界上并非所有的儿童都能够接受到正规的学校教育，但是他们都在经历以某种方式呈现的成年角色的准备过程。

教育机构与其他机构彼此互动、彼此依赖。譬如，家庭对教育的态度会影响儿童对学校的反应。本书中其他事例将进一步阐明这个问题，本章后面的图表化开放系统模式就是其中一例。

为什么研究教育社会学

为什么研究教育社会学？对此，存在几种答案。也许有一天你是教育界或相关领域的专业人才；你将会是个纳税人；也许你是个有子女在读书的家长，即使你还没准备好，而现在仅是一个接受高等教育或继续教育的学生。为什么要修这门课？如果你学社会学专业，你将把教育看做社会主要制度中的一部分；如果你学教育专业，社会学也许会给你的研究领域提供一个不同的视角。也许你在大学寻求知识,或许这是一门必修课,或许你需要学分,或许教师被认为是不错的,或者这门课程只是适合于你时间上的安排。让我们更深入探讨这些原因。

教师与其他专业人才　1996年,超过9%的大学毕业生(共计105 509人)毕业于教育专业(The Chronicle of Higher Education Almanac,1999—2000,p.32),其中许多人继续从事教学工作。而其他专业大学毕业生或在各自学术领域内从事教学或参与学校的政策事务,像社会工作和商业等领域的专业人员在处理客户和雇工等问题上都与学校有着广泛的接触。

纳税人　纳税人资助初等、中等和高等教育层次的学校。美国教育系统内用于物质设备、教材、薪水和其他必需品的经费几乎100%来自税收。资助学校的税收有三大来源:地方、州和联邦政府的零售税、收入税和财产税。由于美国学区间家长收入的差异性、各州之间的差异性以及学区内中等收入家庭的多样性,当地政府资助学校的比例从28%到56%不等,联邦政府资助的比例从3%到12%不等。每个学生的花费在低收入区平均达到6 028美元,高收入区达到7 504美元(National Center for Educational Statistics,Condition of Education,1999,p.108)。在有25%及以上的人生活于贫困状态的地区,地方政府对学校的资助平均达到27%,州政府资助60%,联邦政府资助13%(National Center for Education Statistics,1991)。社会学帮助纳税人了解学校教育系统。

父母　美国社会中生儿育女的成年人占有很高的比例,处于18—44岁这主要生育年龄段的人占总人数的43%(U.S. Department of Commerce,1993)。1996年家庭规模平均为2.62人(U.S. Bureau of the Census,1997,p.9)。依据针对教育态度进行的盖洛普民意测验(Gallup polls)可以看出,成人希望学校传授基本技能,使孩子有纪律性,并灌输价值观和责任感。多年来美国公众对学校的关注呈现出相对平稳的一致性(见表1-1)。1995年人们对打架斗殴、暴力和拉帮结派的关注排在第三位,而到1999年排到了第二位。父母需要对子女教育作出决策,教育社会学的研究可以为他们对学校系统的理解提供帮助。

表1-1　对学校的关注

1991	1995	1999
1. 毒品的使用	1. 纪律性的缺乏	1. 缺乏纪律性/更多的约束
2. 纪律性的缺乏	2. 缺乏财政资助	2. 打架斗殴、暴力和拉帮结派
3. 缺少适当的财政资助	3. 打架斗殴、暴力和拉帮结派	3. 缺少财政资助/资金/钱
4. 很难得到好教师	4. 毒品滥用	4. 毒品的使用/吸毒

续 表

1991	1995	1999
5. 贫乏的课程/低标准	5. 教育标准/质量	5. 学校过度拥挤
6. 庞大的学校/过度拥挤	6. 学校过度拥挤	6. 犯罪/破坏他人财产的行为
7. 父母缺乏兴趣	7. 缺少尊敬	7. 很难得到好教师/高素质教师
8. 学生缺乏兴趣/逃学	8. 残缺的家庭结构/家庭生活问题	8. 父母缺乏支持/兴趣
9. 种族融合/校车接送学生	9. 犯罪/破坏他人财产的行为	9. 关注标准/质量
10. 教师收入低	10. 种族融合/种族隔离/种族歧视	10. 教师收入低

资料来源：Elam, Stanley M., Lowell C. Rose, and Alec M. Gallup, "The 23rd Annual Gallup Poll of the Public's Attitudes Toward the Public Schools," *Phi Delta Kappan*, September 1991, p. 55; "The 27th Annual Gallup Poll" September 1995, p. 53; Rose, Lowell C., and Alec M. Gallup. "The 31st Annual Phi Delta Kappan Poll of the Public's Attitudes Toward the Public Schools." *Phi Delta Kappan*, September 1999, pp. 41—56.

学生 高等院校吸引着广泛的学生，他们对教育经历有着无数的动机与目标。理解自己与他人的目标有助于你从教育中获得最大的利益。

对于社会学专业人士而言，教育社会学提供了一个独特的视角来审视教育系统及其与社会其他重要机构之间的相互依赖性。对于教育专业人士而言，观察教育环境内部互动以及教育机构与社会其他机构之间的互动，有助于形成新的洞察力，使他们有能力处理教师和行政管理人员所面临的复杂的组织问题和人际关系问题。

其他原因 为知识而学知识，换言之，学习应该学习的东西，这是研究教育社会学的另一个原因。

教育社会学家所研究的问题类型

浏览本书和其他教育社会学资料，看看教育社会学家们提出的问题类型。下面收集了最近该领域内研究者所考虑的问题范例，它们基本上涵盖了被研究的主题：

1. 有家长参与学校教育的学生在学校中是否更为成功？
2. 在教育不同背景与能力的学生时，如何运用不同的教学方法、学习风格和课堂组织来提高成效？
3. 社区影响学校的因素有哪些？这些因素如何影响学校的决策，尤其在涉及到年轻人社会化问题上？

4. 教师的职业化怎样影响学校系统？教师职业资格考试会提高教学质量吗？

5. 机会均等和种族融合等问题对学校有何影响？少数族群学生在民族融合的学校里会学得更好吗？

6. 对于所得到的工作机会而言，有些学生是否存在教育过度现象？

7. 受教育程度如何影响未来的收入？

众多问题涌现出来，有些正在全球范围内被研究。教育社会学著作及课程的组织正是围绕着本书所讨论的核心问题而展开的。

● 实践：就目前所读到的教育社会学，你对哪个研究主题感兴趣？ ●

理论方法与教育社会学的发展

教育社会学是一个相对崭新的探索领域。在过去 50 年里，人们强调教育是一个独特的机构，一个客观的研究领域。这段时期内，研究主要专注于社会问题，而教育在其中起着部分作用，例如，为提高穷人经济地位，学校在提供机会方面所起的作用；对于学校应该传授什么内容而存在冲突的价值体系；移民的同化；教育在促进平等方面的作用等。

在 21 世纪，教育社会学的研究可以分为不同层次的分析，其范围从大规模的宏观层面，如教育是一个社会机构，到小规模的微观层面的课堂互动研究。科学家运用理论对事物自身的运作方式做出了合乎逻辑的解释。从理论视角来着手研究一门学科可以为我们提供一种指导，或者说，一种有关社会如何运行的独特观念。当然，这种观念也会左右研究者的视角以及解释的方式。

对于日常生活中的事件，我们有着不同的解释。同样，对于社会中一些现象为何以自身方式产生，也存在几种社会学观点。有时这些理论对于同样的信息或者数据产生不同的侧重点或解释。正如每个个体依据自身背景对情境会做出不同解释，对同一个研究问题理论家们强调的主要方面也不相同。

理论方法有助于研究者决定研究的问题以及组织研究的方法以便得出结论，有时几种理论要素之间是相互联系的。下面将讨论三种重要理论的历史及其要素，随后是对几种试图解释知识获得以及课堂教学意义的新的理论方法的阐述。运用任何一种理论方法的社会学家都对教育社会学领域做出了重大的贡献，本书将对其中许多研究进行讨论。

功能论和冲突论侧重于社会运行方式的异同，互动和解释论着重在社会情境中的互动。这三种理论方法都重视不同层面的分析。功能与冲突理论倾向于社会关系和学校文化,即大规模的社会与文化系统的宏观分析,而互动理论方法集中于个体与小群体之间的微观分析。本书所采用的分析方法——开放系统法将在本章的最后加以解释。

功能主义理论(Functionalist Theory)

社会学中一个主要的理论就是功能主义(functionalism),它又称为结构功能主义(structural-functionalism)、共识理论(consensus)或均衡理论(equilibrium theory)。该理论存在的前提是:社会和社会中的机构,如教育,是由相互依存的不同部分所构成,它们对整个社会的运作都有其必要的功用。这种理论常被喻为人体的生物功能,在整个系统内每个部分都各司其职,却又相互依存,正如心脏和大脑是人生存的必需器官一样,一种教育系统是社会存在的必需品。

回顾教育社会学的历史有助于我们形成日后可发展的理论与实践基础,同时也有助于提供该领域的历史视角。尽管许多哲学家、教育者和社会科学家为社会学知识领域贡献了许多有关教育的见识,但首次将教育科学地看做一个社会机构的却是早期社会学家。

涂尔干的功能主义 埃米尔·涂尔干(Emile Durkheim,1858—1917)确立了研究教育的保守功能法。在社会学被"公认"为主要学科领域之前,涂尔干在巴黎的索邦神学院(Sorbonne[1])担任教育学的教授。大家普遍认为他是第一个建议用社会学方法研究教育的人。1906年他被授予社会学和教育学的索邦教授席位,并担任此席位直至去世。从此,在法国社会学开始成为教育的一部分。由于毕业于教育学的学生都是他的弟子,所以大多深受他观点的影响。

涂尔干主要开设教育方面的讲座,但是他对社会学方法有着独特的贡献。他的观点集中于社会及其机构之间相互依赖的关系。他关注着从传统社会向现代社会变迁过程中社区的衰落、团结和凝聚。19世纪晚期涂尔干所提出的许多问题在当今现实中仍然存在:社会不同部门的需求与教育和学校中纪律的相互关联,学校在年轻人准备进入社会的过程中所承担的角色等。最重要的是涂尔干试图理解教育以现存形式呈现的原因,却没有对其形式加以评判,而这在过去为常见之事。

涂尔干在教育社会学方面的主要著作发表在下列的文集中:《道德教育论》(*Moral Education*,1961)、《教育思想的演变》(*The Evolution of Educational Thought*,1967)和《教育与社会学》(*Education and Sociology*,1956)。在这些著作中,涂尔干概述了教育的定义和他所理解的与社会学的关系、教育在建立作为社会基础的道德价值观方面的重要性以及为后来的社会学家所作的对该领域的界定。他写道:

---

[1] 译者按:Sorbonne in Paris,索邦神学院,是巴黎大学的前身。

教育是成年人对那些进入社会生活还没有准备的儿童所施加的影响，它的目的在于激起和发展儿童的许多生理、智力和道德状态，这些状态是儿童所处的整体政治社会和被注定所处独特的环境所要求的(1956，p. 28)。

涂尔干发现教育在不同时代、不同地方呈现的形式也各不相同，他指出我们不能将教育系统从社会中割裂开来，因为它们彼此互相依存和促进。在《教育思想的演变》一书中，他描述了法国教育的历史，并对教育机构作了历史和社会学的分析。他总是强调，任何时间、地点的教育都是与其他机构紧密联系的，与社会现存的价值观和信仰是密不可分的。

在《道德教育论》一书中，涂尔干论述了他对学校功能及其与社会关系的观点。他认为，道德价值观是社会秩序的基础，社会通过教育机构的协助将其灌输给儿童得以永存。社会中任何变化都反映了教育中的变化，反之亦然。实际上，教育是变化过程中一个活跃成分。在这部著作中，涂尔干将班级分析成"小社会"，或"社会化的代理机构(agents of socialization)"，学校是家庭情感道德(affective morality)和社会生活的严谨道德(rigorous morality)两者之间的媒介。他主张纪律是班级的道德，没有纪律，班级就成为一群乌合之众云集之地。

涂尔干没有对当今教育中备受关注的某些方面作出论述。例如：成人角色选择和分配的功能，社会对学校的期待与实际学校作为之间的差距等。他主要关注的是为维持社会稳定而进行的价值观传递，而没有考虑到这种稳定与工业社会改革与新兴所需求的价值观和技能之间可能存在的冲突。同时他坚持认为教育必须由国家控制，不能被特殊利益集团所掌握，然而，大多数政府均受利益集团的影响，受社会价值取向和压力的支配。课程内容受到学校环境压力的影响就是一实例。

涂尔干概述了某些领域，它包括教育的功能、教育与社会变迁的关系、跨文化研究以及学校和班级中的社会系统等，他认为这些对社会学家的研究很重要(Grookover and Erickson，1975，pp. 4—5)。其著作以及对将来研究所作的颇具价值的指引为该领域开了先河，并可用来检测我们的研究进展。涂尔干是当今教育的功能主义理论方法的先驱，其著作的主旨体现在他对教育中共识、冲突与结构的关注。

当今的功能主义理论　　学校的一个主要功能是传授维持社会秩序所必需的知识和行为，其原因在于儿童要通过学习成为社会成员，通过与他人接触来发展相应的社会价值观，而学校就是一个重要的训练场所。受涂尔干影响，社会学家认识到要延续社会，就必须进行道德和职业教育、纪律以及价值观的传承。

功能理论家将机构理解成整体社会或者社会系统的一部分，从整个系统功能或者目的角度来讨论系统中的组成部分。在拥有一个完美整合的连续的系统的前提下，各部分之间相互依赖的程度与它们之间整合的程度相互关联，并互为补充。成员间共享的价值观或共识是该系统的重要组成部分，因为它们有助于维持系统的平衡。

功能理论倾向于研究有关组织的结构和功能方面的问题。例如，运用此理论方法研究教育系统的社会学家很可能会专注于组织的结构部分，如结构中的子系统和位置等，以及它们如何发挥功能以达到目标。使用这个理论视角研究和解释事件的社会学家把教育功能看成是社会中心议题。

人们对功能主义方法的批判在于它没有认识到不同利益、意识形态和利益冲突群体的数量。相反，功能主义者把学校看做是支持统治集团的利益。此外，有些人批评学校教育、技能和就业之间的关系存在某种不合理和不公正性(Hurn, 1993, pp.50—55)。在异质社会(heterogeneous societies)中，每一个子群体对学校都有自己的打算，其目的在于进一步促进自身利益的提高。

常被提及的第二个问题是互动分析存在着一定困难，比如，课堂中师生间或学生彼此之间的动态关系分析。一个相关的批评是功能主义的方法没有考虑教育过程中的"内容"因素(Karabel and Halsey, 1977, p.11)，即教什么和怎样教。个体不仅在结构内担当角色，而且还创造和修正角色。

另外，功能理论有一个固有的假设，即当变革实际发生时，它是缓慢而有准备的，它不会扰乱系统的平衡，当然这些并非适用于任何情境。这就意味着变革被假设为一种"链式反应"(chain reaction)，但它不一定反映稳定的或瞬息万变的社会现实。

在新古典分析中，琼·芙拉沃德(Jean Floud)与哈尔赛(A. H. Halsey, 1958)认为自涂尔干和马克斯·韦伯(Max Weber)(他们的理论将在下面章节中讨论)以来该领域就没有取得很大的进展。芙拉沃德与哈尔赛提出的占支配地位的结构功能主义理论方法没能推进该领域的发展，其原因在于社会现状的瞬息万变。"结构功能主义者迷恋于以共享价值观为基础的社会整合……因此，教育是一种手段，它促使个体按照适合维持社会平衡状态的方式去行事。这种偏见可能会忽视社会变革的问题，所以……就不适用于对现代工业社会的分析"(Floud and Halsey, 1958, p.171)。鉴于功能主义的这些缺点，冲突理论开始担当起重要的角色。但是，必须记住，功能理论和冲突理论都试图解释教育如何帮助维持社会的现状。

冲突理论 (Conflict Theory)

冲突理论与功能理论正相反，它假设在社会及其组成部分中个体和群体之间的利益竞争存在一种张力(tension)。这种理论方法承继了卡尔·马克思(Karl Marx)和马克斯·韦伯的学说。通过对资本主义社会阶级体系中被剥削工人的社会条件的揭示，马克思为冲突理论奠定了基础。他认为社会中的竞争群体，即"有产者(haves)"和"无产者(have-nots)"的关系一直处于一种紧张状态中，这很可能导致斗争的产生。有产者控制权力、财富、物资商品、特权(包括接受最好教育的权利)和影响力，而无产者不断抗争和挑战以求更大程度上分享社会财富。这种权力的斗争决定了组织的结构和功能,也决定了由权力关系演变而来的等级制度(hierarchy)。有产者经常使用强制的权力和控制来维系社会(Sadovnik,2001),但是这种理论承认变革是不可避免的,有时甚至是快速的,利益冲突会导致现存权力结构的崩溃。

韦伯对教育社会学的贡献 马克斯·韦伯(1864—1920)创立了冲突理论中一个独特的派别。他认为群体权力关系构成了社会的基础结构,一个人的地位可以确定他或她在群体中的位置。比起涂尔干,韦伯没有关于教育社会学直接的论述,对教育也没有作一个系统的分析。然而,他的相关社会学领域的著作在很多方面对我们理解教育有着重要的启示。他在科层制(bureaucracy)和地位群体关系(*status group relationships*)方面的著作享有盛名。实际上,他认为学校的主要活动是传授特定的"地位文化(status cultures)"。社会中权力关系以及个体和群体之间的利益冲突影响了教育系统,因为正是社会中统治集团的利益和目的在支配着学校。韦伯用独特的方法把宏观的学校组织的研究与解释学的观点联系起来,这种解释学的观点强调情境何以产生以及怎样解释和描述那个情境。

韦伯认为在学校内有"局内人"和"局外人",局内人的地位文化随着学校经验而得以巩固,局外人在学校中面临成功的障碍。把这些观点运用到学校系统中分析差学生和少数族群的学生,韦伯冲突理论的中肯性得以显现。他的理论讨论冲突、控制以及社会群体之间为财富、权力和地位的斗争。这些群体在诸如财产所有权、民族群体的文化地位以及政府或其他机构内地位权力上存在差异,而教育是获得预期目的的一种手段。将以上观点与马克思冲突理论联系在一起,就可得出,教育为军队、政治或其他精英所控制及剥削的领域生产了一批温驯的劳动力。

通过跨文化事例和研究前工业化社会与现代社会,韦伯阐释了教育在不同社会不同时期的作用(Weber,1958)。在前工业化时代,教育的主要目的在于将人区隔化(differentiating),即培训人们适应社会中的某种生活方式及其特定的"位置"。然而到了工业化社会,教育面临着新的压力,这源于向上流动的社会成员在经济体系内竞争着更高的职位。在培训人们新的社会角色方面教育机构起着日益重要的作用。

韦伯描述了现代社会中一种理性的科层制组织的发展趋势,认为现代科层制组织的特点之一就是理性专家领导。领导者是在考试的基础上选出,其目的在于挑出那些最适合于不同层次科层制机构中工作的人。如今,在许多机构中,包括教育机构,富有魅力的领导者和那些出生于权力背景的人,与有能力的专业人士相比已不再有优势,后者的优点可以通过测试加以衡量(Weber,1961)。

在《教育和训练的理性化》(Gerth and Mills,1946)一文中韦伯指出,理性的教育可以培养"专家类型的人",而不是他在论述早期中国教育系统中所描述的"有教养的人"。我们再一次看到了韦伯著作中的中肯性,即当今高等教育机构在争论职业教育与全面发展教育之间的价值。

当今的冲突理论 韦伯与马克思为当今的冲突理论开了先河。冲突理论家的研究趋向集中在由权力与冲突所产生的张力上,这些权力与冲突最终会导致变革。有些冲突理论家把大众教育看成是资本主义社会的一个工具,通过筛选和分配功能对更高层次的教育加以控制,并操纵着公众。冲突理论家兰德尔·柯林斯(Randall Collins)则继承了韦伯的传统。他专注于"文凭主义(credentialism)",这是为获得更高层位置而增加要求的一种方法,它被那些处于优势地位的个体所利用来进一步提高他们的地位(Collins, 1978)。许多冲突理论家相信只有改变社会经济和政治体制,提供平等权利的学校教育改革才可能实现(Bowles and Gintis, 1976)。

威拉德·沃勒(Willard Waller)将冲突理论应用到学校和课堂分析之中,他认为,学校一直处于潜在的不均衡状态中;由于学生缺乏纪律约束,教师面临着失业的威胁;学术权威不断受到学生、家长、学校董事会和系统中代表其他竞争利益群体的校友的威胁;学生被迫上学,而他们或许认为这是压抑而难以忍受的(Waller, 1965)。

冲突理论的另一分支是文化再生产与抵制理论(cultural reproduction and resistance theories),它从广义上指出那些支配资本主义制度的群体将个体塑造成适合于他们自身目的的人。在60年代的欧洲,这些理论家就开始研究文化形式怎样通过家庭与学校得以传递(Sadovnik, 2001; Bourdieu and Passeron, 1977)。一个人所拥有的"文化资本(cultural capital)"数量额显示了此人的地位,而家庭和学校提供给儿童的文化资本数量额是不等的。譬如,一个精英的预科学校要比一个贫穷的城市学校提供更多的文化资本。再生产理论家们研究学生学习知识的文化过程以及学校传递知识的内容。对学校控制的抵制成为最近许多研究的主题。后面的章节将详细讨论这些理论。

冲突理论方法暗示系统的不稳定性及其瓦解的可能性是由地位、文化资本、机会与其他资源不平等的分配导致的。冲突理论方法有利于尝试解释冲突发生的情景,但是,批评家们指出课程与资本主义之间的联系还没有得到清晰的揭示,证实这些观点的经验资料还不足(Anyon, 1981)。此外,对于系统内各部分间确实存在的平衡或均衡或系统成员之间互动的问题,它没有给予有价值的解释。冲突理论和功能理论都不集中研究个体、个体对"情境的界定"或教育系统内的互动,下面讨论的第三种理论与此不同。

互动与解释理论(Interaction and Interpretive Theories)

社会学的第三种理论注重于个体之间的互动。沐浴于一种文化的个体可能以相似的方法解释和界定社会制度,因为他们拥有相似的社会化过程、经验与期待。因此,形成了共同的规范来指导行为。当然,个体的经验、社会阶层和地位也导致差异的存在。这个理论主要来源于米德(G. H. Mead)和库利(C. H. Cooley)对学校或其他情境的社会互动中自我发展的研究。

二战以来,强调社会心理问题互动理论日益备受重视。互动理论是基于对强调宏观层次的结构功能论和冲突论的反叛,后两种理论着重研究组织结构与过程,却忽视了塑造儿童未来的日常学校生活的动力。互动理论家关心的是学校参与者之间最普通、平常的互动问题。使用这种方法的教育社会学家可能重视同辈群体间的互动、师生间的互动或教师和校长对待学生态度和成绩的互动,重视学生价值观、自我概念与自身的志向效果以及与学生成绩相关联的社会经济地位等。运用这种方法,人们对教师对学生表现和成绩期待的影响,对学生按能力分组以及将学校作为一个整体机构进行研究(例如,Mehan,2001)。

教育社会学中两种有用的互动理论是标签理论(labeling theory)和交换理论(exchange theory)。如果约翰再三被告知自己是哑巴,他也许会把这个标签具体融入自我概念中并在行为中表现出来。有证据证明学生行为好坏依赖于教师的期待。标签理论在后续的章节中会加以讨论。

交换理论的前提是人们互动中存在投入与回报。互惠的互动用义务将个体和群体绑在一起,譬如,学生学习教师则得到回报。得以回报的行为很可能会持续下去。这些互动理论有助于我们理解课堂的动因。

有些理论家试图综合微观与宏观理论,并指出如果要理解教育系统,就必须考虑这两种理论(Bernstein,1990),该观点与本书所着重强调的开放系统法如出一辙。

教育社会学新近理论

自 20 世纪 70 年代早期以来,一种"新"教育社会学备受英国社会学家的关注,并在美国和其他地方得到了响应。作为对"宏观理论"忽视互动的回应,这些理论家以系统互动论(systematic interaction)、人种志方法论(ethnomethodology)和现象学(phenomenology)为基础,指出如果要了解教育系统,开辟教育社会学的另一种方法是必要的。他们强调必须理解日常生活中的常识——我们是怎样看待周围的事件和情境以及是如何做出反应的。运用到教育上,这些理论研究课堂的互动过程、知识的管理和使用、教育目的和课程内容问题等(第六章中将引用这个方法的事例)。

巴瑟尔·伯恩斯坦(Basil Bernstein)和皮埃尔·布迪厄(Pierre Bourdieu)支持这种方法,但是他们的研究似乎是对宏观和微观世界方法的综合,而不是一种全新的方法(Bernstein,1975;Bourdieu,1973)。伯恩斯坦毕生工作的目标是"防止工人阶层教育潜能的浪费"(Bernstein,1961,p.308)。他分析了社会、学校和个体之间的关系,并解释了它们再生产社会不平等的方式(Sadovnik,2000)。他认为应该通过对系统中结构的阶级与权力关系(宏观层面分析)和学校中互动的教育过程(微观层面分析)的整合来理解教育系统(Bernstein,1974)。从他对语言模式的研究中可以看出他在这方面的努力,他指出语言模式可以反映一个人所属社会阶级。一个人的家庭阶级地位决定着语言模式,也影响一个人在社会中的位置,例如,来自工人阶级的儿童学业表现就较差。同时他指出,有必要评估阶级偏见对教学的影响以及教育意识形态对学生表现所产生的影响。

伯恩斯坦后期著作集中探讨了传递知识的课程与教学论。课程——教授的内容——界定了"有效的知识"(valid knowledge),而如何传授它对于来自不同社会阶级和权力关系的学生群体有不同的结果。伯恩斯坦试图将社会、制度、互动和内心(intrapsychic)四领域联系起来,这种做法使得教育社会学趋近整合。但是,他的理论还需要更多经验性的检验,需要运用到教育实践与政策中去(Sadovnik,2001;Bernstein,1990)。

皮埃尔·布迪厄著作的中心概念是文化资本。来自社会高阶层的儿童拥有更多的文化资本(例如,正确的语言、艺术、音乐、戏剧和文学知识以及世界上重要观念等),这种文化资本是一种商品,可以在校内以及后来的工作中为获取更高层次的地位而进行交换。这样,文化资本通过家庭和学校教育再生产了学生的社会阶层。

最近的一些学校改革提议就是以教育理论为基础。现代主义(Modernism)很大程度上是西方对教育的理论视角,它包括一些"现代"的观点:理性思想、科学和技术主导的进步、人文主义、民主(平等、公正和自由)以及在已确立的权威之上的个体主义的首要性(Elkind,1994)。它用具有普遍性和规律性的进步思想取代了君主和教堂神圣的权利,由此产生了现代教育。它所提议的教育系统变革都属于现代主义的范畴(Darling-Hammond and McLaughlin,1995),例如,统一全国标准的政府目标(见 *Goals 2000*)和教师教育培训改革。

后现代主义(postmodernism)超越了与工业化时代相联系的现代主义思想,后者企图对世界进行全方位的解释,与之相反,后现代主义强调与局部情境(local situations)相关理论的重要性,强调理论与实践之间的联系以及反极权主义(antitotalitarian)和反种族主义(antiracist)的民主观点。它提倡尊重和理解差异性。有时被称为"批判教育理论"(critical education theory)的包括保罗·佛瑞热(Paolo Freire,1987,1970)和亨利·吉鲁克斯(Henry Giroux,2001,p.32)在内的许多现代作者都遵循早期理论家的倡导。

后现代主义尊重人类的多样性、差异性以及不同人观察情境与看待学习方式上的模糊性,并且认识到教育赖以发生的政治环境。教育产生于权力结构错综复杂的社会中一系列价值观和利益的选择(Cherryholmes,1988)。"后现代主义不是拒绝规则,而是要求也能接受无规则"(Elkind,1994,p.12)。对于教育,这意味着课程应该是整合的,跨学科的,像批判性思维这样的普遍性技能应该得到强调,而个体儿童可通过不同途径实现一个共同的目标。在该模型中控制中心是个体学校层面,儿童的成绩可以通过许多方式加以评估:测验、代表作、表现和研究计划——即该学校不管发生什么都是最适合于学生(Bernstein,1993;Sizer,1992)。

我们已指出许多方法运用于教育社会学,当然这取决于所要问的问题。这些理论有助于我们理解和研究教育系统。

● 实践:这些方法中哪一种有助于你所感兴趣的问题的研究?

美国教育社会学

美国教育社会学很早就有一种改革社会的动力。莱瑟·弗兰克·沃德(Leser Frank Ward)是美国社会学六个创立者之一,同时也是美国社会学协会的第一任主席,他在1883年就指出,教育是人类进步的主要源头,也是一种培养道德责任与认知发展来改进社会的动力(Bidwell,1979),这个领域称为教育学的教育社会学(educational sociology),它集中研究实际问题、政策规划以及各种建议。社会学的教育社会学(the sociology of education)的概念在20世纪20年代末期由罗伯特·安吉尔(Robert Angell,1928)介绍到美国。安吉尔与其他人相信教育机构是科学资料的来源。他们认为,社会学家不能也不应该对解决学校问题承诺提供答案或者建议变革。然而,如今这两方面都需要社会学家关注:一部分人要进行客观的研究,另一部分人则围绕学校解释与贯彻科学研究成果。后者需要在科学方法论上进行特殊培训并具备学校如何运作的实践知识。

本书既有对学校的理论研究也包括理论在学校和课堂中的实践运用,后者是很重要的,这是因为大部分人今后无论是身为父母还是作为专业人士,都将会运用到这些知识。社会学不再是抽象与理论化的,它可以运用到实践中去并对政策产生影响。

开放系统法(The Open Systems Approach)

到目前为止,有许多理论方法用于研究教育制度,每种方法对了解这个复杂的系统都提供了有价值的洞察力。那么我们如何整理这种复杂性以便使它易于理解呢?

有些社会学家喜欢用一种理论方法来进行所有的研究,而另一些则倾向于选择适合于问题的方法。我们的目标是了解教育系统以及每种方法对理解教育系统所做的贡献。由此,本书框架主要以教育的系统模式为基础。用该模式我们可以把这复杂的系统划分成不同的组成部分加以研究。对于研究系统中特定部分和系统中出现的教育问题,一种理论方法可能比另一种更适合。这种模式使我们看到了组成部分和理论之间的关联性。下面详细解释这个模式。

如果我们把教育系统理解成一个完整的、整合的动态实体,那么我们会面临一个问题。多数调查集中研究完整系统中的组成部分,多数理论方法有其独特视角。开放系统法不是解决我们把握整体时碰到的所有问题的万能药,但它有助于我们将一个整体系统概念化,有助于我们理解细小组成部分组合的方式以及哪些部分不能组合。一

"单间校舍"

种模式可以提供一种审视系统中多种要素的有效方法,可以帮助整理观察资料与数据,同时也呈现了复杂互动的要素与关系群的全貌(Griffiths,1965,p.24)。下面讨论的模式不是指某一特定的组织或理论方法,但是,它为我们考虑教育环境中的共同特征提供了一个框架。

尽管开放系统模式指明了一个整体系统内的各组成部分,但这并不意味着这种理论比另一种理论能更好地解释系统中的情境或者事件,同时也不意味着这就是研究系统中各部分最好的方法论。这种模式使我们形象化地了解或研究与整体系统相关联的部分,并能够看清它们何以一致以及与整体具有何种关系。

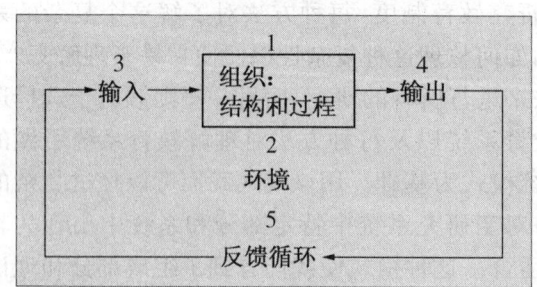

图1-1 系统模式

资料来源:改编于 Ludwig Von Bertalantly. "General Systems Theory: A Critical Review." *General Systems*. Vol. 7, 1962, pp.1—20.

马文·奥斯兰(Marvin Oslen,1978)是这样描述一个系统模式的:

它不是一个特别类型的社会组织,而是一种可以用来分析任何社会组织运行过程的分析模式,从家庭到国家……它也不是一个实质性的理论——尽管社会学文献中有时称它为一种理论。它是一个非常概括化的、内容自由的概念性框架,在这个框架内,任何实质性的社会组织理论都能够建构(p.228)。

图1-1列出了社会系统的基本

组成要素。我们将分五个步骤对此进行讨论。系统中每个部分的内容都用教育环境事例阐明(见图1-2)。

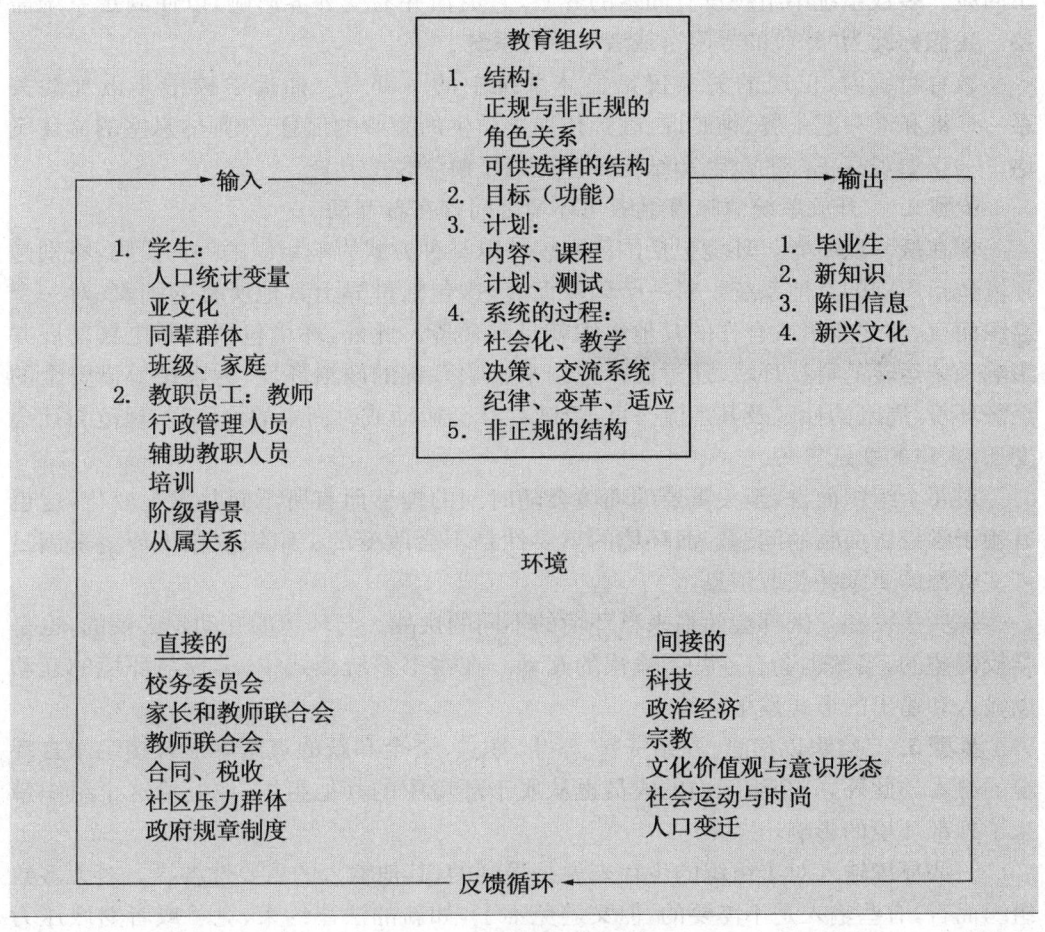

图1-2 教育的系统模式

步骤1. 注意看中间的方框：组织，它涉及到活动中心和研究者的关注焦点，可以代表一个社会(如美国)、一个机构(如教育或家庭)、一个组织(如一个具体的学校或教堂)或者一个子系统(如班级)。为了便于讨论，我们称之为"组织"。行动发生在组织中，这表明组织在结构、位置、角色和功能之上。组织内存包括部分和子部分、位置和角色的结构。尽管我们谈及组织时好像它是一个鲜活的实体，但真正指涉的是执行组织活动和决策组织行动的那些人员。系统的运行过程使得组织充满活力。组织中经常发生的活动包括关键人员的决策、组织成员间的交流以及组织中位置的社会化。

第一章 教育社会学：独特的学校观

有些理论方法仅仅强调这种内部组织的分析，但是这些过程不可能发生在真空中。在组织中拥有地位并起作用的决策者们不断地对来自组织内部或外部的需求做出回应。多数系统中组织没有固定的界限，它灵活并易受外界影响，以便满足系统需要。我们称此为"开放的界限"，或者开放的系统。

教育组织内，正规的关系仅是整体系统中的一部分。捕捉学校中非正规的关系——谁和谁一起午餐、谁旷课、教师传递给学生的微妙的信息、教师休息室的流言飞语——正如观察正规的角色和结构一样可以了解学校的功能。

步骤 2. 开放系统意味着组织与环境之间存在着互动。

现在谈一谈环境。环境包括围绕组织并以某种方式影响组织的一切事物，特别是环境包括周围的其他系统。对一个国家而言，这包括世界上其他所有的国家；对一个组织而言，与之竞争或合作的其他组织就是其环境。此外，环境包括不断更新发展并影响系统运转的科技环境、通过法律控制来影响系统的政治环境、为系统筹措资金的经济环境、周围的社区及其主流态度、反映在社会运动或时尚中的价值观、规范与社会变迁、人口的变迁等等。

对每个组织而言，至关重要的环境会随时间的推移而有所不同并发生变化，这也有赖于学校所面临的问题。而环境的重要性是不会改变的。组织依赖于环境来满足许多资源的要求并获取信息。

每所学校和学区都会面临来自环境的不同的挑战。与环境的互动是必要的，也是学校渴望的，当然也会有一些不愉快的互动。在本书系统模式中，学校与环境的互动以输入和输出的形式发生。

步骤 3. 组织以信息、原始资料、学生、职员、资金和新的观念等形式接纳来自环境的输入。此外，一个组织内的成员也从属于环境中的其他组织，他们给这个组织带来了外部环境的影响。

一些环境输入对于组织的生存来说是强制的，其他输入的重要性各异。对大多数组织而言，有些输入是不需要的，但又避免不了，如新的法律约束、竞争或者财政压力等。组织能对输入施加一些控制，譬如，对新教师、教科书和其他课程资料学校有选择程序。组织中某些位置由充当着组织与环境之间缓冲和联络角色的职员占有，例如，接听电话的秘书起着重要的保护和调节功能，社会工作者与辅导员是环境和组织的纽带。

步骤 4. 输出意指由组织加工而成的物质产品和非物质观念。譬如，研究成果、毕业生、废品、信息、发展中的文化以及新科技。处于跨界地位的职员，使得组织和环境之间的联系不中断。负责出售组织产品的职员，不管他们是在制造业的组织内部工作，还是在大学毕业生的安置部门工作，都承担着这样的功能。

步骤 5. 系统模式的关键在于反馈过程。这意味着，组织接受新信息的结果，在于不断地适应环境的变化和需求。例如，组织职员将事件现状与预期目标和环境反馈进行比较,以决定新的行动方案。积极与消极反馈所要求的回应各不相同。基本模式(图1-2)能在许多方面为我们服务。它可以作为一个用以组织本书内容的框架。但是,就像早期的支持者构思的那样,这个模式的内容更丰富,范围更灵活。它有助于我们推进跨学科研究,正如肯尼斯·伯尔丁(Kenneth Boulding,1956)所说:

> 跨学科的运动已经流行了一段时间,它的第一个标志通常是混合学科(hybrid disciplinary)的发展……普通系统理论的主要目的之一就是发展这些综合领域,并通过建立普通理论框架使专业人士能够理解来自他人的有意义的交流(p.197)。

教育社会学不能仅仅局限于教育和社会学领域。它的相关领域很多,如经济学与学校财政学、政治科学、权力与政策问题、家庭和儿童,教堂与国家独立之争、卫生与儿童医疗、人文学科与艺术以及学校在儿童早期训练中的角色等。

一些社会科学家已经认识到开放系统法在组织分析方面的价值。例如,大卫·伊斯顿(David Easton)写道:"系统分析与发展很好的均衡方法所提供的理论结构相比,能建立一个更加广泛的、包容性更强的、更为灵活的理论结构(Easton,1965,p.20)。"就本书而言,开放系统方法不仅服务于上述目的,而且有助于将一个复杂的领域整合起来,因为本书中的每一章都讨论教育系统中的某一部分或过程。

教育社会学的研究方法

理论可以用于指导研究,决定信息与资料的收集以及帮助解读资料。然而,理论毕竟是一种指导方针,必须要增加内容。资料的收集必须运用科学、客观的方法,这样才能测出对事件所做出的理论解释的有效性和精确性。

社会学家是科学家,因而他使用科学的方法研究事件和问题。有些社会学家关注教育制度及与之相关的问题。他们的研究方法,本质上与研究其他领域的社会学家所使用的方法是一致的。

1950年以前,教育研究很少用客观的标准和方法,最常见的是用奇闻逸事和价值判断来阐明和论证观点。逐渐地,发表的文献的重心转向经验研究。现今,教育社会学使用的方法有如下几种:参与观察法、调查法、间接分析(secondary analysis)法、控制实验研究和个案分析法。研究者根据所要研究的问题、分析的层次以及可能与问题相联系的信息资源来决定使用哪种方法,然后,选择研究的对象或群体,并决定研究整个群体还是部分群体。研究者也许要与研究群体的有关人员直接交流、观察他们所做的一些工作、获得诸如考试成绩等统计信息,或者将这些和其他方法混合使用。

第一章 教育社会学：独特的学校观

一些知名的研究着重依赖于校内的观察（Lubeck，1985；Willis，1979；Metz，1978；Jackson，1968）。在每一个研究中，学校观察与课堂观察都为研究问题提供了资料。研究者考虑学生与教师如何建构课堂社会情境。譬如，以学生社会阶级差异为基础，在研究美国中学异同点的过程中，玛丽·海沃德·梅斯（Mary Haywood Metz）通过课堂观察、教师访谈和学校文件评论研究了教师的工作。她发现了一个"共同的剧本"，角色和情节相似，但场景和演员的台词特点却又各不相同，而这取决于学校的社会阶级构成（Metz，1990）。

另一个知名的研究采用了控制课堂情境的方法。罗伯特·罗森塔尔（Robert Rosenthal）和勒诺·雅各布森（Lenore Jacobson）通过控制课堂情境的方法研究了教师期待对学生表现的影响。他们把一些儿童列为控制组，其他的儿童照旧（Rosenthal and Jacobson，1968）。这个实验接近于控制实验室里的实验，受外界因素的影响最小，但是，仍然很难排除来自课堂外的所有可能影响研究结果的因素。

同样在另外一个著名的研究中，詹姆士·科尔曼（James Coleman）和其他研究者（1966）调查了美国近5％的学校来确定教育机会均等的程度。在这个大规模的调查中，5个年级水平的学生进行了标准测试，学生和学校其他的信息通过调查和间接分析得以收集。以上是几种不同资料收集法的事例，其他的一些研究方法还会在后继的讨论中触及到。

有时为了最精确地勾勒出我们所研究的问题，混合运用方法论技巧是很有用的。科尔曼就曾遭到批评，说他没有使用观察和其他方法来描述他所调查的学校中的运作。这种运用多种方法收集资料法被称为"三角测量法（triangulation）"。

21世纪的教育社会学

当一些杰出的教育社会学家被问及他们对该领域未来发展的预测时，大多数都认为美国学校所面临的问题在不久的将来不会有什么改善，学校所面临的问题反映了社会中存在的问题。被访谈的社会学家认为，社会学理论和方法将着重帮助对决定学校所面临问题的社会力量与学校动力的理解，同时也是解决21世纪问题的基础知识。生活贫困并且教育上有"问题"的儿童数量迅猛增长，在城市地区尤甚。诸如寇兹欧尔（Kozol）的《冷酷无情的不平等》（*Savage Inequalities*，1991）和麦克利奥德（MacLeod）的《不是天生》（*Ain't No Makin' It*，1996）就评述了贫富学区之间的不平等和贫穷地区以及学校中的生活。

学生人口急剧变化。因此，美国学校不久将要面对前所未有的差异巨大的学生群体。1966年，从1年级到12年级共有17％的学生是黑人，14.3％是西班牙裔人（*National Center for Educational Statistics*，*Condition*，1999，p.126）。

到 2000 年,将有 10 多个州大部分的学生来自非洲、西班牙语国家、太平洋岛屿、阿拉伯或者欧洲白种人之外其他地区。洛杉矶公立学校的众多学生除英语外,在家里至少还会说 81 种语言。我们社会中的经济不平等在不断的加剧(*Sociology of Education Newsletter*,1992,pp. 4—6;参考 Natriello,McDill and Pallas,1990)。

我们通常期待学校统一支离破碎的社会,也期待它培养出能够扮演好自身角色的有能力的成人。为了理解这种期待如何并在多大程度上成为现实,教育社会学家可以对学校、课堂、家庭的社会系统、导致不平等的因素、影响学生学习和成绩的非智力因素以及涉及到教育系统的其他方面提供知识,譬如,有恶习的或被忽视的儿童很难被培养成有能力的成人。纵向研究(longitudinal research,即对一群学生做历时的研究)、人种志研究和统计资料类型的研究都是主要的研究方法,它们可以为分析学校提供资料(sociology of education Newsletter,1992)。

本书的框架

本书的每一章都描述了教育系统的一个部分。阅读时,要注意讨论的是哪一部分,读完此书你会对整个教育系统有一个相当完整的认识。各章也可跳跃阅读,它们自成一个完整的体系。本章中所讨论的理论方法会贯穿到本书中所探讨的实际问题上。另外,通过学着"做"社会学,你可以了解所使用的方法论,积累和内化更多的知识和增长见识,在处理学校问题时提高效率。每章的最后都附有结语和该章相关课题的建议。希望通过做这些课题。能使该学科对你更实用。例如,读完本章,你可以自问教育社会学应该研究什么问题,带着这些问题阅读,你也可以考虑进一步研究你所提出的问题。

下面我们准备进入学校,场景是活泼的、动态的。让我们来看看正在发生的一些过程。

结语

本章我们讨论了教育社会学。

I. 教育社会学领域

社会学家研究群体生活。教育是组成社会的一个社会机构。作为群体生活的一部分,教育是社会学家的兴趣点。我们所有人一生都要参与到教育系统中去,教育与社会中其他的机构彼此互动并相互依存。

我们学习教育社会学原因在于,它与我们所要扮演的纳税人、父母、职业人员与学生等角色正在或将要产生关联。

教育社会学的研究者着重多方面的研究：社会化的过程、教育与社会分层的关系、教育的控制等等。

每个社会中教育的功能或目的都是相同的，但操作和运行却各不相同。这些功能包括：学会成为有生产能力的社会成员、传承文化、筛选、培训和安置社会中的个体、变革与创新以及社会与个人的发展等。它们不总是平稳运作，也许在学校政策中还存在着冲突。

Ⅱ. 理论方法与教育社会学的发展

教育社会学是一个相当崭新的领域。虽然它的许多文献是在过去的半个世纪里发展起来的，但却扎根于包括涂尔干、马克思和韦伯在内的欧洲社会学家著作中。

近些年，教育社会学强调的重点从实践走向理论。当前，三种理论与研究支配着教育社会学：庞大的系统、具体的机构和教育情境中的互动。它们都关注不同层次的分析与使用不同的研究方法：

- 功能主义理论把教育系统看做构成整个社会系统完整而又彼此依赖的一部分，并为社会的延续承担着某些必要的功能。共享的价值观把系统整合在一起。涂尔干首次将社会学视角与方法应用到教育研究。
- 冲突理论假设社会由于利益群体的竞争而存在着张力。有产阶级控制着权力与资源，因而也控制着包括接受高层次教育权利的教育系统。斗争可能永远存在。与涂尔干在教育领域里直接贡献相比，韦伯的贡献是间接的，主要体现在组织和训练社会成员方面。
- 互动理论关注个体以及他们怎样解释周围的世界。标签理论与交换理论是两种互动理论。最近，又包括了被称为宏观世界理论外另一种方法的"新"教育社会学视角，它也是与互动理论相关。

Ⅲ. 开放系统法

本书是围绕图 1-1 所呈现的开放系统模式组织的。教育系统的各个部分都将给予讨论：组织、组织环境、输入与输出以及反馈。这种方法可以使整个系统形象化，使部分与整体关系形象化，也可以使围绕系统的环境形象化。同时，模式可以帮助我们显现各部分之间的关系。

Ⅳ. 教育社会学的研究方法

用于研究教育系统的社会学方法有观察法、调查法、使用诸如考试成绩等现有资料、控制的实验室实验法以及个案研究法。这些方法的使用或混合使用取决于所运用的理论和分析的层次,它们用于收集资料,在理论框架内帮助解答问题。

Ⅴ. 21 世纪的教育社会学

21 世纪,两大变化将影响美国及全世界的教育系统,其一是教育支持者的变化。有很大群体的学生要求素质教育,在美国,这意味着学校中将有更多的少数族群学生;其二是有关为全体学生提供技术培训机会的变化。

教育社会学研究问题范例

以下是最近研究中提出的问题范例:

- 大学是社会进步的一种渠道吗?
- 社会阶级和学习成绩有何关系?
- 为何女生选修数学和理科课程少于男生?
- 学校使得我们赚钱能力存在差异吗?
- 什么样的教学方式最有效?
- 非母语的学习者应该用母语学习还是用英语学习?
- 教师对学生的期待可以使学生的成绩产生什么样的差异?
- 学校的非正规系统有何重要性?
- 看电视对学业成绩有何影响?

实践

1. 评价你上大学和选修这门课程的动机。了解自己的目标有助于你从这门课程里尽可能多地获得知识,也有助于你满足教育的需求(参见第 2—4 页)。

2. 写下你所思考的有关学校的问题,把它们与功能主义学者探讨的问题联系起来(参见第 5—8 页)。

3. 根据埃米尔·涂尔干和马克斯·韦伯所做贡献的简洁描述,写下当今教育面临的与他们著作相关的问题。

4. 在运用功能理论、冲突理论和互动理论时,你脑海中闪现的与教育相关的问题分别有哪些?

5. 观看电影《中学》。用系统模式中的各要素来分解这个学校,说明人们扮演的角色及其过程,并将他们与你自身的学校体验做比较(参见第 15 页)。

6. 引用一个事例来解释开放系统法是如何帮助我们形成一个整体运作的组织概念框架的。

7. 思考与每个理论视角相关的问题(上面第四个课题),以及分别可以用何种方法来帮助你解决这些问题?

8. 本章中的课题呈现给你一个可用来建构自己研究课题的框架:理论视角、研究问题或方法论。根据自身兴趣设置一个自己的课题。

第二章 教育中冲突的功能与过程：系统运作的原动力

本章是关于学校的一些争议问题。围绕教育功能或目的的是有关权力、享用权与知识的争论，鉴于学校存在于庞大的社会结构中，政治、经济与文化领域的力量互动于学校的日常活动中（Apple and Weis，1986），因此，社会中普遍存在的争议亦是学校中的争议。本章首先介绍教育系统中，功能冲突的性质和过程的重要意义，随后讨论所选择的与每个教育功能相关的问题和争论。

冲突的教育功能

在任何社会，儿童必须习得群体的生存方式以及使社会和个体得以延续所必需的技能。教育的基本功能或目的在多数社会是一致的，然而，这些功能的重要性和获得这些功能的方式在各社会中却有着巨大差异，甚至每个社会中的群体或社会阶级都各不相同。例如，社会工业化的程度影响着教育过程的内容与形式；政治体系的形式会影响教育过程的内容与控制，在将儿童社会化为有生产能力的社会成员的过程中，家庭的期待也会对教育内容的类型产生影响。这些都例证了社会中各个部分之间彼此依赖。

功能1. 社会化：学会成为有生产能力的社会成员和文化传承 每一新生代儿童都要了解各自所在社会中的是非观、价值观和角色差异。在学习承担某些角色的过程中，他们被社会化或被教授怎样迎合社会的期待。教育系统将学生培养成社会成员，使其在复杂而又互相依赖的社会网络中承担有意义的角色。然而，有些人认为，由于学生所属社会阶级、种族或民族背景、生活的社区以及影响教育的其他因素之间存在差异，他们在学校系统中的体验也会迥然不同。

功能2. 文化传递 这是个有争议的话题。每个群体都想宣传自身的教学大纲、课程以及价值观。此外，不同群体的学生习得不同的规范、技能、价值观和知识，因此，注定或为领导或精英的学生与将进入蓝领工作岗位的学生所要获得的一系列技能和知识体系截然不同。

功能3. 社会控制与个人发展 社会控制同样颇具争议性。不同社会阶级、种族民族群体和性别，尽管所犯过错相同,但纪律的约束却存在差异。例如,搜查和逮捕的标准方面就存在争议,然而,学校官员有权利通过检验毒品、搜查武器或毒品来"保护学生"吗？尤其这些搜查在不同程度上影响了某些学生群体情感的时候。

功能 4. 筛选、培训与安置社会中的个体 学校功能中最具争议的也许就是筛选、培训和安置社会中的个体。批评者认为,我们通过教育政策及其操作而将有些学生筛选到更高位置的方式,"再生产"与维持了社会等级。然而,有些政策,如考试,则展现的是"表面上"的平等。

学生能否拥有科技影响他们将来能否参与竞争。具备操作计算机与其他高科技机器的经验使一些学生对领导岗位有较强的竞争力,因为他们能够获得未来所需要的技能。而有些学者提出了决定个人未来教育与职业成功的先赋(ascribed)和自致(achieved)特征间均衡问题(Apple and Weis,1986,p.14)。本书第三章和第四章将集中讨论这项功能。

功能 5. 变革与革新 变革与革新是人们期待的教育功能。任何时代当新科技改变了现存的工作方式时,它们就会挑战学生和教师。然而,机构常常抵制那些影响例行工作程序的变化,教育也不例外。

教育系统中过程的意义

你尝试过用动词来描述一天的生活吗？今天我**起床**、**穿衣**、**吃早餐**、**套上外衣**、**走到学校**、**进入课堂**、**坐下**、**翻开书本**、**读书**、**听课**的过程中记笔记并**了解**教育制度。黑体的动词描述了一天的行动过程。学习、教学、社会化、纪律规范、筛选、革新、决策与改革只是构成教育系统行动部分的一些过程。教育系统是相对稳定与永久性的结构,而过程是种行动,它表明正在发生什么。

没有固定不变的终极之物,人、物与组织总在变迁中不断革新。教育系统影响我们变迁的过程,我们会变老,学会新的行为,适应周围世界变化。反之,我们也通过环境内的过程影响教育系统。

结构是指能够描述与图解教育系统的要素：角色、社会阶级、组织、机构和社会。人在结构中行动,推动结构向前发展,使结构充满活力,这些行为就是过程。人们将自己的个性与解释带到情境中,并依此行动。结构和行动不能孤立分开,无结构则无过程,无过程,结构则无意义。我们不单纯是属于社会阶级与角色,我们同时是结构的那些部分与其得以运行的过程的产物。

任何系统动态运作的过程都隐含在开放系统法中。几乎在每个组织中,都能找到一些过程,即互动、决策、冲突与合作。其他过程在特定系统中起支配作用。除了能使系统得以运作并具有活力,过程也能导致争议,这点我们以后的讨论中会看到。

过程也能为组织架构联系,如教育系统与环境的联系、交流的过程将学校与家长、

社会化功能：学什么与怎样学

根据功能理论，社会要繁荣昌盛就必须培养具有生产能力与承担所需角色的成员。然而，对于何时、如何以及为谁培训成员都存在分歧。社会化过程的批判涉及面广，这里我们着重讨论两方面：早期儿童教育和社会化中媒体的作用。

早期儿童教育之争议

自出生起，社会化过程就成为我们生活中的一部分，它通过家庭、学校、宗教机构和工作场所对我们实施影响。规划好的正规部分与非正规方面都会使我们学会如何成为社会中的一员。

早期儿童教育有其特殊的重要性，因为这段时期，儿童正逐步形成他们的自我概念和社会意识。智力与生理发展的研究告诉我们，他们最迟也在两岁半就具有了学习的能力(Raymond，1991，p. A5)。事实上，50%的智力是在出生至4岁之间发育的(Begley，1996)。有关早期儿童教育的问题，包括在何地实施认知发展（在家还是在学校）、儿童该何时开始接受学校教育、学前教育对父母上班的孩子或生活于贫困中的儿童有何益处以及幼儿园教育在儿童社会化过程中的作用。

家庭是儿童接受初始社会化的主要场所。早期儿童社会化过程的差异巨大，因为他们所处的社会、社会阶级和家庭背景各异。在成长过程中，他们逐步接触家庭之外的社会化媒介：亲戚、邻居、教堂、托儿所、玩伴等，但却没有为过渡到正规的学校机构做什么准备。

"准备学习计划"为许多幼儿入学提供了帮助

第二章 教育中冲突的功能与过程:系统运作的原动力

全球超过半数的国家为3—5岁的儿童提供了正规的早期教育。有些国家,如中国和以色列,孩子出生后不久就得到看护,有时这是强制性的;在瑞典和英国等其他国家,法律规定了日托与托儿所的必要与所需资金(Swedish Institute, 1994; Feeney, 1992; "Under Five", 1992, p. 19);在美国,有43%的3岁儿童、64%的4岁儿童和92%的5岁儿童注册进入幼儿园(*National Care for Educational Statistics*, 1999, p. 122)。

多年来,由于妇女团体对政府和工作机构的压力,美国国会已提出议案要求通过立法来支持早期儿童教育。联邦政府的《2000年目标》(*Goals 2000*)中就有为学前儿童采取"准备学习(ready to learn)"的计划。尽管政府确实为一些诸如"幼儿早年教育计划(Head Start)"等"示范"项目提供了资助,并使得5岁以下需要日托的孩子的母亲的从业人数不断增长,但是,到目前为止,大多数早期儿童教育的立法议案都是失败的。

反对日托的运动主要出于两种考虑:日托威胁到家庭和母亲的角色。此外,一些人对早期儿童教育持怀疑态度,因为许多项目只面向特定的阶级和少数族群群体,如美国黑人。尽管声称其目的是为这些儿童带来益处,但是,一些理论家认为,这种"特别的关注"是一种使阶级结构永久化和培养顺从社会成员的手段。然而,根据一份早期儿童教育的评估,投资早期儿童教育最大的回报来自为低收入家庭3—4岁的儿童提供的学前教育,这些儿童处在失败的高危状态中。引证的危险原因包括家庭低收入、少数族群身份、非英语语言家庭、单亲家庭、大家族、丧失劳动能力、十几岁怀孕而没有读完高中的母亲(Hofferth et al., 1994)。大量贫困家庭中的3岁儿童刚开始上幼儿园时,他们的语言和智力的发展都相对滞后9个月甚至更长的时间。为了遏止这种局面,一些人提出面向初为父母者的培训项目,以便让这些父母为子女的生活准备一个更好的起点,同时增强他们的责任感和亲子关系(Russell, 1994; Reynolds, 1991; White, 1991)。

早期儿童教育赞同者提出了以下几个观点:

1. 早期儿童教育为儿童提供了在家无法得到的有价值的学习经验。
2. 除父母外,儿童还需要跟其他的儿童和成年人交往。
3. 父母和兄弟姐妹不一定总是最好或最有能力带好儿童。
4. 对许多家庭来说,由于父母双方都要工作,所以日托是必要的,而在单亲家庭里,惟一的选择就是托儿所。
5. 一个好的日托中心比将儿童交给亲戚或邻居更可取。

早期儿童教育不能替代家庭看护,但它能够使孩子获取的经验超越于家庭内所能接受到的(Ochiltree, 1994)。

关于问题儿童学前幼儿园的入托率及其质量的研究表明,"幼儿早年教育计划"的质量与那些面向高收入家庭的幼儿园相当,但是入托率在减少(*National Center for Education Statistics*, 1994)。另一研究指出,对于为大部分是贫困的美国黑人的3 000名儿童所提供的学前教育,其持续影响力主要体现在以下五个方面:

1. 接受教育的儿童以后很少被分到特殊班或补习班。
2. 在辍学和留级方面,有着同样的持续影响(更少的学生因成绩差而留级)。
3. 学前教育显著提高了学生在10岁即四年级的数学成绩,该证据同时显示,与同年龄段的学生相比,接受教育的学生在阅读测试中倾向于取得更好的成绩。
4. 接受过学前教育的贫困家庭的孩子在随后3年中的标准比奈智力测试(Standard Binet IQ)中,分数比控制组儿童高。
5. 接受学前教育的儿童保持着更强的"成就取向",也倾向于培养比自身还要高的职业志向(Halsey, 1980, pp. 172—173)。

尽管关于早期儿童教育的争论可能还要持续下去,但是,看护儿童的需要是不会削减的,因为更多的父母在外工作。

● 实践:早期儿童教育对不同的儿童有何影响?一天中,部分或全部儿童应该离家一段时间吗? ●

社会化中媒体与商业的角色

为吸引学生的注意力,许多社会化机构,如商业和媒体,与学校或相辅相成或彼此竞争。进入学校和课堂,到处可见课本封面、教科书和电视机显示屏上的大型商业广告。广告中介赞助的免费互联网为学生观看提供优惠,设备也许是市场研究公司免费提供的,这样,这些公司就可以接近学生进行重点群体(focus group)的研究。作为对提供技术与设备的交换,可口可乐或百事可乐也就成了学校的"官方饮料(official drink)"(Labi, 1999, pp. 44—45)。

大企业在促进与支持教育培训有竞争力的劳动力方面有其既得利益,同时,它也想出售自己的产品。企业有钱,学校没有资金却要购买设备和其他用品,因此有关企业对学校的影响与日俱增的争议持续不断。其不合理的影响有哪些呢?企业和其他利益群体会影响教学内容和教学方式吗?这些都是学区对商业在学校内的影响所关注的问题。

第二章 教育中冲突的功能与过程：系统运作的原动力

电视是另一个有争议的社会化媒介。威涛传媒（Whittle Communications）1990 年春季开播的第一频道，允诺将音像科技与创新的新闻编制引入 6—12 年级的课堂中。目前，12 000 多所学校与八百万十多岁儿童收看十分钟新闻节目以及两分钟的商业广告，这在全美国 12—18 岁年龄段儿童中占到了 40%（Hays，1999）。

这些涉及到快餐、个人护理产品、电影、服饰和电子产品的两分钟广告已在许多学区引起了争议。尽管广告商帮助支付了每个学校设备的费用——卫星电视天线、每个教室的电视机、磁带录像机、教学录像以及远离毒品的公益广告，但有人指出，学校参与影响学生购买特定产品的行为是不合适的。

对第一频道编制的节目（Channel One Programming）的评估研究显示，学生喜欢新闻故事，而且大部分广告他们早已在电视中观看过（Tiene and Whitmore，1995）。教师对这样的项目持赞许态度并评价为 A－/B＋，61% 的校长认为学校因第一频道的引入而变得更好（Johnston，1995）。然而，并非所有的人都认为第一频道是个有价值的信息资源，有批评指出它助长了商业化气息，浪费了课堂时间，浪费教学时间而最终花费了纳税人的 18 亿美元（Hayes，1999；Sawicky and Molnar，1998）。

20 世纪 50 年代电视机开始普及化。很多人认为它将会解决教育问题，并将教育带给全球数以百万计的人。从某种程度上说，这已经实现了。电视卫星与远程教育将多种课程播送至许多国家，课程范围从基础的识字训练到高级的大学课程。仅举一例，欧洲广播联合会（European Broadcasting Union）已经规划为多民族的观众设计多语教育卫星频道（Couglan，1995）。这样，教育普及面广，而文化与思想也得以传播。然而，却存在着这样的争议：电视教育的利大于弊吗？争论的焦点集中在学校的学业成绩与电视观看数量、电视歪曲信息的可能性以及电视对消极行为的影响上，如侵犯性和自杀倾向等。

有关电视观看和学业成绩的关系的证据是混合的。看电视时间越多，其他诸如阅读和做家庭作业活动的时间就越少。一般而言，过多的电视观看就会导致成绩下降。成绩最好的学生一般每周看电视的时间最多为 10 小时，而成绩最差的学生每周达 30—40 小时。因此，根据电视节目的类别而对电视观看有所限制，能积极地影响学生思考和学习的方式。尽管看电视也许可以满足阅读与其他活动所不能满足的各种需要，但是，愉快的阅读对于提高成绩更有益。报纸阅读量下降了，那么词汇量也就有所下降（Glenn，1994）。有趣的是，一项有关学生的调查显示，40% 的学生宁愿阅读而不愿看电视，然而大部分学生花在电视上的时间是阅读的两倍。

其他变量，如种族、性别、父母文化层次、教育资源和智力，都会对看电视的行为有所影响。对那些关注观看电视问题的人来说，一项关于"美国人是否把看电视作为喜爱的娱乐方式"的全国民意调查结果是鼓舞人心的：1966 年、1974 年为 46%，1986 年降至 33%，到 1999 年下降至 31%。18% 的成年人将阅读当做自己喜好的晚间娱乐方式（Newport，1999）。

教师抱怨电视族学生希望在学校里娱乐,否则他们就失去兴趣。有人提出"分心的假设",他们认为,电视的播导致学生不能忍耐学校教育"缓慢"的步调。有人担心我们开始沉迷于电视,并尖锐地提出这样的问题:我们在看电视时是否具有足够的批判意识? 我们是否不经过谨慎地思考就接受过于简单化的解释?

也许,最严肃的争议聚焦在看电视对行为的影响上。人们担心电视会使儿童社会化,使之形成反社会与侵犯性行为。电视是怎样的教师? 用于消遣的暴力通过电视传授这样的信息:暴力是"合法、合理、受奖赏、有效、公正、英勇而具有男子汉气概的"(Slaby, 1994, p. 81)。电视游戏、影片和电视卡通片上的图像音像影响着学生。到小学毕业时,每天看电视2—4小时的儿童将平均每个小时看过26个以上的暴力动作(Smith, 1993),也就会产生以下几种可能性:

- 当儿童演示他们所看到的东西时,攻击者效应就会产生。最近的一个事例就是,一部深受欢迎的电影描绘了地铁自动售货亭的一场火灾,在真实的地铁里几个少年则重复着这一动作。对自杀题材的电视剧的研究表明,这些电视剧播放后的一两周内自杀行为有上升的趋势。这些"模仿"的自杀行为一般都发生在问题学生中。回顾过去25年所做的关于媒体暴力的研究就不难发现,剧烈的暴力行为能够产生短期或长期的影响(Huesmann and Miller, 1994)。
- 当儿童认同受害人的时候,受害者效应就会产生,他们害怕,不信任他人,也许会携带枪支。
- 旁观者效应指对暴力采取一种冷酷的态度,旁观者表现得很冷淡(Molitor and Hirsch, 1994)。

尽管遭到老百姓的批评,但电视经营者却说,他们正"给予老百姓想要的东西"。然而,科隆比纳大屠杀(Columbine Massacre)过后所做的一项民意调查发现,许多美国人认为媒体描写的暴力导致了现实生活中的暴力(Newport, 1999),而且,作为一个民族,美国人对暴力态度冷淡(Smith, 1993)。国会对美国国民的担忧的回应是:要求所有13英寸或以上并于2000年1月1日之后制造的电视机都必须配备"暴力集成电路"(V-chip),它能使父母凭借广播网提供的节目等级来控制孩子观看的内容(Newport, 1999; Federal Communications Commission, 1999)。

有关电视对社会化和学习影响的有力证据体现在两个方面:第一,父母干预孩子观看电视,对电视的影响起着很强的作用。就小学儿童而言,他们的认知和行为倾向与家庭模式的几个方面相关联,其中两个方面尤与观看电视有关:一是父母积极帮助儿童理解周围世界,包括他们在电视上看到的东西,二是父母观看有限数量的电视节目。第二种证据就是来自儿童教育电视节目的研究,如芝麻街(Sesame Street),这样的电视节目对儿童起着积极的效应(Biagi,1998)。

1990年,国会通过了《儿童电视法案》(Children's Television Act),目的是使电视节目编制更具有教育意义,并阻止商业电视。鉴于游说团体的压力,如儿童电视之战(Action for Children's Television),该法案又作了修改,但是更多的需强迫执行的规则正在考虑之中(Kunkel and Canepa,1994)。

有些学校就电视的影响提供一些节目来教育儿童,教育他们怎样成为成熟的观众(Walker,1995,pp. 66—67)。儿童电视工作室(芝麻街的制片商)和美国有线新闻网(CNN)编辑部正在为教师制作特别索引系统式的电视剧片段,教育电视游戏也正在开发。

此外,儿童因电脑游戏和国际互联网的运用而受到新的兴奋的刺激和冲击。关于儿童智力战仍将继续。

● 实践:你从学校内电视商业化运作中看到了哪些问题?

父母应该控制孩子们观看电视节目吗? ●

文化传递功能与文化传承过程

"我们社会的教育基础正被日益增长的平庸潮流所侵蚀,这种平庸会威胁到一个国家和一个民族。前一代人不可预料之事已经开始发生——他人正在赶超我们的教育成就……其实我们一直从事着无思想的、片面的教育裁员行为"(Bell,1983)。这段陈述来自1983年美国《危险之际的国家》(A Nation at Risk)报告,它开启了质问与自我批评之门。

伴随这严厉之辞的,是对美国的"文化读写能力"和文盲的担忧。年轻人正在学习那种能够将一个国家与所有民众都能理解和分享的信息结合起来的核心知识吗? 有人认为这种核心知识已经在好几个方面滑坡了(Hirsch,1987,p.152)。例如,他们指出我们不再教授他们认为构成核心知识的西方文学中的许多经典作品。

想像一下进入商店而读不懂罐头上的标签是什么滋味。文盲,成为年轻人和成人中的一个问题,许多深受此苦的人企图隐瞒这个问题。然而,美国各地读写能力测试的最低分数群中,成人占到了20.8%—23.6%(National Center for Education Statistics,Condition,1999,p.16)。据估计,美国有2 700万的成年人是半文盲(functionally illiterate),他们连简单的说明书都读不懂,有4 700万的成年人阅读能力差。20几岁的美国公民中,有6%的阅读能力低于四年级水平,5%的人不能完成诸如填写工作申请表和合计银行储蓄单上两项内容等简单日常事务和不复杂的任务(Otto,1990,p.360)。文盲也严重影响了贫困中的妇女。

教育者正在研究：为什么一年级开始就属于最差阅读群体的儿童，90％在小学阶段一直处于这样的状态。现在，教授阅读的方法是大杂烩。对于有些儿童，新的辅助阅读方法也许是至关重要的。有人提议，低收入家庭的儿童应该回到以语音为基础的阅读方法来代替整体语言法，这样在家庭的帮助下效果会更好。其他人认为，花在儿童早期强化和人格化教育的钱要比后期教育多。对于年龄大一点的学生，教育者正在尝试一些方法，如驾驶执照的获取，根据学业成绩而留在学校继续读书，在工作场所等不同场合提供识字训练。

大学一年级中，没有达到大学水平要求的学生数量也令人担忧。资料显示13％在补习阅读，17％在补习写作，24％数学课程需要补习。研究结果同时表明，科学文盲是普遍存在的(National Center for Education Statistics, *Condition*, 1999)。

影响学习的一些因素

学习作为一个过程不仅受教师、所用的方法、课堂情境以及正规或非正规的教学材料的影响，还受儿童的能力、动机、对学科内容的兴趣、学习准备的状况、记忆力、价值观和态度、与教师的关系、自我感觉、与同辈群体的关系、阅历经验以及其他因素的影响。同样重要的是学习的环境压力、时间长短、家庭对学习的支持程度以及学校与课堂的气氛等。儿童的学习经验由于种族、性别和阶级背景的不同而有所差异。因此，用诸如智力等任何一个主要的因素来解释学习的差异是肤浅的。

鉴于回归基础课程运动(back-to-basics movement)和对成绩测试分数下降的担忧，中学课程经历了重要的变革。教育者认为，美国在数学和科学领域失去了应该具有的任何竞争优势，在高科技方面尤甚。因此，人们对这两个领域给予了特别的重视。"我们社会中较低的科学和技术的读写能力令人遗憾，人才流向工程、数学和科学事业的缓慢状态非常令人担忧"(National Science Foundation, 1992, p.1)。因此，美国国家科学基金会(National Science Foundation)开始对科学和数学课程进行评估。

《危险之际的国家》报告提出提高中学要求的标准，其反应是积极的。结果是，中学毕业生要求选修更多的学术课程，尤其在数学和科学两个方面，学生的成绩也提高了。全国教育进展评定(National Assessment of Educational Progress)的精确分数中，数学和科学测试分数从1990年到1996年增长了9个百分点。

影响数学和科学教育的因素有许多。有些大学为年龄小的学生，特别是女性与少数族群学生开设特殊课程，鼓励他们学习数学和科学。有些企业，甚至承诺向高中毕业生提供免费的大学教育。

紧随《危险之际的国家》之后出台了其他报告。一些报告由基金会赞助，一些由政府机构或者学者们发起的。本书将穿插一些加以讨论。有人建议，加强对课程和要求标准的控制，加强教师教育的改革，以便教师能够专攻于某一领域的教学。

无论何种建议,美国学生的学业成绩开始呈现出一些积极的走势。例如学生的学业成绩恢复到了20世纪五六十年代的水平,多数民族和少数族群间差异在下降,其差距比几十年前要小得多(Alexander,1997)。

怎样传承文化

有关怎样传承文化的争论,包括从使用何种材料、教科书和技术到教育的哲学观问题。这部分集中讨论与此相关的两个问题,即何种教学方法能带来最有效的学习结果,以及批判性思维在教育中所起的作用。

教育哲学观的争论集中在"回归基础课程运动"的倡导者与"进步主义"的教育者之间的抗衡,前者强调基本技能,后者认为,教育必须与周围的环境和学生未来的社会参与相关联。从正规教育的历史来看,学校教给了儿童那些对于社区以及儿童在社区的发展很重要的东西。约翰·杜威(John Dewey,1916)的思想对教育的影响很大。他认为,如果学习能够与儿童的生活相关联,那么学习可能更有效。杜威的进步主义观认为,学校与多数儿童的日常生活没有相关性,因此,疏远的经验(alienating experience)、记忆的方法和权威主义的氛围都不利于学习。他提倡,在学习过程中要使用儿童的经验,并让他们积极地参与。他的大量著作已经被阐释、曲解和修正,但是,这些作品影响了20世纪以来,包括目前的后现代与建构主义(constructivist)运动在内所有的教育运动。除了杜威的思想之外,还有儿童中心的课程观(child-centered curricula),这种观点非常有弹性,强调学习者的需要与兴趣。这种课程提供给学习者许多选择,学习者围绕自身需要,参与计划他们自身的课程。免费的、可供选择的以及特许学校[1](charter schools)采纳了上述一些观点。

最近,关于提高文化传承的运动有"写作课程"、课堂计算机的使用、责任与评估、更严厉的纪律与增加家庭作业以及培养批判性思维——一种在决定什么可信或可做时的合理的反思性思维。有些观点源于社会力量,如考试成绩、对学校的批判、要求更成熟的思考与学校所教授的课程之间缺少对应的关系等。批判性思维的观点与只注重事实的教育风格成鲜明对照。与布罗姆(Bloom,1976)的分类学和"更高层次的思维技能"相联系,批判性思维要求在做出决策之前需评价论据并支持结论。

有些教师确实在他们的教学中涉及到批判性思维方面的训练,但那常见于大学课堂或聪敏学生身上,而那些极有可能将来从事工人阶层工作的儿童,其所在的课堂内,这种训练并不常见。如果在这些课堂内给予少数学生批判性思维的训练,会导致教育系统的变革。所有的学生都需要用令人信服的口语或书面的形式来表达自己的思想,评论自己对有些问题的价值立场。在此过程中,批判性思维的训练可以有所帮助,但并非对所有人都有用。

---

[1] 译者按:为公立学校学生提供教改选择而接受州政府特许的公立学校。

最近美国教育地位的报告(Chaddock et al., 1999；Borman et al., 1996)已经建议，延长教学日和全年上课，提高毕业标准，进行升级熟练程度考试，并增加家庭作业。结果，全国都在发生变化。

传承何种文化

关于文化传承的另一个争论的焦点是学校**教什么**？传递何种文化？怎样传递？谁来解决这些难题？课程的目标应该是什么？对于一个有成就的成人应该做什么以及与学校"产品(products)"相关的问题，每个社会都有自己的期待，并且通常是不成文的。建立于课程的一个假设就是通过介绍新观点来纠正误解，或者添加新知识，使学生已有的知识产生预期的变化。课程可以通过"计划好的经验"在一些预期的领域提供教育。

谁应该决定课程内容？许多群体为决策的责任而竞争，并对决策具有影响力。我们已经讨论了环境对课程决策的影响。由于教育者接受专业训练来处理与教育和课程相关的问题，他们自然倾向于学校决策权远离外部政治与其他压力的干涉。教育者使用不同的方法来维持他们对教育决策的控制，使学校独立于外部影响。例如，他们可以控制学校内部发生的信息，发表筛选过的正面信息，指派有同情心的社区成员到委员会担任委员等。

"学术自由"指学校为减少来自外部环境的控制与影响所做的努力。学校保持这种自治，能够使它的课程和职员免受争议。但是，一旦争论产生，自治也许就会受到威胁。教育是一个开放的系统，因此，也受制于来自环境的压力和监督。

异质社会中，没有中央集权运行的教育系统，课程规划者会面临许多来自不同个体和群体的压力。在中央集权运行的州立教育系统中，决策得以保护免受公共监督与挑战。美国就是一个联邦分权体制的异质社会。

应该教什么？尽管其范围很广泛，正规课程正在教什么却是相当容易确定的。我们可以先从检查课程计划和教科书开始。通常，小学的课程计划侧重发展基本技能，中学进一步精练这些技能并增加内容。数学、语言技能、科学、艺术和音乐、社会科学、体育和历史是中学课程基本组成部分，而性教育等特殊内容的传授在许多社区成为争议的焦点，因为它涉及到责任以及家庭和教育系统对知识的控制问题。

功能理论家认为学校是用来传授能在成人世界中取得成功所必备的文化要素。学校提供一个过渡的场所，使学生从易接纳的、受保护的温暖的家庭环境过渡到以成就为导向的充满竞争的工作世界。学生要懂得规则面前人人平等。由此，我们认为学校具有为年轻人踏入社会做好准备的重要功能(Dreeben, 1968；Parsons, 1959)。

冲突理论家把价值和规范的文化传承看成是服务于资本主义社会的需要，而不是

第二章 教育中冲突的功能与过程：系统运作的原动力

满足个体的需要，因为个体在文化传递的过程中，由于失去人性而相互敌视（Bowles and Gintis，1976）。然而，学校在传递这些文化价值时，并非十分有效。学校中的破坏和反抗行为就是鲜明的例子。杰克逊（Jackson）、博斯特罗姆（Bootstrom）与汉森（Hansen，1993）评估了学校中价值观传授的种种正规与非正规方式，有些价值观是隐性课程（hidden curriculum）中的一部分。

学校中正在传授的内容决定于学校内外的各种力量。内在的教育力量是指对课程和学校教育过程有着直接影响的力量。例如，教师和校长也许优先选择某种材料和课堂组织，拒绝其他选项，而每个学校的结构、组成、等级制度、哲学观以及设施都会影响其课程内容。

除了内在的教育力量影响课程外，还有学校外部的环境因素。我们来回顾一下系统模式，环境包括影响学校内部所发生事情的所有外部因素，所列如下：

1. 地方、州与联邦的规章规定某些课程的要求。举例来说，州教育委员会也许要求，学生毕业之前必须学习该州一定数量的历史。联邦政府也许规定，要接受联邦资助就必须添加某些课程内容。
2. 审批机构会仔细考虑州或地区关于学校标准的决策，他们也许把课程的一些要求具体化。
3. 为不同年级以及大学入学制定成绩测试的考试机构的确影响了所教知识的材料。有些州，中学毕业时，还要求参加技能考试。
4. 全国研究、报告和改革计划中包含了对课程改革的建议（Anderson，1995）。

社会中的某些担忧和潮流也会影响课程内容。譬如，职业教育、女性研究、少数族群研究（美国黑人、奇卡诺人、土著美国人、阿巴拉契亚人、华人）、多元文化和双语教育、环境研究、城市研究、毒品和性教育、科技素养以及社区服务因社会发展趋势而被添进课程。

课程应该公平地再现美国少数族群的历史与现状的要求已掀起了多元文化教育运动。讲授种族、阶级和性别问题日益受到重视（King，1999，1990）。有人提议要开设关于特殊少数族群的课程和活动，一些人则奋力争取要在现有少数族群历史和贡献的课程中给他们一个准确的描述。还有些人提议进行全球研究，让学生了解影响他们的更广泛的世界问题。但惟有社会学家有资格来制定跨文化的课程模型。这种课程可以包括微观和宏观社会和变革。当然，课程多元化的努力也遭受了一些人的批评，他们反对减少或取缔对西方传统文化的教授，并认为这些是美国中学和大学多数研究课程的核心部分。要求改变少数族群教育的建议强调，需要从学前教育到研究生教育进行改革(The Carnegie Corporation,1990)。这些观点也许已经成为过去的时尚,也许被整合进课程中,也许仍然是独特的研究领域。不管怎样,通常能做出教育决策的是社会上拥有权力的那些人。

我们现在简单的讨论课程决策的三个领域:性和毒品教育、神造论(creationism)以及教科书的审查。它们已成为许多社会的热点,同时也反映了美国社会的多样性。

● 实践:学校应该教授什么?谁来决定?
你从哪些方面来回答这些问题? ●

性、滥用毒品与教育 学校是避孕套发放所吗?几年前这种观点是不可思议的。但是随着越来越多的青少年面临艾滋病的威胁,"避孕套概念也就成了常识"。包括纽约、费城和洛杉矶在内越来越多的城市学校提供避孕套,试图防止少女怀孕、性病和艾滋病时,全国学校董事会却在讨论"应该传授什么文化"。美国前任外科医生会长约瑟琳·艾尔德斯(Jocelyn Elders)医生就是由于她关于少年性问题的直率而颇具争议的观点被解雇。

性教育和艾滋病教育日益增多,但遭到一些畅所欲言的家长和社区群体的反对。他们认为这些应该是家庭讨论的问题,学校应该阻止性行为,而不是通过课堂教育和发放避孕套的方式来鼓励学生。另一些人认为如果性教育和艾滋病教育是课程的一部分,那么道德教育也应如此。据估计,美国有80%的成年人赞同学校提供性教育(Kyman,1998)。

事实是,美国青少年性行为的年龄不断提前。年龄小于19岁的女性有婚前性行为的已经超过60%,15岁之前有性行为的占30%。那些在学校里或工作中前途渺茫的女性比能够掌握自己未来的女性更早发生性行为。其他冒险活动,如使用毒品、参与犯罪活动和团伙活动,都与性早熟有关。尽管避孕措施的使用在增多,但研究显示,少女比年龄较大的女性更可能得不到保护,因此,更多的学校课程强调疾病传染的问题(Hess, Markson, and Stein, 1996, p. 174)。

1999年全国民意调查,在公众最关心的学校问题中,排第四位的是毒品使用(Gallup,1999)。这个问题通过过去几年青少年中毒品使用的曲线得以证实。随着体育界和娱乐界几个杰出人物的死亡和运动员大量滥用药物的报道,学生中毒品滥用问题和其他问题成为人们关注的中心。每个联邦行政部门都已经拟订计划抵制毒品滥用。在一些学区,具体的措施有毒品使用的调查、尿检以及法庭起诉等。

最为成功的计划好像是无毒品政策的广泛宣传。这些政策可以为困境中的学生提供帮助,使学生领袖参与进来。这些计划从幼儿园就开始进行,将整个社区纳入反对毒品的活动中。最佳的策略是将同辈群体、家庭、学校、媒体和社区组织广泛组合起来,同时采用多种多样的方法提供信息、发展生活技能、树立同辈榜样、改变社区政策和规范等(U. S. Department of Education, "Reaching the Goals", 1993)。反吸毒教育就是这样的一种计划,它始于小学,终于学生能保证远离毒品。事实上,反吸毒教育已经成为一项国际运动。

许多青少年首选的毒品是酒精(见图 2-1,校内使用的毒品)。1979 年,88%的中学高年级学生汇报过去一年接触过酒精,到 1998 年已逐渐下降为 74%("*Monitoring the Future Study*," 1999, p. 41)。有关毒品使用的信息经过父母、广告和同辈群体传递。许多未成年醉酒者其父母酗酒,据估计,美国 18 岁以下此类儿童已达到 1 500 000 人(McEvoy, 1990)。毒品的使用也在下降:吸大麻的高年级学生已经从 1979 年 51%的高比例下降到 1993 年的 22%,但 1998 年又回升到 38%("Monitoring the Future Study", 1999, p. 41)。毒品使用率增加的可能因素有家庭中犯罪、毒品使用或酗酒的历史、不良的子女培养方式、低教育投入、过失行为、学业失败以及毒品的早期使用等。这些儿童更易于滥用毒品、试图自杀、离家出走、行为不良和学习成绩差。解决毒品滥用和滥用缘由的研究项目在处理这些问题时最有效。

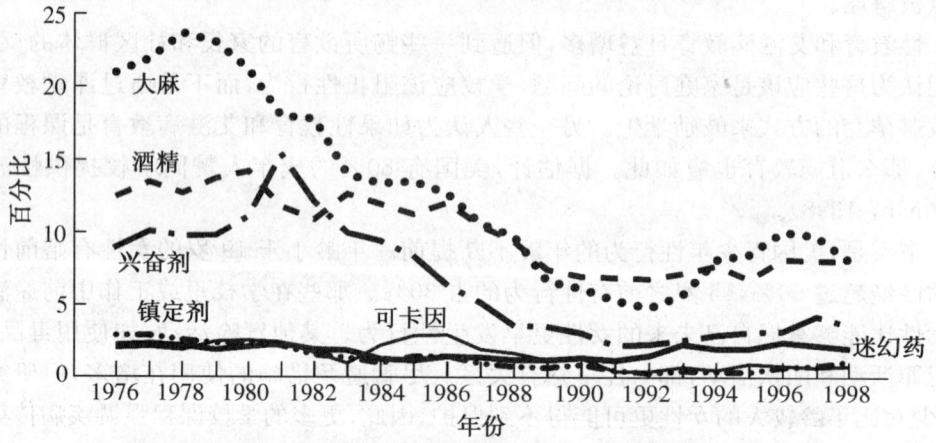

图 2-1 1976—1998 年中学高年级学生报告早先在学校使用酒精或毒品的比例(根据毒品的种类)

资料来源:University of Michigan, Survey Research Center, *Condition* 1999, p. 83.

毒品滥用和其他问题再次导向争议性话题,即学校与家庭在教育学生方面起何作用。学校应该提供毒品和酗酒的咨询与康复服务、性和艾滋病教育、怀孕咨询与测试、避孕及防止自杀的措施吗?是否该把这些个人和道德问题留给家庭来解决呢?克林顿政府的外科医生会长鲜明地提出了他的观点:学校明确的性教育是防止艾滋病传播的根本途径。

● 实践：学校在道德教育问题方面应该
起什么作用？谁来做这些决策？ ●

教科书与图书馆书籍的审查制度 淫秽、性、裸体、政治或经济的"偏见"、亵渎、切口或者有问题的英语、种族歧视或种族仇恨、反宗教或反美国思想都是审查学校教科书和图书馆书籍的原因。诸如《鲁姆普雷斯蒂尔特斯金》、《包法利夫人》、《狱中人》、斯坦贝克(Steinbeck)的《愤怒的葡萄》、莎士比亚的《哈姆雷特》、乔叟的《磨房主的故事》、阿里斯托芬的《吕西斯特拉忒》都上了一些学校禁书的黑名单。近年来，经常被审查而又颇具争议的书有索福克勒斯的《安提戈涅》、赫胥黎的《美丽新世界》、塞林格的《麦田守望者》、海勒的《第22条军规》、莎士比亚的《威尼斯商人》、奥威尔的《1984》、冯尼格的《五号屠场》和李伊的《杀死一只知更鸟》(Simmons，1994)。反对这些书的主要理由是它们语言粗俗，有淫秽和性爱的内容。其他受到批评的书及其抗议的原因如下：《安妮·弗兰克的日记》(有章节暗示所有宗教都具有同样的价值)；《灰姑娘》、《绿野仙踪》、《麦克白》(描写善良巫婆并引用秘学)；《罗密欧和朱丽叶》(浪漫色彩的自杀)、朱迪思·盖思特的《普通人》(抑郁与淫秽的)、艾丽斯·沃克的《紫色》(涉及到种族关系和人类性行为的矛盾思想)；《哈克贝里·芬历险记》(有冒犯性语言与对美国黑人的描述)(Hodges，1995，p. 16；Foerstel，1994；Bjorklun，1990，pp. 37—38)。框 2-1 列出了 1999 年最受批评的十大书籍(American Library Association，2000)。问题是，家长是否有权利去除课堂和图书馆里的某些资料，尤其当他们仅代表了家长中的一小部分，却被国家有关团体组织起来并给予了支持，导致他们在社区有着一定程度的影响的时候。最高法院规定，学校"董事会不可以仅仅因为他们不喜欢这些书中的思想而将它们从学校图书馆的书架上撤下来"。相反，在撤出这些有争议的书籍之前，他们必须建立并遵循合理的程序(Board of Education v. Pico，1982)。

关于图书馆书籍和课堂教科书的争议使得社区分裂，任何社区不能免除审查(Brinkley，1999)。社会学家佩奇(Page)和克莱仁德(Clelland)在一早期书籍争议的分析中，调查了西弗吉尼亚肯那瓦县(Kanawha County，West Virginia)争议，认为这种争议是植根于"政治生活方式"中(Page and Clelland，1978，p. 265)。那些认为被剥夺公民权或者缺少权力的群体通过法律的途径来倾诉他们的思想，发泄由于书禁而产生的挫折感。例如，极端教旨主义者"要求公立学校将祈祷纳入课程，因为这象征着对他们宗教价值观和信仰系统的认可"(Provenzo，1990，p. 88)。禁书象征了在地位政治(status politics)和恢复 20 世纪 60 年代社会革命中所失去东西斗争的胜利。当宗教群体获得政治权力的时候，审查制度在公立学校和图书馆日渐加强。70 年代中期到 90 年代中期就发生了 300 多个审查案例(Jenkinson，1994)。

> **框 2-1　1999 年最有争议之书籍**
>
> 　　1990 年到 1998 年,学术自由办公室收到或记录了 5 246 份抗议,其中,1 299 份反对"性行为描写",1 134 份指出资料中使用了"冒犯性语言",1 062 份认为资料"不适合年龄群体",744 份抗议材料中有"神秘话题或提倡神秘恶魔崇拜",474 份反对材料中有同性恋话题或"提倡同性恋"。其他具体抗议内容包括宗教观点(373)、裸体人像(276)、种族歧视(219)和性教育(190),或者被认为是反家庭素材(186)。这些抗议几乎有 70% 是针对学校或学校图书馆使用的书籍,26% 是针对公共图书馆的;60% 的抗议是由父母提出的,16% 是赞助人,大约 10% 是行政管理人员提出的(学术自由办公室在记录这些抗议时,没有声明其具全面性。研究表明,一份记录背后有 4 至 5 份抗议未汇报)。下面是 1999 年最有争议的书籍:
>
> 　　1.《哈利波特》系列,J. K. 罗琳,内容涉及大量巫术和魔法。
> 　　2.《艾丽斯》系列,菲莉斯·雷诺兹·雷勒,它使用了冒犯性语言,不适合某些年龄群体。
> 　　3.《巧克力战争》,罗伯特·冠米耶(1998 年最有争议的小说),使用了冒犯性语言以及不适合某些年龄群体。
> 　　4.《鲸妹》,茱迪·布鲁姆,其有冒犯性语言,不适合某些年龄群体。
> 　　5.《堕落天使》,沃尔特·迪安·梅耶斯,使用冒犯性语言,不适合某些年龄群体。
> 　　6.《人鼠之间》,约翰·斯坦贝克,使用冒犯性语言,不适合有些年龄群体。
> 　　7.《我知道为什么笼中鸟儿会唱歌》,玛娅·安吉鲁,有直接的强奸和性犯罪的描写。
> 　　8.《女仆的故事》,玛格丽特·阿特伍德,有性内容。
> 　　9.《紫色》,艾丽斯·沃克,有性内容和冒犯性语言。
> 　　10.《落在杏杉树上的雪花》,大卫·古特森,有性内容和冒犯性语言。
>
> 　　资料来源:American Library Association (copyright 2000). "*The Most Frequently Challenged Books of 1999.*" Available: http://www.ala.org/bbooks/challeng.html#mfcb(进入日期: March 1, 2000).

　　多数教育者声称审查制度是对学术自由的威胁,而要求审查的群体认为他们在保护自己的孩子不受世俗主义、淫秽和其他负面的影响。法院的裁决各有千秋,但是案例中的天平开始倾向于学术自由。有些地区保留着一些颇具争议的书籍,而对于那些家长有异议的学生,这些地区也提供其他可供选择的书籍(Brinkley, 1999)。

课本的筛选也牵涉到文化政治学。由公民和利益群体参与的州层次的课本筛选可以代表公众的竞争利益,但是,学校专业人员的压力在某种程度上却是有限的。很多的学校专业人员开始转向配套的课本材料(Wong,1991)。得克萨斯和加利福尼亚是最大的课本购买地,它们对生产什么种类的教科书有着主要的影响。这两个州占据了近五分之一的课本出版市场,因此影响着课本的内容,诸如进化论和神造论等有争议的话题("California,"1991,p.11)。即使书中所编排历史题材的方式也需要审查,这因群体的特殊利益和地位政治而得以永久化(Loewen,1996)。

学校是个体和社区可以参与并表明立场的地方,有些事情在其他机构也许就无法控制。关键一点在于课程内容的决策反映了人的权力和控制、他们孩子的未来及其所处社区的变化等一些范围很广的问题。课程改革的很多阻力来自农村和小城镇地区,这些地区的人们对瞬息的变化感受到了压力,而世界的城市化也冲击着许多他们固有的信念和价值观。

利益群体与课程　　文化传递不是一个直截了当的过程,而是一个反映多元社会中动态变化和不同观点的过程。想想神造论和世俗人文主义(secular humanism),这也体现了宪法所规定的教堂和国家分开的问题。有些州的最高法院已经考虑到了这个问题,2000年总统竞选者们都支持在学校进行神造论教学,而大部分美国人则认为这两种观点学校都应该传授。

> 美国人既支持教学神造论也支持教学进化论,这反映了人们对人种出现的不同观点。根据最近的盖洛普民意测验,47%的美国人相信上帝曾经在过去的10 000年的某一时刻创造了大致现在模样的人,然而,也有49%的人认为人类是从几百万年前的低级生命形式进化而来的(Moore,1999)。
>
> 有关这个问题的争议因年龄和教育程度的不同而异,56%的年轻人和接受更多教育的美国人接受进化论的观点,60%的65岁及以上的老人拒绝进化论,41%的没有接受高等教育的美国人拒绝进化论的解释,而58%的大学毕业生和66%的研究生接受进化论(Moore,1999)。这个颇具争议的问题也体现了学校系统中,儿童应该学什么与如何教授之间的冲突。

●　实践:学区怎样处理来自不同利益群体相互竞争的需求?　●

社会控制与个人发展的功能

社会成员期望学生学会必需的技能以成为遵纪守法的、有劳动能力的公民。根据功能理论,学生通过正规或非正规途径学习诸如纪律、尊重、服从、守时与毅力等价值观。人们认为这些是在工作和学习中获取生存的基本要素。学校被期望灌输与社会控制和个人发展相关的价值观,这样,将个体训练成为能以众人认可的方式适应社会,从而减少社会问题。但是,冲突理论家对于社会控制有不同的观点。他们声称,学校是资本主义社会的工具——它控制着训练,将人归类到社会系统中不同的位置,并使不平等的阶级体系永久化。在下面关于学校社会控制的事例中我们将思考每个理论的观点。

从权威主义(authoritarian)方法到人文主义(humanistic)方法,学校以不同的方式传递社会控制技能。纪律是学校加强控制的主要方式。为了能够实施社会控制并为社会培养遵守纪律的劳动力,学校采用的方式使其与社会陷入进退维谷之境并导致了争议。三个相关的问题可以说明这一点,这就是,学校中的暴力、纪律和团伙。

学校中的暴力与纪律

如今,一个 15—19 岁的白人男子死于枪杀的可能性要超过死于自然原因。美国黑人男性青少年死者中有一半死于枪杀(Steinberg, 1994)。尽管比起社会其他场所,学校是个相当安全的地方,且中学高年级学生中受害者的比例在 1976—1997 年没有发生什么变化("*Monitoring the Future Study*," 1999),但是,"校内外的暴力降低了学校效力,阻碍了学生的学习,直接影响了教育者和学生。另外,有些学生由于其他原因已经处于学业失败的危险之中,而不安全的学校环境会将他们置于更加危险的状态之中"(National Center for Education Statistics, 1995, p. 134)。

1998 年学校犯罪与安全研究发现,在研究发生前的四个星期内,9%的高年级学生至少携带过一次武器到学校,而 1993 年的比例为 14%。武器中枪支的比例占到了 3%。男学生,尤其是美国黑人,更可能携带武器,他们中 15%的人每个月至少携带一次武器,而白种青少年为 8%(National Center for Education Statistics and U. S. Department of Justice, 1998)。由于有时会发生严重的犯罪和伤害行为,有些城市学校在走廊上安装了金属探测器,并配有正规的保卫和警察巡逻。也许,正是这些严重的事件导致了公众认为"缺乏纪律"、"格斗,暴力和团伙"、"毒品滥用"是美国所有学校面临的最严重的几个问题(Rose and Gallup, 1999, p. 46)。

1976—1997 年,学生犯罪的总体数字没有上升,但是,出现在学校的团伙的数量却在不断上升(National Center for Education Statistics and U. S. Department of Justice, 1998, p. 13)。1990 年大约有 15%的学生报告其所在的学校存在团伙,到 1995 年报告的学生数一下子上升到 28%(*School Crime and Safety*, 1998, p. viii)。这就导致了学生佩戴徽章到学校的权利问题以及有团伙成员存在的学校其学生的安全问题。学校应该成为受保卫的堡垒,还是少一点强制与惩罚?那些潜在的捣乱者应该移送到更安全的环境中去,还是根据学校的规章制度来教育他们举止行为?

这引发了有关学校应该使用什么类型的纪律的争议。最近,联邦官员支持使用体罚和停学等专制手段,其目的在于保障安全的教育环境下师生的权利。有些研究显示,严格的纪律是低收入城市学校学习成绩得以保障的一个关键因素。纽约市前任首席法官雷蒙·考廷斯(Ramon Cortines)提出了这样一个政策:携带枪支的任何学生停学一年或者被送到特殊的纪律学校(Hodges,1995,p. 17)。一些学校成了压抑的地方,它的纪律非常严格,走廊有保卫,有时像武装的军营,一些地区的学生由于这种气氛而感到愤怒并公然反抗。

有人认为积极的学校氛围是激励学习的一个必要条件。一些社会学家指出纪律问题体现了社会系统中,学生与成人之间的权力斗争,在这个系统中,学生是无权力的,所以他们经常反抗那些限制他们思想与行为的专制主义规则。这些社会学家声称,除非这种对学生强制的疏远的权力结构得到根本的改变,否则纪律将仍然是个问题。佩特罗·挪古拉(Petro Noguera,1995)提出学校的专制行为可能会助长暴力文化(见框2-2)。

框2-2 预防校内暴力:创造一个积极的氛围

城市公立学校社会关系普遍功能失调的特征绝非偶然,而是内城区严重的社会经济状况所致。然而,这种状况并非不可避免。对于学校里师生为了追求更高的个人与集体目标而相互支持这个准则来说,有一些例外。其实,这样的学校并不典型或普遍。相反,一般的城市学校像是个有不祥之兆的大而无人格的地方。在那里,铃声和保安试图控制学生的活动,学生时常忘记要求他们每周五天来到这个没有特色的机构的显而易见的理由,即教育与个人发展。

我走访过城市学校。他们已经找到有效解决暴力问题的办法,这些办法不是依靠高压或控制过度的方式。这样的学校不是雇佣保安,而是从周围社区雇请一位老太太来监视学生。她没有使用身体胁迫的方式来履行职责,取而代之的是以拥抱的方式欢迎学生。在需要某一形式的惩罚时,她会警告他们规矩行为,并表示她希望他们能做得更好。我也走访了一所业余补习中学。学校没有围墙和其他安全设备,但在午餐时间校长会关闭校园,不允许学生离开学校。他通过与学生交流关于购买食物的其他选择,使学生感到没有必要出校园进餐。如今学生们开了间校园商店,师生共同出资。这样的方法之所以行之有效,是因为它使儿童和成人都被看做相互联系起来的人,而不是作为匿名的演员在扮演他们的角色。

学校设计中增加美感,腾出可用的空间让学生建立花园和花房,这些提高学校

第二章 教育中冲突的功能与过程：系统运作的原动力

> 审美特色的措施能使学校充满快乐，更加吸引人。同样，克服城市学校与所在社区的隔离状态，儿童眼里缺少威望和受尊重的成人的问题就可以解决。鼓励社区内成人自愿或付费，来进行一些辅导、讲授、指导、训练、表演或者只是简单地协助学校的活动。
>
> 通过强迫与纪律，维持社会控制的目标已经持续了很长时间。当今，多数城市的年轻人既不被动也不百依百顺。体面的工作与物质财富的回报诱惑着那些在校学习好的学生，而大多数人认为这些学生要么是不受欢迎的人，要么就是很难达到目的。教育是有重大意义的，它首先是激发所有个体对获得更大自我实现的渴望，我们必须设计并支持这种新的教育策略，否则我们将陷入一种日渐压抑和危险的境地。
>
> 许多感觉安全的城市学校，没有使用金属探测器与雇佣全副武装的保安，他们的校长也没有使用棒球棒。他们真正拥有的是社区意识和集体责任感。学生把它看成是圣地，因为它非常特殊而不能让犯罪和暴力玷污，太重要而不能冒险被开除。这样的学校很少，但它们的存在可以切实说明这对于那些遭受暴力折磨以及旨在生产驯服躯体的秩序混乱学校无疑是个不错的选择。
>
> 资料来源：原文引用来自 Pedro A. Noguera, "*Peventing and Producing Violence: A Critical Analysis of Responses to School Violence.*" Harvard Educational Review, 65(2), Summer 1995, pp. 189—212. 版权 1995 由哈佛大学所有。

各种研究显示，体罚既是控制机制无效的结果，也是暴力的根源。心理学家指出，消极的惩罚，如体罚，对预期的行为改变是无效的。有些教育者认为，体罚使学校失去人性，这种方法不适合学校环境，它只能使破坏和反叛的行为增加并阻碍学习，强调严格的社会控制的学校会制造出一种像监狱似的氛围，不利于学校环境的改善（Noguera，1995）；而那些受体罚的学生往往会对学校失去兴趣。批评者认为，惩罚不但使学生对于努力获取成功丧失信心，而且会使教师将他们归为反面类型。也就是说，教师和学校通过实施体罚宣扬了暴力。

学校也借助于许多其他方法来解决问题，如同性别分班、强迫家长参与以及指派一些身着统一制服的警察在学校中巡逻（Elias，1995，p.54，56）。有关停学这一学校政策的评估显示，美国黑人男性学生在许多案例中大量地被停学。最近，几个美国黑人学生在伊利诺伊州迪卡特举行的一场足球比赛中发生的斗殴事件，引起了全国媒体的关注，耶西·杰克逊（Jesse Jackson）认为，给予他们两年停学（后来时间缩短了）的处罚太严厉了。也许停学能够达到解决问题和惩罚学生的直接目的，但会产生一些使社会付出代价的长期问题，如减少被停学学生的有益生活的机会、限制了他们受教育的机会、增长了失学率（Bowditch，1993）、导致对福利的依赖、被关进监狱、被送到精神病医院等。因此,课堂和学校所使用的方法会影响环境和师生间的互动。我们迫切需要对权力结构、惩戒方式及其结果进行系统研究。

人都有些基本需要——食物、住所、情感和关爱、尊重、信任、知识和真理(Maslow,1962)。如果连基本的需要都不能满足,那么儿童也许会表现出破坏性行为。例如,儿童挨饿上学或者缺乏家庭关爱,他们在学校就很可能有破坏性行为。教师经常没有时间、精力或兴趣来更好地解决这些问题,相反,却采取惩罚或控制的方法,如体罚、开除(十天或更长时间)或停学(十天或更长时间)、课后留校、转班级或转校、剥夺权利、使用药物使学生平静或者举办特殊教育班级。学校中的这些问题不易解决,主要在于它们反映了社会上普遍存在的问题。

● 实践:在什么情况下专制主义的纪律才能最有效?人文主义的纪律呢?
应该使用停学这一方法吗?如果应该,在什么情况下使用? ●

筛选与分配的功能:分类的过程

决定是你还是他人可以挑选最好的大学院系、进入喜欢的领域、挣高工资并拥有很高地位的工作的最好的办法是什么?这个问题将会在第三和第四章中详细讨论。这里我们考虑多数工业国使用的方法,即考试。人们对考试在就学中的作用及其是否对所有学生公平方面存在分歧。

测试

许多现代工业社会注重成绩和美德,在这些以考试为取向的社会中,擅长考试是有益的。我们多数人都会面对智商测试、态度测试、成绩测试、职业兴趣调查、心理测试、行政事务测试、学习能力测验(SATs)、美国大学测试(ACTs)、米勒分类测试(Miller's Analogy test)、研究生资历考试(Graduate Record Examination)、工作能力倾向测试(Job-Aptitude Tests),等等。学校使用不同的考试来检测或者分流学生,以确保学生达到该年级水平,因为学校所有的活动都要对社会负责。许多州现在要求学生高中毕业前通过考试,学生必须参加大学学习能力倾向测试和美国大学测试以入学就读。考试是我们生活中的一部分,有助于教育者和其他人根据能力来筛选和分配。在考试的过程中有群体占优势吗?

多年来人们对智商测试的分数有争议。阿尔佛雷德·比奈(Alfred Binet)首次在法国开发了智商测验量表来诊断智力迟钝以及个人困难或缺陷的问题。他认为人的智商并不是固定的,它是随着专业训练而增加的。他没有想到用量表给大众定位,但不久就流行开了。美国参军入伍人员要进行智商测试,测试分为有文化和文盲两组,目的是将他们分类和筛选至军队的不同角色。当学校也开始使用智力测验来筛选学生时，对智商测试的关注进一步加强。尽管批评不断，但很多学区仍然使用智商测试进行一般的学生编班（placement）。20世纪70年代以来，几本书籍和文章的发表加剧了对智商测试的性质和使用的争论，相关的关注得以加强：

1. 我们真正测量的是什么？
2. 遗传因素和环境因素在多大程度上影响测试的结果？
3. 我们可以开发一种文化中立（culture-free）的测试吗？

● 实践：写下导致某人看似聪明的特征，将此与他人的记录做比较，它们可能有异同点，为什么？●

首要问题在于智力的本质是什么。社会科学家设法确认我们所说的智力究竟是什么。对于寻找何种天生素质、怎样寻找以及环境因素多大程度上影响智力方面没有达成共识。

智力的不同定义中涉及了23种不同的心智能力，其中包括流利的口头表达、空间的观念、逻辑推理、序列运算、记忆和创造性等。给智力下定义不是追求一个简单的数量问题，而是要揭示复杂的逻辑推理系统。霍华德·加德纳（Howard Gardner，1987）认为，人的很多方面为"多元智力（multiple intelligences）"，包括实践、社会、音乐与空间的能力。自从1983年该概念提出后，最近他又给智力的定义增加了一条——"自然智力（naturalist intelligence）"，即"一个人辨别周围环境中植物和动物的能力"（Gardner，1999）。其他人则认为智力是一种信息处理的系统，这种信息处理的过程起始于我们感知到信息终止于我们做出相应行动，这意味着有些人在处理某些信息时比他人更为熟练。

第二个问题在于决定智力的遗传和环境因素的争议。1969年，亚瑟·詹森（Arthur Jensen）宣称智商测验所测量的80%为遗传，20%为文化因素。这个声明和他发表在《哈佛大学教育评论》（*Harvard Educational Review*）上的文章引起了争议，并一直延续至今。他和其他人，如理查德·赫恩斯坦（Richard J. Herrnstein，1980），建立了这样的理论：社会经济群体、社会群体与民族群体间的智商差异主要取决于遗传因素。

赫恩斯坦和默瑞（Murray，1994）的《贝尔曲线》（*The Bell Curve*）一书在科学界引起很大的轰动。他们指出低智商、遗传基因、社会阶级定位和社会弊病之间存在直接的相关性。这意味着种族、智商与社会阶层密切相关，穷人因其地位低下而应受责备。该书前提在于智力是可被理解、定义和检测的，我们拥有准确测量出智力的测试。如果可以这样假设，智商测试具有有效性，智力具有遗传性，那么有些人就会认为依据智力对群体进行社会位置的分配是合理的,其依据是一些人总比他人要能干得多。有些人确实可能很能干,但我们必须确保在利用此测试进行分类之前做出准确的判断,而所有这些因素都存在问题,还有待证实。

科学家对该书从基本假设到方法论方方面面进行了批判。一个主要的批评源于对资料进行了另一种解释,它认为经济上的成功与否更依赖于社会阶级而不是智商,我们必须将个人特性放在社会结构中,方能找到不平等的根源。父母的富裕情况、国家劳动法的政策、教育和减税等因素都会导致报酬分配不均。种族的差异是社会不平等的产物,而不是社会不平等的源头。那些研究者建议调整政策提供更多的机会(Fischer et al.,1996)。

使用智力测验归类社会成员的第三个问题在于设计的测验是否可能避免文化偏见,即阶级、族群、地方主义和使得我们国家和学校系统如此多样性的其他变量。思考下面一个问题:让孩子们画一匹马,你认为谁的马画得"最好"呢?生活在乡村的美国儿童肯定画得最好,因为他们非常熟悉这种动物。

另外一个影响智力测验的环境因素是生活的区域。一战后军队征募新兵使用了智商测试,研究者们注意到,征募的新兵中没有出现美国黑人比白人分数低这样的一种陈规模式,但是地区的差异性导致他们的分数差异很大。北部的白人分数最高,接着按次序是北部的美国黑人、南方白人和南方的美国黑人。有些研究显示,参加过增益性活动的儿童的智商分数有所上升,这些研究同样指出了环境因素对于智商的重要性。其他一些影响测试分数的变量有:负责测试者的种族特征、接受测试者的性别、动机以及在测试那天的感觉——甚至包括是否吃了顿好的早餐等。也许你还记得测试那段时间感觉紧张。有些孩子在压力下会做得更好,有的会更差,有的面对挑战或困境时就放弃。这些个人因素也会明显地影响测试成绩。

所有的研究指出,以分数为基础进行分等或分类是有问题的,因为这些分数是不可靠的,也是不断变化的,同时还受周围环境的影响。这些研究表明诸如典型测量的智力并非是遗传的,固定不变的,相反,是受刺激、文化和环境因素影响的一个变量。

成绩测试

一个学生呆在邮箱旁,满怀期望,却又害怕拆开"信封",这样的情景全世界随处可见。那个信封里装着开启许多年轻人未来的钥匙——成绩测试的分数。由于大学空间有限,多数国家通过入学考试来确定大学的招生,这些数字决定着许多学生的命运:可以进入大学或被拒之门外。分数很重要——但同样也有争议——因为它触及到了我们如何评价和安置社会中的人。

在美国,要上大学的高中毕业生可以参加两个国家级的成绩测试:美国高等学校测试和学习能力倾向测试。学习能力倾向测试的分数从1994年到1998年整体上升了14分，而高等学校测试分数在同一时期几乎保持不变（U. S. Department of Education, 2000）。美国黑人学生分数仍然远远低于那些白人学生和其他少数族群的学生。有些教育者批评测试，认为它没有测试课堂真实情况，却容易左右课堂的内容。教育测验服务社（Educational Testing Service），也就是学习能力测试和成绩测试的发行机构，已经修订了测试，他们说这个修订版更贴近课堂经验。

测试制定者将继续提高测试效度，教育者会不断对课程内容与测试题目之间的关系提出质疑，家长和学生会关心测试对他们生活机遇的意义，少数族群的提倡者也会关注测试中是否存在偏见。然而，在英才教育制度的社会中，有些测试尽管有缺陷，但仍将继续下去。

变革与创新的功能：展望未来的过程[1]

学校关系到未来。通过研究和传授给下一代新的知识，社会得以向前发展。大学通常处在研究的前沿，将新知识传授给学生。尽管没有人否认变革的不可避免性，但问题是变革是如何发生以及谁在操纵着变革。

我们知道，那些在21世纪拥有技术技能和知识的人，那些知道如何获取对将来很有用的信息的人其所处社会阶层将有所提高。学校能够传授和实施新技术吗？所有人都能平等地使用这些工具吗？

计算机技术的广泛传播很大程度上改变了不同层次的教育者向学生传递信息的过程。"传统课堂"里学生听课，而"后现代课堂"里教师使用着高分辨率的计算机图表、虚拟的声音和流行的多媒体平台，如幻灯片、AST多媒体、多维演播等辅助授课。传统课堂的学生通过阅读成套课本来了解遥远的文化，而后现代课堂里的学生则通过国际互联网与不同文化背景的人进行互动和交流。

在后工业社会中，技术的使用对于不同层次的教育来说日趋重要。作为2000年目标中一部分，克林顿总统和国会制定了关于所有课堂有效使用计算机技术的策略（U. S. Department of Education, 1995）。尽管全国使用计算机技术和国际互联网还没有完全实现，但很显然，后现代课堂正在快速取代传统课堂。

拥有计算机的数量以及可以使用国际互联网的公立学校的比例在不断上升。1997年平均每个公立学校拥有75台计算机。从1994年到1998年，使用国际互联网的学校比例从35%快速增至89%（National Center for Education Statistics, 1999）。同时使用国际互联网的教室的比例急剧上升，1994年，仅有3%的教室配备了国际互联网，而到1999年，却增至63%（"State of American Education Address，" 1999）。高等教育机构中对计算机技术依赖的现象也很普遍，远程教育尤为突出，这是一

---

[1] 与印第安那大学的杰弗里·狄克松（Jeffery Dixon）合写。

种成本低廉却可以使大量学生接受教育的方法。通过双边互动视频的连接和国际互联网,学生可以在网络课程中修得学分(Dunn,2000)。1995 年,有三分之一的高等教育机构提供了远程学习课程,另有 25%的打算在未来三年内提供远程课程(National Center for Educational Statistics,1999),许多大学实施了他们的计划,到 1998 年,44%的大学提供了远程学习课程(Department of Education,1999)。

尽管数据还会不断更新,但初步的研究显示,计算机技术对学生成绩有着积极的影响。1999 年关于教育技术的教育部长大会上,教育者对使用计算机技术与标准测试分数之间关系进行了评估。西弗吉尼亚州和爱达荷州中有广泛联系的学校或"后现代"学校在爱荷华基本技能测验(Iowa Test of Basic Skills)、学习熟练程度测试(Test of Academic Proficiency)和其他标准测试中,成绩提高了近 15%。然而,有些教育者批评了这些研究结果的方法论基础,他们认为把使用计算机技术孤立看成一个变量来研究它是促进还是阻碍学习成绩是很困难的(McNabb,Hawkes,and Rouk,1999)。不管是什么样的案例,初步的研究已经提出了一些涉及到技术分配及其对教育影响的尖锐问题。

随着技术的广泛使用,新老问题层出不穷。而最重要的问题是技术使用分配的不公平。1998 年,基本没有贫困儿童的学校已有 62%的教室使用了国际互联网,而有高比例贫困背景儿童的学校只达到 39%("State of American Education Address," 1999)(见图 2-2)。同样,"高比例少数族群学生的学校"和"低比例少数族群学生的

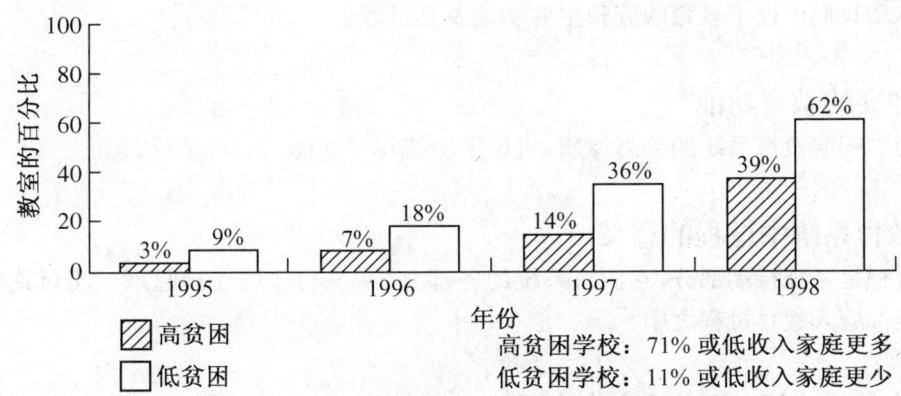

图 2-2 高比例贫困学生和低比例贫困学生的
学校使用国际互联网的教室的百分率

资料来源:U. S. Department of Education, National Center for Education Statistics, Internet Access in Public Schools, February 1998; *Internet Access in U. S. Public Schools and Classrooms*, *February 2000*. 资料的局限性:贫困的测量是依据学校午餐免费和降低价格的数据,这些数据也许会低估学校贫困的水平,尤其是那些年龄大的学生和移民学生的学校。

学校"间也存在差异，前者，即少数族群学生占 50%的学校，拥有国际互联网教室的可能性更小(National Center for Education Statistics，1999)。而且，学生在家中使用计算机和国际互联网受制于家长能否支付得起费用。"收入在 $25 000—$29 999 的家庭中大概有 13%的学生使用计算机来完成他们的学校功课，而收入在 $75 000 或更高的家庭中有 45%的学生使用计算机"(National Center for Edcuation Statistics，1999，p. 472)。

21 世纪教育者和政策制定者将面临一个非常艰巨的挑战：在一个受计算机技术控制的社会，他们必须决定如何在教室有效使用计算机与国际互联网以及如何公平地分配技术。如果这些问题不解决，那么，有些学生也许仍停滞于 20 世纪的环境中。

● 实践：教育者如何为未来装备学生？●

我们所选择研究的任何教育问题都可以归属于教育功能。本章所讨论的仅仅是一些事例。现在我们要讨论学校的筛选和分配功能，这个功能贯穿整个社会分层过程。

结语

本章我们讨论了教育的五种主要功能及其过程。

Ⅰ. 冲突的教育功能

为了阐明教育系统的动态性质，讨论了围绕每个功能的一些争议。

Ⅱ. 教育系统中过程的意义

过程是系统行动部分，它们将系统的各部分、系统与环境连接起来。所讨论的每个功能都融入教育过程之中。

Ⅲ. 社会化功能：学什么与怎样学

在此讨论了两个争议：

1. 早期儿童教育的争议：争议在于谁来提供早期儿童教育以及它的长期效果。研究发现，为贫困儿童提供早期教育有一些长期的积极的效果，如果持续下去效果尤甚，而给其他儿童提供早期教育不会产生有害的影响。

2. 社会化过程中媒体与商业的角色：争议主要集中在媒体在教育或娱乐中的角色以及看电视可能带来的负面影响。电视观看过多会降低成绩，暴力电视可能增加儿童的挑衅性。家长参与决定可看电视节目的效果以及教育电视节目对儿童的正面影响是显而易见的。最近的工业等级评定和反暴力集成电路对电视的观看提供了更多的控制。

Ⅳ. 文化传递功能与文化传承过程

标准测试中成绩差与文化文盲学生的低技能引起了人们的关注。有人主张使用严格的核心课程来弥补不足之处。学校教什么以及由谁来决策也是颇具争议的问题，尤其是在异质化的社会。同时列举了两个领域的事例佐证其争议性：（1）毒品和性教育；（2）教科书和图书馆书籍的审查制度，特别是涉及到诸如进化论和神造论等问题。

Ⅴ. 社会控制与个人发展的功能

学校维持社会控制而进行的相矛盾的尝试的两个问题是纪律和团伙。争议集中在采用什么类型的纪律、团伙在吸引学生注意力过程中的角色以及怎样解决学校中团伙和暴力的问题等。

Ⅵ. 筛选与分配的功能：分类的过程

这里，个体如何被安置到社会中去是个关键点。由于测试广泛地用于学校教育中的分班和工作的安置，我们讨论了测试过程的公平性（此功能将在第三章和第四章中进一步讨论）。

Ⅶ. 变革与创新的功能：展望未来的过程

这里，我们提出了在促进社会发展的过程中谁有权利得到所需技术培训的问题。从某种程度上说，如果一些学生拥有更多的权利，他们也许就会在未来的就业和成功方面占有优势。

实践

1. 讨论你作为一个学生角色的主要过程。
2. 在你所熟悉的一个城镇，学校课程内容引起了哪些争论？哪些社会学因素可以解释这些争论？
3. 参观一个幼儿园并进行观察，儿童具有哪些不同于家庭体验的社会化经历？
4. 与孩子的家长和教师讨论有关早期儿童教育的感受。
5. 访谈信奉正统基督教的领袖，谈谈他们关于学校课程的观点。如果允许存在变化或补充的话，他们希望看到什么样的变化或补充？如果你所在的地方有正统基督教的学校,请参观、观察、了解一下他们的课程计划。

6. 与学校委员会成员和学校行政人员讨论影响他们决策的压力群体,在哪些问题上产生影响以及这些群体使用的策略。

7. 与几个教师讨论什么方法能最有效地帮助儿童学习,以及他们在课堂上使用的纪律方法。

8. 你所在地方的学校面临的最大的纪律问题是什么?参观一个不同类型社区的学校,找出二者相似之处。在纪律问题上存在异同点的原因何在?这也许涉及到对学校如何解决纪律问题的了解。

9. 访谈不同年龄的学生,了解他们关于纪律和学生权利方面的观点。

第三章 教育与分层的过程

学校教育的危机

学校教育决定着我们的未来。多数人认为学校教育与职业和经济的成功有着直接联系。学校容易受到批评、怨恨和反对,家长、教育者、学生和政策制定者在公共论坛和投票时表达着自己的心声。

人们普遍认为,学校应该培养能够在社会上行使职责的个体,但对如何以及为何培养存在争议。学校一直履行传授基本技能的职责,但全球多数人对学校所能做的与必须做的事期望值更高。本章我们讨论与学生的筛选、安置以及分层相关的问题,其一就是教育机会均等(equality of educational opportunity)这个词组的确切意义,其他问题涉及到导致儿童和成人学校教育不同结果的因素、公立或私立学校、能力分组(ability grouping)、家庭与社区环境、教师与学生期望以及其他一些因素。

美国的教育与分层

很多批评指出(Young,1990),因教育环境的变迁以及学校有负众望,教育存在着危机。古老的霍雷肖·阿尔杰(Horatio Alger)成功的故事好像不再是事实,"机遇天堂"的比喻已失去它原有的光泽。直到最近,美国人还相信,接受过教育的人无所不能,那些来自一直沿袭贫穷和等级制度社会的移民到了美国可以提升社会地位,可以有机会充分发挥自身潜能。1948年,美国公立学校之父贺瑞斯·曼恩(Horace Mann)写道:"教育超越人类其他任何方法,是人类环境伟大的平衡器,即社会机制的平衡之轮"(Mann,1991)。但事实并非如此。

在美国早期的历史上,一些基本技能通过家庭代代相传。随着工业的发展,人们需要一些新的更加正规的机制来传授知识,这种功能就慢慢地从家庭转移到学校。学校承担了为工业培训工人的责任并将移民的亚文化融入主流文化中去。包括那些在工厂工作的儿童就读的学校在内,一些早期学校采用了"班长制(monitorial system)",由教师培训过的班长提供最小范围的阅读、写作、数学和公民课指导。这些学校最终成了曼恩所赞同的"平民学校(common schools)",并试图在美国创造一个共同的身份和联合的力量。起初,这些学校仅对白人儿童开放,后来,开设了一些面向美国黑人的种族隔离学校。有些儿童接受教育后社会地位得以提升,但是其他人,包括土著美国人和自由的奴隶在内,远远落在后面。有些移民群体由于对公立学校教育不满意,于是成立了自己的学校来满足自身的需要。

随着工业和学校教育的扩展,控制资本和决策的那些人与被控制者之间的劳动分工开始形成,不平等随之产生。私立学校是为精英服务,以确保他们特权地位的持久性,而大众教育(mass education)却旨在培养工人具有包括守时、顺从权威和有责任心在内的一些必备的技能。很多人认为,工厂工人接受教育能给予他们过上好日子的希望,很多人确实也实现了这一希望,然而,教育也有助于资本家和工人阶级之间的阶级差别永恒化。学校里,有些措施,如按能力分班或分轨(tracking),总体上有利于那些处于优越地位的学生。

社会需要一群熟练工人来维持"工业的车轮不停运转"。因此,需要不同层次和类型的培训,这就要求学校在开始的时候就要进行筛选和分配的过程。于是,人们就期望学校能够为改善生活增添机遇,提供均等的机会,确认那些最有资格胜任、最有权力和最有声望的社会地位的人。内在的矛盾不可避免地导致一些人的不满。学校教育帮助一些儿童向上层社会流动,但也把一些人锁定在社会的底层(Kozol,1991;Learning to Fail,1991)。

现在许多亚文化群体希望保持他们的民族认同感(ethnic identities),来自少数民族群体的压力已经使我们原来强调的社会同化目标发生了变化。在他们有权利进入社会、经济和政治机构的同时,我们要尊重并保持他们的民族认同感。我们将会看到,这种模式产生了不同的效果,对于该享有权的争议依然不绝。

全球的教育与分层

有人认为,美国不同群体教育期限的改进可以促进社会平等。事实上,尽管大部分群体接受了更多的学校教育,但是其收入的差异却越来越大。1996年,美国19.8%的,即1 380万儿童处于贫困——美国黑人儿童占40%,西班牙裔儿童40%,白人儿童16%(U. S. Bureau of the Census,1996)。

在过去的200年间,大众教育已在全球普及。如今,在最不发达的国家中,60%小学学龄儿童都可接受正规学校教育(Human Department Report,1997,p.179)。全球内,接受中学教育的比例也在增长,但增长比率较小。中小学课程的相似性揭示了全球标准模式,尽管有些国家中学阶段出现了专业分班现象(Kamens, Meyer, and Benavot, 1996, p.824)。

在全球范围内,诸如性别、种族和家庭地位等人口因素会影响个体受教育的机会,对其未来职业、收入以及贫穷与否都有实质性的影响。赫恩斯坦和默瑞在《贝尔曲线》一书中讨论了一个颇具争议性的主题,他们主要认为,个体在社会中的位置主要由遗传基因决定。根据这个观点,教育资金提供钱或者诸如入学特别保障(Affirmative Action)等政策对个体在社会中的位置基本没有影响。社会科学家对该书进行了批判,理由很多,其中包括数据的处理、智商等定义的狭隘性以及错误的假设等。多数人指出,在美国乃至全球内,不平等现象产生的根源在于社会因素,我们需要理解和纠正这些因素(Fraser,1995;Hauser,1995)。

要讨论分层过程和教育之间复杂的关系,就需要弄清楚许多相关的问题。下面的几个重要问题将为本章和下一章提供一个基本的框架。

1. 分层在社会系统中起着什么功能?
2. 教育在社会分层中起着什么功能?
3. 校园内外哪些关键变量影响着分层?
4. 教育能给社会成员带来教育的均等机会吗?

分层过程:不平等现象不可避免吗

我们多数人普遍认为,分层意指社会中的位置。在美国,一个"开放阶级"的系统支配着整个社会。当问及在社会中的位置时,多数人可能回答"中产阶级"。"中产阶级"意指一种"中等"生活方式——一幢房子、一辆车和白领工资收入。这种系统与等级或阶层制度形成鲜明对比,后者结构化的不平等已根植于社会,个体一出生就被赋予永久性的社会地位。

根据美国开放阶级系统,分层是整个社会结构或系统交织的部分,诸如教育机构等不能从整个系统中割裂开以理解分层现象。尽管我们讨论焦点为教育,它仍要涉及家庭、政治和经济因素。图 3-1 说明了分层过程和教育系统之间相互关系,请注意学校内师生群体的分层、社区内群体的分层。

社会阶级的决定因素

社会学家研究分层,都会对社会阶级加以界定,并讨论它对社会中个体的意义和重要性。韦伯(Gerth and Mills,1946)将阶级理解成一个多维的概念,主要由三个变量决定,即财富、权力和声望。财富指个体的财产、资本和收入。美国存在这样一个惊人的事实:80%的财富掌握在全国 1/20 人口中,其中上层 5%的人拥有的社会财富超过一半,从而导致社会巨大的贫富不均。近年来社会中大部分人已经提高了生活水平,但财富的相对分配几乎依然保持不变。处于社会阶层顶端的小群体,一般通过继

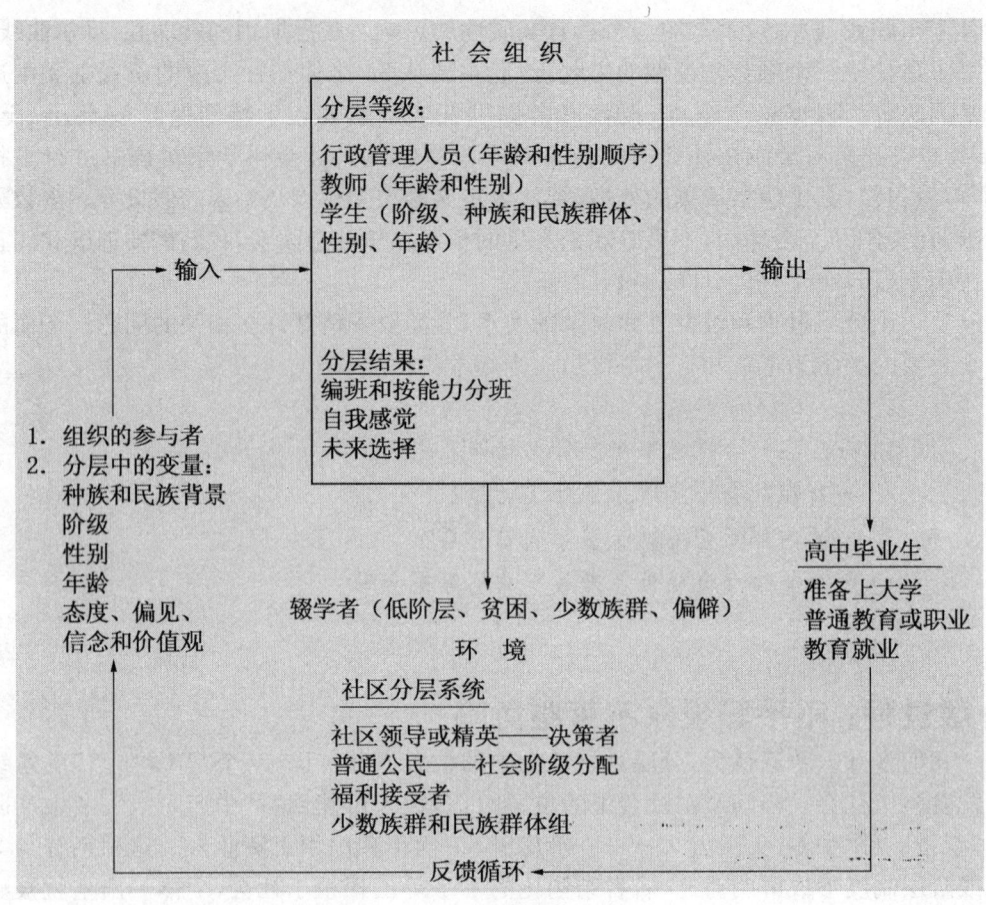

图 3-1 分层与教育系统

承财富或高薪职位而使其地位稳定不变。

权力意指做出主要决策的能力或代表某人的利益去影响他人行动的能力。许多权力都集中在高层次的政府和商业机构。米尔斯（C. Wright Mills,1956）认为主宰社会和控制决策的"权力精英"是由经济、政治、军事精英成员组成，而其他人认为，利益群体，如联合会，为权力互相竞争（e.g., Dye and Zeigler, 1997）。上述观点中，普通人是没有权力参与决策的。

职业是个体声望的主要因素：教育影响职业的地位，收入与个体的职业紧密相连。不同的职业有不同程度的声望，包括影响他人的能力。

许多社会学家对美国开放阶级系统做了描述。20世纪20年代，利恩兹夫妇（Lynds,1929）首批参与研究社会阶级和教育成就之间关系。通过对美国中西部的一个被称为"中镇"（Middletown）的小城市进行深度分析，利恩兹夫妇得出这样的结论：工人阶级的孩子没有太多的语言和行为技能，而这又是课堂学习成功的先决条件。华纳(Warner)、哈威赫斯特(Havighurst)和利奥伯(Loeb,1944)在美国做了很多的社区研究,他们指出学校根据学生向上流动的潜能来筛选学生,下层的儿童经常被认为不具有这种能力。其他关于社会阶级和教育成就之间关系的研究也都证实了这些发现。

表3-1显示了美国的一种社会阶级类型,说明了阶级和教育之间的关系。因此,教育成就与社会阶级有着高相关性,与上层阶级的学生相比,来自下层阶级的学生上大学的可能性要低得多,即使他们的能力再强亦如此。

表3-1 社会阶级类型

阶级和总人口的比例	教　　育	儿童的教育情况
上层阶级(1%—3%)	精英学校的文科	男女学生都有权接受大学教育
上中层(10%—15%)	大学培训	他们的喜好对教育系统有偏爱
下中层(30%—35%)	高中	与工人阶级子女相比,有更多上大学的机会
	一些大学	
工人阶层(40%—45%)	小学	教育系统对他们有偏见;趋同于职业教育计划
	一些中学	
下层(20%—25%)	文盲,尤其是功能性的文盲	对教育不感兴趣,辍学率高

资料来源：Daniel W. Rossides, Social Stratification: *The American Class System in Comparative Perspective* (Englewood Cliffs, NJ: Prentice Hall, 1990), pp. 406—408.

个体在阶级分层系统中的地位意味着一种生活方式、某群体中的成员资格、政治从属关系、生活机遇的态度、健康状况、子女培养模式以及生活中其他许多方面。在人生早期我们就被社会化,成为某阶级的成员并强化对该阶级价值观的忠诚,其中包括了对教育的态度。

在美国,人们都期望通过接受良好教育和辛勤工作来提高自身生活状况,期望所有的社会成员都有平等的机会向上层社会流动,接受较高层次教育的人可以拥有更多的机会找到更好的工作和更高的收入。但问题是：谁可以接受更高层次的教育?

工人平均工资与薪水因其接受教育的程度而差异显著。以1994年美元常数为例,25岁以上接受教育不超过8年的男性每年平均收入约为17 554美元,女性约为8 000美元。再接受4年中学教育的男性平均收入就达到22 000美元,女性14 000美元。而接受过4年大学教育的男性收入上升至38 565美元,女性为26 709美元(U. S. Department of Commerce)。

更高的教育程度会有更高的收入(National Center for Education Statistics,

1995, p.vi)。"25—34岁中,没有读完中学而导致收入不高的白人与黑人男性大约占27%"(National Center for Education Statistics, 1991, 表357-358),白人与黑人女性分别为39%和42%(National Center for Education Statistics, 1991, p.84)。教育根据能力将人筛选入不同的职业类型中。然而,这个筛选过程也涉及到许多很难觉察的因素,如下所示:

1. 个体居住的国家、地区或社区内现有教育层次和质量的差异。
2. 由于个体的社会阶级地位、宗教、种族和民族血统而导致教育设施享用权存在差异。
3. 个体动机、价值观和态度的差异;家长和重要他人(significant others)为了最大限度地发挥其才智潜能而提供经济和心理支持的乐意程度以及能力程度的差异。

图3-2的地位获得模式(the status attainment model)展示了影响个体教育和职业位置的6种主要的先赋与自致变量。

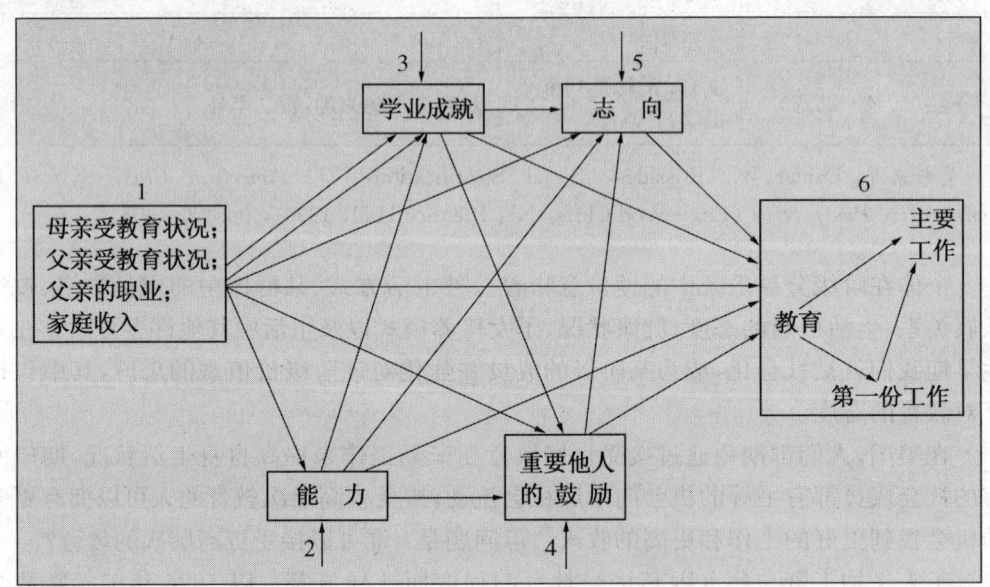

图3-2 在美国地位获得的过程

资料来源:Beeghley, Leonard, *The Structure of Social Stratification in the United States*, 2/e. Copyright@ 1996 by Allyn and Bacon. Reprinted with permission.

1. 父母受教育状况、父亲的职业、家庭的收入

2. 通过成绩或智商测试(学习态度)所衡量的能力
3. 学业成就
4. 重要他人的鼓励
5. 教育/职业志向
6. 受教育成就直接影响的职业获得情况

正如箭头所示,这些因素与其他外部因素互动从而决定了个体在社会中的地位。尽管最近学校开展了一对一的辅导,开设了更多的教学班,给人带来了更高的期望,这些项目也已证实成功地提高了学生的学业成绩,但是如果生活中没有其他有利因素,那么单学校教育很可能不会对社会经济成功产生什么差异。

● 实践:请列举一些个体在分层系统中的地位影响他们学业成绩的事例。●

分层的主要解释

社会应该怎样运作,为何一些人能在社会上获得成功,另一些人却不能,对此我们都有自己的观点。社会科学家同样也有他们的解释。从我们的系统视角来看,我们有一个大体上的框架来审视分层。学校不可能单独导致或解决分层系统中的问题,因为它们只是整个一体化系统中的一部分。因此,要了解学校在分层过程中的角色,就必须考察学校、家庭、政治、宗教、经济和社会其他部分之间的关系。它将是我们讨论分层问题的重点所在,正如社会学经典理论家所做。

在解释社会中不平等的阶级体系时,经常使用到两种相互对立的分层理论:即功能主义理论(或共识论)和冲突理论。这里,我们不能对有关这两种复杂理论的大量分析作出公正的评价,但可以围绕它们以及分层理论阐述一些相关问题。

分层的功能主义理论(或共识论) 根据功能主义的观点,整个社会中,每个部分之间都是相互联系的,为了维持各个部分之间的有效平衡,系统有一定的要求以及达成共识的规则。以此为基础,功能主义理论解释了不平等的必然性以及教育在分层过程中的作用。学校的一个主要功能是根据能力水平发展、分类和筛选个体,将他们安置到等级阶层中去。功能主义者认为,这是依据个体优点的理性过程。按照金斯莱·戴维斯(Kingsley Davis)和威尔伯特·摩尔(Wilbert Moore,1945)在一篇关于分层的经典文章里的论述,教育在分层过程中的作用更加鲜明:

1. 通过外在的奖赏(金钱、声望)激发人们去做社会所需之事,履行某些角色。

2. 某一特定角色的重要性以及有资格胜任这个角色的人选的稀少,决定了地位的声望程度。例如,人们认为医生比酒吧招待更重要,因而他们有更高的声望和收入。

3. 那些最复杂、最重要的,同时需要才能与培训(即教育)的位置回报率最高。

这样我们可以推测,个体接受的学校教育越多,对于社会而言,他就越具有生产能力、越具有价值。因此,一个分层系统的发展必然导致一些人比其他人获得更多的教育和更高的地位。

著名理论家塔尔科特·帕森斯(Talcott Parsons)为功能主义理论做了奠基性的工作。他认为,社会存在共享规则与价值观,并以此来判断或评价其成员。那些越能满足社会既定需要和价值观的人越可能拥有更高的地位和职业声望(Parsons,1970),也就是说,帕森斯认为不平等是必然的。一些人因其对社会的价值将会一直处于社会的顶层,而另一些人将会落至社会的底层。对帕森斯来说,问题不是不平等是否需要存在,而是不平等程度如何才是合理的。这个问题很棘手,尽管他认为,在激励社会成员努力工作,不断前进,填补社会空缺以保证社会不断运转等方面,不平等是有用的(Sadovnik,2001)。

最终决定职业地位的筛选过程,开始于学校。功能主义者认为,学生分班更多依据个人的能力而不是如种族和性别等群体差异。有些功能主义者指出,来自工人阶级的学生也有机会通过学业成绩流动至上层社会。他们认为系统是灵活的,这种系统使得多数美国学生有机会上大学。他们强调要提高贫困地区、少数族群和妇女的教育成绩水平,以此来证明能力优先于种族与性别。罗伯特·霍瑟(Robert Hauser)和大卫·费特曼(David Featherman,1976)在一篇关于男生的经典分析中发现,少数族群群体的学生完成了更多的学校教育,他们认为这显示出教育的不平等性正在下降。

功能主义的社会观得到许多人的支持,也招致许多批评。批评可以分成几类,而我们首要关注的是意识形态的批评:

1. 功能论或共识论是种保守的观点。许多人认为,无论是好是坏,它支持着现存的系统和掌权的群体,维持着社会秩序。它致力于使所有的事物在现有的系统内运作,而不是找办法摆脱战争、不平等和匮乏(Hurn,1993;Gouldner,1971)。

2. 有批评指出,人必须要迎合社会的需要这种观点是错误的,是种误导。同样,教育的功能也许代表了追逐自身利益的掌权个体或群体(Hurn,

1993；Levitas，1974，p.165）。

3. 通过学校或其他机构能够确认最有才智和成就动机的个体，这种假设是可疑的，看了那些在社会上成功人士的统计时尤其如此。学生的社会经济地位是大学毕业的一个重要决定因素。高地位的学生读完大学的比例一贯高于低地位的学生(Sewell and Shah，1967)。

4. 诸如财富和声望的外部奖赏是激发个体接受某些职业培训主要因素，这个假设也许是错误的。个体从事某些职业也许有其他的动机，如人道主义目的等。另外，并非所有想成为医生或律师的有才能的个体都有机会从事那些职业。

现在我们来讨论教育系统的对立观点。

分层的冲突理论、新马克思主义(Neo-Marxist)理论和再生产(Reproduction)理论
冲突理论者从不同的视角来看分层系统和机会均等，他们认为教育系统内问题来源于整体社会内的冲突。教育只是有产阶级和无产阶级组成系统中的一部分。冲突理论之父，卡尔·马克思指出教育系统使得现存的阶级结构永存下去。如果各群体可利用的某种教育和知识被控制了，那么进入社会职位的权利也就被控制了。因此，教育系统在尽其所能地延续现有的阶级体系，即准备孩子们进入资本主义与科技社会的角色，而这种社会是由支配群体控制的。

社会阶级的成员共享社会化，并产生一些特征，如共同的语言、共同的价值观、共同的生活方式、共同礼仪和共同利益。"地位群体"因道德评判类型差异而不同于其他群体——荣誉、品位、教养、尊敬、礼节、优雅、热诚而又亲切的同事、朴素的人们等。每个群体都在为能更多地分享社会中"美好生活"的构成要素——财富、权力和声望——而奋斗，正是这种竞争，冲突才得以存在。有人期望教育能够减少不平等，但冲突理论认为，教育实际上是再生产了这种权力、收入和社会地位上的不平等(Carnoy，1974)。社会的价值观、规则和制度反映了优势群体的利益，反映了统治阶级的利益，这一点在教育机构里资源分配方式上显而易见(Scheurich and Imber，1991)。因此，教育也不例外。

塞缪尔·鲍尔斯(Samuel Bowles)从冲突理论视角描述了教育的角色，他声称：

(1) 在美国，学校的发展不是为了追求平等，而是为了迎合资产阶级能够雇佣到受过训练的有技能的劳动力的需要，是为了保持政治稳定性而提供的一套社会控制机制；(2) 当受过良好教育有技能的劳动力的经济意义得到提高的时候，学校系统内的不平等在再生产阶级结构方面就愈加重要；(3) 阶级不平等已经渗透到美国的教育系统，在过去的半个世纪里基本没有削弱的迹象;(4)对学校董事会和其他教育决策团体明显不平等的控制不能充分地解释学校系统中不平等的持续与渗透现象(Bowles,1977,p.137)。

从阶级结构、资本主义、现代性中可以找到不平等的起源,教育也反映了这点。不平等是资本主义制度的一部分,只要资本主义制度存在,不平等就将持续下去。冲突主义者认为,尽管统计显示,不同群体的教育差距在缩小,但这不能说明他们可以更为平等地分享社会财富。工人的一些特征,如他们的年龄、性别、种族和社会阶级,影响了赋予教育的经济价值。个体所生存的特定城市社区和经济结构的特征也影响了他们工作的机会以及他们所受教育的价值。例如,某些经济行业对白人男大学毕业生有利,而受相同教育的女性却处于不利之势(Young,1990)。

那些希望改善自身命运却遭受挫折的少数族群群体也在抨击学校。教育系统内已经启动了多种新方法和特别计划来增加教育机会。冲突主义者认为,要抨击不平等的现象,社会秩序必须有更广泛的交替运作。

一个称作"批判理论家(critical theorists)"的新群体质疑处于社会下层的个体在寻找机会时机会的可用性。鉴于这样的思想,上中层阶级通过限制其他群体获得教育机会来"谋求"他们的阶级利益永存下去。再生产理论者、修正主义者与新马克思主义者进一步对分层作了解释,他们争辩说下层阶级被筛选到一些条件差的中学、社区大学、职业学校和低层次的工作中去。在此过程中,学校传授给贫穷的、少数族群学生的知识在于让他们接受学校内的失败、认可差的职业地位以及认同主流文化(Giroux,1994;Apple,1993,p.215)。

鲍尔斯与金蒂斯(1976)认为,学校是"再生产"社会生产关系的代理机构,而这些社会生产关系是资本主义制度得以运作的必需品。学校教育和家庭就像经济生产一样,一些学生获得了更多地导致成功的"文化资本",而另一些学生却没有,这样就再生产了社会的阶级结构,这就是所谓的"符应原理(correspondence principle)"。

这种阶级被再生产的观点可以由一些实证研究来证实。在一项美国教育结构和"脑力—体力"劳动分工(或曰白领智力阶级—工人阶级)再生产的研究中,科尔克拉夫(Colclough)和贝克(Beck,1986)通过分析三个重要的决定性因素,即公立对私立学校教育,学校所处社区社会经济及学校内课程分班,发现56%—76%的男生再生产了他们的阶级地位。"分轨制课程看来是再生产现象关键的决定性因素",他们发现"来自体力劳动阶级的学生被安置到职业分轨制课程的可能性超过两倍",随后他们被输入到体力劳动阶级工作的行列(Colclough and Beck,1986,pp.172—173)。

20世纪60年代末期到70年代初,欧洲的社会学家研究了学校内文化形式与内容对分层以及再生产的影响。扬(Young)的《知识与控制》(*Knowledge and Control*,1971),以及随后伯恩斯坦、布迪厄、帕瑟戎(Passeron)和其他人的著作争论道:"知识的组织、传递的形式以及获得的评估是工业社会中阶级关系文化再生产的决定因素"

(Sadovnik, Cookson, and Semel, 2000; Apple and Weis, 1986, pp. 19—20)。

有些来自下层阶级的学生抵制阶级再生产趋势,他们学会独立思考,甚至认识到自身所处的不利之势。威利斯(Willis)描写了英格兰工人阶级的男孩在学校反叛正统文化,他们拒绝教育过程中的主流价值观和规范(Willis,1979)。然而,威利斯所描述的反正统文化的男孩仅为一小部分,许多工人阶级的学生还是遵守规范,努力使制度为他们所用。分层系统中的上下两个极端多数受限于阶级地位,而中产阶级的一些个体是流动的。以学生理解的方式提供他们获得成功所需的知识有助于创造机会(Giroux,1994)。

从全球来看,一些人认为,与其他国家,尤其是欧洲国家相比,美国的学校教育对分层的影响是有限的。鲁宾逊(Rubinson)指出,美国的政治力量已限制了政治决策对学校影响的程度。由此可见,阶级分析是重要的,但并非必然决定着学校教育(Rubinson,1986)。

美国下层阶级、少数族群和女性学生相对的处在经济的底层。本章和下一章集中讨论阶级、种族和性别三个群体教育机会均等的问题,性别和种族问题下一章将展开讨论。

社会阶级背景有利于也阻碍着学生的发展。学校偏爱中产阶级,更倾向于中产阶级孩子的价值观和行为模式。一个学生的社会阶级状况由家庭环境所决定,并反映在年级、学业成绩、智力测试成绩、课程失败、逃学、停学、所修中学课程和未来教育计划中。阶级状况不是影响成绩的惟一变量,每个阶级内部差异巨大,但阶级状况与成绩之间肯定存在显著的相关性。

性别差异起初有利于女孩,但后来却截然相反。在整个中学期间,女生能获得的等第不低于男生。在标准的学业测试中,男生在某些领域比女生的分数高,如数学和科学,女孩在阅读和写作方面比男生高。中学毕业的女生多于男生,但继续接受中学后教育的男女生人数是相等的。正是在这分水岭之后,男生超越女生获得更多的学校教育和更高的学位。

其他关于教育和社会中不平等的讨论涉及到谁能享受教育、教育的内容以及从权力、声望和收入角度探讨教育过程的结果。这些"新左派"冲突理论家们认为,教育长期的结果部分地决定了阶级结构。其他一些现代理论家们指出,比起经济和社会阶级,权力和强制在决定不平等方面更重要。现象学研究不平等的方法截然不同,它关注教育过程中的内容以及能使阶级系统永久化的信息传递。显然,许多因素都导致了不平等的阶级系统中的分层。一种理论视角可以影响决策,而决策相继影响学校改革和资源的分配,这相应不平等地影响到不同类别的学生,譬如是否有天赋、是否有危险倾向、是否需要特殊教育、是否属于下层或上层社会经济水平、是否是少数族群,生活在城市还是农村等。本章下面的任务就是较详细地讨论教育在分层过程中的作用。

● 实践：试想想那些成绩最差的学生，你认为哪些因素导致他们处于系统中的这一位置？●

分层与教育机会均等

当所有人，不管有没有地位、财富，属不属于特权群体，不管他们的性别、少数族群的地位或社会阶级背景，都有平等的机会在社会中获得较高的社会经济地位，这时机会均等才存在，这就要求在个人成功道路上排除诸如偏见、无知和能治愈的受损等障碍(Gardner, 1984, p. 46)。

教育机会均等的涵意

詹姆士·科尔曼(1990)研究了平等与不平等这两个概念，设想了两种相对立的观点，其一是只有在不平等状况下给社会劣势者以有利条件或有利于所有人时，不平等才是正当合理的；其二是每个人都有权获得正当收入。对比这两个极端的看法可以发现美国社会两种价值观的维谷境界——平等的享用权与个人自由、国家强制平等的权利与个体择校权利的冲突。随着时间的流逝，教育机会均等的意义从平等享受学校资源发展至结果平等。

实际上，每个社会都把自认为是合适的有价值的机会摆在儿童面前，希望给予儿童平等的机会在其格局内进行竞争。一些儿童的才智也许在某一特定社会中不被赏识。在美国和其他异质社会中有许多相互竞争的价值观体系，那些不具代表性的人认为学校没有在他们的价值框架内给予他们一个公平的成功尝试的机会。

冲突起因于学校中的差别对待，起因于与财富、职业地位和机遇相关的教育过程的不平等。如果学生能力不同，需要不同，那么我们能期望出现平等的结果吗？如果分别考虑不平等结果与种族、民族、社会阶级或性别的关系，情况又如何呢？甚至更遭争议的一些提议认为，生活机遇对一些人是不公平的，为了确保"结果平等(equality of results)"，社会应该分配工作与财富。这些提议包括累进的收入税、控制极端的贫富以及社会经济体系的再次整体建构(Apple, 1993)。科尔曼得出这样的结论：仅仅平等地对待学生不可能产生平等的结果。

社会阶级再生产：公立与私立学校之争

接受最好教育的学生很可能被筛选到社会中从事优越的工作，可是何谓"最好的"教育？如何获取这样的教育？那些能够进入精英私立学校的人还得承担"通向特权"，特殊"地位权利"和社会网络的费用，同时希望这些可以保持他们的特权地位或者帮助他们获得更好的地位。例如，关于女子精英寄宿学校的研究展示了高等教育成就以及中学后教育结果的主要差别(Persell，1992；Persell and Cookson，1985)。精英中学将学生社会化为精英同辈群体,这些群体组成他们成人的初级群体,并且使其地位永恒(Cookson and Persell，1985)。单性或宗教私立学校教育的选择与否很大程度上取决于家庭传统和喜好(Lee，1992)。

一个引起热烈争论的重大研究问题在于私立学校是否能比公立学校培养出具有更高成就的学生,如果是,那么就出现了公立学校的角色、通过保证金资助私立学校以及特许学校等相关问题。1982年,科尔曼和他的同事出版了一本有争议的书——《公立与私立学校》(Coleman，Hoffer，and Kilgore，1981)。这项研究测试了全国1 016所公立、私立和教会中学中58 728名十年级学生和毕业班学生。研究中颇具争议的重大发现是,家庭背景一致时,私立学校(大多数是天主教)学生比那些公立学校的学生获得成就更高;它倾向于小班教学,学生参与多;提供更加严格的纪律、安全有序的环境;学校氛围更有利于成就的获得;家庭作业更多,学生有很好的出勤记录。所有这些综合导致学生获得更高的学业成绩(Hoffer，1985)。

科尔曼认为,"很明显天主教学校所起的作用,与公立学校相比较而言,更接近美国理想化的'平民学校',以同样方式教育着来自不同背景的儿童"(Coleman，1990，p.242)。同时他们发现天主教学校还对中学10—12年级学生的口语和数学成绩产生积极的影响,其他学生要花半年或一年时间方能赶上他们。这些研究结果对于少数族群和下层社会经济群体的学生而言意义重大。

天主教学校在市内做得很好：它的学生考试分数比市内公立中学的学生高,帮派、纪律和辍学问题较少,学生学习很多高级课程,并接受更多价值观的训练与人格的塑造(MacFarlane，1994，pp.10—12),父母更多的参与教育。而那些在美国黑人私立学校的学生可以学习更多的大学预科课程,获得更好的测试成绩(Walsh，1991)。

对科尔曼研究的批评主要有三类：方法论问题、解释与其他发现的精确性以及研究成果的政策意义。许多研究者通过对数据的再分析,对主要研究成果提出质疑,即天主教私立学校优秀的问题。通过控制诸如阶级、种族等一些背景变量,并考虑课程和教师资格的问题,批评者认为,在学业成绩方面,优秀的公立学校与天主教等私立学校并无显著差异(Topolnicki，1994)。

何为成绩有显著差异也是个有待商榷的问题。有人认为,显示出半年至一年的学习差异的研究结果还不足以宣称私立学校就非常优秀(Alexander and Pallas，1985，1984，1983)。

那些提倡用保证金、学费税收证明或其他联邦资助方式给予私立学校教育联邦政府帮助的人正是使用科尔曼的研究结果和建议来鼓吹他们的主张。然而,其他人认为,联邦政府的帮助将会增强校内宗教和种族的隔离。

另一些解释则提议其他的政策。詹姆斯·麦克帕特兰德(James McPartland)和爱德华·麦克迪尔(Edward McDill，1982，pp.77—78)认为学生群体的构成可以解释学校的有效性,因而建议政策应该考虑决定学生群体入学的安置措施,用校车接送学生就是这样一个实际问题。

科尔曼关于学业成绩和享受最好教育权利的研究结论尽管争议颇多,但它揭示了公立或私立有效学校的特征,其中包括较高标准与成绩期待、敬业的职员、学生很高的自我观念、有效的领导、适当的奖赏和灵活的异质群体分组(Brookover, Erickson, and McEvoy, 1996)。有关如何提供学生平等机会的争议仍将持续下去。

"选择权"问题的争议

如果发现公立学校不合格,或私立学校得到了联邦政府资助,那么这是否在暗中破坏社会中一个基础机构大众公立学校?针对我们削弱公立学校的争论,一些政治家和教育领导者相应提议"选择权",即允许家长选择学校。选择权是改革和调整的一种策略。通常,该计划按学生数将保证金发放给其家庭,同时允许家长选择学校,包括私立学校。

1999年,一项涉及公众对公立学校选择权态度的盖洛普民意调查显示,"公众对使用公共资金入读私立学校的支持率稍有下降,但公众对此问题分歧依旧存在"。当被问及:"你赞成还是反对学生及其家长使用公共费用入读私立学校?"55%的人表示反对,1998年则为50%,即使是天主教和其他私立学校的家长都不赞成用公共资金支付私立学校教育费用(Rose and Gallup, 1999)。而支持者认为,学校招生存在竞争将会提高学校质量,选择权有助于提高学校的责任感,使学生及其家长对学校更具主人翁意识。事实上,选择权似乎已在某些地区和州付诸实施了,如麻萨诸塞州(Viadero, 1995)、明尼苏达州和得克萨斯州。还有一些城市,如密尔沃基、白人区和纽约市部分黑人住宅区也正在试行选择权计划。美国半数以上的州有选择权规划形式(Cookson, 1994)。

在选择权问题的争议中,丘伯(Chubb)和默尔(Moe)质疑学校系统是否应该受制于个体选择和市场压力。研究者们集中于公立和私立学校的实践活动与其学生间的成绩差异,他们的研究结果赞成选择权的使用(Chubb and Moe, 1990)。他们认为,多数学校系统在政治和科层制体制上非常复杂,以至于激励包括学校职员自治和专业方面高成就的一些措施很有限。在自由的市场体制下,教育者可以设计任何自认为可以成功赢得学生注册的项目。实际上,这是许多特许学校或社区学校的基本观点。

反对者则指责选择权可能会使平民学校或公立学校在数量和质量上呈下降趋势。他们指出,这些学校只会留下能力最差的学生,更突出了那些准备不足的学生的问题,最好的教师将都去好学校。学校选择权可能会随着种族与阶级问题加剧而增强宗教与种族的隔离,尽管一些研究表明美国黑人和西班牙裔的家长,即使教育层次比较低,但与白种人和亚裔美国人的家长相比,更有可能利用学校选择权(Schneider et al.,1996)。批评者也指出了公立和私立学校学生之间存在差距,并认为如果不调整基础体制就不会有什么改变。图3-3呈现了不同家庭收入背景下儿童接受不同层次学校教育的比例,请注意高低收入之间的差异(National Center for Education Statistics, Condition, 1999)。

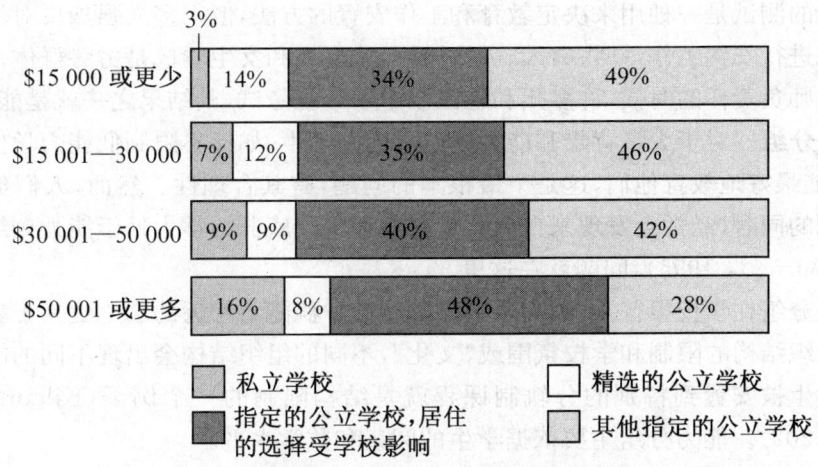

图3-3　以家庭收入为基础的公立和私立小学与中学学生分布,1990年10月

资料来源:Department of Commerce. Bureau of the Census. Reprinted in National Center for Education Statistics, *the Condition of Education*, 1994, p. 3.

库克森(Cookson)调查了政治领域的争论,并做了一些实行选择权计划的城市和州的个案研究,他认为学生成绩、学校改进和公平,与学区为追求平等和优越而进行的适当改革一样有效。例如,现在还没有证据证明密尔沃基或纽约黑人住宅区试验提高了学业成绩(Tashman, 1992),他的结论是庞大的科层制教育体制不适应社会的需要(Cookson, 1994)。

最近,在佛罗里达州、缅因州、佛蒙特州、俄亥俄州、宾夕法尼亚州反对学校保证金者的法庭裁决,提出了关于学校保证金制度的法治问题。例如,佛罗里达州法院废弃了全国首例州范围内的学校保证金制度,裁决佛罗里达州法律禁止将公共的钱花费在私立教育上。2000年,20多个州正在考虑保证金制度,虽然先前已有裁决,但多数仍不可能通过。因此,由于法律的裁决,关于使用公共资金资助私立学校及其对分层系统的影响的问题将被淡化。

● 实践：请问你所在地区学校选择权计划有何优缺点？●

能力分组与教师期待

高度工业化的多数国家声称为精英领导的社会，这一社会试图根据个体的优点和能力来安置其在社会中的位置，但能够在能力和责任之间匹配完美的社会几乎没有。第二章讨论的测试是一种用来决定教育和工作安置的方法，但很多人强烈反对使用标准化测试来进行安置工作，并将穷人、少数族群、残疾人和女生看成是劣势群体。在急需学校和教师负责任的时候，许多州和地区制定了编班考试，其结果之一就是能力分组。

能力分组　对于大量背景和能力迥然不同的学生，如何不限制低能力学生受教育机会，而能最好地教育他们，这是个最根本的问题，有其合理性。然而，人们努力解决这一问题的同时，经常会发现来自低收入家庭和少数族群的学生处于能力分组体系中的底层（Burnett, 1995），问题就在这里。

能力分组在学校很普及，因为多数教师相信一群能力相近的学生更易于教学。鉴于学校组织结构的限制和学校氛围或"文化"，不同的组织结构会出现不同的能力分组模式。学生被安置到特别的分轨制课程就是结构限制的一个例子（Kilgore, 1991, pp. 201—202）。能力分组主要依据学生的阅读和数学水平。

使用全国数据库的研究发现，尽管数学和科学课程的排序常常相辅相成，但多数美国学校在数学方面都有相似的分轨制课程体系和课程排序（Hoffer and kamens, 1992），而科学课程排序方面差异巨大。研究显示，早在8年级的学生科学能力分组就影响了他们未来科学课程和他们在该课程取得优秀成绩的机会（Schiller and Stevenson, 1992）。

遗憾的是，学校并非在仔细评估了所有学生的兴趣和能力之后来编班的。测试已成为课程分轨制中安置学生一个主要手段，而这种手段增强了社会的分层（Darling-Hammond, 1994）。一项关于城市内学校的研究发现，在学生编班的过程中存在许多因素，如编入自修室或者注册率低的班级，编入补救课程班以便使得对学校的资助能够继续下去，教师对课程作业的偏爱等（Riehl, Natriello, and Pallas, 1992）。学生的分轨流动呈降级走势，主要依据为他们的成绩。然而，一个学生的社会经济背景必然影响家庭作业的完成，更高社会经济地位的学生较多地分轨至大学（Lucas, 1992）。

与其他国家相比，美国的学校较依赖于分轨制课程（Oakes, 1990），但是，全国课程排序，即全国通用的课程排序，因地方控制学校以及没有国家管理机构或测试而相对不常见。教师组织制定的标准和大学入学要求对美国全国课程排序和学生分轨制课程有一定影响（Schiller and Stevenson, 1992）。

日本重视群体一致性，它是一种学校内异质分组，依据年龄群体而同等对待所有学生的社会。尽管学校内分轨现象不常见，但学校间的分轨还是存在的，一些学校被视为精英学校。日本的家长和教师都有这样的哲学理念：每个孩子都被期待取得学业成功,尽管一些人需要比他人付出更多的努力,但所有的人都能取得成就。美国教育的基本理念是,尽管为平等付诸努力,但有些人必定失败。

冲突理论家认为美国的精英教育不可能改变那些服务于本阶级利益的基础结构(Oakes,1995,1987)。因此,虽然教育改革已使一些人收益,但并没有改变他们的教育和经济地位。能力群体分组通常起始于小学,贯穿整个中学,学生被分轨至不同的课程模式,其问题在于决定谁被安置到何处。根据冲突理论家的观点,这种安置常与儿童的背景、语言能力、外貌以及其他社会经济因素有直接关系(Oakes,1986)。

1967年最高法院在华盛顿特区的霍布森/汉森案例(Hobson & Hansen)的裁决中宣称,将学生分成快慢班违背了宪法,导致了少数族群和非少数族群学生之间的隔离。但是,86%的公立中学仍然提供核心课程以适应能力差异(National Center for Education Statistics,1993)。许多教师认为,教师和学生之间最佳"适应"状态可以提高课堂教学效率,按能力分组可以使教师根据学生的不同层次来提高教学效果(National Center for Education Statistics,1993,p.47)。

不同能力分组的学生都有迥然不同的学校经验。譬如,在学生平均能力偏低的课堂里学习环境较为混乱(Mekosh-Rosenbaum,1996),而在为优等生开设的课堂里学生参与较多(Gamoran et al.,1995)。这些学习环境影响了学生生活机遇、自我观念、动机、智商与学业成绩、学校的其他方面以及工作经验。对应于公立学校的私立学校、学校社区的社会经济阶级构成以及学生的能力分组,再生产理论家认为,这三者使阶级得以再生产。有研究显示,分轨制是再生产过程中最重要的机制。科尔克拉夫和贝克(1986,p.469)揭示来自"体力阶级"(工人阶级)背景的学生被安排在一种职业课程轨道中的可能性是其他学生的两倍之多。表3-2例证了阶级再生产中这些因素的重要性。

因此,我们知道能力在能力分组中不是一个完美的编班预言者。学校的特征,如"选择制"(学生是如何被分编到不同的班级)、包容性以及其他的学校政策,加上学生特征,即学生和社区的社会经济地位、种族、学校中少数族群的比例、学校学术课程轨道中学生的比例、自我选择或指派的分轨方法,对学生的安置工作是有影响的。社会经济地位越高,学生越有可能被安置到学术课程轨道中(Jones,Vanfossen,and Ensminger,1995)。多年来,安置工作趋于相对稳定。我们知道,与低能力群体中的学生相比,处于高能力群体中的学生所授内容较多,且速度较快,这样导致前者进入后者行列更为困难。

研究不同学校内学生的社会经济背景的构成颇有启示。安妮恩(Anyon,1980)通过研究五个家长职业构成大相径庭的小学,比较了学生有学习任务的学校的社会经济构成：2个工人阶级子弟小学、1个混合(中产阶层)子弟小学、1个富裕专业人士子弟小学以及一个政府管理精英阶层子弟小学。各类学校根据学生各自的社会阶级来

表3-2　社会阶级与学校教育结构

学校教育结构	脑力劳动阶级	体力劳动阶级	总体上
Ⅰ．学校类型			
公立学校			
学生招生比例	33.37	66.63	—
阶级成员再生产比例	52.92	70.85	64.87
私立学校			
学生招生比例	43.93	56.07	—
阶级成员再生产比例	62.02	53.94	57.49
Ⅱ．学校社区			
少数族群高比例社区			
学生招生比例	26.59	73.41	—
阶级成员再生产比例	45.27	71.13	64.25
少数族群低比例社区			
学生招生比例	36.29	63.71	—
阶级成员再生产比例	55.33	70.72	65.14
Ⅲ．课程分轨			
总的分轨			
学生招生比例	26.96	73.04	—
阶级成员再生产比例	33.41	81.91	75.77
职业分轨			
学生招生比例	19.70	80.30	—
阶级成员再生产比例	16.67	90.27	75.77
大学范围的分轨			
学生招生比例	45.63	54.37	—
阶级成员再生产比例	69.32	44.95	56.07

资料来源："The American Educational Structure and the Reproduction of Social Class: Table 3, Social Class and School Structures" by Glenna Colclough and E. M. Beck from *Sociological Inquiry* 56:4, p. 469. Copyright@ 1986 by the University of Texas Press. All rights reserved.

培训他们。在工人阶级子弟学校，学生遵循程序，即通常是机械的、死记硬背的行为。在中产阶层子弟学校中，知道正确答案并遵循指导很重要，可能存在一些选择权。富裕专业人士子弟学校强调学生表达与应用观点和概念的独立创造性活动。在政府管理的精英学校，培养分析的智力能力、学会推理和取得高质量的学业成果尤为重要，其核心目标是将规则概念化，它可使各要素得以组合。

分轨制课程有着其他的意义。对于在分轨群体内发展"学生文化"的学生而言，这些文化促使再生产社会阶级态度和行为的永恒性。在以色列这样一个多民族的国家，来自同一民族的学生倾向于结成群体。职业教育受到了质疑，原因在于它将同一阶级的学生再生产到同一的职业中（Yogev and Avalon, 1987）。许多人评论了能力分组的效果，现小结如下：

1. 低能力组群趋向包括很多的下层阶级和少数族群的儿童。这种分层影响教育成就，也可能影响学生以后的工作成就和收入。

2. 来自下层社会经济背景的儿童很可能因为测试分数低而被安置在低能力小组，有人认为这些分数并不能准确测量能力水平。此外，这些儿童经常被歧视，相对其他组群而言，他们的成绩一直在下降。

3. 每个学校有其自身分层体系，这取决于进入学校的学生。但是，比起学校儿童整体，已处于既定组群的儿童在社会经济地位和种族上更倾向于同质化。换言之，校内能力分组与学生的背景相关性极高。一旦学生被分类或被分组，他们就很难有机会改换类别。不同地区的学校教育结果不同，例如，在社会阶级较高地区内的优秀学校中，学生有更多的大学预备课程来加以选择（Jones, 1996, p.21; Spade, 1994, 1997）。

4. 高能力组群中的学生更多地具有很高的社会经济背景，很强的动机，很高的成就感，阶级等级和测试分数，所有这一切使他们中学毕业后有很好的起点。教师给那些高能力的学生更多的反馈信息和赞扬，为他们计划更多富有创造性的活动。对于低能力组群，却情况相反。这种由阶级地位导致的区别，同样存在于初级学院与社区学院中职业课程和学术课程的分轨上。

5. 能力分组效果的研究综述指明，这种做法有利于资质特优的学生和被安置在高层次课程中的学生。低能力组群中的学生受教师关注较少，指导较少，这导致他们更难追求均等机会。能力分组加强了种族和阶级的隔离和偏见，降低了低能力群体学生的志向和自尊心。

6. 能力分组效果冲突性的证据是最大难题。在评论了29项关于能力分组效果的研究后，斯莱文（Slavin, 1990）发现几乎没有什么证据表明有利的效果。他主要使用测试分数并没有提到学生经历中机构与课程的差异性。

一些研究非但没有为使用课程分轨制提供正当的理由，相反他们对诸如 Chapter Ⅰ（将学生从常规班级里"拔出"来）等项目提出质疑（Oakes，1990）。有项研究就表示了强烈反对，它指出少数族群学生不成比例的被安置在数学和科学低能力班级中，这些班级配备了素质最差的教师，学生不能充分地享受计算机、科学设备和高质量的教材。低能力组的学生基础不牢，他们在阅读和数学测试中成绩很差（Hallinan，1990）。能力分组可起始于一年级，并能对后续几年产生影响（Pallas et al.，1994）。

赞成按学生异质能力分组的人认为，依据假定的能力层次分轨伤害了那些被安置在低层次组的学生，也不利于那些高层次组的学生。建议解除学生课程分轨制的人也认为课程分轨制导致不公正，是对民主价值观的践踏，使那些被安置在低层次组的学生降低了学习能力的自我概念并贬低了自我价值。许多人认为，以假定能力为基础的课程分轨制导致两个不幸的结果："出现更多的学业失败者，加剧了种族和社会阶级的仇恨"（Brookover, et al.，1996，p.116）。

同质还是异质能力分组，这一问题该如何解决呢？多数人建议调整课堂分组：许多学科学生可以在一起学习，但是阅读、语言艺术和数学课程却应该分组学习。这样成绩差的学生就不会感到耻辱或觉得自己是"笨蛋"。班级几乎没有成绩差的学生，这样教师可以给予他们所需的帮助。专家们认为要成功，师生比例应该小、教师期待要很高、班级里语言交流应广泛以及教师要富有经验又得力（Levine and Stark，1993）。

英国和美国的一些小学尝试了替代能力分组的其他办法，建设性地利用了学生迥异的能力与背景。在这些学校，儿童根据各自能力进行阅读和数学学习。教师选择适合于所有儿童的主题授课，与学生个体或小群体学生互动，有时有助手帮助。学校鼓励儿童之间相互合作，例如，理解数学概念的儿童可能被派去教授其他儿童，这不但培养了他们的合作精神，也培养了儿童自我价值情感，因为每个儿童特有的才能都得到了认可，同时这种办法也阻止了分类相关问题的出现。

教师期待与学生成绩 教师对学生的期待会对学生行为产生什么影响？在一个开创性的研究中，罗伯特·罗森塔尔和勒诺·雅各布森（1968）测试了教师期待对学生互动、成绩和智力的影响，他们在旧金山小学做了追踪调查，该校学生较多来自低阶层和墨西哥裔美国人家庭，此项调查证实了他们的假设，即一旦儿童被教师或其他人分类后，一种"自我实现预言"心理就开始起作用——教师期望儿童有某种行为，儿童就会对教师的期望作出回应。这种模式一旦建立，就很难更改（Bonetari，1994）。

人们对此研究的批判主要集中于其方法论的缺陷上，指出这项研究结果主要适用于低年级学生。影响教师和学生互动的因素很多。但是，他们开创了一项很重要的研究，这个研究将不断地为师生间的互动提供有价值的洞察力。自他们研究起，后续的大量文献显示，教师期待在决定学生学多少以及学的程度方面起着重要的作用

（Bamburg，1994）。最近研究的焦点是教师对课堂的期待以及它如何影响教学方法和课堂气氛的问题。教师对学生的期待对学生学习有何影响呢？

教师与学生互动的方式会影响学生的成绩

影响教师期待的因素种种，包括学生以前学习和测试成绩，学生的穿着、名字、外貌、吸引力、种族、性别、语言和口音，父母的职业，单亲家庭和母亲地位（Cooper，1995），学生回应教师的方式等（见框3-1）。一项关于墨西哥裔美国学生的成绩研究表明了与教师态度和期待的相关性，教师视墨西哥裔美国学生异于盎格鲁血统的美国学生。与成绩好的墨西哥裔美国学生和盎格鲁血统的美国学生相比，学习成绩不佳的墨西哥裔美国学生更加注重其文化传统，当这些传统被边缘化时，他们就抵制学习。他们的顺从、外貌、交流风格以及对盎格鲁规范支持的意愿程度关联到成绩的好坏（Pena，1997）。

框 3-1　教师期待的要求

我们需要避免使用下面一些因素对没有给予重视的学生抱以较低的期望：

性别　有时年龄小的男孩和年龄偏大的女孩会遭到有成见的低学习期待，这通常归咎于人们对男孩成熟的适当性和伤害女性性别角色歧视的错误观念。

社会经济地位　那些来自家庭收入和教育水平较低的儿童，很明显地被给予较低的期望，而父母所拥有的职业地位和居住社区也常被用来预先评价学生。

种族和民族标识符号　与其他学生相比，美国黑人、西班牙裔和土著美国学生受到了较低的期望。而亚洲裔美国学生接受的期望较高。

> **对于学生的消极评论** 其他教师或校长的消极评论常导致较低的期望。
> **学校地位** 通常,农村和城市内学校所拥有的期望要低于市郊的学校。学校的种族和民族背景以及收入水平是导致偏见的一个因素。
> **外表** 对于穿戴过时,用便宜布料制作,非名牌,从节约或折扣店中买来衣服和服饰的学生,教师的期望较低。
> **语言风格** 对于持非标准英语口语的学生,通常教师的期望较低。
> **整洁性** 较低的期望往往与总体混乱、较差书写或其他相关因素相联系。
> **光环效应** 人们评价学生当前的成绩时,总是倾向于依据其过去的行为评价。
> **准备状态** 如果教师认为学生成熟程度、先前知识或经验的缺乏是不变现象,那就会对学生产生消极影响,阻碍其发展。
> **座位状况** 典型的是坐在教室两边和后面的学生所接受的期望较低。
> **有经验的教师的社会化活动** 有经验的教师倾向于为新教师突出某些学生的局限性,而不强调努力提高学生的成绩。
> **学生行为** 对于具有不良行为、非学习行为的学生,教师期待较低。
> **师资培训机构** 教育学院的有些教师一直维持着学生个体局限性的说法和观念,这就导致对许多学生形成偏见性的低期望。
> **教师教育的教材** 有些教科书也同样维持个体学生局限性的观点,这就加强了对学生偏见性的低期望。
> **课程分轨或能力分组** 较低层次的学术课程组的学生被错误地认为那样的安置有其合理性,即学生的能力有限,绝不能期望他们学会重要的知识与技能。
>
> 资料来源:Brookover, Wilbur, et al., *Creating Effective Schools: An In-Service Program.* Holmes Beach, FL: Learning Publications, Inc., 1996, pp. 75—76.

教师期待体现在课堂内教师对待个体儿童的行为举止、处置方式以及儿童能力分组方式中。儿童获得细微信息,"自我实现预言"心理导致他们相信自己拥有某些能力并影响其未来的行为举止。学校中,学生成绩差,使得教师对学生的学习能力失去信心,降低对其学习的期待,这就导致了自我实现预言心理的产生。教师期待越少,学生回应相对就少。教师期待影响着学生,学生内化着教师期待,虽然有些学生对教育不抱希望,但是他们讨厌那些对教育信念不抱幻想的教师。

教师通过能力分组以及在课堂中创造其他群体的方式来操纵课堂情境,以便能够影响学生的行为。爱荷华州一位任课教师所做的实验就是其中一例。她关心她的学生是否真正了解歧视的作用,于是做了个实验,其结果连她自己也大吃一惊。她班级学生均为白种人,实验中,她将之分成两组:蓝眼睛和棕色眼睛两组。第一天,给一个小组以特权,让他们感到高人一等,第二天情况相反。学生们非常认真地扮演他们的角色：高高在上的群体乐于蔑视次一级群体，并且为他们取得优胜成绩而沾沾自喜，次一级的群体做得比较差。这个实验的重要性在于，它说明了即使在如此短期的实验中，分类能够影响学生的自我概念以及他人对待他们的方式(Peters，1971)。对教师期待的研究给予的政策性建议是，如果要学生相信自己能够取得成就，那么教师对学习的积极态度和方法是必要的。那些有严肃期待的市中心学校成绩已显著提高。

● 实践：教师如何才能影响课堂互动和学生自我概念？●

美国的学校资助

富有的学区吸引了素质最好和富有经验的教师，学校能够提供高薪、高级设备和资料，提供辅助职员来解决问题并有成就取向潜能很高的学生群体，而贫穷学校和少数族群学校只有没有经验的教师，同时少数族群的教师很可能被安置到少数族群学生相对集中的学校，这样整个学区就失去了综合的教学职员，这些都是间接影响学生成绩的因素(Elliott，1998)。

这种不平衡的局面导致了一些涉及平等资助教育的法院案例的出现。1974年深具意义的塞拉诺/普利斯特案例(*Serrano & Priest*)中，加利福尼亚最高法院裁定，强迫学区过分依赖地方财产税造成了该州学区之间明显的不平等。1976年，加利福尼亚州被责令，到1980年要实质性地缩小学区之间的差距。其他许多州都遇到资助案例，其中之一就是美国最高联邦法院在审理圣安东尼奥独立学区/罗得里克兹案例(*San Antonio Independent School District & Rodriguez*)中，把关于财产税资助学校的决定权裁定给了各州。财产税依然是地方学校教育资助的一部分，但通常，它又不是一种最公平的收集教育资金的方式。富裕学区的学校在每个学生身上开支比贫穷学区高出四倍多。城市中的财产税是最高的，这就导致中产阶层离开并把生意迁置到其他地方，结果导致城市里财产税收成为薄弱环节。城市学生经常需要不同类型的课程，如双语教学、职业教育、补偿性教育和特殊教育，所有这些都需耗费额外的资金。平均而言，拥有高比例贫困生的地方学区可以从州政府和联邦政府处得到更高比例的学校资金，尽管大部分联邦资助是给如补偿性教育等一些特殊项目(National Center for Education Statistics，1995，p.151；1992，p.335)。

各州政府通过征收收入税、营业税和发行彩票等方式来帮助支持教育，当地学区主要用财产税来资助学校近50%的预算。正是这导致了冲突的产生：一些地区能够获得很多的税收，因此，也就能为儿童支付更多的教育费用。如果地区没有遵守联邦法律，如1964年《民法》中第四部分规定的在教育项目中禁止种族偏见，那么联邦政府可以通过威胁撤销对特殊项目的资助来对地方和州教育施加压力。

教育者将继续努力寻求所有儿童能接受的教育方式。对一些人而言，这就意味着去寻找方法来改变低阶层儿童带入学校的"文化资本"的不利一面。对另一些人来讲，这意味着去调整制度以便使所有的儿童，不管其家庭背景和经济因素都能接受教育。下一章我们将讨论教育政策的影响以及为特殊学生群体提供均等教育机会的尝试。

结语

学校是许多遭受挫折的群体的谴责对象，同时它又是成功的一种途径，也是抑制一些学生的机构。

Ⅰ．学校教育的危机

许多专家认为，学校教育存在危机。公众和教育者对学校教育辜负了我们的期望而感到忧虑。然而，我们也真正希望学校能够解决一些根植于社会制度结构中的问题。本章讨论了分层制度及其在教育和社会中的作用以及教育机会均等的问题。

Ⅱ．分层过程：不平等现象不可避免吗？

作为一种贯穿于整个社会结构的过程，分层意指我们在社会中的位置。我们社会的阶级，即美国分层的结构是由包括财富、权力和声望在内的一些变量决定的。教育成就与这些变量联系密切。此外，教育用于将人分类到未来不同的社会角色中。因此，人们期望教育能够提高他们自身的社会地位。

对分层制度的解释主要有两种理论。功能主义理论家认为，教育是筛选和培训人们到社会不平等的位置，因此，不平等是不可避免的，问题在于不平等的程度如何才是合理的。对功能主义理论的批判之一就是，这种理论通过假设不平等现象而假设现状的永恒性。

冲突主义理论家不同意不平等无法避免这一假设。他们认为，那些拥有权力的人，即有产阶级使得不平等现象永存。我们的区别在于我们来自不同地位的群体，受控于支配群体。他们认为，单纯的教育不能解决社会中不平等问题，但教育会重新调整整个社会的结构，从而导致变革。

Ⅲ．分层与教育机会均等

机会均等意指所有人，不管性别、种族和阶级，都有平等的机会在社会上获得较高的社会经济地位。联系到学校，它意味着平等的设备、平等的资助和平等的资格。不同的待遇和结果导致种种问题的产生——事实上总有些群体处于底层。

社会阶级通过几种方法而得以"再生产"，如精英与私立学校、课程分轨制与能力分组、教师期待等。而一些学校政策会对群体产生消极影响。测试可能更有利于中产阶层的白种人学生。能力分组是以种族和阶级来划分的。教师的举止行为和期待也能影响学生成绩。所有这些因素将会影响儿童在学校中的成绩和目标。

人们提出许多观点来促进变革,其中包括立法、改变学校资助和补偿性教育等。

实践

1. 如果你所在社区存在"学校教育危机"的话,请指出危机的迹象。

2. 你能证明社会阶级、种族、亚文化或者性别已经影响了你的教育经历吗？请记录下来并与他人交流经验。

3. 根据你所在社区或其他社会可获得的资料,列举出几个由于种族、性别或阶级差异而导致教育成绩迥异的事例。结构功能主义理论家如何解释这些差异？冲突主义理论家呢？

4. 与教师或学校官员谈论影响分层的学校政策：即测试、能力分组与教师期待。

第四章 种族、阶级与性别——努力争取教育机会均等

黑人和白人、女性与男性、印度教与穆斯林以及穷人与富人，这些对我们先赋地位所进行的二分法，也影射出对连续性的教育体验和结果存在分歧。个体在社会和教育系统中所处位置受其种族、性别、文化背景以及社会阶级的影响。这些背景因素影响到教育系统内部以及整个社会的分层问题，不了解它们，我们就无法理解系统机制。本章首先集中讨论教育系统内不同性别的体验及其如何对他们在社会中的地位与角色产生影响。多数人在讨论中是这样区别"性（sex）"与"性别（gender）"的，前者通常意指个体的生物学层面，而后者指决定恰当行为模式的社会文化层面（Rothenberg, 1995, p.8）。这儿我们使用性别和性别角色来指代生物学与社会文化两个层面。第二部分讨论调整教育系统内不平等地对待种族、族群和其他少数族群的一些尝试，并对其结果加以检讨。

性别与教育机会均等

散发于耶鲁大学法学院的一张传单以暧昧的词汇将5个女人描绘成"完整的一台戏"（Fox-Genovese, 1995, p. C7）。康乃尔（Cornell）地区的一群男人炮制了一丑闻，他们编撰了一个"女人不应有言论自由的75个重要原因"的性图解式清单，这个清单在网络上流传甚广。其中包括诸如此类的评价："她张口就是抱怨"，"她无须说话，只要给我啤酒就行"，"高速公路的交通事故发生率就会下降90%"，还有72条，许多都是污秽之词，不适宜到处张贴。有研究发现性别歧视的幽默与敌视女人有关，男人对性别歧视幽默的津津乐道与强奸态度、信念以及性侵犯有着正相关（Ryan and Kanjorski, 1998）。仅此三例就可以说明许多大学校园内女性备受歧视。这些事件又重新掀起了学术界对女性偏见的争论，它们有助于解释为何性别不同的学生进入相同的学校和班级系统，出来后的体验、兴趣、成绩和期望却迥然不同（Renzetti and Curran, 1999）。关于不同教育体验的理论解释和科学研究集中于社会化、教育在社会中的角色以及"生理宿命"等方面。

性别角色的社会化

在我们一生中，社会化过程始于生而终于死，非正规教育

亦如此,而正规教育仅局限于生命中一定的期限。从出生起,不同性别的孩子就有了不同的社会化经历,至步入幼儿园之际,大多数儿童早已从其父母、弟兄姊妹、电视和其他"社会化媒介"处获得了他/她们性别认同的概念。

学校具有社会化的功能。学生每天要度过6个小时以上的光阴从事学习与学校有关的活动,教师和学校成为适合性别行为的重要信息来源,学生观察和模仿成人角色,包括教师和行政管理者的角色。学生们观察男性和女性的比例以及教育阶层中的权威结构,并通过正反面的鼓励和制裁以及教科书的学习,学会各自性别的恰当行为。

儿童玩具在性别社会化中同样起着重要的作用。"男孩玩具",如化学装置、医疗工具包、望远镜、显微镜等,鼓励对环境的操纵,与"女孩玩具"相比,常更具职业倾向性且更昂贵(Richmond-Abbott,1992,p.87)。父母一般都有意识地为其子女购买适合性别的玩具。对玩具的选择贯穿于儿童的玩耍过程中,至进幼儿园之际,他们已经学会玩适合性别的玩具了。流行的录像游戏也体现了性别角色的偏见,其中妇女被描绘成性工具以及实施暴力的对象。一项对33种流行录像游戏的研究发现,没有女性角色出现的游戏占41%,将女性当做性工具的占28%(Dietz,1998)。

教科书中的性别歧视现象已经引起了人们极大的关注。书籍是传播性别角色的一个重要信息来源,在众多对读物和故事书的研究中,最著名的一例是新泽西州普林斯顿的一个群体所做的《女性话语与形象》(*Women on Words and Images*,1998)研究。他们评估了儿童读物中的性别描写,并根据18个主要教科书出版公司出版的新版本教材更新了他们的研究结果。课文的内容分析考查了主要人物的性别、插图、男性和女性正反面形象、偏见以及与社会系统中性别角色描绘相关的其他因素。最近的研究显示这些方面都有所改善,但角色分配的描绘和类别的比例仍存在不平衡,依旧侧重于男性角色(Goodman,1993;Purcell and Steward,1990)。儿童的图画书在标题、图画和中心角色方面也同样体现了更多的男性角色(Tepper and Cassidy,1999)。研究认为科学、社会科学,甚至数学课本都把女孩和妇女描绘成刻板的性别角色。例如,涉及女孩的数学问题通常为她们跳绳、买衣服、缝纫、烹调或者计算食品账单(Goodman,1993)。这些社会化的经历影响了男孩和女孩对各自性别角色的学习。尽管教科书出版商在不断地提高课本中使用事例和覆盖面的准确性,但是很多学区买不起更新的课本(Cohen,1992,p.A1)。

儿童行为的差异早期就出现,儿童三岁半时就开始对其同伴产生影响。女孩更易被男孩甚至教师所忽视,也许会不再试图引起注意。女孩可以形成密友,而男孩是通过诸如运动等群体组织的活动而相互联系,这与未来工作结构相似。男孩和女孩的语言模式甚至也各异,男孩为了自我目标而运用语言,女孩为了社会关系而运用语言(Hibbard and Buhrmester,1998;Tavris,1990,p.B5)。

女孩接受了"隐藏的"性别歧视的经验(Sadker and Sadker,1994,p.2)。例如,男孩更多地被召集在一起,被要求解决问题,得到更多的纪律约束,与教师也有更多的交流,而这些累积的信息也许会导致女孩去体验包括进餐、骚扰、怀孕、辍学以及消沉的自尊等的问题和无序状态。

男女性别行为的社会偏见在儿童早期就会被习得,这些偏见随处可见。男女入学和有读写能力比率的统计说明了不同性别的不同社会期待(参见图4-1)。根据1994国际人口行动(Population Action International)的一项调查,女孩入学率明显低于男孩的50个国家中,大部分为南亚、非洲和中东的最贫困国家。贫困国家中仅有23%的妇女就读中学(United Nations Development Program,1993)。不接受教育,妇女就不能充分地参与社会经济和政治活动,然而,对于世界上很多的人口来说,能否享受文化教育仍然是个主要问题。1995年在北京召开的联合国第四次世界妇女大会指出,到2000年,世界上超过一半的人年龄将在20岁以下,其中约有一半为女性,这些女性所在的国家要减少贫困,就必须对她们进行教育(Geewax,1995,p. A16)。

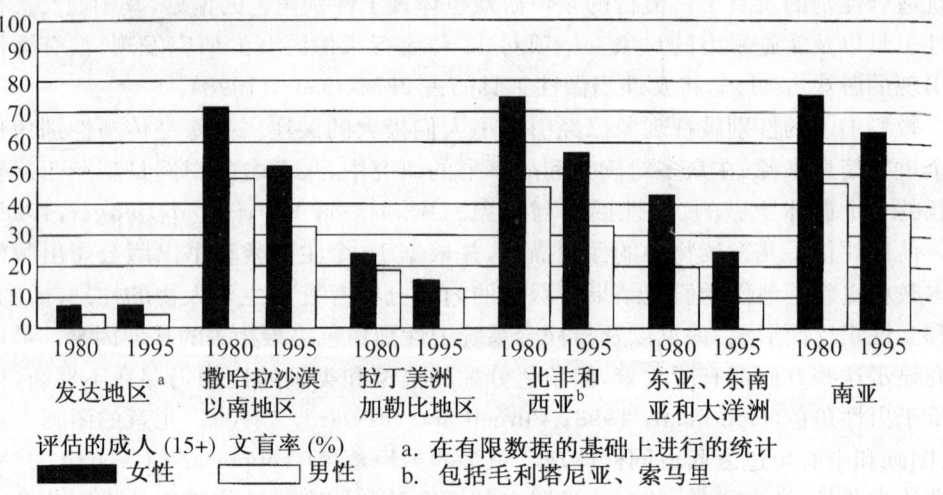

图4-1 15岁上(含15岁)女性和男性文盲(1980年和1995年)

资料来源:United Nations Educational, Scientific and Cultural Organization, "Statistics on adult illiteracy; preliminary results of the 1994 estimates and projections" (STE-16). Based on estimated total illiterate population in each region. Reprinted in United Nations, *The World's Women 1995*, p. 90. © United Nations. All United Nations rights reserved.

教育系统中的性别差异

美国教育中性别角色的差异并不新鲜。美国的清教徒阻止妇女接受教育,并认为她们惟有通过阅读圣经才能确保赎罪。美国独立战争之后,女性承担了教育子女以及传递道德标准的职责。因此,在一个男性主导的社会中,妇女可以,甚至被鼓励接受数

量有限的教育。19世纪80年代的一位学校观察者的引文可以佐证:

> 我们注意到所有的男孩都在写作,但女孩除外。我们求朋友图雷斯(Tullis)解释这个现象,他说女孩学会写作是不安全的,因为那会造成情书的写作、秘密的勾当和私奔等问题。他说,尽管妇女允许学习算术,但是玛丽·卡尔德威尔(Polly Caldwell)小姐只学了长除法,寡妇卡爱奥(Kyle)女士只学了减法。他告诉我们,玛丽·卡尔德威尔是个织布工,因此需要数字来帮助计算经纱(*History*,1973)。

社会系统依赖学校来传递重要信念和价值观,其中包括性别角色行为和期待。这种传递部分正式地可以通过课程、教科书,或者凭借性别分配特权和任务的结构来实现。但是,许多社会期待是通过包括材料、活动、区别对待方式以及咨询服务等在内的非正式或"隐性"课程而得以传递的(第八章将进一步讨论)。学校中的性别角色隐射了社会中的性别角色。我们的行为和对性别的期待,从儿童的抚养到学校的期待,深受偏见的影响(Rothenberg,1995,p.8)。关于男女性别特征的偏见在我们社会成员的观点中相当一致:女孩温驯、文雅、合作、感性、有教养;男孩好斗、好奇、竞争而雄心壮志。

女性在高等教育中地位不一,即入学率在升高,但并非所有的领域皆如此。欧布林(Oberlin)是美国自1833年第一个正式向妇女开放的大学,但是她们的教育仅限于一些家庭科目。随着19世纪中期女性大学的发展,涌现出很多妇女改革者与专业人士。自那时起,妇女教育得以不断地发展,出现了女子学校、男女生混合学校,女性可以进入更为广泛的职业领域。最近许多保守的男校也变成了男女生混合学校。人们对妇女的体育运动问题也争执不断。高等教育中正在进行的诉讼指出,很多大学给予妇女体育运动的支持比男性少得多,而第IX计划要求平等对待,这之间存在很大程度上的不一致性(Lederman,1994,p.A51)。

过去的20年中,25—29岁年龄阶段的男女群体上大学的人数差距已消失(参见图4-2)。可以预见,到2007年,美国将有9 200 000的妇女入读大学,而男性只为6 900 000(Sommers,2000)。女性研究生入学率也在不断增长,教育、健康专业、社会和行为科学领域尤其如此(参见表4-1)(National Center for Education Statistics,1999,p.150)。

尽管女性接受教育人数在增长,但她们在知识成就方面并非总能得到尊重。例如,美国黑人知识分子,尤其是女性,处境艰难,生活于一个本质上"敌视知识分子的社会"。她们总认为人们视其所从事的脑力劳动的价值低于那些激烈活动的体力劳动的价值(Hooks and West,1991),虽然她们的贡献为体力劳动打下了基础。一个女性忠告道:"要聪明,但不能太聪明,要时刻准备面对残酷的现实。"

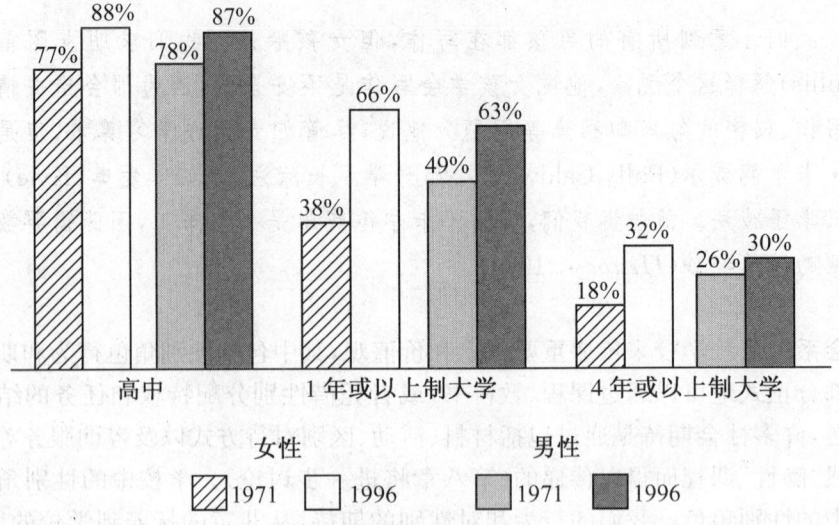

图4-2 25—29岁年龄段之间不同性别学生完成不同
层次教育的比例(1971年3月和1996年3月)

资料来源:U. S. Department of Commerce, Bureau of the Census, March Current Population Surveys.

表4-1 各领域女性和男性学士学位分布的比例

专业领域	1972		1992	
	女 性	男 性	女 性	男 性
合计	100	100	100	100
生物/生命科学	3	5	4	4
商业	3	22	20	26
通信	1	2	5	4
计算机科学	0	1	1	3
教育	37	10	14	4
工程	0	10	2	13
英语	11	5	6	4
现代外语	4	1	2	1
健康科学	6	1	8	2
数学	2	3	1	2

续表

专业领域	1972		1992	
	女性	男性	女性	男性
物理科学	1	4	1	2
心理学	5	5	8	3
社会科学	15	20	10	14
其他	13	13	19	18

资料来源：*Digest of Education Statistics*, 1994, tables 268-285. Reprinted in National Center for Education Statistics, "The Educational Progress of Women." Findings from *The Condition of Education*, 1995, U.S. Department of Education, p. 13.

有证据表明，女孩和成人女性在学校中优秀过人，而男孩在大量地辍学，其大学入学率也在减少。现在许多关于教育参与和成就的统计肯定了女孩子(Sommers, 2000)。然而，这些教育的进步并非总能使女性平等地进入所有领域、平等地享有更好的工作机会以及毕业后享受平等的薪水。

学校的性别角色构成 教育系统的结构中仍然存在主要的性别构成差异。譬如，1996年美国公立学校教师中，74.4％为女性，超过86％的小学教师为女性，而中学的女教师只有56％(National Center for Education Statistics, *Digest*, 1995, 1997)。

这种女教师"层次越高，数量越少"的模式在大学教育中依旧存在，大学教员中只有32.5％是女性，且职务一般较低(*The Chronicle of Higher Education Almanac*, 1999—2000, p. 36)。为什么存在性别歧视？因为社会化影响了人们的态度，结构化的障碍限制了同等的权利，而教育系统的变迁更是缓慢。例如，社会化以及组织的等级制与权力结构影响到妇女不能获取行政管理的职责；有抱负的妇女面对支配的权力结构时，遭遇人际关系的阻碍；在招生、选拔、就业、评估和其他的过程中，组织和制度的障碍也会产生。因此，妇女要获取更高的位置就会遭遇几个层面的障碍。

自20世纪60年代以来，单一性别的中学和大学在不断的减少。但研究指出，它们能将学业成绩与社会对青少年尤其是女孩的关注分离开，以此对青少年提供帮助。目前，一些学区正在考虑对数学和一些科学学科设立单一性别的班级(Estrich, 1994, p. A11)。提倡者认为，单一性别的班级可以消除学习风格的差异以及教师对男女生不同反应的问题(Fox-Genovese, 1995, p. C7)。在学业成绩、成就目标、教育志向、性别角色偏见减少以及与学术有关的积极态度方面，单一性别学校有其优势。然而，此类学校是否应进一步扩大仍是个问题，有些城市出现了这样的法院案例(Brown and Russo, 1999)。

高等教育中，妇女申请大学教育的比率正在增长。研究显示，单一性别大学中的妇女自尊感和自我控制感强于男女共校的妇女(Riordan,1992)。尽管有关单一性别大学教育的价值问题争论不绝,但是研究指出,男女共校的大学机构中,教师更重视男生对课堂讨论所作的贡献,并同意由男生来支配这样的讨论(Fiske,1992,pp.52—53)。一个正规的女子大学后来变成男女同校,对该学校进行的研究显示,所有班级中整体交流更少,原因在于性别的政治环境(Canada and Pringle,1995)。当加利福尼亚州的米尔斯女子大学(Mills College)决定招收男生时,抗议如风暴般四起。在此事例中,学生的愿望占了上风,大学依然只招收女生。单一性别学校没有男女生混合学校中的社会困惑,重视学术规范,更强烈地鼓励超越他人。尽管法院庭审中没有关于此类学校的诉讼,但是单一性别大学将会面临着"性别分离但需平等"的挑战。

学校体验和活动 研究女生在学校中的体验时,应该考虑到与她们接触的每个人,即父母、课堂教师、行政管理人员和其他学校决策者的活动。在小学,儿童最有可能接触到女教师。尽管多数课堂是男女生共学,但是课堂中的许多活动是与性别相联系的。有证据显示,女孩子所受的关注不如男生多,例如,教师鼓励男孩解决问题,而对女孩直接给予答案。这样,教师的行为加强了性别偏见。通常女孩被分配浇花,而男孩则擦黑板,根据儿童的性别组织活动。在纪律以及教师与儿童相处的时间总量方面也存在性别差异。研究发现,男孩会受到更多更严厉的纪律约束,但也花费教师更多的时间,得到更多的表扬。对于不同性别、阶级与种族的学生,教师的期待有所不同(National Association for Women in Education,1996)。

活动反映偏见,这可以通过对课堂和操场活动行为的研究得到证实。在早期的学前教育中,女生的游戏更具合作性,而男生的游戏更具功能性或"目的性"(Neppl and Murray,1997)。事实上,小学中的男生逐渐相信男子汉就是回避女生所做的一切(Jordon,1995)。一位操场活动的观察者这样写道:

> 性别间的差异在操场上显而易见。操场上总可以看到这样的现象:一些女孩热衷足球和弹子游戏,人们认为她们是"行为似男孩的顽皮姑娘"并接纳她们,在大女孩的保护下玩耍的是一些羞怯的小男孩。大体上,男孩一般比女孩更自我中心、更具进取心、更具竞争性、更好斗和大胆,他们是戏剧演员,是倾向于自我宣传的人,不介意愚弄自己,做出最滑稽的丑态为操场上嬉笑娱乐提供重要的素材,他们对游戏全神贯注(Opie,1993,p.7)。

许多年轻女性体验过性骚扰,它通常来自学校同辈群体(参见框4-1)。最近一项对8—11年级的学生调查显示,有85%的女生和76%的男生经历过某种形式的性骚扰,最常见的是性玩笑、手势及评论,其次是用暧昧的方式触摸。性骚扰给女生带来更严重的代价,她们感到缺乏自信,更害怕上学(American Association of University

Women,1993)。

框 4-1 敌对的走廊

在你整个学校生涯中,如果有人(包括学生、教师、学校其他雇佣人员或其他任何人)曾经对你做过以下你不希望他们做的事情,频率如何?

- 当面讲一些黄色评论、开黄色玩笑、做下流动作或表情
- 展示或赠送或留下有关性方面的图片、照片、插图、信息或者记录
- 在盥洗室、更衣室或其他场所书写或涂鸦一些关于你的性事
- 传播关于你的性事谣言
- 说你是同性恋
- 当你在学校更衣或淋浴时窥视你
- 恶作剧地使你暴露自己的臀部
- 用性骚扰的方式触摸、抓或掐你
- 用性骚扰的方式拉你的衣服
- 用性骚扰的方式故意碰你
- 脱掉或拉下你的衣服
- 用性骚扰的方式阻挡你的去路或把你逼入角落
- 强迫你吻他/她
- 除了亲吻,强迫你做其他有关性方面的事情

资料来源:American Association of University Women, Hostile Hallways: The AAUW Survey of Sexual harassment in America's Schools, 1993, p. 5.

成绩和动机:数学和科学的个案研究 "女生在整个中小学教育阶段要获得较好的成绩面临着普遍的障碍,她们在努力学习并期望将来能够找到收入较好的工作过程中会遇到'系统性的阻碍'"(American Association of University Women,1991),该调查结果来自 1992 年关于"学校如何不公正的对待女生"的一项研究。自从这个报告成了头版新闻后,数学和科学课程方面发生了一些变化,但最高层次方面仍然存在性别差异,物理和计算机方面尤甚。计算机科学正成为"男生的俱乐部",这方面的差距尤其突出(American Association of University Women,1998;National Center for Education Statistics,1997)。尽管女生在公立学校教育中能够获得较好的成绩,但她们仍被"系统地引向传统的带有性别隔离的工作,远离那些导向科学、技术和工程领域方面能够获得高薪酬工作的学习"(Lawton,1992,p. 17;National Research Council,1989)。这种看不见的"玻璃隔板"始于中小学。呈递给国会的性别平等的教育提议

(Gender Equity in Education Package)在努力寻求纠正这些性别差异问题的办法(Hegger,1993,p.A5)。

在中学,因青春期的开始而导致的变化已经显现出来。关于自己是谁以及应该如何行为的观念开始影响女生的职业选择。到高年级的时候,她们对未来参与工作的计划和价值观念与职业中实际的性别差异基本一致。

在标准的成绩测试中,男女生成绩因测试内容不同而有所差异,女生在阅读、写作和文学方面相对较好,男生则擅长于数学和科学。尽管男女生在综合的学习能力测试和美国大专院校测试中成绩差距不太大,但男生还是高于女生(*The Chronicle of Higher Education Almanac*,1999—2000)。在科学课程方面,中学女生的成绩略高于男生,尤其高于那些参与体育运动的男生(Hanson and Kraus,1998),但是男生比女生有更多的机会选择数学和科学课程(National Center for Education Statistics,*Conditions*,1997)。

在国际数学和科学学习中,男生平均成绩为 518 分,女生为 485 分,为什么除了台湾,其他所有的国家和地区男生的数学成绩都高于女生呢(National Center for Education Statistics,1995,p.64)? 这个问题之所以有趣,是因为它涉及到妇女机会均等的问题,涉及到她们中一些人在数学和科学方面不能进入较高的层次而导致有价值的人力资源流失的问题。有人认为,成绩测试的架构和内容方面存在性别偏见,这给妇女申请大学教育和荣誉奖学金带来困难(如 Levine and Levine,1996)。

妇女参与各种科学和数学课程的比例在平稳上升,例如,中学女生选修物理课程的比例从 1982 年的 9.4% 上升至 1994 年的 22%,选修微积分课程的比例从 4.6% 上升至 9% 之多(National Center for Education Statistics,Digest,1999,p.152)(参见表 4-2)。而男生则更多地关注学习与数学知识相关的计算机科学和其他科学课程。如果男女生学习同等数量的数学知识,他们的成绩相似,但在高等数学中,男生似乎占优势。那些有数学天赋的男女生都有偏好,都积极地选修较多的科学课程,物理则是个特例,男生较多的选读这门课程。然而,女生 12 岁之后逐渐趋向对科学课程失去兴趣(Marklein,1992,p.D6),她们认为科学课程"枯燥乏味",经常选修较少的科学课程或中途退出(Fennema and Leder,1990)。

多数的研究者持有这样的理论:数学成绩的差异源自男女生的社会化和经验。这些经验最早始于小学教育。学校鼓励白人男学生不拘泥于数学公式的套路,独立思考,创造性的来解决数学问题。像很多少数族群学生一样,女生受到这样的成见——在数学或科学课程方面她们没有男生聪明,这使得她们不再关注这些课程(Gose,1995,p.A31;Bellisari,1991)。许多教师认为男生更善于解决问题,经常向他们提出较高难度的问题,而成绩好的女生受到的关注少于男生。简而言之,"男生倾向于将成功归因于内因,将失败归咎于外因或不稳定因素;而女生倾向于将成功归因于外因或不稳定因素,将失败归咎于内因"(Fennema and Leder,1990,p.82)。

表4-2 高中毕业生选修可供选择的数学和科学课程的比例

数学和科学课程	1982		1994	
	女 生	男 生	女 生	男 生
数学				
几何学	49	48	72	68
代数学Ⅱ	36	38	62	55
三角学	11	13	18	17
微积分	4	5	9	9
科学				
生物学	81	77	95	92
化学	31	32	59	53
物理	9	18	22	27
生物学、化学和物理	7	13	20	23

资料来源：Department of Education, National Center for Education Statistics, national Assessment of Educational Progress, *The 1994 High School Transcript Study Tabulations: Comparative Data on Credits Earned and Demographics for 1994, 1990, 1987 and 1982 High School Graduates*, 1996.

在美国和其他国家，家长的支持和参与也会影响学生对数学、科学以及其他课程的态度(Tocci and Engelhard, 1991, p. 280)。社会经济地位高的家长更可能对其女儿学校课程的选择加以"积极的管理"(Muller, 1998; Useem, 1991)，这些女生趋向做难度高的功课，这相应地又促使了社会阶级的再生产(Useem, 1990)。针对家长支持、教师期待、学习习惯以及影响成绩的价值观和信仰的跨文化研究表明，在一些国家，女生在数学方面很优秀，这归因于该国家在教育和职业机会上的性别分层(Baker and Jones, 1993)。日本学校的数学课鼓励学生思考问题，而不是直接呈现问题的答案。比较研究的资料显示，美国学校教授给女生和少数族群学生的是一套数学公式或程序，而不是鼓励他们思考问题。

在一个逐渐重视和奖赏数学、科学与技术方面技能的社会，如果追求此类职业的女性人数较少，那么她们将远远落后。这个问题引起了美国许多联邦资助项目来探究其中原因。然而，数学和科学方面的性别不平等现象是个全球问题。女性社会地位越低，数学和科学成绩的性别差异也就越大(Baker and Jones, 1991)。

缩小男女生数学成绩差距的企图导致了过多的教授数学以及从态度和组织视角来抨击问题的革新项目(McCormick, 1994; "What We Know," 1993; Clewell et al.，1992）。根据密歇根大学的一项研究,多分配给女生一些"操作性"的实验室工作以及减少课本中的性别偏见可以降低性别之间的差距("Science Study"，1995，p. E2)。增强年轻女性对自身能力信心的另一有益方法是建立积极的女性角色模范(Otter，1994)。在学生社会化体验和数学课程的学校结构性因素以积极的方式得以改变时,我们将会继续看到在数学和科学课程方面性别差距的积极变化与缩小。

是否有证据说明先天的特征会导致男女生教育体验产生差异呢？性别的生物学因素是否注定有些人会成功,而有些人必定会失败？社会学家期望能从生物学因素来解释男女生在数学和科学课程能力方面的性别差异、学习风格以及一般的智力差异。用生物学解释的问题在于它没有充分重视文化期待(cultural expectation)和环境约束(environmental constraint)对学生的强烈影响,因此它所提供的解释在被单独检验时是不够全面的。此外,关于生物学因素在学习和成绩方面的性别差异所起的作用,现有的证据还不足以来下结论。尽管研究者已经找到了数学成绩差异方面的一些生物学解释,但这不能解释亚裔女性为何比美国普通的职员在科学和工程职业中有相对较高的表现,而文化和家庭环境却可以提供解释(Bellisari，1989)。

与性别差异抗争

研究显示教育系统内所有级别在对待男女学生的方式上都存在着微妙的差异。迄今为止,还没有一种方法可以解决这些差异,但是针对处于劣势的男女生,教育系统正采取一些步骤来减少负面影响。

1. 在教师教育的过程中,意识到自我认同、偏见以及一般在课堂中操作的实践可以使教师对于渗透在这些实践中的正式与非正式课程更加敏感(McCormick，1994，p.52)。课堂实践中的简单变化最容易处理。

2. 对处理课堂外女生的顾虑有助于她们在课堂中的学习。有关关系、职业选择、暴力和未来问题是冲击学习过程的顾虑(Gilligan，Lyons，and Hanmer，1990，p.26)。

3. 第Ⅸ计划要求学区为学生提供一个无歧视性的教育环境,它涉及招生的性别配额、根据性别提供的不同课程以及运动计划等,并规定对学校现存计划加以分析,在课程、财政资助、咨询、服务以及雇佣等方面平等的对待所有学生。事实上,学校计划中许多变化都归结于第Ⅸ计划的实施。

第Ⅸ计划可能对男女体育运动的冲击力度最大。设施、体育设备以及课程的开设,男女学生必须一致。然而,1998年处于前300名的大专院校中能遵从这项规定的仅占3‰(Weistart，1998)。1992年以来,美国大专院校削减了350个男子运动队,男生参与几率已下降12%,而女子参与几率上升了16%(Gavora and Schuld,1999)。

第Ⅸ计划影响下参与女子运动队的几率有所提高

社会中每个机构都受到男女角色变化的影响。它在迅速变化,但我们还没有看到它对教育、其他机构或女性机会均等的最终影响。

阶级、种族与矫正教育机会不均等的努力

社会决策者需要考虑如何达到教育机会均等的问题,具体包括不利条件、贫困和歧视。采取措施纠正对少数种族的不公正行为是社会的一项任务吗?入学特别保障政策的一个前提就是一项任务。

教育的不利条件源自学校教育、家庭和社区资源,任何学生个体都无法左右这一切。我们要求享有同等的学校设施,富有经验和受过训练的教师,学生开支公平、组织内种族融合,采取诸如入学特别保障政策等优惠的待遇弥补过去的不平等(Coleman,1990)。随着少数族群人口的增长,这些要求也在增加。

公立学校注册入学趋势

公立学校注册入学正在发生巨大变化。多数州的白人学生有所下降,而黑人和其他少数族群的学生则在攀升。1996年,在公立学校入学的少数族群学生数占37.5%,其中黑人最多,占16.9%,西班牙裔学生占11.9%(参见表4-3)(National Center for Education Statistics, Conditions, 1999, p.126)。该表显示,现在与1966年差异很大。1966年,19%的毕业生为黑人和西班牙裔学生。1994年,25—29岁学生中有

86.1%的人毕业于高中,其中白人占91%,黑人84%,西班牙裔60%(National Center for Education Statistics,1995,p.72)。约在1995年,哥伦比亚地区98%的高中毕业生是少数族群学生,在加利福尼亚、夏威夷、密西西比和新墨西哥州,少数族群学生已经变成多数群体,每个少数族群各州分布情况见图4-3。

表4-3 1966—1996年少数族群在公立学校注册入学中所占比例

	1966	1976	1986	1996
总数	43 039(a)	43 714(b)	41 156(c)	43 755
百分比				
白人	80.2	76.0	70.4	62.5(c)
少数族群合计	19.8	24.0	29.6	37.5(c)
黑人	14.3	15.5	16.1	16.7
西班牙裔	4.6	6.4	9.9	11.9
亚裔	0.4	1.2	2.8	4.4(c)
美国印第安人	0.5	0.8	0.9	1.0(c)

a. 数字以千为计算单位;
b. 依照年限期至1997年的美国政府计划;
c. 依据作者对美国资料和人口参考资料的推断(Ornslein,1984;Bouvier & Davis 1982)。

资料来源:From *The Condition of Education 1989*, Vol.1 (Washington, DC: U.S. Government Printing Office, 1989), p.110—111; *Digest of Education Statistics 1976* (Washington, DC: Government Printing Office, 1977), p.40; and *Projections of Educational Statistics to 2000* (Washington, DC: U.S. Government Printing Office, 1989), p.5; and *Conditions of Education Digest*, 1999, p.152, Table 138.

亚裔和太平洋岛上的居民人口增长最快。由于移民和高出生率,一些群体在不到10年的时间增长了58%,西班牙裔的毕业生数涨幅最大,而黑人和白人学生高中毕业人数则呈下降趋势。值得关注的是,人口正在增长的群体毕业率与白人不同,通常还没有准备好参加工作。美国土著居民中学辍学率为27%,亚裔、黑人、西班牙裔和白人分别为2%、11%、18%和8%(Zuniga,1991)。

下层阶级和问题学生

下层阶级(underclass)一词由贡纳·麦道尔(Gunnar Myrdal),一位观察美国社会的瑞典人杜撰而来,现今词义由威廉·朱利叶斯·威尔逊(William Julius Wilson)引用。城市中,少数族群聚居区的下层阶级具有如下特征,"志向低、教育差、家庭不稳

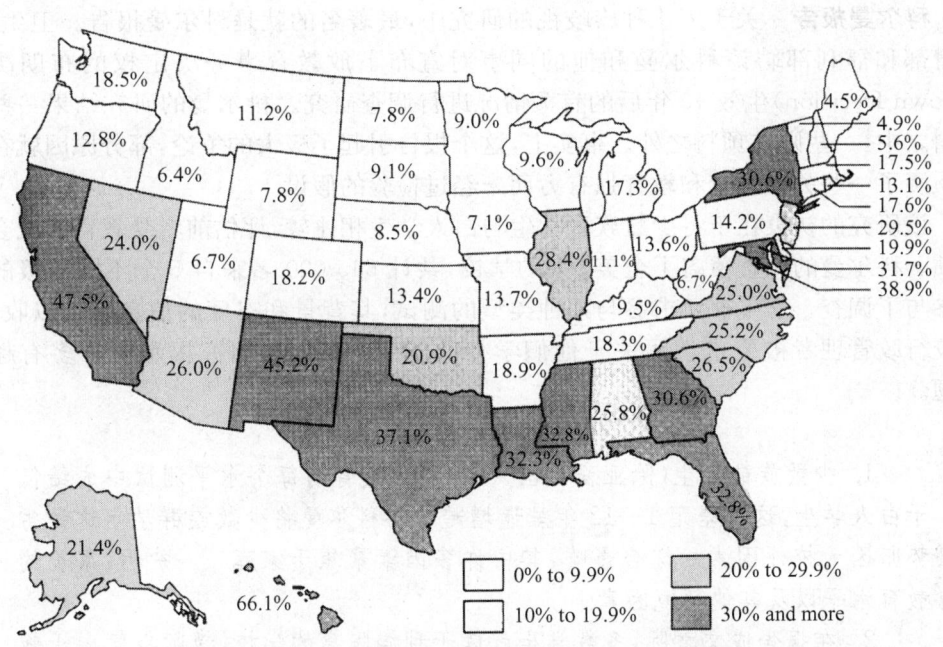

图 4-3 1997 年各州种族和族群群体入学率（该地图呈现的是每个州印第安人、亚裔和黑人或西班牙裔学生注册的比率）

资料来源：The Chronicle of Higher Education, December 17, 1999, p. A53.

定、不法行为、失业、犯罪、吸毒、酗酒、疾病和早亡"（Wilson, 1987, p. 4）。一些少数族群基本上也具有这些特征。

然而，有些科学家不同意这个概念，不同意它把问题"归咎于受害者"的观点。因此，下层阶级成了一个政治性的政策问题。赫伯特·甘斯（Herbert Gans）描述道："按右派和左派论，前者认为下层阶级行为是贫困黑人不愿意遵守美国人的工作道德规范的产物，也由于存在其他文化缺陷；后者宣称下层阶级是工业经济变迁的结果"（Winkler, 1990, p. A5）。一项关于西班牙裔人口的研究指出，尽管贫穷和落后，他们却不具备与下层阶级相关的许多特征，如较差的健康指数和家庭破裂等（Moore and Pinderhughes, 1993）。

教育机会均等的研究

研究平等的文献不胜枚举，但其中的两项研究，科尔曼报告（*Coleman Report*）(Coleman et al., 1966) 和詹克斯（Jencks）对不平等现象的研究（Jencks, et al., 1972），因其导致争论的影响力，详实的资料收集、分析和对不平等现象理解方面的贡献而与众不同。

第四章 种族、阶级与性别——努力争取教育机会均等

科尔曼报告 关于废止种族歧视的研究中,最著名的就是科尔曼报告。卫生部、教育部和福利部聘请科尔曼和他的同事对宣布下放教育事务决定权的布朗决议(Brown Decision)生效10年后的有关情况进行调查研究。科尔曼的研究结果一些在预料之中,一些则在预料之外。事实上,这个报告引起了极大的争论,部分原因就在于它质疑了一些关于学校和教育强有力而未经过检验的假设。

该研究的初衷在于将少数族群学生与白人学生相比较,评估前者受教育的机会与成绩。科尔曼的调查覆盖了全美5%的学校,共计645 000名来自5个不同年级的学生参与了调查。学生被要求参与几种类型的测试,其背景和态度的信息被加以收集,学校行政管理者被要求填写关于他们学校的问卷。科尔曼研究揭示了许多有趣的问题。

1. 少数族群学生(除亚裔美国人)在学校教育的每个水平测试中成绩低于白人学生,这种差距1—12年呈递增趋势。科尔曼将少数族群学生这种劣势归因为校外因素的综合影响,其中许多因素聚焦于家庭——贫困、家长的教育水平以及其他环境因素。

2. 在报告成文之际,多数学生就读于种族隔离的学校,教师也倾向于教授同种族的学生。

3. 导致学生成绩存在很大差异性的因素为学校的社会经济结构、学生的家庭背景以及学校中其他学生的背景等。这一发现出人意料,继而引发提议,为了使不同种族和阶级的学生融合在一起,学校应该加以整合。

4. 另一项意外发现是,课程和设施对学生成绩几乎没影响。事实上,以黑人或白人为主体的学校设备差异很小。

5. 享用物理、化学和语言实验室、教材、大学课程以及拥有高素质、高薪教师方面,白人学生权利略多一些。

研究者对研究的结果进行了检验和再检验,尽管结果有所出入,但是科尔曼总的结论得到了佐证。这些研究发现促使科尔曼提议,提高贫穷的少数族群学生学业成绩的一个方法是整合学校,即将少数族群学生和白人学生安置在一起以此来制造成功的环境,提供教育角色的榜样。该研究促使了各方面努力废除种族隔离,尤其是通过学校公车的使用。

詹克斯对不平等现象的研究 另一个常被引用的著名研究对使用学校来获取社会机会均等的问题提出了质疑。报告中,克里斯多佛·詹克斯(Christopher Jencks)和他的同事重新分析了科尔曼报告的资料和许多其他数据组合,他们指出没有证据表明学校改革能够使校外产生重要的社会变化。詹克斯的研究发现概括如下:

证据显示,补偿教育机会不会使成人获得更多的平等。如果所有的小学都是一样有效,那么六年级学生中认知上的不平等将会下降不到 3 个百分点……十二年级学生中认知上的不平等根本就不大会下降,他们最终学业成绩间的差距将会下降不到 1 个百分点。为大学入学消除所有经济和学术障碍也许会略微降低学业成绩上的差距,但这种变化不会很大(Aronson,1978,p. 409)。

詹克斯指出,过去 25 年的经验表明即使少数族群学生和白人学生间的学业成绩差距有所缩小,但成人之间的经济不平等依然存在。

他断定对于学生毕业后社会地位的改变,学校没有作为,甚至学校改革和补偿教育计划对于改变成人之间的差异也没有实质性的效果。这些结论震惊和激怒了教育者和其他人,学校没起作用一说令人不快。在研究中,詹克斯没有否认学校对于每个人的重要性,他只是认为学校不能解决社会问题。正如科尔曼所言,詹克斯也认为学生的学业成绩取决于一个重要的因素,即他们的家庭;家庭背景及对待教育的态度是学校体验的首要决定性因素。他认为由于学校不能实现社会及经济上的平等,所以我们就必须将经济制度变革为更趋社会主义的体制来重新分配收入。

通过进一步的数据分析,詹克斯报道,约 48% 的个体职业地位和 15%—35% 的个体间收入差距是源于家庭背景。受教育的程度和家庭的地位是紧密联系在一起的(Jencks et al.,1979)。

虽然对科尔曼和詹克斯的结论的检验和再检验导致结果各异,但大部分仍然佐证了学生家庭和同辈群体背景的重要性。下面我们将讨论均等机会中废除种族隔离的重要性,至于学校"氛围(climate)"的意义将在第八章讨论。

为废止种族隔离而斗争

贫穷和种族歧视是美国历史上丑陋而不争的事实。绑架、处私刑、群体暴力和虐待不能阻止人们抗议大部分人遭遇的不公平待遇。这些问题在学校及其他社会系统中都得以反映,在美国,许多地方学校演变成为一个种族隔离的机构。

在讨论废止种族隔离时,人们经常交替使用两个术语,而它们的意义在学术上存在差异。"学校废止种族隔离意指入学模式,即不同种族群体的学生可以进入同样的学校,不能以学生的种族背景而在学校或课堂内对其加以隔离。融合是指不同种族背景的学生不但可以一起上学,而且还要采取有效措施……克服少数族群学生的不利条件,发展不同种族学生之间的积极关系"(Ornstein and Levine,1985,p. 398)。

废止种族隔离的法院案例

1954 年,最高法院在布朗/教育委员会案例(*Brown v. Board of Education*)中宣

布了一项重大的决定:"隔离是不平等的",这个史无前例的裁定对一些人来说是福音,对另一些人则是祸因。它对该社会中少数族群群体的教育或社会地位真的产生影响了吗? 布朗决定颁布后,十年内,法院仍然没有对废止种族隔离的内涵作出界定。因此,1964年,《民法》裁决对废止种族隔离的拖延不可再容忍。为了获得机会均等,要求废止种族隔离,这意味着学校必须将20%—30%的招生名额分给每个群体。一些主要的废止种族隔离行动导致了变化,尤其是在美国南部,但大城市依旧原样,隔离现象甚至更为厉害。1973年,在丹佛的一个法院案例裁定,种族隔离是有意为之,该市必须改变这种隔离模式。这项裁定致使其他大城市也做出改变,多数是使用学生校车来达到目的。强迫执行的模式多样,但是从最高法院到地区法院案例的裁定不完全一致。自1954年最高法院做出"隔离是不平等的"裁定,并要求用谨慎速度来改变这种隔离状态之后,每一级别的法院都忙于为各自地区解释这个裁定,整个情形仍然处在混乱状态。

自美国最高法院拒绝自愿废止种族隔离,并要求所有城市开始制定废止种族隔离计划之日起,已经历时30多载,但全国关于废止种族隔离的争论依旧。隔离的模式犹如一个拼凑的棉被,一些地区已经成功地废止种族隔离,而另一些地区仍然排斥黑人或白人。

废止种族隔离的成就可分为五个阶段:第一,1954年最高法院的裁决;第二,1968年法院裁定要求南方农村学校实行废止种族隔离计划;第三,1973年在丹佛市要求纠正种族隔离之际,废止种族隔离运动从南方转移到北方和西方;第四,当前,法院判例裁定一些城市废除强制的校车隔离;第五,强调改进少数族群学校的教育质量。少数族群学校意指90%或以上为少数族群学生。1980年,三分之一的黑人就读于这样的学校。少数族群"占主导地位"的学校是指50%或以上学生来自少数族群群体(Orfield,1983)。

科尔曼报告评述了全国公立学校种族隔离的程度以及种族融合对学生的益处。通过这些资料,赞成融合的力量促进了融合的实施力度,这导致法院接受了无数案例。但到20世纪80年代中期,废止种族隔离运动似乎进展缓慢且有稳步回潮之势。

如今,一个重要的趋势在于,法院判例裁定学区废止种族隔离活动可以不受法院监督。几个最高法院的判例已经批准解除学校废止种族隔离计划,这被称为"整体的标准(unitary standards)"(DeLacy,1997)。可供借鉴的判例为:俄克拉荷马州教育委员会/达瓦尔(*Board of Education of Oklahoma v. Dowell*,1991)、弗里曼/匹兹(*Freeman v. Pitts*,1992)、密苏里州/詹克斯(*Missouri v Jenkins*,1995)、康涅狄格州的设菲/欧耐尔(*Sheff v. O'Neill*,1996)、韦斯曼/吉特恩(*Wessmann v. Gittens*,1998)等案例。废止种族隔离的解除致使许多学生回到邻里的种族隔离学校。学校种族隔离现象在过去的15年间平稳地增强,在非南方的州内尤其如此(Weiler,1998),这是由计划解除、因移民导致的人口增长(尤其城区)以及郊区的发展等综合导致。西班牙裔学生在教育上比黑人学生更为孤立(Orfield et al., 1997)。如今人们更多地关注教育的享用权和校内分轨制,因为这些都会影响少数族群学生的学业成绩。

废止种族隔离——融合程度问题 就校车和废止种族隔离,社会科学家已经进行了100多项研究,这些研究主要集中于以下一些问题:

1. 废止种族隔离计划是否达到了融合学校的目标,改进了少数族群学生的教育质量,改善了种族之间的关系?
2. 废止种族隔离的努力是否由于"白人迁移(white flight)"出受影响的学区,而导致邻里和学校的种族隔离更为强烈呢?
3. 融合对学生成绩和自我概念有何影响?
4. 学校校车的使用是否能有助于实现社会机会均等这一终极目标呢?我们是否把社会种族问题夸张成为一辆黄色的校车而我们正在关上车门呢?

在一些市中心,学校种族隔离现象有所增强,教育官员在设法为少数族群改善这一问题发起革新计划。这导致有人争论"更好但要隔离"的目的是"分开但要平等"目标的回归。包括格雷·A. 奥菲尔德(Gary A. Orfield)在内,很多学者关注废止种族隔离的重要性与价值的争议。他们概括了社会科学过去20年的研究,其研究结果包含以下四个方面:

1. 学区废止种族隔离可以积极地影响社区居民的融合性。
2. 废止种族隔离与少数族群学生取得适度的成绩是相关联的,对白人学生没有任何害处。
3. 尽可能覆盖所有年级废止种族隔离计划、波及尽可能大的区域,长期坚持既定明晰目标的实际运作最有效果。
4. 有效的废止种族隔离是与其他类型的教育改革相联系的(Orfield et al., 1999)。

最近一项由奥菲尔德负责的有关学校废止种族隔离的哈佛大学项目研究发现,从20世纪60年代中期至70年代,南部地区的种族隔离现象有着明显的下降趋势,随后直至1988年为平稳期,从1988年到现在,种族隔离现象又呈上升趋势(Orfield, 1997, 1994)。

废止种族隔离学校的研究结果

少数族群学生和白人学生一起上学将会如何?有益于还是有害于学生?研究已

经涉及到了学生的人际关系和自尊、黑人和白人学生的学业成绩和社会角色以及有关社区"白人迁移"所产生的影响。每一个问题都有大量的研究,下面列举一些事例。

自尊、自我概念和成绩 自尊对于学生成绩有很重要的影响。多年来,心理学家一直关注着黑人学生,因为种族偏爱的测试显示,黑人学生对种族认同和自尊缺乏积极的意识。在一项自20世纪40年代起不断重复的研究中,询问了黑人或白人关于洋娃娃的喜好问题。"挑选出好的、差的、漂亮的以及你最喜欢与之一起玩的洋娃娃",65%的黑人学生和75%的白人学生喜欢白人洋娃娃(Talan,1987,p. E11)。这个研究发现对于废止种族隔离学校中的黑人学生而言意义重大,其涉及的问题是正常有自信的黑人学生是否在种族融合的学校中就缺乏了自信。研究结果显示,种族融合学校中黑人学生的自信度、自尊感和志向水平都不如那些种族不太融合的学校中的黑人学生,尽管前者学习较好,上大学机会更多,找工作和获得高收入方面也比较成功(Trent,1997)。也许学校废止了种族隔离,但人们担心分轨政策是否会导致校内的种族隔离(Weiler,1998)。

学生的目标、志向与前途

黑人学生的志向很高。教师与家长积极的高期待有助于志向的实现(Voelki,1993)。事实上,黑人学生的高志向也许是他们与白人学生之间教育差距缩小的原因,这些志向对于黑人学生进一步的发展起着作用(Portes and Wilson,1976)。

废止种族隔离对志向和成绩的影响已经成为研究者关注的焦点,尤其因为与白人学生相比,黑人学生进入大学的比例在呈下降趋势。读完四年大学课程计划,对于黑人和白人学生都有所增加,但计划实施方面黑人学生却有所下降(Hauser and Anderson,1991,p. 272)。

那些支配中学的规范很可能会影响学生的信念。因此,废止种族隔离学校的黑人学生,尤其是男生,与那些来自种族隔离学校的黑人学生相比,进入大学并能完成更长时间学校教育的可能性较大。这很可能与学校中的志向、成绩水平以及可得到的机会有关。来自废止种族隔离中学的黑人学生比那些种族隔离学校的黑人学生更能找到较好的工作,并在工作中有更多的晋升机会(Trent,1997;McPartland et al.,1985)。研究发现,废止种族隔离对黑人学生的阅读成绩有少量的积极影响,对数学成绩却没有任何影响(Schofield,1995;McPartland et al.,1985)。总之,废止种族隔离很少会降低少数族群学生的成绩,多数情况是有助于学生成绩的提高。同时,也没有实质性的证据证明废止种族隔离会降低白人学生的成绩。

众多研究结果显示,达到融合的目标和取得积极的种族关系是不易之事,但一些成功的计划为实现目标提供了模式。它们的关键之处在于,在班级内建立良好的人际关系,采取合作学习方式融入所有学生,减少分轨制的实施,努力让学生参与课外活动,平等对待违反校规的行为以及家长和其他社区成员积极参与教育等。

"白人迁移" 在市民和政策制定者为使用校车的效果进行争论之际,社会科学家开始讨论"白人迁移"的问题。不同种族乘同辆校车或校车对废止种族隔离造成的威胁因白人搬离城市以避免学校融合而导致城市内种族隔离现象比以前更为厉害吗?

1975年,詹姆士·科尔曼发表了一项新的研究结果,他认为学校废止种族隔离导致白人从大城市迁移出去,助长了城市地区恢复种族隔离的风气。白人正在迁离那些黑人占较高比例的大中城市。此刻,科尔曼和他的支持者似乎在提示:减少一些融合多一些种族隔离,以便改善"白人迁移"问题。

表4-4例证了1968—1998年间,主要城市学校中少数族群学生的比例变化。科尔曼之后的研究揭示了与"白人迁移"相关的重要变量,这些变量可以解释大城市地区白人人口下降的一些原因,它们是:

表4-4 1968—1998年25个最大城市学校系统少数族群学生注册情况

城 市	1968		1978		1988		1998	
	注册生总人数	少数族群生%	注册生总人数	少数族群生%	注册生总人数	少数族群生%	注册生c总人数	少数族d群生%
纽约	1 063 787	54.2c	998 947	71.3	960 000	79.0	935 000	85
洛杉矶	653 549	42.6c	556 236	70.3	594 802	84.4	635 000	92
芝加哥	582 274	61.5c	494 888	78.5	410 230	87.6	335 000	94
费城	282 617	61.0	244 723	69.0	191 141	76.5	160 000	81
底特律	296 097	61.2	220 657	85.8	175 469	95.5	135 000	98
休斯顿	246 098	46.3	142 553	70.6	190 381	84.2	235 000	94
达的县(迈阿密)	232 465	41.3	229 254	62.2	251 100	68.0	275 000	79
巴尔的摩	192 171	65.1	149 465	77.6	107 250	83.2	90 000	88
达拉斯	159 924	38.4	133 289	66.2	131 582	81.8	145 000	91
克利乌莱德	156 054	57.9	103 627	67.6	73 350	76.0	60 000	85
华盛顿	148 725	93.5	108 903	96.0	88 631	96.5	75 000	99
密尔沃基	130 445	23.9	95 502	49.4a	88 832	68.3	80 000	80
圣地亚哥	128 914	21.7	115 007	38.3	117 057	58.6	125 000	70
孟斐斯	125 813	53.6	113 108	74.0	103 099	78.0	93 000	82
圣路易斯	115 582	63.5	72 515	74.8	47 117e	80.7	40 000	88

续 表

城 市	1968		1978		1988		1998	
	注册生总人数	少数族群生%	注册生总人数	少数族群生%	注册生总人数	少数族群生%	注册生总人数 c	少数族群生% d
亚特兰大	111 227	61.7	76 625	90.5	61 718	93.4	55 000	96
新奥尔良	110 783	67.1	88 714	85.8	85 113	92.7	75 000	96
哥伦布	110 699	26.0	82 691	36.8	65 160	50.4	55 000	60
印第安纳波利斯	108 587	33.7	73 569	48.2a	50 143e	50.6	40 000	55
丹佛	96 577	33.4	68 830	55.6	58 626	64.8	50 000	72
波士顿	94 174	27.1	71 303	60.4	54 765e	75.5	45 000	85
福特伍斯	86 528	32.7	68 224	52.6	68 410	64.4	75 000	74
阿尔伯克基	79 699	37.7	81 913	46.7a	84 783	51.0	85 000	55
圣安东尼奥	79 353	72.9	63 214	87.1	61 246	93.1	70 000	96
尼沃克	75 960	81.8	65 575	90.7	49 728	92.3	40 000	95
合计	5 468 072	51.9b	4 519 334	71.3b	3 863 027	85.8b	4 028 000	87.2b

a. 至1980年,密尔沃基、阿尔伯克基和印第安纳波利斯这些地区学校系统中少数族群学生都超过50%。

b. 这是在总人口基础上加权的少数族群百分比。

c. 估计学生注册人数稍有上升,上升的学生多数是在加利福尼亚州和得克萨斯州。

d. 1978年和1988年,少数族群注册人数的近于50%或更少比率的估计是保守的。尽管当时假设多数白人已经开始从城区迁移,但是移民趋势和少数族群家庭规模也在影响学校注册人数。

e. 1968—1978年之间,25个城市学区是全国最大的学区。1988—1989年间,墨比尔(69 000)、纳什维尔(63 000)、弗雷斯诺(65 500)和图森(57 000)取代了圣路易斯、尼沃克、印第安纳波利斯、波士顿的位置。

资料来源:Allan C. Ornstein, "Urban Demographics for the 1980s," *Education and Urban Society*, August 1984, pp. 477—496, Ornstein, 1990, preliminary data from a nationwide survey, unpublished; reprinted in Ornstein, Allan C., "The Relationship of the School Organization to Minority Students," *Peabody Journal of Education*, Vol. 66, No. 4, Summer 1984, published 1991.

1. 少数族群家庭的出生率较高,这导致出现更多学龄儿童。
2. 随着白人迁移至郊区,向上流动存在经济和阶级差异。

3. 新的少数族群家庭搬到市区居住。
4. 城郊居民歧视少数族群。
5. 与黑人集中的比例相联系的"白人不稳定性"存在差异(McDonald，1997)。

法院裁决多种多样，丹佛、波士顿、孟斐斯和其他大城市裁定"学校所在地区各种族群学生必须占到10%—15%"，即便是共同使用校车。诸如达拉斯和休斯顿等其他城市的法院裁定，如果融合的条件不切实际，少数族群学校可以保持种族隔离的状态。然而，非少数族群的学校必须废止种族隔离(Levine and Levine，1996，p.266)。人们已经开始对大城市的学校废止种族隔离的计划进行新的分析，以便研究各种计划的效果(Carter，1995)。

一项评估学校废止种族隔离计划对白人公立学校入学趋势影响的全国性研究发现，将废止种族隔离的地区和没有废止种族隔离的地区加以比较，废止种族隔离的学校入学率趋势一致。在废止种族隔离之前，入学人数下降，在真正废止种族隔离和增加种族联系的时期内，降幅最大。黑人学生入学率超过三分之一的地区，其入学人数下降两倍(Wilson，1985)。与白人学校入学率下降有关的地区特征包括：该地区黑人学生的比例、小型废止种族隔离计划的执行情况以及西班牙裔学生所占的真实比例(Ornstein，1991，p.66)。另外，还没有证据说明废止种族隔离会促进种族隔离的复兴(Smock and Wilson，1991)。

从多数人受益的情况来看，废止种族隔离的努力似乎产生的都是积极的结果。然而，由于许多学校仍旧以少数族群学生为主，当前努力的方向很大程度上仍应着眼于这些学校教育的改进上(Levine and Levine，1996，p.268)。

融合的尝试

学区已采取了无数计划进行废止种族隔离的工作，如重划学区、"磁石"学校、同乘校车以及其他学生转学的方式等等。在一些个案中，学区已经废止了种族隔离，但校内隔离仍然存在。种族隔离的班级、班级内少数族群群体分组、种族隔离的运动和课外活动、不同的纪律和停学措施以及教师布置的作业也许都会阻碍学校和班级对融合的尝试(Metz，1994)。

为了实现学校内、校与校之间的教育平等，人们采取了不同的方式，其中最有名的就是联邦政府发起的补偿教育计划。1965年通过的初等和中等教育法案，其表述的目标就是改善贫困学生与少数族群学生的教育。这项计划包括了从学前教育到高等教育，起初，联邦政府拨款10亿美元，后来数目持续攀升。下面为其中几个计划的介绍：

1. *早期幼儿教育*　幼儿早年教育计划和继续计划(Follow-Through)是此类中最普通的计划,前者试图帮助条件不利的儿童为入学一年级做好准备,后者目的在于维持这种准备状态,对幼儿早年教育计划中,有过一年经验的儿童在早期几个年级里所获得的任何经验进行补充。早期儿童计划鼓励以启发儿童而不是教师指导的活动为中心。这些儿童都呈现出短期和长期的学业、社会方面的发展,他们获得了那些符合条件而没有参与这些计划的儿童所没有获得的益处(Schweinhart,1997)。

2. *双语教育*　估计有 300 万公立学校的学生不能用英语完成正常的学习任务,最高法院裁定各州必须帮助英语能力有限的学生,但这个裁定没有具体说明如何帮助。各州已发展了各种计划,从双语教育到将英语作为第二语言的培训。1997 年,11 个州批准了双语教育计划,3 个州禁止双语教育(Garcia and Morgan,1997)。这些计划的重点和内容各不相同,但是它们都面向那些英语不是母语的儿童。

这些计划中主要对象为说西班牙语的儿童。围绕双语教育的争论部分聚焦在什么是将非英语为母语的人融入美国社会的最佳办法(McGroarty,1992,pp.7—9)。人们如何获得第二语言的读写能力受其文化以及语言训练的社会情境的影响。有效的计划在改进指导方法时将会考虑这些因素(Ferdman,1990,p.201)。在英语作为第二语言的教学中,一个值得关注的问题是联邦资助双语教学计划中的儿童该何时截止,当前的年限为 5 年,但许多人认为将这些学生融入到正常的班级需要更多的时间(Schmidt,1992,p.21)。这就需要大量的教师能够教授双语课。许多学校很难招满这些教师,单加利福尼亚州就需要增加 8 000 名双语教师(National Center for Education Statistics,*Conditions*,1997,Indicator 45;Office of Bilingual Education and Minority Languages Affairs,1996)。

3. *指导和咨询计划*　条件不利的学生得到了各种社会、心理和职业服务。社会工作者和社区辅助人员有助于在学校和家庭之间搭起桥梁。

4. *高等教育*　高等教育中特殊计划包括:(1) 早在中学时就确认有上大学潜能的学生,并丰富他们的学习课程;(2) 入学制定特殊规定和较低的学业要求;(3) 运用允许公开入学的注册标准,这样,每个高中毕业生都有机会接受两年或四年制大学教育,这对学业成绩差而又未被包送入大学的学生有利;(4) 过渡方案以增加曾被大学录取而处境不利的年轻人获得成功的可能性;(5) 根据财政需求和少数族群的经济地位来提供特殊奖学金、贷款和工作(Ornstein and Levine,1985,pp.546—48)。

这些特殊计划也有助于学校修订课程、支付教学材料,雇佣辅助人员来指导以及提供成人教育计划。

补偿教育存在着其他无形的结果。升学补习班(Upward Bound)是一个联邦计划,用以帮助条件不利的学生能够上大学并在大学里获得成功做准备。学生可以在高一或高二年级参与补习班并可持续到中学毕业后的整个夏天。该计划提供指导、辅导和咨询。统计显示,补习班成绩结果复杂,许多学生仅在补习班中作短期学习,该计划对高中毕业率的影响微乎其微。但是,它对学生中学后的计划和体验也许会有影响(Myers and Schirm,1999)。尽管该计划并未产生决定性的影响,但是那些之前从来没有接触过其他种族学生的少数族群和白人学生在一起生活、学习、玩耍并结识新朋友,形成了合作的气氛。这些计划许多是在大学校园中举行,学生不但可以体验校园氛围,而且住在远离家庭的宿舍里,在此之前也许他们从没想过会过上大学生活。

有些人(如 Levine and Levine,1996)对此持悲观态度。他们认为,补偿教育体验没有对社会变化产生有意义的结果,在抵制现存差距方面也存在不足。学校反映并加强了外界的偏见,这不可能通过特殊计划、改善教师素质或者其他大杂烩的治疗而得以补偿。一些冲突理论者认为,累增的资源不能弥补已经深嵌社会的不平等:

> 解决的办法也许是改变所有儿童的学校教育,创造一种教育过程,这种教育过程不预想社会角色,甚至不清晰界定儿童必须学什么以及如何学。这个过程需要新型的测试来测量结果,新型的教师来制造这些结果。此类教育中,儿童对于自身和他人的偏见可以因人际关系而解体甚至被取代。另一种策略就是相信所有的儿童都是同等可接受的,营造不同儿童群体之间的平等(Carnoy,1975,pp.188—89)。

要产生新的变化,学校结构、角色结构的等级、师生关系以及学生角色观都需要改变。社会的领导者是否愿意进行这些激进的变化仍有争议。

美国一些少数族群的教育体验

将各族群混为一体,以黑人为主,我们总体上讨论了少数族群。然而,特定的群体面临的问题存在独特的差异。例如,流动的农场工人子女几乎没有机会接受连贯的教育,尽管移动学校已经建立,并跟随着移居者从一地到另一地。非英语母语的儿童在美国中产阶级中忍受着语言局限带来的痛苦。一些非英语母语群体聚集地已开设了双语教育,如墨西哥裔和波多黎各裔儿童高度集中的学校。东南亚、古巴和海地难民的流入也需要为其创建特殊的语言和文化方案。

西班牙裔学生

如今美国人口增长近一半来自移民，主要为西班牙裔和亚洲移民（Macionis，2000）。西班牙裔学生是美国公立学校中人数上升最快的少数族群，1973 年为 6%，1997 年上升至 15%，20 年间增长了一倍，估计到 2030 年将会达到 20%。1970—1997 年间，西班牙裔学生种族隔离的强烈程度引人注目，他们中 75% 进入少数族群为主的学校（参见表 4-5），超过三分之一的人就读于少数族群学生达到 90% 以上的学校（"A New Divide...,"1999；"The Educational Progress,"1995, p. 3）。随着人数的增加，西班牙裔人口最密集的州内，其种族隔离也在加剧。西班牙裔学生高度集中的 50 所学校中，85% 位于得克萨斯州、加利福尼亚州和佛罗里达州（"White House Initiative on Educational Excellence...,"1999, www. ed. gov/offices/OIIA/Hispanic/hssd/）。由于高出生率和移民的年轻化，西班牙裔学生的平均年龄低于白人学生。与白人或黑人学龄前儿童相比，西班牙裔学龄前儿童注册上学的可能性较低，这种差异在幼儿园却不存在（"Hispanic Education Fact Sheet,"1999）。

表 4-5　1968—1992 年间少数族群为主的学校和少数族群学生占 90%—100% 的学校中西班牙裔学生的比例

年　份	少数族群为主的学校	少数族群占 90%—100% 的学校
1968	54.8	23.1
1970	55.8	23.0
1972	56.6	23.3
1974	57.9	23.9
1976	60.8	24.8
1978	63.1	25.9
1980	68.1	28.8
1986	70	33
1992		34

资料来源：Orfield, Gary, *Public School Desegregation in the United States*, 1968 - 1980 (Washington, DC: Joint Center for Political Studies, 1983), p. 4 U. S. Department of Education Data; and *The Condition of Education*, 1995.

讲西班牙语的居民在"西班牙裔"的类别下聚集成群，但群体间的差异依然存在。与白人、波多黎各人和墨西哥人相比，古巴人和其他一些拉丁美洲人在校学习进展良好(Velez,1994)。西班牙裔学生和学校有两个方面很突出,一是种族隔离的学校逐步增多问题,二是双语教育问题(Moore and Pinderhughes,1993)。

逐步加剧的种族隔离造成的结果是,随着一个区域西班牙裔人数量的增长,他们在学校中的比例也在增长,许多西班牙裔人集中居住在白人迁移出去的城市地区。语言和文化的障碍会限制他们与他人的交流,这促成了他们的集中化。他们的中学辍学率为白人学生的两倍多,16—24岁中未上学和未完成中学学业的西班牙裔人占25%,而此类非西班牙裔人只占8.6%。非美国国内出生的西班牙裔人未完成学业者占38.5%(National Center for Education Statistics,Conditions,1999,p.112)。

促使辍学率上升的行为包括逃课、停学、早恋、超龄、女性化及早孕。在预防学生辍学时,学校方面的因素,如咨询服务、分轨制、转学、学区之间学生的流动以及最近的移民及其来源国都要纳入考虑之中。值得注意的是,出生于美国并在此成长的墨西哥裔学生成绩通常与其他背景的学生一样好。

双语教育 西班牙裔人集中化意味着他们的儿童在学校和家里都处于西班牙语的环境中。颇具争议的针对西班牙裔学生,也包括其他少数族群的双语教育问题已争论多年。各州和联邦政府是否应该提供特别资金教授少数族群儿童学习自己的语言?用母语教学是有利还是有害于少数族群儿童?对于州和整个国家而言,双语教育的结果将如何?

许多人认为,用少数族群儿童的母语来教学会挫伤他们在社会中的竞争力,英语是获得成功的一个重要工具(Levine and Levine,1996,p.324)。其他人反驳说,用一种儿童不懂的语言进行教学会对他们不利,儿童希望保持自身的母语。尽管事实如此,他们憎恨被认为"不受欢迎的",即使在少数族群社区内这样的争论也一直持续着。在1993—1994学年,23%的四年级学生接受了双语教育,52%的学生将英语作为第二语言来学习。当前观点似乎偏向双向式的双语教育,即让讲英语的和讲其他母语的儿童有机会学习两种语言,这种政策正在加利福尼亚州执行(Garcia,1993)。一项关于墨西哥裔中学生的研究发现,与英语水平有限或只懂英语的学生相比,那些精通英语和西班牙语的学生在九年级末期能够获得较好的等级和较高的成绩(Rumberger and Larson,1998)。被研究的多数学生想学习英语,相隔一代之后只有少数人仍能够流利地讲他们父母的语言(Portes and Hao,1998)。

移民

移民是"最真诚的谄媚形式",人们选定一个国家是因为它是令人向往的。移民也指"从欧洲到美国的自由移民"(Rumbaut,1995,p.307)。许多新近的移民来自前苏联集团的国家、伊拉克北部的库尔德人、前南斯拉夫以及中美洲国家和柬埔寨。战争、军事侵略、经济问题和机遇常会导致移民。一旦家庭在新的地方得以安置,其他成员就会加入,这将扩大该地点的移民团。

多数移民的父母鼓励子女在新国家的学校努力学习取得好成绩,以此途径获得成功;而儿童也许认为适应社会更为重要,这两种观点互为矛盾(Ogbu,1991)。儿童的族群认同感影响着他们的自尊、文化同化及其对学校教育的态度(Rumbaut,1994)。

1991年,美国合法地接纳了1 827 167名移民,这是自二战以来人数最多的一次。截止1993年,人数下降到904 300人次,但是加上非法移民,人数可能仍然接近1991年。合法移民通常有一个担保人和一个美国籍雇佣者(对难民而言,雇佣者为政府)。超过75%的移民在美国有较亲密的家庭关系,所有移民中,145 843名移民是美国公民的配偶(Rumbaut,1996,pp.1—2)。

移民占了美国过去十年人口增加中的五分之一(Stewart,1992),其大部分来自拉丁美洲(尤其是墨西哥和古巴)和亚洲(尤其是东南亚)。最近几年,来自拉丁美洲和加勒比海的移民比例已近60%,亚洲27%,欧洲和加拿大18%(Aguirre and Turner,2001,p.227)(参见表4-6)。1990年,移民法增加了40%允许进入的移民名额,同时也允许更多的欧洲人和非洲人进入美国。这意味着来自海外的更多不同族群的学生和教员将成为美国教育系统的一部分。该法律要求移民有雇佣关系或具有雇佣技能,这使他们能在社会上流动。至于为何移民,每个群体都有不同的经历,在新国家里每个群体也有各自的体验(Sowell,1994)。

表4-6 1951—1997年美国移民的变化简介

出生地 \ 出生时间	1951—1960	1961—1970	1971—1980	1981—1990	1991—1993	1997
欧洲和加拿大	67.7%	46.3%	21.6%	12.5%	13.1%	18.4%
亚洲	6.1%	12.9%	35.5%	37.5%	30.0%	26.5%
拉丁美洲和加勒比海	24.6%	39.2%	40.3%	47.1%	49.9%	61.5%

资料来源:Elizabeth Rolph,*Immigration Policies:Legacy from the 1980s and Issues for the 1990s*(Santa Monica,CA:The RAND Corporation,1992);U. S. Department of Justice,1991a;U. S. Bureau of the Census,1995;U. S. Bureau of the Census,March 1997;Current Population Survey,Internet release date:October 5,1999.

一项关于八年级和九年级移民儿童(无论在美国出生与否)的教育抱负和成就的研究得出了这样的结论:参与研究的各种移民群体样本中,除了住在靠近边界的墨西哥人外,有四分之三的人愿意讲英语。一些群体有很高的教育抱负和成就,这体现在他们在数学和其他标准测试中高于标准分数的成绩——首当其冲的数亚洲人(中国人、日本人、朝鲜人和印度人),其次为越南人、菲律宾人、古巴人和哥伦比亚人。成绩低于全国标准分的有洪族人(Hmong)、墨西哥人和柬埔寨的移民,这也可从家庭的社会经济地位中得以反映。但是,与其他群体相比,洪族人获得较高的年级平均成绩,花在家庭作业上的时间也较多。移民群体作为一个整体,在年级平均成绩上高于美国本地出生的学生(Rumbaut,1996,pp.23—24)

在新移民的浪潮中,有些问题渐显重要。进入新国家的每一个有技能的移民,对他们出生的国家造成了"人才流失(brain drain)"。新移民有不同的需要,学校经常不得不考虑到不同的价值观体系和行为模式(Stewart,1992,p.23)。语言障碍给学区制造了难题,非法移民也带来了该群体教育权利的问题。

美国亚裔学生

亚裔人的文化和语言类目繁多,有中国人、菲律宾人、朝鲜人和日本人,其分类很困难。亚裔在美国人口中超过 4%,1999 年计 1 102 200 人(U.S. Census Bureau,1999)。亚裔人口,到 2050 年,估计是 3 200 000—3 400 000 人(U.S. Department of Commerce,1996)。自 1975 年起,超过 800 000 名东南亚难民来到美国,其中越南人、柬埔寨人、老挝人和洪族人的人数有百万之多。这样的人口占加利福尼亚州的 40%。因为在影响教育的一些关键方面,亚裔的价值观与美国人很不相同,所以教育者有必要了解这些差异并解决它们。例如,"孝顺(filial piety)",即对父母和其他权威人士绝对的忠诚和顺从,这意味着一些家长不会去见教师,而家长参与有助于儿童的发展。有些因素甚至直接与家长的参与有关,它们是读写能力、教育水平以及对学校期望的理解(Morrow,1991,p.20)。

许多亚裔人来自关系紧密的大家族,最大的群体为印度支那人和菲律宾人。亚裔群体之间差异巨大,越南裔儿童总体来说最为成功(Blair and Qian,1998;Rumbaut and Ima,1987)。鉴于许多亚洲文化非常重视亲密家庭关系和教育,尤其是那些强调家庭的团结以获得共享目标的儒家价值观文化(Caplan,Choy,and Whitmore,1993),学生较合作,教师拥有很高的尊严。总之,亚裔学生是好学生,亚裔学生占高比例的学校也是好学校。

尽管存在语言障碍,亚裔学生这个群体在全球教育进展评估(International Assessment of Educational Progress)和全国教育进展评定的标准测试中取得的成绩却高于其他少数族群、美国出生的白人学生以及国际学生(Bracey,1998;Levine and Levine,1996,p.312;National Education Goals Panel,1993)。许多亚裔学生在外国语言、数学和自然科学方面选修的课程多于其他学生,在大学预科项目和高中天才计划中,其人数也超出均值。

要对亚裔学生尤其是华裔学生取得如此高的教育成就加以解释,就要与群体传统的家庭价值观和教育价值观联系起来,尤其是那些自身接受先进教育的家长,良好的社会经济特征,以及认为教育是一种代际流动的途径的小业主(Goyette and Xie, 1999; House, 1997; Sanchirico, 1991)。

然而,近期一些研究显示,在美国社会连续几代繁衍之后,亚裔学生的成绩不再胜过白人学生,而逐渐与他们趋平(如 Goyette and Xie, 1999),部分原因也许在于紧密家庭和社区持续的压力以及与主流同辈群体价值体系的融入。

土著美国学生

土著美国人的个案较独特。殖民者起初在美国定居时,土著居民讲 2 000 多种语言,其中 300 种语言今天仍然沿用。最初由传教士提供教育,但是到 19 世纪 90 年代,教育却受控于政府(Chavers, 1991, pp.28—29)。政府和教堂认为,他们的责任在于"教化印第安人",消灭其语言和文化差异。他们被流放至贫穷地区,至今许多人因收入低、教育差、失业或不充分就业而生活在贫困之中(Diamond, 1993)。

在 19 世纪早期,国会为"文明基金(civilization fund)"拨款,建立寄宿学校(boarding school)以便消除部落和家庭的影响,将他们同化到美国文化中去。1928 年,"麦瑞姆报告(Meriam Report)"(*Report of the Board of Indian Commissions*, 1928, p.iii, p.441)对政府"尊重印第安人的权利……作为人生活在自由国家中"的口号提出了质疑,报告批评政府寄宿学校的政策,这种寄宿学校接受了 40% 的土著居民子女。

政策逐渐变化,学校演变成了走读学校,聘请了双语的土著美国人教师。1968 年,当时的约翰逊(Johnson)总统迫切要求将对土著美国人学校的控制权交还到土著人的手中,1972 年通过了《印第安人教育法》(*Indian Education Act*),允许部落控制和操作学校。这种变化在极大程度上得以发生,但控制权再回到印第安人事务局(Bureau of Indian Affairs)似乎不太可能。在这一计划中,乔克托族(Choctaw Indians)完全拥有了密西西比保留区(Mississippi reservation)教育计划的控制权,并建立了一个新的现代学校。从印第安人事务局脱离的地方自治的结果是,教育计划适应社区的需要,更多的学生上学,他们在学校待的时间也更长(Johnson, 1995)。

20 世纪 90 年代的早期,超过 80% 近 300 000 名土著学生就读公立学校,这些学校多位于主要城市,其他学生就读部落契约学校(tribally contracted schools)。然而,整个前景并不令人乐观。非土著人控制的学校中,家长参与较少,旷课率高,高中学生辍学率近 50%,25% 的高中毕业生继续入读大学,65% 离开学校时没有获取学位(Gipp and Fox, 1991, pp.2—4)。一些群体的高中毕业率和大学入学率有所增长,部落大学满足了许多学生的需要(Johnson, 1995)。那些得到家庭支持、接受支助服务和参加诸如升学补习班等大学预科准备计划的学生在大学里取得的学业成就最大,而大学生失败率最高缘自资金短缺和文化差异(Jenkins, 1999; Kastl, 1997)。

为了提高土著美国人教育和其他机会,一些部落领导者在保留区(reservations)建立了包括赌博娱乐场所在内的商业。尽管不是全部,但有些也成功地为部落赚取了所需要的资金(Richard,1993,p.A11)。

土著美国儿童在传统的学校情境中体验到了文化的冲突,如框4-2所示。为了满足土著美国儿童的需要,教育者需要了解其文化,体验他们的需要,设计适当的以学生为中心的课程,持有很高的期待,并保持良好的学校与家庭关系。

框4-2 罗伯特·莱克所叙的一位印第安人父亲的恳求

亲爱的老师:

首先介绍一下我的儿子,他的名字叫瓦德·沃尔夫(Wind-Wolf)。也许他就是你所认为的典型的印第安小孩。他在保留区出生并长大,头发黑色,眼睛黑褐色,皮肤橄榄色。他现年5岁,上幼儿园,与其他同龄的印第安小孩一样,他在教室里胆怯而安静。我不理解为什么你将他归类为"学习困难的学生"。

在西方社会,与同辈伙伴相比,他已经接受了不错的教育。在传统的土著人生日仪式上他与其母亲以及大地母亲粘连在了一起,此仪式之后他一直得到母亲、父亲、姐妹、兄弟、阿姨、叔叔、祖父母以及整个部落家庭的照料。

传统的印第安婴儿篮成了他的"海龟壳",这也就成了他学习的第一个座位。就是这个婴儿篮,我们族人使用了几千年。它专门为孩子设计,为他们将来能够在自身的文化和环境中生存提供相关知识和经验。

我们有意用带子贴身缚住瓦德·沃尔夫来约束他的臂和腿。西方社会也许认为这会阻碍肌肉技能和抽象推理能力发展,但是我们相信这会促使孩子首先发展他的直觉能力、理性的才智、符号的判断力以及五种感观。瓦德·沃尔夫经常和他母亲在一起,当她背着他或者喂奶抱着他时,他们身体紧密地贴在一起。她带着他到处走动,每个晚上他和父母一起睡觉。因此,瓦德·沃尔夫的教育环境不但是"安全"的,也是非常有趣的、错综复杂的、敏感而又多姿的。

当瓦德·沃尔夫长大的时候,他开始爬出婴儿篮,锻炼肌肉技能,探索周围世界。感到害怕或困乏时,他总会回到篮子里,就像一个乌龟缩回背壳一样。这样一种内在的旅行使人可以独自反思自己学到了什么,可以使他将新知识寄于意识和灵魂深处。形状、大小、颜色、质地、声音、气味、感觉、味觉以及学习过程,于是可以有机地融合于一起——生理与精神、物质与力量、意识与非意识、个体和社会上的一切。

吸收和反思这些经验需要花费很长的时间,也许这就是为什么你认为我的孩子学习困难。他的阿姨和祖父母在搜寻物质进行抽象设计土著婴儿摇篮时就教他

> 数数和了解数字。通过运用传统的土著手游戏方式数棍子,来教他数学。所以,也许对你课堂上使用的方法和工具他掌握得较慢,而这些对于他的白人同辈伙伴来说却很熟悉,但是我希望你能够对他耐心。调整适应一个新的文化体系和学习新的东西需要时间。
>
> 他不是在文化上"落后",只是在文化上"与众不同"。
>
> 资料来源:Lake, Rober, "An Indian Father's Plea," *Teacher magazine*, Vol. 2, September 1990, pp. 48—53. Reprinted with permission from *Teacher Magazine*.

特殊教育的学生

哪些儿童可以进入正规课堂学习,哪些应该分离开来接受部分或全部教育?这种学校和班级的组织问题以及残疾儿童在此环境中的位置引起了评论和研究。残疾儿童,指儿童必须有健康问题或损伤,它限制了儿童进行主要的生活活动能力并长期存在。这些问题包括无学习能力,会话、听力、骨骼和视觉缺陷,智力迟钝,严重的情感失调以及其他形式的残疾。

1975 年国会通过的《公法》94 款 142 条(PL94-142)《所有残疾儿童教育法》(Education for All Handicapped Children Act),标志着特殊教育时代的开始。它规定所有残疾儿童必须在尽可能的"不受限制的环境里"接受教育。最近新添了《公法》99 款 457 条(PL99-457)《个体残疾教育法》(Individuals with Disabilities Education Act),它要求学区为 3-21 岁所有残疾人提供教育。对这些法案的解释与如何实现目标之间差异很大,但是它们使得教育者和公众注意考虑每一个个体儿童的特殊需求并设计适合他们的方案的重要意义。

在联邦法案的监督之下,大约有 13% 的从出生至 21 岁的儿童(大部分在 6—17 岁)有资格接受 Chapter 1 和 Part B 计划中所规定的服务。1977—1997 年间,学生中被诊断出无学习能力的比例从 22% 上升至 51.1%,另外 41.4% 的 6—21 岁的学生有会话或语言缺陷、智力迟钝和严重的情感失调("Seventeenth Annual Reprot to Congress",1995)(参见图 4-4)。

95% 的残疾学生在正规的学校教学楼和教室里学习,近 30% 的学生全天在正规的教室内,38% 的学生至少白天部分时间在有特殊帮助的资料室,7% 的学生在隔离的教室或大楼内。接受服务的学生各种各样。与 PL94-142 颁布之前相比,现今大约要花费两倍的钱来教育一个残疾儿童,然而,还有很多的儿童没有接受特殊教育。部分归咎于评估问题,即儿童是否有学习能力或其他问题的决定能力。

多数研究结果显示,尽可能融合特殊教育的学生会产生积极的效果,即学生有同辈的榜样可以更好地学习社会技能和能力,其他学生可以了解残疾学生。将特殊教育

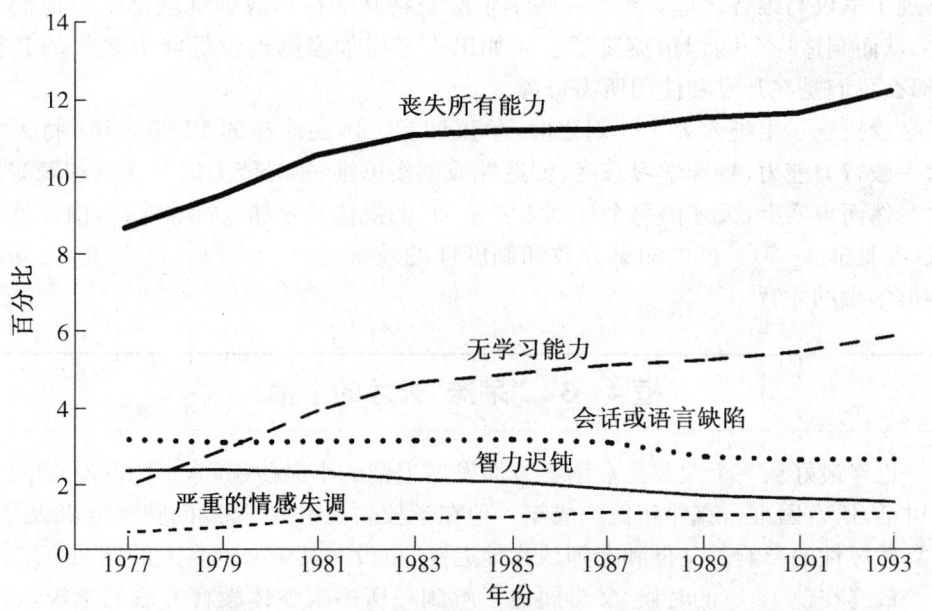

图 4-4 接受联邦计划服务的残疾儿童在幼儿园到 12 年级的公立学校中的比例（按残疾类别分类）

注：这包括接受 ECIA 中的 Chapter 1 和 IDEA 中 Part B 服务的学生。在 1987—1988 学年前，根据残疾状况将学前儿童也计算在内。1987—1988 学年开始，各州不再要求根据残疾状况报告学前残疾儿童（0—5 岁）人数。

资料来源：U. S. Department of Education, Office of Special Education and Rehabilitative Services, *Annual Report to Congress on the Implementation of the Individuals with Disabilities Education Act*, various years. Reprinted in National Center for Education Statistics, *The Condition of Education*, 1995, p. 125.

的学生融合到教室中去可以为他们提供具有很强影响力的榜样和期待。但是，在将特殊教育的学生编入正规班级时要关注他们的低自尊。有些研究指出，与在隔离的班级学生相比，在正规班级中，残疾学生对于学业成绩有较低的自我概念（Ayres, Cooley, and Dunn, 1990），给特殊安置的学生归类会影响同辈群体的关系。但是，研究没有明确说明，隔离的安置方式或将特殊教育的学生编入正规班级是否产生不利影响。人们主要关注被分类为迟钝或者没有学习能力的少数族群学生人数。据估计，300％之多的西班牙裔学生是此类学生中最典型的群体。无疑，评估需要谨慎与公证。

天才学生

人们不会认为天才学生处境不利，但是如果他们的天才没有得到发展，我们也许会认为他们处境不利。社会需要开发和利用那些极富天才的才智，但在民主社会中，这体现了争议与维谷之境：挑选一些学生给予特殊的待遇或训练就是给予他们有利条件，从而制造一个知识精英阶层。而如果不考虑如家庭地位等能力之外的其他因素，那么我们是在开发和使用所需资源。

学校挑选学生进入天才计划之时，争议四起。国会颁布的 PL95-561 将天才定义为一般智力能力、特殊学习态度、创造性或创新思维、领导能力以及视觉和表演艺术能力。然而事实上，天才由每个计划来界定，它们挑选儿童加以特殊对待，由此就引发争议（参见框 4-3）。低的测试分数和制度性的歧视也许会淹没一些学生，尤其是少数族群学生的才智。

框 4-3 "呆滞"天才的个案

也许最好从一个尤其是在语言方面发展迟钝的小男孩说起，直到两岁，他才开始讲话，语言困难一直伴随他到成年。他在学校表现很差，暴躁的脾气给班级带来极具破坏性的影响。父母和老师认为他迟钝，也没对其未来抱多大的期望。

最终在他 14 岁的时候，父母偶然了解到一所追求整体教育方法的学校，这所学校基本没有语言方面的排斥。这个男孩因此得到了发展，他的世界从此改变了。这就是艾伯特·爱因斯坦（Albert Einstein）。在其后来的著作中他提出这样一个关键性的问题：即使作为成人，他仍与多数人不同，继续使用视觉形象思维，而不是词语。因此，他可能认为很难应付只用语言教学的课堂，这可以理解。（然而，值得注意的是，小学阻碍他学习的明显的语言欠缺也许赋予了他一种创造性的天才。据说爱因斯坦与传统物理学分道的能力也许与其独立于概念相关联，代之以视觉形象来处理。）

资料来源：Raywid, Mary Anne, "Separate Classes for the Gifted? A Skeptical Look," *Educational Perspective*, Vol. 26, No. 1, 1989, p. 44.

我们知道天才学生受益于同质能力编组。但在此过程中，一些学生被归类为"更好"，一种自我实现感会产生额外的紧张和压力，从而促使他们成功并在社会上扮演一个"重要的"角色。

虽然人们对这种策略还缺乏共识，但许多人却认为，个性化的教育结合一些与其他学生共享的课堂活动，也许对双方最好。当学生按能力分组，被输入特殊计划或班级，或因为某些目的而从班级内"选拔出来"时，将学生从同辈群体隔离的现象确实存在。对天才学生和其他学生最有价值的是那些支持不同学习风格的计划（Raywid, 1989, p. 44）以及在教学过程中让学生参与的计划。

为少数族群学生改进学校

不论种族、族群、性别、能力或其他特征,所有学生都必须接受教育,这是美国教育系统建立的前提。州政府和联邦政府承担着这样的责任,并积极作用,以确保少数族群享有教育的权利,这些少数族群包括黑人、西班牙裔人、其他国家的移民、妇女和其他社会地位低下的群体。尽管教育改革迫在眉睫,但是任何新方案都需要考虑到所有的学生,因此,改革必须兼顾新旧观念,顾及社会上有实权与无实权的群体,兼顾到将受此改革影响的各种群体(Coleman,1990)。教育、家庭和其他群体的个体和结构都必须改变,而这些变化必须是真正授权少数族群而非剥夺他们的权利,否则少数族群学生的境况就不会有真正的改变。这是个艰巨的任务,它涉及到改变社会中权力关系难度的问题。许多方案只能使其结构依旧并永存,而效果甚微,其原因在于这些方案只涉及到系统中的一部分。特别是来自有关"问题学生"的研究得出一些结论和建议,认为学校可以早期干预,确保学生将时间用在作业上,对学生赋予高的期望,将潜在的辍学学生编入正规班级,为学生家长提供诸如入托的一般服务,把班级学生规模削减至低于 20 人(Lindjord,1998)。许多研究者和政策制定者正在实验一些方案,如多元文化教育方案、减少偏见的学校氛围方案以及让学生能够继续上学的社区服务和职业发展方案等。

有效学校　　有效学校创建了积极的学习成就环境,提高了学生的自尊,减少了学生的孤立感和不良行为,鼓励种族间的友谊,将种族平等的教学融入学校的课程之中(Hammack,1990)。教师采用促进种族融合和减少偏见的行为,使所有学生都积极参与课外活动。此外,许多家长在这些学校中也起着积极的作用。通过关注下列问题,有效学校应该使得包括少数族群学生在内的所有学生受益:

1. 明晰的目的、目标。
2. 足够的资金及其恰当的使用。
3. 素质教学计划。
4. 有效的评估方案和进展的有效监督。
5. 家长、家庭和社区的参与。
6. 教师和职员的业务发展。
7. 对学生有很高的期待。
8. 全面的支助服务。
9. 充足的学校设备。
10. 建设性的学校氛围与文化。
11. 多元文化教育和敏感度("Effective Schools," 1998; Levine,

1995)。

选择方案,保证金学校和特许学校 振兴教育所提议的计划允许家长选择符合儿童需要的学校。从理论上讲,这带来了竞争,改善了学校。然而,观念上存在着许多问题,这在其他章节有所描述。

合作学习 合作学习意指4—6位异质群体成员为实现目标而一起学习。这观点来自约翰斯霍普金斯大学学校社会组织中心(the Center for Social Organization of Schools at The Johns Hopkins University)的斯莱文和其他人的研究工作(Slavin, 1995, 1983),研究发现合作学习能积极影响学生的成绩和彼此间的关系。

学校和教师的态度 《什么在运作》(*What Works*)和《创建有效学校》(*Creating Effective Schools*)是最近有关如何改善学校的两个报告,它们评述了导致有效学校产生的一些研究结果,其总体结论佐证了有关提高成绩和改善对少数族群学生态度的需求的讨论。教师必须对所有学生寄予很高的期望,学校需要重视学业成就的有力的教育领导层,家长需要参与子女的教育(Brookover, Erickson, and McEvoy, 1996; What Works, 1986)。

社区参与 正如系统模式所提议的那样,社区参与从不同角度对学校进行改革。学校单方面不能改变少数族群学生的状况,家长和企业的参与是改变状况的两种途径。例如,一位纽约市商人承诺母校六年级学生完成高中学业就可得到他的基金资助上大学,过去辍学率常为73%,如今却有83%的学生完成了高中学习,其中许多人上了大学。这一事例促动了全国企业与学校之间的沟通,"我有一个梦想基金"(I Have a Dream Foundation)帮助10 000名学生完成了高等教育(Sommerfeld, 1992, p. 1)。

也许,我们对所有这些建议还未能达成共识,但它们再次说明,要使变化发生,就必须考虑到系统的方方面面,必须从个体到整个教育系统和环境都予以考虑。

分层过程渗透于教育系统中。它既是社会及其机构中分层模式的反映,又是加强和维系社会中那些模式的一种机制。从家庭、邻里、同辈群体到政治和经济体系,儿童不断被社会化,在社会上扮演他们的角色,在社会系统中占有一席之地。有些人,尤其是那些认为自身受到不公平对待以及社会给予的回报不平等的人,提出了机会均等问题。由于人们认定教育在提供更好生活的机遇方面起重要作用,所以它成了这些批评的靶子。开放系统视角提醒我们,平等问题远远不是学校单独所能左右的。学校也许可以成为融合的温床,但是在争取平等机会过程中,我们还要考虑享受平等的住房、同工同酬、雇佣机会以及其他许多领域。

总之,对许多学生而言,教育依旧是一个社会流动的通道,但是对于那些受缚于少数族群学校、邻里的学生,或处于其他不利条件的学生来说,成绩更富有挑战性。

结语

本章继续讨论了教育和社会中的分层过程，焦点在于学校性别不平等现象以及纠正性别歧视的努力，随后是美国教育中少数族群群体面临的问题的讨论，其少数族群包括黑人、土著居民、西班牙裔人以及亚裔美国人。

Ⅰ．性别与教育机会均等

男女生学校体验不同，部分原因在于期待、奖励和对待方式存在差异。性别角色社会化始于个体的出生，影响着儿童如何适应他们的性别。男性和女性的成绩会受以下因素的影响：父母的期望、书籍、课本和其他资料、电视和其他媒体、玩具、成就动机、性别角色模式、教师的偏见与期望以及同辈群体的压力等。我们讨论了数学成绩差异存在的原因，认为现在还不能用生物学来解释差异。此外，诸如第Ⅸ计划等抵制性别歧视消极影响的斗争也在此得以讨论。

Ⅱ．阶级、种族与矫正教育机会不均等的努力

学校导致差异。与此问题相关的研究发现，家庭与学校之间复杂的互动关系影响着机会的均等。由于少数族群教育机会不均等，所以政治和法律系统已经介入，其中许多法院判例已经命令学区通过校车接送学生来废止种族隔离。我们在此讨论了使用校车的尝试、同乘校车与"白人迁移"现象的影响、自我观念以及成绩。

Ⅲ．融合的尝试

描述和评估了通过补偿教育计划来纠正不平等的努力。

Ⅳ．美国一些少数族群的教育体验

西班牙裔学生是学校中增长速度最快、隔离最严重的群体，他们来自不同的背景。对于是用英语还是用这些学生的母语来教学颇有争议。哪种方式能给他们未来创造更多的机会？

亚裔学生在少数族群群体中做得最好，而土著美国人也许经历着最困难的时期。如特殊教育学生等其他群体也略有讨论。

Ⅴ．为少数族群学生改进学校

讨论了试图改变少数族群学生状况的一些计划。具体事例为，改变学校中的互动模式、多元文化教育方案、学校氛围以及社区参与等。

实践

1. 请在当地的图书馆随机挑选儿童书籍样本。制成如下表格：

	男性	女性
故事中主要角色的数量	_____	_____
插图的数量	_____	_____
呈现儿童次数		
积极地玩耍	_____	_____
运用首创精神	_____	_____
展示独立性	_____	_____
解决问题	_____	_____
赚钱	_____	_____
接受表扬	_____	_____
创造性	_____	_____
参与体育运动	_____	_____
害怕或无助	_____	_____
接受帮助	_____	_____

2. 就志向、未来职业计划以及高中课程计划等问题访谈一群八年级女生，然后访谈男生，比较他们的异同。

3. 请与那些废止种族隔离的学校中正在使用校车的学生聊一聊使用校车及其对学校、学习、自身态度以及友谊和同辈群体关系的影响。

4. 试问你所在地区的职业学校（医疗、法律、护士和牙医）在种族和性别方面入学的政策有哪些？

第五章 学校是一个组织

星期一早晨 8:45,我们走进中学。大而笨重的校门砰地关上时,只听到大嗓门的说话声、关柜子的撞击声和奔跑的脚步声。铿锵有力的铃声响彻整个混乱无序的校园。走廊上,学生开始走进教室,门关上,又一天开始了。每个学生都知道自己在系统中正确的位置。学生一旦迟到,破坏了校规,学校职员就会努力将这个具有破坏行为的学生教育成为一个具有正确行为的人,并对其灌输守时的价值观。

我们可从多重视角将学校看成一个组织,第六章将着重讨论学校的角色结构,第七章集中于学校的非正式组织,即课堂互动、教与学的过程以及学校氛围,本章着眼于该系统重要的结构要素,分析学校作为科层制机构的各要素。

每个学校都有其自身的文化与亚文化,包括传说、英雄、故事、仪式和典礼,但是某些组织现象适应于对学校的任何讨论。例如,学校的规模与组织结构类型和科层化的程度相关联,学校规模越大,科层化程度就越高。国家所处区域和学校的环境会影响集权化(centralization)的程度。由于地区人口缺少,许多农村学校更加趋向于集中化,而城市学区的社区居民因城市人口需求多样常促进分权化(decentralization)。社区的阶级和种族构成会影响学校结构和氛围,私立或宗教学校也会受到其他特殊因素的影响。

要将学校的社会结构看做一个组织,开放系统就要围绕学校和班级展开讨论(参见图 5-1)。尽管学校系统内部的结

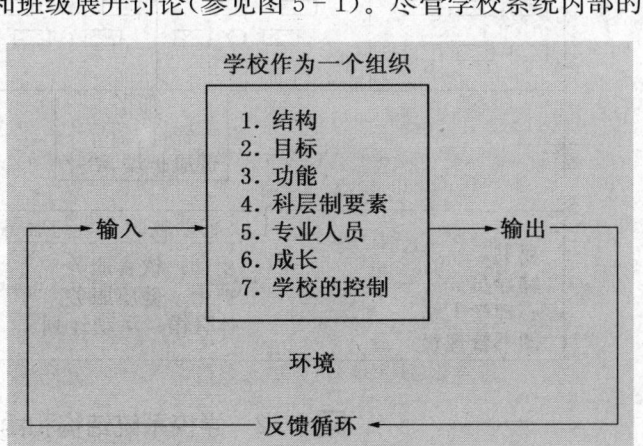

图 5-1 教育组织的开放系统模式

构是我们关注的焦点,但是必须谨记,系统是通过与环境的互动而形成并发生变化的。学校的目的是服务于社会中的其他组织和机构,不能独立存在。在讨论学校目标时,我们实际是在讨论学校环境对学校的期待以及这种期待是如何体现于学校的目标之中的。在此,将学校作为一个组织隔离开来分析的目的仅是为了理解整个教育系统。

学校的社会系统

按照功能主义的研究方法,学校系统由许多不同的子系统或部分组成,每个子系统或部分都有自己的目标,这些部分构成了一个有功能的整体(参见图5-2)。如果某个部分存在问题或崩溃或没有执行其功能,其他与之相依赖的部分就会受到影响。每个部分都依赖于其他部分得以平稳的运作,获取运作所需的物质或资源,乃至获得生存。

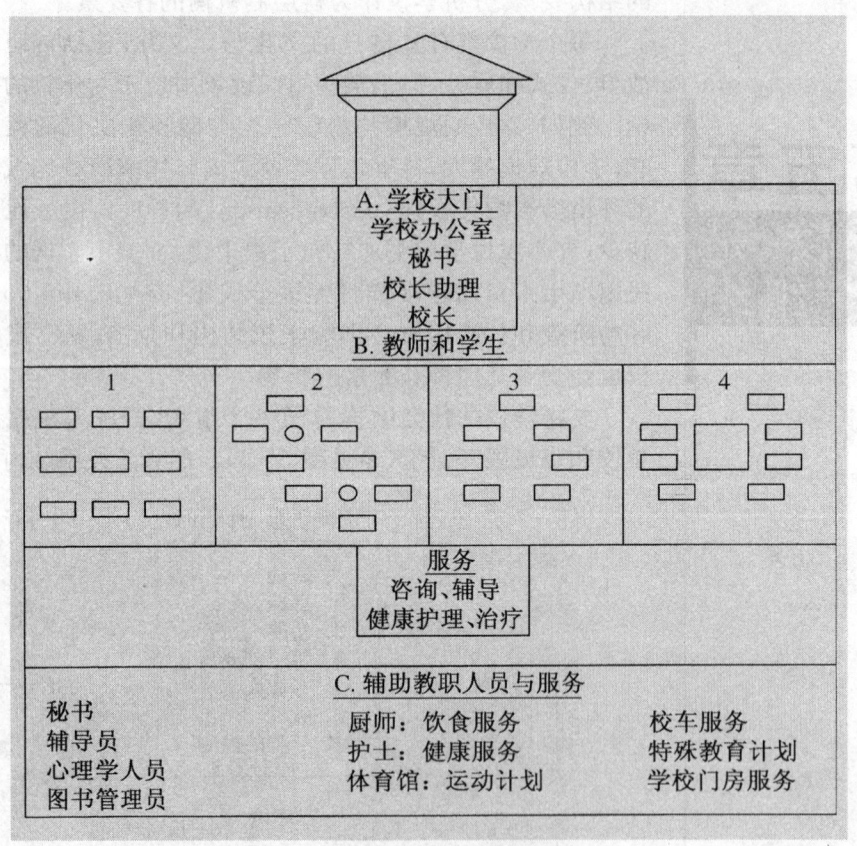

图5-2 学校系统结构和角色

1. 一进学校就直达办公室,这里的一位学校职员,通常是秘书,接待并了解我们来访的详情。办公室及其职员担当缓冲区的角色以便保护学校其他部分在日常程序中免受干扰。

2. 学校物质结构中多数为教室,教室内教师和学生为其主要的占有者。然而,教室的秩序,即座位的安排、学习群体、位置、领导的风格、班级规模和学生类型会影响位置拥有者与他们随之扮演的角色之间的关系,这些依次影响教室内发生的活动。这样,每个教室的氛围与社会结构各异。

3. 辅助服务对班级运行来说是必需的。标准的服务包括餐饮、门房和紧急保健服务,此外,多数学校有咨询设施、如心理测试和辅导等特殊服务、校车服务和图书馆服务。整个学校系统存在于一个更大的社会情境中,它包括学校所在社区及其社会阶级、少数族群构成和利益群体,地区环境,州政府及其教育委员会、立法机关、规章制度,联邦政府及其联邦规章和经费等。由人、建筑物、课堂、教材和设备构成的学校系统,通过与环境的互动而成为名副其实的学校系统。

学校系统的目标

学校正式的目标是服务于社会系统的一些意图,为系统的活动提供指导方针并将其成员的活动集中化,预示既定目标以及实现目标所使用的方法得到社会的认可,并使系统的活动合法化。但是,对于何种目标应该给予最高的优先权以及如何实现这些目标却经常未能达成共识。对于学校课程的争议有目共睹:一些成人担心学校没有足够重视基本技能培养,课程中出现太多的"虚饰"(如,美术和音乐);另一些人认为,儿童需要学习覆盖面广的课程。许多社区成员也给学校施加压力,要其承担更多的角色,尤其在社会服务领域,如放学后儿童保育计划以及个人和家庭问题的调解等。

因此,根据权力群体的利益和系统的需要,要对学校目标进行不断的"磋商"和"重新审议"。在此我们简单地谈论影响学校官方目标的不同社会部门对学校的目标期望。

社会与社区目标

任何社会对自身的教育系统都设有一定的目标,理论上说,这些目标可以在学校和课堂中得到实现。在同质社会,人们对关键性的目标常达成共识,全国教育方案决定统一的课程和教材,但异质社会中有选民对抗目标。功能理论者认为,这些目标给学校指明方向,有助于学校平稳运作并支持社会系统。冲突理论者则反驳道,这些是社会中权力支配群体的目标,仅仅代表社会的一部分,其目的在于使分层体系永久化。

社会其他群体也拥有竞争和矛盾的目标,学校系统经常处于资源控制与思想政治斗争的中心(Torres,1994)。

目标随时间而改变,早期的社会学家涂尔干认为学校班级是社会组织,其培养道德习惯的目的是维系社会(Durkheim,1961)。如今,教育者对学校的课程、结构、结果乃至学校要传授哪些价值观与道德都有争议(Jackson, Boostrom, and Hansen, 1993)。

在美国学校内,有既得利益的群体,如学生、社会科学家、教育者、家长和政客等,几乎不能达成共识。这些例证了美国教育目标和期望的多样性,它表明了学区在回报其全体选民时的两难处境。

国家每一届新政府都要对教育提出自己的目标。布什政府执政期间,提出的计划是美国 2000 年的教育策略(America 2000:An Education Strategy)(America 2000,1991)。克林顿政府的计划为 2000 年目标:教育美国法案(Goals 2000:Educate America Act)(Goals 2000,1994),它呼吁全国范围的系统改革(参见目标框 E-2,本书第 361 页)。下一届政府将会提出另一个目标声明,支持或多或少的政府资助与介入。2000 年美国总统选举活动中,主要的候选人也发表了关于教育的宣言,表明了各自关于教育中政府角色问题的基本观点("Comparing Two Plans for Education," 2000, p. A18)。

学校的一个目标就是运作自如。

其他改革计划也引起了全国的注意。从幼儿园到高中的教育中,西奥多·萨则(Theodore Sizer)呼吁教师更深入地讲授较少的课程,呼吁学生积极学习,并号召只有在掌握一定的科目之后才能颁发毕业证书,这些号召已经对教育改革者产生了影响

(Sizer，1985)。其他改革,如派迪厄课堂(Paideia classroom)(Robers and Billings, 1999),诸如速成学校(Accelerated Schools)、基础学校合并、学习社区和学校发展(Wang, Haertel, and Walberg, 1998)等为问题学生开设的课程,正在美国学校中实行。另一位空想家约翰·古德拉德(John Goodlad)有关改善教育的主张促进了师范院校的改革(Bernhardt and Ballantine, 1995; Goodlad, 1984)。

个体社区对其学校的期望可能比社会总目标更为具体。农村地区小型古老城镇上的学校,正如古典作品《艾尔姆镇的青年》(*Elmtown's Youth*)里所描述的那样(Hollingshead, 1975),重视辛勤工作、道德取向以及其他主要美国价值观(Williams, 1970)。处于支配地位的社区成员,即商业领导与政客,控制学校董事会的选举并筛除那些可能试图改变事态的教师。城市学校,鉴于其服务对象的异质性,在学习目标上更无法达成共识,需花费更多的精力在维纪和控制这些"目标"上。郊区学校很可能着重于成功和成绩这些目标。目标陈述非常概括化的寓意故事、格言和学生手册不断地被重新定义与操作以便迎合社区需要与期望。来自社区群体的政治压力会影响地方学校的目标,在那些地方学校掌握决策的地区尤其如此(Hannaway, 1993, p. 147)。确切地说,目标得以持续被广泛接受的原因在于不断要求变革的压力。这避免了学校与政府、社区、家庭以及其他群体之间的冲突。然而,目标陈述概括而模糊,也意味着学校易受到许多利益冲突群体的影响与压力。

学校目标

全国教育协会中等教育改组委员会(National Education Association's Commission on the Reorganization of Secondary Education)1918年规划出一个被多数学校广泛接受的正式目标的宣言模式,它建议中等教育应该"发展每个个体的知识、兴趣、理想、习惯和力量,借此个体将能找到自身的位置并能够运用此位置塑造自我及社会以达到前所未有的崇高境界"。这个宣言虽已过时,但它体现了美国地方学校理念上体现出的一些基本的价值观——称职公民或适应社会,并具有个性,或用他人认可的方式进步。事实上,在美国社会中,对一些群体而言,这些目标是不可能实现的,正如我们在第三章、第四章所讨论的,均等的机会在现实中不存在。

既定的目标概括地描述每个学校将发生的事以及将实施何种计划,它常有别于实际的操作程序。后者关注课程内容、课堂风格以及组织结构以完成既定的目标。既定目标必须在学校内部付诸行动,在此过程中就会产生目标和解释的冲突。

社区和学校内次级系统也许会有未阐明的非正式目标,它不同于学校既定的正式目标,甚至彼此间可能存在冲突。例如,教师也许寻求社区保护以维护自身职业的自主权,然而,学校也许对家长和社区宣称一种门户开放政策,同时建立保护屏障以维持学校的操作目标和控制教学活动。

学校组织的控制主要有两种模式：一种是权力高度分散的学校，教师有工作场所的自主权，另一种是自上而下的科层制机构，教师基本没有自主权。有人认为，大型的科层制机构盛行自上而下的决策和目标定向，但资料显示，小型的私立学校通常也有很强的集权控制。对既定或未阐明的目标的控制程度以及教师和学校的自主权程度不仅取决于活动的类型，也取决于不同类型学校的董事会、校长和教师实施控制的程度差异性（Ingersoll，1994）。

个体目标

拥有不同角色的组织，其成员也可能有迥异的目标。行政管理人员和教师希望有高质量的教育，但同时也有个体的动机，如对金钱、地位和知识的需要。对于学生而言，上学是强制性的，他们必须上学。他们的目标依据个人动机的不同而各异，或16岁辍学或上大学。学生看到选修似乎不太难的专业课程有空子可钻时，就积极选修这些课程（Kilgore，1993，p.81）。我们将会发现，家长的目标有时有悖于学校政策。

学校功能：学校的目标

上述目标反映了教育服务于社会以及帮助儿童进入社会的多重功能或目标。有些显性（即明显和既定的）功能适用于工业化社会的所有学校系统，在目标宣言中常得以明确地阐述，然而利益间的竞争说明人们对学校功能有不同的观点。

功能的多样化

由于学校反映社区内群体间竞争利益的多种功能，因此，在系统内从社会、社区、家庭和个体学生等不同视角来审视学校教育的这些功能是很有价值的。

对于社会而言，学校的重要功能在于将年轻的一代社会化，使其能扮演所需的成人角色；使年轻人不空闲；延迟参加工作时间；使社会永久化；使年青一代能内化特定的社会价值观、传统和信念；发展诸如读、写和责任感等立足社会所必需的技能；筛选和分配年轻人承担社会所需的各种角色，如专业人员、体力劳动者等。

对社区和家庭而言，学校所承担的重要功能在于将社会化经验形式化，在正规的学习中尤甚；促进同辈群体间的互动；使社会化体验结构化；帮助实现成功儿童这一家庭目标；在充满竞争的市场中给学生更多的选择权；培育年轻人，使其将来能够适应社会。社区内的个别群体或家庭对学校教育目标的观点因社会阶级、宗教隶属和少数族群地位的不同而可能存在差异。

对个体学生而言，学校提供机会让其与同辈群体一起运动和参与活动。学生对成人的态度以及与成人的合作有助于他们社会化；拥有适宜的态度和行为；为他们提供技能和知识以便适应社会中竞争激烈的科层化体制。

尽管这些功能有所重复,但是很显然,不同群体对于各项功能的重要性程度以及在校内实施这些功能的方法方面也许存在冲突。

功能的未预期结果

以上所讨论的每项功能也许都有其积极与消极的结果,预期的目标不总是教育过程中惟一或主要的结果。例如,学校将同辈群体安置于教室内进行与学校有关的活动,这种集合能发展学生之间的友谊群体或派系,可以活跃年轻人的亚文化;同时这些群体也许会对学校产生极大的影响,这将在第七章讨论。延迟年轻人进入劳务市场的目的在于让年轻人接受更多教育,让更多的成人就业,然而当接受过度教育而没有就业的年轻人真正进入劳务市场时,也会导致压力的产生。

冲突的目标与功能

社区成员与学校就课程和学校结构等问题发生争议,许多家庭希望其子女学习但不是去学习那些与家庭的价值观和教育相冲突的观念。例如,学校职员也许认为对十几岁的青少年进行性教育很重要,有些家庭却反对学校执行这样的教育任务。基督教门诺派中的严紧派和原教旨主义信徒等宗教群体引出的法院判例也例证了社区与学校之间的冲突。

我们应该如何对待处于青春期早期的儿童?这个问题是中学结构与初级中学或其他组织优势之争的基础。中学模式,典型模式为六、七、八年级或者七、八年级,胜出并逐渐普及开。"过去20年的走势呈现出从初级中学(junior high schools)(七—九年级)向中间学校(middle school)(五—八年级和六—八年级)的转变",超过55%的学校使用六—七—八年级模式(National Middle School Association,1995),这一阶段为从小学转向非常重要的高中阶段的过渡期。正是在这青春期早期阶段,许多学生开始出现学业失败甚至辍学等一系列行为(Ames and Miller,1994)。

中间学校的未来计划具有以下一些特征:个性化的指导、确定进展的评估方法、避免将学生归类的灵活而暂时的学生分组、对不同学习风格的关注、家庭参与、学生学习的责任心、额外职员和资源以及职员的发展等(Epstein and Salinas,1991)。"他们以某些方式组织起来,这些方式尽可能地适应10—15岁的青少年独特发展的需要"(George et al.,1992,p.38)。

青少年教育卡内基特别工作组(The Carnegie Task Force on Education of Young Adolescents)作了《转折点:面向21世纪培养美国青年》(*Turning Points: Preparing American Youth for the 21st Century*)这个报告。该报告指出,10—15岁的青少年智力和情感的需要与中学年级的组织和课程之间存在不和谐,他们建议,当务之急,通过形成小型学习群体以及提供成人来与个体学生交流,建立社会关系(Carnegie Task

Force，1989)。约翰斯霍布金斯大学中小学教育研究中心中间学校方案的主任建议，建立一个过渡工作组，以便对从小学到高中的过渡期提供指导和控制（MacIver and Epstein，1990)。

个体学生也面临冲突。正规的学校教育也许扩大了机会和职业选择，但同时也许限制了选择学什么以及如何行动的自由。学生也许可以从具有自身特殊价值观的同辈群体或"青年亚文化"中获得安全感与归属感，但与此同时，这些群体的价值观也许与学校学业计划和诸如成绩、成功和顺从等家庭目标相冲突。

学校目标和功能在一个正式的结构里得以实施，进一步理解组织在于审视构成学校系统的结构因素。

● 实践：你所处地方学校里，哪些目标和功能方面的
　　　冲突支配了校董事会的会议？●

学校是一个组织

萨利·约瑟夫(Sally Joseph)是一位五年级教师，因其在阅读和数学方面取得的成就以及与班级内学生的相处能力而深受学生和家长欢迎。约瑟夫在管理她的班级方面有相对的自主权，在物理空间和学区所勾勒的宽泛的目标之内，如何组织和呈现材料主要由她来决定。然而，她是在一个较大的组织系统内发挥功能，这个系统既给予机会又限制她的行为。传统上，社会学家把约瑟夫小姐工作的场所看做是科层制机构，然而，他们已经指出，对于教育组织这种科层制机构模式的局限性，即在诸如商业组织等正规的科层制组织里运作的方式，也许在学校里就功能失调了。另一种模式把教育系统看成是"松散连接的"(loosely coupled)组织。在此，我们将把学校看成科层制机构并探讨与这个模式相关的问题。

学校是科层制机构

科层制机构！通常，我们多么厌恶科层制机构的繁文缛节，其形式、其无人性的态度以及冷酷无情的作风！当他人视我们为其中一员时，我们是多么的怒发冲冠啊！成千上万的个体对科层制机构存在偏见，他们的历史背景、感受和经历与我们相似。究竟什么导致我们对科层制机构怒发冲冠呢？因为，虽然科层制机构是一个有效的理性途径，用以完成任务，并依据个体的贡献进行奖赏，但同时它也体现着一个无人格的、没有效率的体积庞大的组织，对人类需求反应迟钝，这一点也许在你排队去完成某项任务时会有所体验，如注册、交费、更新驾照等。

将组织归类为正规与非正规形式（详见第八章）就能够更好地了解运作中的科层制机构以及它与学校之间的联系方式。尽管对它存在抱怨，但不可否认，它在社会中

起着极其重要的作用。譬如,建立在裙带关系和徇私而非根据能力选择和提拔基础之上的一个系统必然会招致不公平和受歧视的呼声,在多数社会中其功能会失调。

在视学校为科层制机构的讨论中,必须谨慎而为之,因为学校是独特的组织机构。克里斯多佛·赫恩(Christopher Hurn)就指出,学校独特之处在于人们期待其传递价值观、理想和共同的知识,抚育认知与情感的成长,将学生分类、选入诸如适宜入大学、有前途、聪明的学生等不同的类别,从而为未来成人社会地位作好准备。从组织结构上看,学校可划分为班级,每学日分为学时,学生依据年级或测试成绩分为不同群体(Hurn,1992)。其他的科层制机构则有着不同的目标和结构。

科层制机构特征

工业革命期间,组织的科层制机构形式在西欧与美国占主导地位,其主要原因在于人们相信这是具有高生产力、高效率抱负的组织最有效的理性形式。

马克斯·韦伯的理念在第一章中已经扼要地作了讨论,他描述了科层制组织的构成要素(Weber,1947),这种特征类型学被冠之为"理想类型(ideal type)",现实中任何一个组织都不会完全符合该特征,但它为比较现实的组织制定了一系列评价特征。以下斜体字为韦伯界定的特征描述,其余的是大卫·高斯林(David Goslin,1965,p.133)所勾勒出的它们与学校之间关系的阐释。

1. 不管是行政领导层还是教学层面,*劳动分工日趋完善*,同时人们关注将职员分配到最适合的岗位上,关注着招生的形式以及晋升政策。

2. *行政管理等级制的发展*组建了一个专门化的指挥链与指定的沟通渠道。

3. *程序的特殊规则*逐渐积累起来,它包括了咨询和指导、学校或系统范围的测试项目及要求,后者覆盖了诸如历史、公民和社会研究等许多学科。

4. 学生与教师间、教师与行政管理者间的人际关系的重要性未给予重视,结果再定位更有效度、更形式化的*中立角色关系*。

5. 强调整个组织及其内部运作过程的*合理性*。总体走势,尤其在中学层面上趋向于理性的管理机构组织,以多数政府办事机构和许多商业、实业公司为典型。

6. 除高斯林阐释的特征之外,韦伯认为组织内部个体所处职位归属于该组织。因此,当行政管理者、教师、学生离开系统时,新的个体将会继承该职位。

下面进一步讨论韦伯描述的组织特征。

劳动分工、聘任与解雇、晋升政策与权力体系

劳动分工 任何人在工作单位与家庭内都承担特殊的任务,人人都成了专家。由于工作日程如此繁忙,如果对自身承担的任务有所了解,那么工作效率就会很高,并开始擅长于此。而高度的专业化会导致厌烦感的产生,试想一下产品装配线上的工人,每日八小时重复单一的工作。但是,教师不同,他们面对的每个学生、每个班级各异,极富挑战性,他们需要不断地更新教材、教学技巧,学习新知识。这就减缓了厌烦感,但此项工作的强度也会导致"燃尽感(burnout)"的出现,这个问题在第六章中讨论。

依据能力与技能进行聘任与解聘 下面是一大型学区对教师职责的描述:

> 教师职责 教师应该负责管理校长分派给他们的班级,负责教学、班级的进步和纪律,在课时内绝对忠于职守。在校长的指导之下,在学校建筑内外教师应该给予以下帮助:家长会,学生咨询,监管走廊、餐厅和操场,出席专职人员会议等(教师职责描述)。

鉴于广泛的合格证规章制度与测试、职员政策、职员聘任与程序以及机会均等的规章条例,学校职员必须有绝对资格胜任所定职位。在装备个体职业所需技能和态度上,培训机构日趋重要。通常,教育学院经州与地区组织机构审批认可,必须教授职业所需技能,不得违背联邦和州的教育相关规章条例。此外,学院作为选拔场所,很有可能极力推荐那些能够适应教育系统、遵守规章制度的学生,并将其输送至学校系统内。

依据功绩进行晋升与发放工资 通常,工资数额表与晋升标准由督导办公室制定,经校董事会批准。它们与个体教育程度以及工作服务年限密切相关。

权威的等级制 无需待在讲堂内我们就能知道谁为掌权者,谁为被管者。科层制机构内的权力等级制可以用图说明,图5-3中的模式适用于多数学校。这种等级制体现了学校的沟通渠道,处于不同等级的个体接受与发出信息的数量与类型存在差异。譬如,大学课堂上有多种教学风格、班级规模与信息流量,从教师流向学生的信息下传为其中的典型模式。一些教育者提议,改变单向流程,鼓励更多的互动,会减轻大型科层制机构内产生的疏远感,更多的教师不再是"指导者"或单向流程中的输出者,他们更多地成为学习过程的推动者。

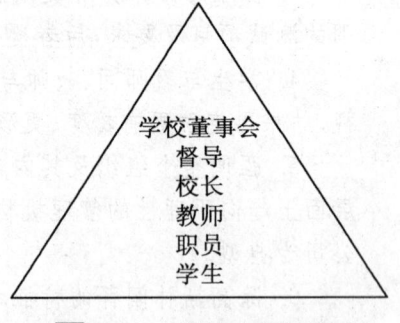

图5-3 学校中权威的等级系统

等级制中个体的部分职责涉及到对应关系,即与组织中他人的关系,名字的使用例证了这一点——教师直呼学生姓名,反之则很少出现。正规称号公认了等级的差异性。仅正规组织等级制图表虽然不能准确地勾勒出权威与权力的位置及其运作方式,但却描绘出了结构和正规关系。

规章制度与程序　　学校清晨8:40开始上课,学生迟到须报到办公室,8:50进入第一节课……这是规章制度下的常规,其他规章制度多数涉及校内的举止行为,如服饰、公共厕所行为、食堂开饭时间、休息时间、课后活动、校车乘坐行为等。

每个个体都社会化入系统的规章制度之中,这些规章制度通常正式出现于新生的定向课程(orientation program)或学生与教师的手册之中。然而,多数期待的传递方式不正规,如观察、讨论、嘲笑或违犯规章之后所受的严厉制裁。我们步入新环境时的焦虑部分源于对违反规章制度、失礼或被定为嘲笑对象的恐惧。多数人不希望出现这样尴尬的情景,于是尽力遵守规章制度。贝尔·考芙曼(Bel Kaufman)对科层制的描述有趣而又令人清醒,堪称经典,并列举了规章制度的鲜活事例。框5-1为她所勾勒出的学生接受指导期间,教师应完成的任务。

框5-1　今天接受指导期间的活动(离开教室前核对每一条)

- 填写德莱尼卡片(Delaney cards)和座位表
- 点名
- 填写出勤表
- 寄出缺席者卡片
- 为转学者制订成绩单
- 填写总体活动卡片(蓝色)中三组学生活动卡(黄色),按字母顺序排列并送至201教室
- 填写五份教师活动卡片(白色),送至211教室
- 填写交通卡
- 正式请求储备
- 分配存物箱,将姓名与号码送至201教室
- 填写年龄级别表
- 宣布与张贴集合时间表,安排礼堂内座位
- 宣布与张贴防火、躲避与疏散训练的规章制度
- 检查上学期工作簿以及看牙科疾病的学生名单
- 检查图书馆记录名单
- 填写教室条件表

> - 选班级干部
> - 要求加入现付票,开始收钱
> - 委任教室布置监督者,开始布置教室
> - (非集合或某乙小组)升旗致敬
> - 指出学生接受指导的性质与功能;确切地说,这是个家,学生在此能享受到友好的氛围以及友善的指导
>
> 有多余时间的教师应该向办公室汇报,来帮助此项需求关注的活动。
>
> Source: Reprinted with the permission of Simon & Schuster from *UP the Down Staircase* by Bei Kaufman. Copyright © 1964, 1988 by Bel Kaufman.

形式化的情感中立的角色关系 科层制机构内各职位个体均一视同仁,受到正规的"中立"的对待,人们认为这种方式可以尽量避免不公平现象。接下来的一切人们习以为常:学校进行标准化测试,全体学生在礼堂安排就座,分发试题,颁布考场指令"开始"、"停止"、"请翻到下一页"、"合上试题"与"将试题放在右上角"。

对科层制机构而言,规则存在例外会导致问题的产生,有效性实现的前提是假设存在一致性,而每个例外会耗费该组织常规的时间与精力,如某个体遭"区别"对待,那么就可能出现对特惠待遇、偏见或种族歧视的指控。形式化的非人格化对待渗透到学校系统的许多方面,然而,任何地方只要存在人际关系,其正规关系就会不断受到质疑,这点将在第七章加以讨论。所以我们不能以简单模式来界定个人。

整个组织的合理性 组织行政管理倾向于探询更多的有效途径来实现其各种功能,学校也不例外,正在试图提高其有效性。随着学校规模的扩大,它也愈加形式化、专业化与集权化,但仍有许多学区试图下放权力。

职位归属于组织 退休宴上祝福者云集,她曾是个名符众望的教师,深受同事与学生的爱戴,如今即将退休,职位将由他人来承担。下学期接任她的是一位年轻的新教师,他(或她)将赋予此项工作一种全新的个性以及不同的才干。

有一点是肯定的:组织负责叙述工作的内容,赋予该职位的权力与职责。受聘任的个体将其自身个性与经历带入职位,从而以独特方式来实施此权力并履行职责,如张三因厉行纪律而为人知晓,李四则因擅长教授数学概念而具声望,然而他们拥有的职位描述却是相同的。

在职者只能在与其工作相关的领域对他人进行合法的管理。这里,管理指代一种权力,指在职者制定决策、对具体领域施加影响与实施控制的权力。在学校系统内,合法性的授予以专业技术与等级制内的职位为基础。教师实施的权力一旦逾越该职位被赋予的权力,他的合法性就可能遭到质疑。譬如,教师或教授不能要求你睡个好觉、吃个丰盛的早餐,甚至不能要求你在课外时间参与学校相关活动。

教师退休、辞职或被解雇，其替代者承担同样的职责，新的在职者须忠诚于该职位。忠诚的原因因人而异，如对权威的尊重、对个体专业技术的尊重、知道该职位的工作稳定、工资待遇或给予学分的职责等，但其职位依旧没有改变。

专业人员通常受到良好的培训，与等级制内级别较低者相比，他们实施其角色功能时更具自主权与自由，而自由度取决于他们的对应角色以及工作的环境，这点会在第六章详述。

要了解组织内的角色，其中一个方面就是要了解其对应角色。系统互动理论将我们对环境进行判断的常见过程阐释成"他人角色借用(taking the role of the other)"，这有助于我们了解自身扮演的角色、它们的局限性并预见对应角色者的心理倾向，这样我们就能够理解并不辜负他们的期待，这一过程第七章将进一步讨论。

学校作为科层制机构的发展情况

19世纪学校分散于全国各地，其所处位置决定了学校的规模。然而，与当今市内学校、合并的农村学校相比，它们的规模多数较小。

> 至1865年，公立学校教育系统已在北部、中西部和西部各州内得以确立……该时期公立学校的规模、组织和课程据其位置而各异。美国人多数居住在农村，因而，人们易于在这里看见由一两间房间构成的校舍，学生的进步不以年级的年度跨越为标识，而看其是否学完了系列课本中某一本并着手学习下一本。年级制只出现在较大的市镇学校内(Binder, 1974, pp. 94-95)。

这种一般中学的发展趋势迫使早期高中演变成更为现代的模式，其主要变化在于学校教育被科层化，个体学校的创新结构转变为教师缺乏权力的强劲的集权制结构与行政领导。

20世纪以来，学校规模愈大，结构愈加科层化，其许多特征与韦伯的"理想类型"科层制机构特征相似。学校人口规模的不断变化，以及向城市中心迁移，导致了学校的集权化与科层化。这种趋向于学区合并的运作，其部分原因在于要将州科层制机构现代化。这推动着变革，导致了学生人数的增加。1970—2008年公立和私立中小学的注册人数见图5-4。

梅耶(Meyer)与罗恩(Rowan)认为，"集体学校教育"(corporate schooling)的发展关系到国家发展的全球趋势，教育界的科层制机构的服务对象不是个体、不是家庭而是社会，这有助于它所控制下的机构将个体从社会众多群体中"分类、筛选出并加以分配"。教育系统的标准化利于此过程的进展。但随着行政领导者的增多，它又导致科层制机构的规模日渐扩大。如今，行政领导者与教师的比例超过1:10，有些地区教

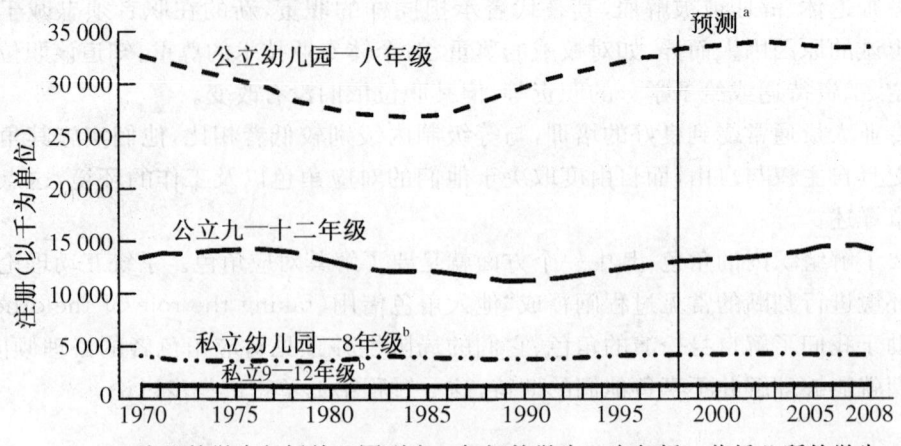

a 注册的学生包括幼儿园到十二年级的学生,也包括一些托儿所的学生。
b 开始于1980年秋季,数据包括私立学校扩展的估计。

图5-4　1970—2008年秋季中小学学生注册人数
（通过控制和学校年级层次分类）

资料来源：U. S. Department of Education, National Center for Education Statistics, *Digest of Education Statistics 1998* (based on Common Care of Data) and *Projections of Education Statistics to 2008*, 1998.

师所占份额不到一半。许多行政领导者的主要职责是积极响应国家或州政府等高级别领导层的指令(National Center for Education Statistics, 1999)。

近几年,许多研究者关注城市与农村内小型学校的学术与个体价值。他们发现,此类学校能获取更高的学术成就,更具人情味,教师和学生较为满意,士气较高,辍学率低,行为问题较少,学生参与课外活动多,尤其利于处于劣势的学生的发展(Raywid, 1999; Cotton, 1998)。学校规模与无秩序状态之间也一直存在着某种微妙的关系：小型学校更为安全,交流与行为反馈更多,参与决策制定的个体更多(Raywid, 1999; Gottfredson, 1986)。鉴于小型学校的这些显著优势,一些教育人士正在大型学校建筑内建构迷你型学校(mini-school)或校中校(school-within-school)(Lashway, 1999)。事实上,一些研究者指出,在进行有目的的学校改革过程中,小型学校的这种规模是至关重要的。

教育科层制机构面临的问题

任何时候,将人们归为各系统类别以期组织效率最大化之际,总会出现一些不尴不尬的人,再者,作为科层制机构的结构可能会让学校陷入困境。请看以下几类问题：

1. 高入学率致使测试成绩取代了对学生家庭、背景情况、存在问题、动机及其他个体特征的深度了解,成为筛选与安置学生的重要标准,从而决定了学生的未来。

2. 鉴于人们认为人际关系不具备人情味,学生,尤其是处于劣势的学生就得不到咨询与帮助,不能获得他们形成积极自我形象所需的"合意"的角色模范。

3. 官方规则倾向于过度地控制着学校职员的行为举止,因此很难规避一些问题。

4. 对于改变学校条件方面,教师和学生通常感到无权,致使他们对于问题的解决毫无兴趣。

5. 教师,特别是行政管理者,能够形成科层制机构特征,开始对其工作有不安全感,开始过度地维护其工作,专业狭窄,愈加不关注教学,且日常行为呆板。

符合科层制机构期待的学生的学校生活最可能得到奖赏,然而,对许多学生而言,学校的科层制机构是令人困惑而疏远的迷宫,他们在其中努力挣扎着。

随着教育系统的扩大,我们深陷规章制度之中,看做正在被加工的一员,因此,开始出现了对科层制机构的消极态度。以下是摘自罗杰(Roger)对位于利文斯敦(Livingston)街道第110号的纽约市学校科层制机构的描述,它描述了无人情味的系统所处的困境:

纽约市学校体系是典型的"病态科层制机构",这术语来自社会科学家,用于指代那些传统、结构和操作违背了其规定的使命,阻碍了其对变化之中的学生需求采取灵活应对措施的那些组织。纽约市学校体系具备所有大型科层制机构的特征,然而这些特征如此制定与遵循以至他们已不再体现初衷。其特征具体如下:1. 过度集权化,形成多种级别的命令链,迫使下属向上涌动;2. 垂直与水平线上的单位分区孤立了各单位,限制了沟通与协作;3. 不断形成了某些单位具有优越性的偏见,他们维护与扩张其权力的行为正体现了这一点;4. 对单位内部同辈进行非正规的强劲施压,使他们遵循其规则,为自身政治维护与扩张做准备,忽略了学校组织更大的目标;5. 强制规章的遵循与实施;6. 低级别的管理者不服从总部指挥,或因关注级别与晋升而过分地顺从;7. 内部政治与个人职业兴趣逾越了服务于多种群体的兴趣时,学生客户愈加疏远它;8. 在委员会内部,制定决策的倾向导致很难突出职责与权威。以上均为该机构的反常现象。(Roger, 1969, p. 267)

系统越庞大,科层制机构越牢固,对革新的抵制就越强烈,纽约市学校系统的描述证明了这一点。每节课的学生有30多个,一天上六节课,这样的教师不可能意识到学生的个体问题并花费时间与精力来处理它。这样,学生可能就愈加隐退,成为中学内没有鲜明个性的群体中一员,而全系统共有5 000名学生。针对非人性化的科层制机构,人们已经提出了各种解决办法——决策分权化、课程变革、人性化指导以及让学生更多地涉入社区环境。

"松散连接"的学校组织

组织内部某一级别的活动与决策不必在其他级别得以体现,这样的组织被称作"松散连接"的组织,这是许多学区的特征。该问题部分源自教育系统内部等级制各级别的自治权与物质的分离。教师,如先前事例中的萨利·约瑟夫在空间上是孤立的,课堂内也有职业自治权(Gamoran & Dreeban,1989),许多渴望自治的教师赞成这一点。通过允许教师对课堂组织加以控制,行政管理者的行为也可能促进教师的自治。将学校视为松散连接的组织,也许更贴近教师面对的现实,人们不必再通过那些着重科层制机构、学校控制机制或环境压力等传统理论来试图了解教师的行为及其对决策控制的感受。

对课堂教学的干涉,实质上通常是行不通的,因而行政级别的决策对课堂几乎没有影响,相应的是课堂内发生之事与学校内正规等级制无关,许多行政管理者也不花费时间处理教学事务,学校与其行政管理者所面临的维谷之境在于对教师具有很大自主权情况下的教育活动加以中枢协调。

但是,一些学区的学校管理较为严密,行政管理者控制了教材资金等资源的可用性以及使用权。这样,教育系统内各部门彼此更为依赖。系统连接的松散与否,同时也取决于年级和科目(Gamoran & Dreeban,1989)以及社区对学校系统和教师职责的压力。

松散连接的教育系统可在拥有多层行政管理的大都市区域内得到例证(参见纽约市模式,图6-2)。相反,美国的私立学校,如预备学校与天主教学校,行政管理不太复杂而连接更为紧密,多数情况下,其结果导致课程更为连贯(Scott & Meyer,1984)。在天主教学校,教师将课堂实践控制在课程大纲要求内的意识更为强烈,并产生了更高的满足感(Lee, Dedrick & Smith,1991)。

● 实践:科层制机构组织模式哪些方面适用于学校?
哪些方面使学校功能失调? ●

集权化决策与分权化决策:学校控制之争

任何系统都存在决策的权力中枢。在学校的社会系统中,权力归属问题历来是争执的焦点,关键问题在于权力应该集中归属于中枢区域还是分散至该系统中的各部门,谁应该为谁制定决策,在何层面上制定。一些决策在系统的各级别进行,从督导到任课教师到学校的每个成员(Barr & Dreeben, 1983)。多数情况下,决策制定分成两类,即集权与分权化决策(Ingersoll, 1994, p. 150)。

决策的集权化

决策集权化程度取决于该系统的规模、涉入该系统的人们的同质程度以及他们所抱的目标。国家、州或地方区域可见不同程度的集权化。当然,对资金的控制是权力归属问题的重要决定因素(Meyer, Scott & Strang, 1986),譬如,联邦政府通过决定全国关注领域以及为该领域教育拨款方式,在近几年内,赢得了越来越多的教育控制权。

当联邦资金资助新项目时,新的行政管理者被聘用来履行该项目职责,这扩大了地方教育科层制机构,增加了行政管理开支,但行政管理内部并没有得到整合,这种行政管理规模扩大却没有整合的现象被称为"分片集权制"(fragmented centralization)。20世纪50年代为人造卫星时期,美国政府因担心前苏联在航空领域处于科技前沿,而投入资金用以促进科学与数学项目的发展。近来,已通过法律要求所有残疾儿童有接受教育的权利(Americans with Disabilities Act, 1990)。但是,教育权力与决策的集中化并不一定就能体现地方社区的利益与关注。

强国及强大的组织影响着欠发达国家的政策与项目,如国际银行制定金融政策,但同时"帮助指导与创造知识",这导致知识的产生。再如,外国资助影响着非洲教育系统,而教育是发展的基本环节,许多非洲教育系统正处于混乱状态,因此必须依赖国外资金。其代价通常在于,缺乏地方想像力以及如何最好地教育国民的首创精神。"相反,当其形成一组主要由外部界定的规则来明确可接受的行为过程之际,研究就迷失了方向,形成了一定的束缚"(Samoff, 1993, p. 221)。

目前,州教育改革开始转向最显著的地位,它受激励于那些悲叹教育条件的联邦与私立基金委员会的报告。州教育董事会与委员会正以史无前例的速度推荐实施新的政策,如毕业条件、熟练程度测试、课本与课程修订更为严格化、教学日的延长、全年学校开设和其他改革。

这些新项目中许多着手于教育过程的核心部分,即教授的内容、方式以及教授者,削减地方教育董事会、行政管理者与教师的自治权以及决策权。如目前人们正关注的堪萨斯州教学革新问题,该州校董事会投票赞成多数州教育标准参考要取消("Poll: Origin Theories", 2000)。然而,州代表认为,在地方部门与职业人员组织开始领导之前必须有其他人代之实施领导。理论上,经选举或任命产生的州与地方教育董事会有着最终的决策权。事实上,由于学区规模不断扩大、集权化不断增强,问题开始复杂化,需要受过良好训练的专家来解决。此时,校董事会倾向于将教育政策问题留给学校行政领导者来处理,由他们盖橡皮图章。校董事会保留协调学校与社区之间的角色。这样,职业教育人士对政策问题就有了更多的自主权。

参与"教育控制权"竞争的另一方为私人组织,如基金会和商业机构,它们正逐步参与教育实践与政策制定。校董事会与能够为最少的人提供最大量服务的公司协商、立约,让其承包以获取更多的服务,包括了第二章谈论的科学技术等。譬如,弗吉尼亚州的费尔法克斯县和得克萨斯州的休斯顿市设有"最后一着"(last-resort)或"第二次机会"(second chance)项目,将具有问题或被开除的学生送至私立运作的学校,在那里,学生可以得到教师更多的关注(Hardy,1999)。这种情况最常出现在非教育性领域,如食品与看管服务,现在,教育领域也开始出现了。在康涅狄格州哈特福德市,"因急于改善高辍学率、测试成绩差和建筑损坏等现象,(教育董事会投票表决将该市变成)全国首个由私营公司全权控制公立学校的城市"("Hartford First",1994)。然而,该尝试遭到了重重反对,几年之后以失败而告终(Uline,1998)。另一事例为允诺提高儿童阅读能力的私营公司的阅读项目。一些地区企业提供资金,资助师资培训和儿童专门计划,私营化可以让校董事会有更多时间处理教育问题,但同时也让其他组织影响了学校决策,表明了另一层面的教育控制。

许多郊区学校有一个核心群体,由有参与动机的学生和家长组成,他们参与并影响着校董事会与学校官员的决策(Wexler et al.,1992)。当班级规模较小,期望较高,纪律公正而严明,课堂结构安排不僵化,利于协作学习以满足学生需求时,他们的参与存在可能性(Eccles,1994,p.10)。而在城市学校内,家长参与较难,诸如纽约市等大学区已经出现地方学校控制问题的大范围争议,相关的当地居民想参与涉及职员聘任与解雇、建筑维修、建筑计划和课程等方面的决策。

分权化

术语分权化模棱两可。一些人将之简单地看成一种行政管理手段,即行政管理从国家向州或市政府的转移,或从市中心行政管理办公室向地方学校的转移。而另一些人坚持认为,分权化计划不应该仅仅体现于行政管理的调整,还应该体现权力从中枢机构向地方社区的富有意义的转移这一构思,这些计划应该逾越教育领域,进入诸如卫生保健等重要领域。倡导地方控制者坚持说,只有这样的计划方能缓解科层制机构中枢对权力与决策的垄断现象。对重组的学校研究显示,学生在学术与成绩方面都有所提高,在小型中学情况亦然。社区改革除决策制定外,还涉及满足地方需求、灵活通融、促进各学科间合作、适应学生智力与才能、提供混合能力班级以及合作学习等。地方学校可以以几项关键成就作为目标,从而产生影响(Lee & Smith,1995)。

分权化的意义因人而异,通常指以实地为基础的管理(site-based management)。在教育改革的讨论中,该词很流行,涉及公共教育的主动性从校董事会、督导和行政管理中心办公室向个体学校的转移。其目的在于让地方学校对该校的运作有更多的职责(Bauer,1998;Hannaway,1993),如在芝加哥,家长作为基层奋力争取以实地为基础的管理,从而产生了《学校改革条例》(School Reform Act)。

在一项对主要城区与郊区学校系统的研究中(Hill & Bonan,1991),研究者将以实地为基础的管理总结如下:

1. 虽然以实地为基础的管理侧重个体学校,但事实上这是整个学校系统的改革。
2. 若以实地为基础的管理是学校系统的基本改革策略而不是几个策略中的一个,它将导致学校层面的真正的变化。
3. 实地管理学校能够随时间推移而发展,形成其独特的特征、目标与运作风格。
4. 独特的实地管理学校的体系需要思考其职责。
5. 独特的实地管理学校体系的最终职责机制是家长的抉择。

系统要转向以实地为基础的管理需要获得校董事会、教师联合会、企业与社区领导以及家长的支持。"这导致形成这样一种趋势——将增加的决策权授予教育系统的使用者(即家长与学生),及其代理者(即教师与校长)"(Information and Decision Making,1994,p.1)。费城在几个代理机构的帮助下资助一所学校,并率先给予地方学校更多的实地自主权,以调整和纪律与成绩相对应的课程与教学。更新学校组织结构以及决策分权化取得成功的关键在于:教师是否一起工作。这一取得很大程度成功事例的经验表明,重组优先权最初阶段应该在地方实地内以教师为动力,并配以外部变化的代理者以及对不可或缺部分的资助(Useem,1994)。给予教师决策权影响到教师对自身日常生活以及教学质量的洞察。俄罗斯等其他国家也正在尝试教育系统的分权化与给予教师更多的自主权(Poppleton,Gershunsky & Pullin,1994,p.323)。

虽然权力之争依旧存在,但是一些家长对学校的走势表示了担忧,他们领回自己的子女并将其安置于私立学校。一些关于教育选择性结构的提议,在纽约和其他地方已经以选择性学校和免费学校形式得以付诸实施。特许学校(第三、十一章有所讨论)似雨后春笋般涌现。然而,它的迅速成长导致了许多问题和法庭案例的出现,其中一些学校以失败而告终。这些学校结构中包括了家长与学生对决策的评论。批评者,如伊万·伊利奇(Ivan Illich,1971,p.154;National Center for Education

Statistics, 1995, p. 160),已建议全盘重组教育或"废除学校教育(deschooling)"来改变权力核心,这一点如今已众所周知。(第十三章涉及教育更替与运动,将讨论这些备选方法。)

有一点是肯定的:那些促使热心控制核心的问题仍旧是热点。学校控制问题逾越了教育控制的范畴,对少数族群而言,这反映了对生活机遇的控制问题。

● 实践:鉴于国家与地方需求、教师与学生的士气以及其他相关因素,集权化与分权化的学校其最佳组织模式在哪里? ●

教育系统内的专业人员

专业人员有以下几个特征:具备包括智力要素在内的专业能力,基于特殊才能对职业有很强的献身精神,因特殊才能而垄断所提供的服务,运用特殊才能时具备的影响力与责任感,服务以客户为中心。一些行业,如法律与医学,很显然归类为此职业。

由于专业人员对专门技术领域的同行及其职业组织承担义务,因而主管科层制机构的原则与主管专业人员的原则之间可能产生冲突,这样,专业人员常很难适应科层制机构的结构。

学校系统环境独特,占教职人员中多数的教师是"边缘专业人员(marginal professional)"或所谓的"半专业人员(semiprofessional)",他们与护士、社会工作者、图书管理员都属于非完全职业人员,这些半职业性工作共同特征在于培养、帮助和支持他人。此外,女性比率占优势,如1961年美国公立中小学教师女性占69%,1971年66%,1981与1983年67%,1991年72%,1996年74.4%(Digest, 1999)。尽管每年参与教学的男性多于女性,但是许多精英被提拔到行政领导岗位进入权力部门,甚至在性别比率较为和谐的中学阶段,其教学还是被描述成"女性的角色"。

有人强烈争辩,只有男性占优势的行业可归为职业,女性占多数的行业则不具资格,其原因在于男性政治与经济精英们的存在,他们控制工作地位,控制教师与其他半专业人员的工资待遇,使之在科层制机构内没有自主权。

教师呼吁职业地位以期获得更高的声望和工资。然而,他们还没有形成"教师亚文化(teacher subculture)",(团结起来)要求全职地位(Ingersoll, 2000)。其困难源自与教学本质相关的几个因素。其一,在美国,教学直至19世纪中期才被认为是"正规"职业,随着免费公共教育的出现以及1857年全国教师协会(现为全国教育协会)专业组织的成立,教学获得了重要的职业位置。但是,教师依旧受聘用于科层制机构,受校长、督导与教育董事会的领导,对此教师通常满足于现状。于是,指导并非来自专业组织而是来自科层制机构。

导致职业地位不明朗的另一因素在于成员资格问题,职业对成员资格有明确的限定与界限,而教学工作中成员资格界定不甚明确。

各种专业在职业排名中声誉较高,但是教学排名不在前列。在职业声望排名方面,对美国与其他60个国家所做比较的数据显示,90项工作中,高中教师排名分别为63.1与64(Tremain,1977)。美国中学教师排行66,与护士并列,属两大排行最高的女性职业之一,小学教师排在第64位(General Social Survey,1998)。这表明自20世纪20年代开始收集此类数据以来,职业排行总体变化甚微,而教学依旧为女性可较易获得的声望较高的职业之一。

多数职业以服务收费为基础进行运作,而教师通过教授学生换取工资,人们期望他们装备学生以适应离校后的生活。更大的区别在于,专业人员经过专家培训,掌握了外行人一般不具备的知识,并受同事们的审查,而教师虽然其技能专业化却不具备特殊的知识,受到科层制机构与外行公众的审查与管制。坦而言之,专业人员具备的知识与技能被看做是至关重要的,但"没有人因其知识技能的掌握程度降低而消逝"(Hannaway,1993)。

在科层制背景下,教师必须满足于封闭的管理、对规章制度的强调以及决策的集权化。标准化与集权化这些因素疏远着那些渴望被看做专业人员并期望被以此对待的人。在科层制机构内,渴望职业地位以及对获取认可、声望、自主权和高薪的努力的失败产生了革新运动、交战状态以及教师的联合,这点第六章有详述。

结语

本章讨论了学校作为一种组织,它所侧重的内部功能的正式要素。在我们的系统模式中,组织代表现实中的学校或讨论中的系统。鉴于分析的目的,讨论的中心为内部的组织而非组织与其环境的互动。然而,讨论目标、集权化与分权化决策时不能忽略环境的重要性。下面概述了本章涉及的主要话题。

Ⅰ. 学校的社会系统

讨论了组织与系统模式之间的关系,总结了诸如课堂等系统内结构要素以及校内参与者的位置。

Ⅱ. 学校系统的目标

学校目标服务有助于界定系统活动的多重目的,目标不是教育系统孤立的产物,相反,它体现了更多的社会、社区、学校参与者以及个体的关注。

Ⅲ. 学校功能：学校的目标

社会期待学校承担几项与社会永久化相关的目标，这些目标一目了然，社区为了体现其特殊需求而对此加以提炼。因为社区或社会有时会存在多种需求，所以，对于目标人们就很难达成共识，甚至可能会引发冲突。目标同时也具有其潜在的功能，这些功能未明示。

Ⅳ. 学校是一个组织

本节讨论了学校组织的科层制机构与松散连接这两种模式，并对韦伯勾勒出的科层制机构特征加以探讨：

1. 劳动分工、职员聘用与晋升政策。
2. 权力等级制。
3. 规章制度与程序。
4. 拥有相同职位人员应受同等对待。
5. 整个组织的合理性。

略述了教育环境中科层制机构面临的问题，讨论了成长与科层制机构间的关系。松散连接的组织反映的是某一级别的活动与决策，并不必为其他级别所沿用，由于教师具有自主权，所以这种模式也许更贴近于学校。

Ⅴ. 集权化决策与分权化决策：学校控制之争

学校的发展导致更多的集权化的决策。然而，来自大型科层制机构系统内的地方居民的挑战已经迫使学校官员留意更具地方性的需求。分权化的一项运动就是以实地为基础的管理，另一种为"选择性"管理，这在第三、十一章中讨论。

Ⅵ. 教育系统内的专业人员

专业人员展示了对组织的独特挑战，教学的半职业地位、该职业的性别构成以及教师与科层制机构间的冲突本节都有所讨论。

实践

1. 观察一所高中，可能的话，观察你所就读过的高中，在实地记录笔记中例证韦伯的科层制机构特征以及学校和课堂内的决策模式。
2. 假设你来自其他文化，不熟悉该学校，请描述你所观察的学校，记下组织的规范(如规则、举止行为模式、交际模式等)及其功能。

3. 你最值得记忆的学校体验是什么?它们与本章有何相关性?(例如,该机构中你所处的位置等。)

4. 将你作为学生时的高中目标与当前对高中的期待目标加以比较。你在中学时的大学目标是什么?是否发生了变化?

第六章 学校地位与角色:"人们期待的方式"

每个人所拥有的地位存在着一定程度的不一致性,在某一社会情境下所处位置很高,可以是家长、长兄长姐、工人的管理人员、俱乐部的董事长等,而在另一社会情境下则地位较低,如病人、学生、居住区体育馆内球童等。

角色的意义

回忆作为中小学学生的经历,不但你的地位和角色在教育进程中发生了变化,而且在某些课堂中所处的地位要高于另一些课堂。或许你在英语作文竞赛中获胜,但数学方面却不好;也许在球场上你跑得最快,但却可能连单词"whether"都拼写不出来。

系统内地位与角色

本章有关组织内部地位与角色的探讨是教育系统内部组织结构探讨的延续(见图6-1)。每一组织都由其系统成员所处的一组相关联的地位或位置构成,这些成员需要履行职责以实现系统目标。每一位置隐含着拥有该职位的个体被期待履行的一系列责任或义务,这些活动构成了角色。有时,某位置的具体要求被书面化,体现了该职位的理想目标;有时,位置只是粗略界定,给自我角色行为的决定留下很大空间。通常,角色行使自由度很大,当人们地位升高并拥有资历时尤其如此。所有个体都将自身经历和个性带入职位,所以尽管职位种类相同,但是校长甲与校长乙却非完全一致。

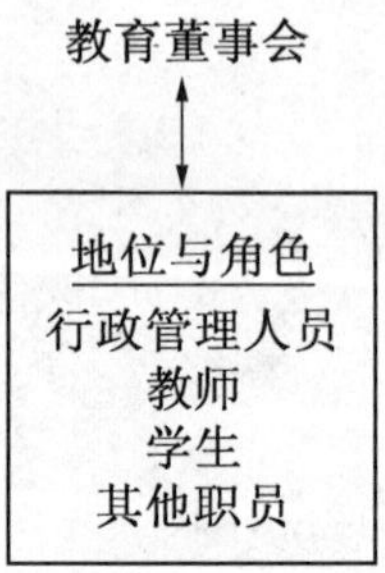

教育董事会
↕
地位与角色
行政管理人员
教师
学生
其他职员

图6-1 位置层阶

角色之外的人对该角色的期待影响着人们对特殊职位的选择。选择能体现流行的成见或规范,如鼓励挑选妇女承担小学教育工作,或挑选男性来接任领导位置。

学校组织与角色

我们扮演角色的组织环境决定并限制我们行为举止的方式,譬如,大卫·罗杰斯(David Rogers,1969,p.272)描述了纽约市系统中中央集权制的压力类别,"确保全市标准一致,在地方层面上保持职业自治,免除外界政治干涉,阻止种族分离,坚持总部管理地方公务员等"。这种组织趋势导致承担角色中的决策与自治受到了影响。"诸如课程、教职员工任用、预算、供应、建筑、资格保留条款等方面的决策多数由离学校几阶层远的中央总部专业人士制定"(p.271)。

中央集权制仅是影响角色承担的一个组织因素,其他因素之一为规则,尤其是那些与教师、家长、学生认为是重要规则相抵触的严格的规则。而有自治权的任课教师在如何实施活动与课程方面拥有很大的灵活性。

角色期待与角色冲突

人们对角色期待达成共识时,学校运作顺利;出现分歧时就产生了冲突。一个关键性问题在于教育的目标通常不明确,甚至自相矛盾,没有得到人们的共识,这就导致了角色期待中的迷茫。

第五章讨论了教育系统内不同成员间矛盾的目标,角色期待也因个体在组织中的位置不同而各异。当个体角色期待与其他角色期待相冲突或不能实现,如,当学生必须为测试而学习同时又要履行家庭职责时,就产生了角色冲突;或者当个体角色期待与系统内其他成员的期待相矛盾时,角色冲突就会产生,如教师与家长在课程内容或训练方法方面存在分歧时;当组织成员对职位定义与职位在实现系统目标方面所起的功能存在分歧时,冲突也会发生。

角色观

如何看待角色,人们争执不决。根据功能主义观点,组织所界定的角色期待应该通过帮助维持系统运作而有益于任何人。如果个体承担角色,那么组织就运作顺利,教师实现了工作合同与职位类型的期待。但是,事情常常并非这么简单。根据冲突理论观,一些人拥有的角色将他们置于有利地位,获取社会稀有资源,如名誉和工资。角色的权威性越大,该角色与次权威性(less authority)角色之间更可能存在冲突。譬如,处于教师角色的个体具有操纵处于学生角色的个体的权力。冲突理论者或许认为,这种操纵在社会化过程中以微妙方式得以实现,它强迫学生进入从属角色。每一种理论研究法适用于对某些情景的分析与阐释。本章着重探讨学校雇员理想化的典型角色类型,同时意识到角色期待与承担之间巨大的差异性,这取决于系统内所处位置以及所运用的理论研究方法。

● 实践：请描述你在教育系统中承担的相应角色。●

学校中的角色

没有角色处于真空中，角色将我们定位于与拥有相应职位的他人的关联网中。根据角色等级，我们可以看到每个职位拥有者应有的角色职责并评价他们彼此间的关系。

地方教育董事会：学校与社区间的纽带

那是个动人的聚会，全市镇一半居民出席会议，阐明自己对地方中学性教育课程的观点，同时听取相关事宜的讨论。七年级学生在观看解剖学录像和避孕品，大量家长对此持否定态度，他们认为这些应在家庭内部完成；而另一些家长则认为，青少年需要一切所能获取的信息，在青少年早孕比率上升时尤是如此。许多家庭没有关注此话题，因为他们觉得学校应该将之纳入课程。以上情景为全国校董事会所面临的冲突压力的典型事例。

地方教育董事会的角色　理论上讲，各州授予地方教育董事会巨大的权力，这种权力根植于全国民主管理学校的传统，由个体构成的团体被称为董事会(board of regents)、校董事会(board of education)、理事会(board of trustees)、主管会(board of directors)或地方教育董事会(school board)，无任何种头衔，各级别的公立私立学校几乎都存在董事会。

全国校董事会联合会(National School Boards Association)汇编了校董事会法定角色的正式职责，内容如下：

1. 聘请督导、校长和教师。
2. 决定教师工资与合同签订。
3. 为学生提供交通工具。
4. 决定学校预算的范围。
5. 决定学期的长短。
6. 修建新学校与设施。
7. 修改学校入读范围。
8. 挑选教科书与科目。
9. 维持学校纪律。

实际上，地方教育董事会一旦选出了督导，基本上就对管理或教学不加控制了，其重心转向学校政策等事宜。

州立教育董事会通常由州长任命,受制于立法者的批准,它监督州立标准及地区政策,在涉及州经济方面尤其如此。最近,大学区一些破产案例中,州立教育董事会在修订新融资计划中发挥了重要的作用。尽管课程方面的决定主要是各地方的问题,但各州却能够在资助学校的开支与措施的决定方面起着重大的影响。

当选与任命的校董事会　　在美国,每个州的法律规定了如何选择地方教育董事会的委员,并授予该董事会一定的权力,只有弗吉尼亚州要求任命校董事会,如今有 19 个州允许自行决定选举或任命地方教育董事会(Underwood,1992)。新马克思主义者塞缪尔·鲍尔斯与赫伯特·金蒂斯认为,资本主义体制下,学校是为那些经济支配者的利益服务的(Bowles & Gintis,1976)。与选举出的地方教育董事会相比,任命的董事会更能代表资产阶级掌权者的利益,它与其他利益群体之间存在冲突的可能性更大。

纽约市教育董事会就是这样的一例:任命的董事会对于来自社区群体的外在政治压力没有作出迅速反应。如今,鉴于社区群体要求学校控制权的压力,该市出现了在中央集权化体制下经学区选举的地方教育董事会。在马萨诸塞州,州长签署法案允许波士顿市长任命七人组成的委员会(Freeman,Underwood & Fortune,1991)。

地方教育董事会构成与期待　　董事会成员以拥有研究生学历的已婚白种职业男性为主,年龄在 41—50 岁之间,有子女在校读书。全国董事会成员中女性占据 33.8%,美国黑人占 4.6%,西班牙裔占 1.4%。

许多冲突理论者认为,这意味着决策没有体现或受到少数族群观点的影响。但事实并非如此。可能志愿为校董事会工作的社区成员,通常对教育系统怀有真挚的兴趣,体现着具有代表性的社区利益,然而,他们对自身工作通常没有定位或培训。

社会成员对地方教育董事会有着一定的期待,尽管这种期待因个体在社会中位置不同而各异,但是六大角色期待赫然显现,它们分别为:提高公众的教育兴趣、维护社会价值观、听取抱怨与抗议、监管学校教职员工、保护资源、改善个体在校内的权利与利益。

在地方教育董事会成员与公众的优先考虑之事作一比较时,差异就体现在前者关注管理问题以及社区与家长不同的关注点。实际上,在许多问题上两者观点差异极大,在问及学校是否进展很好时,71%的城区校董事会成员给予肯定回答,但只有 37%的城区成人附和。虽然 82%的城区董事会成员申明,该地区在杜绝校内暴力与毒品方面卓有成效,但是仅有 33%的城区成人附和(National School Board Foundation,1999)。董事会也影响着学校资金开支方式,请看框 6-1 叙述的一位校董事会成员的思考。

第六章 学校地位与角色:"人们期待的方式"

> **框 6-1 学校预算和全国优先项目**
>
> 我做了明年的预算报告,底线为大约赤字 100 万。我想这大概是一枚爱国者导弹的花费。粗略估算,爱国者导弹每发射一枚,事实上我们就丢失了 43 个教学职位,1 500 台室内电脑,或 25—30 次大学教育。
>
> 我莫名其妙地在想,如果有几分钟时间向国防部长迪克·切尼(Dick Cheney)汇报一个学校董事会成员理想预算时,我会说什么。下面就是我为我们学区 K-12 年级 8 300 名学生做的预算清单:
>
> - 将 16 所学校中的交互式视频学习技术合并如计算机实验室:$120 000。
> - 在 16 所学校安装全套设备的科学实验室:$70 000。
> - 雇请 40 位辅导员来观察、监督以及指导 K-12 年级的学生:$1 250 000。
> - 建立一个跟踪观察 K-12 年级每个学生的中心计算机项目,以便他们都不掉队:$200 000。
> - 建一所新学校以解决拥挤问题:$500 万。
> - 给每位饥饿的学生提供早餐和中餐:$100 000。
> - 提供放学后的辅导:$45 000。
> - 缩小班级规模,雇请 50 位新教师:$1 500 000。
> - 为每位教师的职业发展发放学费补助金:$530 000。
> - 预防教师体力精疲力尽,批准带薪休假,确保教师精力恢复:$1 900 000。
> - 扩大旅行预算,以便教师能参加两次专业会议:$530 000。
>
> 我会说:"亲爱的部长先生,这个预算总计 $11 200 000。如果我算得对的话,先生,这大概只是一次秘密爆炸所花费的 1/47。"
>
> 但我们还是要回到现实中来。
>
> 资料来源:Nolen, Donald M., "Smart Bombs or Smart People?" *The American School Board Journal*, September, 1991, p.52.

影响董事会决策的因素 董事会成员所面临的最棘手问题是该州指令与资金问题,譬如,需要资金更新设备。在颇具争议问题上,董事会也许会陷入困境,妨碍了他们处理长期规划与政策问题。

董事会在有效性与影响方面有其局限性,部分原因在于他们在选民或任命者的要求与学校需求之间左右为难。正如本节开头有关性教育事例所示,地方教育董事会面临的一些问题具体而孤立,这导致短暂的冲突事件发生。但是,多数董事会的决策是常规操作,互动对象主要限于家长与教师联谊会、行政部门与教师。人们不能期望董事会掌握诸如督导、校长和教师等专业教育者拥有的知识,单单这一事实就局限了他们的决策能力与控制程度。事实上,董事会通常以专业教育者的知识与专家观点为基础来进行决策。一些教育分析者觉得,鉴于自身角色的局限性,董事会拥有了太大的权力。他们提议地方教育董事会角色应受限制,其中一个建议就是各州应负责承担更多的地方决策(Education Commission of the States, Draft Report, 1999)。

地方教育董事会与系统中其他角色承担者之间存在着互惠的关系,最直接的联系是通过所聘任的督导得以传递。这种关系被喻成一场婚姻,多数情况下合作愉快,董事会成员支持督导。然而,关系破裂的情况确实存在,这主要因为丧失了自信心与信任或出现了资金管理不善问题。

这种角色的相互依赖也影响着决策。董事会收到教师和行政部门精心挑选的问题,一些问题可能被筛漏,永远不会抵达董事会。精锐的督导获得了良好的沟通与信任,并具备了董事会成员不能完全掌握的信息,他们通过控制信息而对董事会决策起着巨大的影响。

● 实践:你所处社区的校董事会是如何选出的?
他们代表了该社区的哪些要素? ●

督导:学校系统的管理者

办公室很大,一边是张长工作台,摆置着电脑打印机和图表,另一边是张办公桌,两把老板椅各置一边,墙边书架上排列着有关行政管理、教学与课程方面的书籍。当我进入办公室时,督导一跃而起,要停止工作数分钟而讨论自身角色,对他而言,看似如释重负。一个小学区的督导的职责包括大量的常规角色,如公布预算报告,参与教职员工的协调工作,回信与电话,与校长、教职员工和其他人员会面,对项目进行例行"祝福",给予表示支持与赞成的象征性手势,为董事会、州和联邦政府准备报告,遵循新的规章制度,对问题作出回应,对教职员工进行推荐工作等。所有这些要花费大量的时间,如果时间允许,还可以考虑诸如长期规划与课程评估等事宜。

危机会扰乱了正常的工作流程,导致很难制定一个严格的工作表,譬如,一次出其不意的取暖燃料的短缺会导致需要准备两场会议。成功的督导用艺术手段操纵着他们的支持者,如社区群体、校董事会、校长、教师及职员等。在大的区域,督导的职责可以分派给几个助理督导,每个人专门负责一个方面,如课程、公共关系、职员聘任等。

督导通常为白种男性,多数处于事业中期。就全国而言,尽管公立中小学教师中女性占三分之二,但是88%的督导为男性(Vail, 1999)。原因何在? 虽然此方面没有什么研究,但是人们提出了一些解释。根据一些专家解释,监督者的处境尴尬,几乎没有安全可言,如果妇女在决策中太过于独裁,她们就可能遭遇责难,然而,该角色正需要独裁(Vail, 1999)。

第六章 学校地位与角色:"人们期待的方式"

在大城区,学区越来越难吸引督导候选人,原因何在?部分原因在于敌视董事会、不公平待遇、消极的宣传、渎职与腐败、冲突的期望以及该工作苛刻的要求等。

行政管理的出现 直到20世纪后期,随着学区的缩小,学校义务教育年限的缩短,校董事会不再负责学校的运作才成为可能之事。学校系统日趋增大而复杂,此时一批受过培训的全职专业人士接管了学校日常运作,校董事会依赖于这些聘用的代理人,对他们委以大量的权力。

行政管理者的数量与专业主要取决于系统的规模与复杂性。小型区域可能有一位督导,他是位通才,如先前事例所提;而大型区域,在诸如商业、法律问题、职员、公共关系、资料处理操作等领域需要专业化的管理专家的建议。

如今行政管理结构因系统规模的差异而各异。纽约市大型系统的等级图见图6-2(NYC Board of Education,2000),在这样复杂的系统中,人们很难单一地描述一位行政管理者的职责。

图6-2

督导的权力 督导制定系统决策的实际权力与各种因素相关联,如所处的社区类型,校董事会,导致学生人数膨胀的生育高峰,教师罢工,教师、学生和社区在决策方面对更多权力与自治的要求,国家方针与控制,法庭指令等。

在实施权力的过程中,督导会遇到来自校董事会、教师和其他支持者之间相冲突的需求,譬如,他们会面临大量缩减开支的压力,而教师此时却要求提高工资。

通常权力冲突的结果取决于督导的处事风格,对校董事会与公众的处理上采用温

和政策,并充分发挥专业知识,这会使他们处于有效的位置上。正如威拉德·沃勒在美国教育社会学史前期就建议道:

> 我们应该断定正是(督导)个人技能的差异导致了这种(应对校董事会的能力)……决定个人在本行业发展方面,能愉快地支配校董事会的能力比管理学校学生与教师的系统能力更为重要。(Waller, 1932, 1961, p.94)

撇开权力的分配与大小不谈,督导的角色在多数地区已经被正式地设立,并成了不可缺少的一部分。

校长:夹缝中的学校指挥者

校长是管理者和协调者,他们的角色包括支持教师、惩戒学生、指导学生与教师、控制预算、安排课程表、处理学校日常出现的多种问题。

校长的角色 仔细考虑校长的角色,通过定义不难发现多数涉及与其他个体的互动,这些个体为教师、督导、家长和学生。与督导相比,校长们更能直接接触公众,他们处于两面夹攻之势,呈现给他们的利益通常相互冲突。身为学校的指挥者,他们必须对教师的聘用与解雇加以推荐,给予教师精神支持。当然,应对这种种潜在冲突的责任不是件易事,许多因素影响着这一角色以及对校长的期待,那就是学校与社区的规模、位于乡村还是大城市、入学儿童的社会阶层背景。

校长必须与教育界的专业人员和技术专家、家长和社区成员、督导与学生打交道。关于有效学校的研究强调校长角色(或委派的领导)的重要性,因为校长是创造支持有力的学术界和获得成绩的学校文化的教育领导(Brookover, 1996)。如果校长得到教学人员的支持,那么规划中的变革更容易实现(Deal & Peterson, 1993)。

通过奖励合作的教师,对不太合作的教师提供不理想的环境,如教室布局等机械装置、分配难驾驭的学生、不理想的教学时间安排等,校长能够控制教学人员。校长对教师的期望强烈地影响着教师的精神状态、工作成果和自我概念。教师表明,如果校长能够明确对教师的期望并奖励好的工作,那么他们会更满意。诚然,教师需求职业地位,需要自治,他们期待校长能够在其权利受到威胁时支持他们。有时,他们也会运用集体力量,如提出抗议或进行罢工等,将此期待明示校长(Becker, 1973)。

如果校长办公室没有传出任何信息,那么一切可能运作顺利。他们在忙于管理学校,推进现有的活动,处理着常规化的教师需求与学生关注之事,与校外各群体维持着良好的关系。校长汇报说,他们优先考虑的事情受限于诸如标准化测试等学校有效性测量的结果、确保学校的安全、优秀教师的培养、有效社区关系的维持、在校内营造共同目标的观念等(Genzen, 2000; Lyons, 1999; Smith, 1999)。

第六章　学校地位与角色："人们期待的方式"

学校行政管理者每天花时间处理突发事件,这包括校车事故、自杀或谋杀、校内炸弹威胁或武器等灾祸以及诸如龙卷风等自然灾害。以下是典型的一个小镇小学校长一天的描述:

> 我一天的工作始于课前,我巡视学校以确保教室状况良好,教师各就各位。如有可能,我愿意到门厅迎接学生的进校,看见他们,我感到斗志昂扬。
>
> 与教师的许多互动就在这门厅内,我们会对某事件或问题简单地交换一下意见,教师的多数问题能以此方式得到解决,当然,还会召开小组领导会议。
>
> 我处理的只是些严重违纪问题,多数问题在教室内就能得以解决。但是,如果学生损坏公物、威胁到他人安全或打架时,我会亲自过问。
>
> 通常我要处理常规事务,如汇报、课程问题、预算等,一旦有家长来访,我就尽可能搁置一切事务会见他/她。
>
> 我想,有些人或许觉得我们只坐在桌旁,来回摆弄文件,其实这只是表象部分。我定了个日常计划,但时常被紧迫之事所停滞(来自作者亲自采访的小学校长)。

与小学校长相比,初高中校长面对的是截然不同的情形。高年级大龄组内的学生被形容为"荷尔蒙混杂体",他们试图"将之混合起来"。每个儿童处理方式都各异,因此,在此阶段,纪律更成了问题,课堂内儿童可能更难管理,这样校长与助理校长得更多地参与进去。

此外,高中校长还有预备学生转入大学深造和工作的责任,他们与学区一起对升级和毕业的学生负责任。有些诉讼起诉学校系统,因为从那些学校毕业的学生不具备十二年级甚至十年级的阅读写作能力。一些州和学区实施学生能力测试和新教师测试,这些问题将在第十三章中进一步讨论。既然有效管理者和教育领导者很难兼顾,有些人就提议这些职责不能让一人承担。

学校系统内,许多人的角色与校长角色相辅相成,他们包括教师、监督者等。校长要扮演自身角色就必须考虑自身行为会如何影响或侵犯他人的角色。这样,从本质上讲,其他人在界定与描绘校长角色中起着重要的作用。

安全问题在一些学校极为重要。与1997年37%的比率相比,1998年有44%的学生表明自己在校内通常感到安全(Horatio Alger Association, 1999)。在校内感觉不到安全的学生表明其根源在于以强凌弱的威胁和武器(McEvoy, 1992)。包括大比例的美国黑人与西班牙裔学生在内的另一些人,汇报说有种恐惧感,害怕在校内、上学放学的路上遭到攻击。这种攻击通常来自街头帮派(U. S. Department of Justice,

1998)。《灾难降临之际》(*When Disaster Strikes*)建议进行适当规划以处理安全问题与其相应悲剧。校长对阻止灾难所能采取的重要步骤为运用社会科学知识来处理问题,了解在反应与悲伤方面应该期待些什么,并配置适当的机械装置(McEvoy,1992)。

令人惊讶的是,对校长的研究极少,仅有的此类研究为我们提供了校长的特征,如表6-1就是一项研究的结果。

尽管女性在教育领域的教师中占大多数,但是女性行政领导者却很少。1994年,她们在公立学校校长中占了36%,即79 618人,而在13 410所私立学校校长中却占了很大份额,为54%(National Center for Education Statistics,*Digest*,1999)。女性给学校领导阶层带来了不同的领导才能、人际关系以及不同的决策风格与技能(Gross & Trask,1991)。她们投入更多的时间在指导性的领导活动上,如"作为资源提供者、教育资源的交流者和显现的在场者与教师进行互动"(Andrews & Basom,1990,p.38)。教育领导风格与校内的有效领导行为和谐共存。

表6-1 公立学校的校长

被选特征	校长拥有最高学历的比例[b]					实践经验的平均年限(年)		
	总共[a]	学士	硕士	教育专家	博士和第一专业	校长	学校其他职位	教师
性别								
男性	58 585	1.9	55.7	34.3	8.2	11.2	3.6	9.0
女性	19 118	3.9	46.6	37.8	11.3	6.1	4.0	12.3
种族/民族								
白人[c]	69 048	2.5	53.7	35.0	8.6	10.1	3.6	9.6
黑人[c]	6 696	[e]	51.4	36.9	11.5	8.8	4.8	11.8
西班牙裔[d]	2 483	[e]	54.2	30.2	[e]	6.6	5.4	9.8
亚裔或太平洋岛民	434	[e]	52.8	33.4	[e]	7.7	4.5	10.8
印第安人或阿拉斯加土著居民[c]	821	[e]	51.2	[e]	[e]	9.9	4.6	9.1
年龄								
40以下	14 430	3.6	54.7	33.7	[e]	4.3	2.5	7.8

续 表

被选特征	校长拥有最高学历的比例[b]					实践经验的平均年限(年)		
	总共[a]	学士	硕士	教育专家	博士和第一专业	校长	学校其他职位	教师
年龄								
40—44	17 755	2.0	49.0	39.7	9.2	6.8	3.7	9.2
45—49	16 408	0.0	52.8	35.8	9.6	10.0	4.0	10.3
50—54	14 936	2.2	56.6	33.2	7.9	13.2	4.3	10.6
55 或以上	13 891	2.7	55.9	31.7	9.6	16.5	4.1	11.4
总计	77 890	2.4	53.4	35.1	8.9	10.0	3.8	9.8

备注：由于约数和调查问卷的空白回答，各数也许累计不到100%。
(a) 由于不同的调查处理程序以及时间期限，总数与数据呈现有差异。
(b) 学历低于学士学位的人数百分比没有呈现。
(c) 包括西班牙籍的人。
(d) 西班牙籍的人也许属于任何种族。
(e) 样本太少(少于30)，不足以进行可靠评估。

资料来源：National Center for Education Statistics；reprinted in *Education Week*，February 5，1992，p. 7.

- 重视教育成就并向教师表达他们对促进学术成就的承诺。
- 制定教育策略并承担促使它们实现的职责。
- 提供有序的氛围并确保学校环境有利于学习。
- 依据学习成绩，期望频繁地对学生的进步加以评估。
- 协调教育项目以便与教学大纲和学校的整体目标保持一致。
- 在教职员工自身发展方面给予支持(Shakeshaft，1986)。

校长在学校变革中的权力与影响 校长和其他行政领导者有权通过领导与互动来对学校有效性施加影响。在成功的学校中，校长定期与教师会面，询问课程方面的建议，并给予教师有效性信息(Brookover, Erickson & McEvoy, 1996)。关注有效学校的人认为，校长应该投入大量时间在改善教育上。但鉴于校长的多种职责，这不可能发生。

教师主要的职责在课堂，对于学校决策的参与却没有相似的成就感，这就加强了教师自主的"教学文化"，阻碍校长提议的改革与创新(Hargreaves，1984)。

尽管校长拥有运作学校的权力，但是他也受到环境的约束，包括督导与校董事会、教师联合会、学生需求、州与地方规章制度等。校长参与许多领域的决策，并与那些互惠对象共同承担义务。

● *实践：校长扮演哪些矛盾角色？* ●

教师：前锋

回顾学校生涯，所记住的最喜欢或最讨厌的人就是教师，偶尔校长给我们留下深刻印象，辅导员影响着我们的决定，但教师是我们接触最频繁的人。正是在他们的课堂上，我们接受监督、表扬与批评，父母对我们所投入的时间以及对我们能力的理解方面通常都不如教师。

教师教书的目的 教师为何选择这一职业？多数教师提及以下一个或几个原因：渴望与年轻人一起工作并传递知识、热爱儿童、渴望为社会做些有价值的事并产生影响、教学的需要与责任、对教育与学科领域的兴趣与兴奋感、安全与经济回报、实现梦想等（Phillips & Hatch, 1999）。

教师的特征 美国中小学聘用近 2 164 000 位美国人作为职业教员，教师的部分特征参见表 6-2（National Education Association, 1997）。中小学教师中，90.7％为白人，7.3％为美国黑人，全部的少数族群教师占 9％，低于 1991 年的 13.7％（National Education Association, 1997）。1997 年，教师年均薪水为 36 498 美元，新教师为 24 641 美元（National Center for Education Statistics, 1997）。中值薪水已经有所提高，其部分原因在于拥有了更长的教龄，从 1981 年的平均 12 年教龄升至 1996 年的 15 年教龄（National Education Assoication, 1997）。在表格内，职业一栏填写"教师"的个体一般可归为"中产阶层"。许多人相信，教书是从低阶层向上移动的简单通道，不仅这个职业的培训费用低于其他许多职业，而且人们熟悉这个职业，都"了解"教师。

在 20 世纪 60 年代，来自生育高峰期的学龄儿童数量迅猛增长，导致了教师的紧缺，而至 70 年代末，60 多万名教师被归为"过剩"，多数找不到工作。1983 年预测的职业市场低迷状态结束，教师的状况得到改善。到 2007 年，任课教师的数量有望达到 317 万人，与 1984 年的 251 万人和 1997 年的 304 万相比有所上升（National Center for Education Statistics, 1999）。公立小学教室内学生平均人数从 1961 年的 29 人降至 1996 年的 24 人，其部分原因在于更多的教师面向特殊教育、补偿教育和双语教育中更小规模的班级授课。

并非所有人认为工作缺乏现象会停止。他们考虑到在低迷阶段获得合格证书的待聘教师储备，申请就读师范学院的人数在增加，而且新教师工资的提高将会吸引其他专业领域人士的注意。有人反驳道，供求压力会使之平衡。学校行政领导者最艰巨的任务之一在于预测所属区域的人口变化，并为之配备适当数量的教室与教师。

第六章　学校地位与角色："人们期待的方式"

表 6-2　公立中小学教师被选特征（1990—1991[a]）

特 征	单位	年 龄				性 别		种族/民族			检测层次	
		30以下	30—39	40—49	50以上	男	女	白人[b]	黑人[b]	西班牙裔	小学	中学
教师总计[c]	1 000	312	732	1 003	514	720	1 842	2 216	212	87	1 298	1 264
拥有的最高学历												
学士	%	84.1	56.4	43.8	41.6	44.7	54.7	51.5	50.8	61.0	56.7	46.9
硕士	%	14.4	39.1	48.8	49.9	47.0	40.1	42.7	42.1	32.9	38.7	45.5
教育专业人士	%	1.2	3.4	5.9	5.9	5.3	4.3	4.5	5.0	4.3	4.1	5.2
博士	%	—*	0.4	1.0	1.4	1.3	0.6	0.7	1.3	0.9	0.4	1.2
专职教学经历												
低于3年	%	40.0	8.4	3.0	1.3	7.1	9.3	8.7	5.9	13.0	9.4	8.0
3—9年	%	59.8	37.1	14.5	6.1	18.9	27.1	25.0	19.0	31.8	26.2	23.3
10—20年	%	0.2	54.4	49.8	24.8	37.6	41.0	40.0	41.7	41.4	40.3	39.8
20年或以上	%	NA	0.13	2.7	67.8	36.5	22.5	26.4	33.6	13.8	24.1	28.9
专职教师	1 000	283	650	925	481	666	1 273	2 015	199	81	1 170	1 169
收入	(美元)	24 892	30 126	36 095	38 642	37 895	31 897	33 631	33 666	32 960	31 972	35 241
薪水	(美元)	22 754	27 934	33 702	36 361	33 383	30 501	31 313	31 707	30 774	30 611	32 034

续　表

特　征	单位	年　龄				性　别		种族/民族			检测层次	
		30以下	30—39	40—49	50以上	男	女	白人[b]	黑人[b]	西班牙裔	小学	中学
学年补签合约												
受聘教师	1 000	121	231	313	122	353	434	701	49	25	238	549
薪水	(美元)	1 675	2 045	1 914	2 088	2 663	1 357	1 977	1 664	1 709	1 172	2 276
秋季补签合约												
受聘教师	1 000	56	118	169	65	164	244	334	46	19	167	241
薪水	(美元)	1 608	1 952	2 003	2 284	2 309	1 763	1 919	2 272	2 360	1 803	2 104
非学校聘用的教师												
教学/辅导	1 000	13	30	47	20	39	70	95	8	5	41	69
与教育相关人员	1 000	9	18	28	12	31	36	59	5	2	23	44
与教育无关人员	1 000	32	63	91	42	130	99	203	16	5	52	147

(a) 指学年;以调查为基础,受抽样性质的影响;详细材料见资料来源。
(b) 非西班牙裔人。
(c) 包括没有学位和副学位的教师,这方面没有单独列出。
— *代表零或接近零。
NA 表不适用。
资料来源: National Center for Education Statistics, *Digest of Education Statistics*, 1993.

正式的规章制度指引着学生与教师的行为。

对于高素质的妇女和少数族群而言,教学曾经是他们所能获取的为数不多的职业之一。在 1972 年,37% 的女大学毕业生从事教学,到 1995 年,降为 14%(National Center for Education Statistics,1995)。全体大学毕业生中,主修教育的仅占到 9%,但是主修教育的女生人数却依旧很高,达到 75.8%。问及是否会再次选择教学为其职业时,她们中 32% 的人给予了肯定的回答,31% 回答"也许",20%"也许或肯定不会"(National Education Association,1997)。

众所周知,女性在低层次教学(指较低的年级层次和职称)上占有很大优势,这一现象得到了研究者或女权主义者的关注。小学中,85% 的教师为女性,中学女性教师占到 54%,自 20 世纪早期起,小学教师中女性比率为 80%—90%,而此阶段的中学女性教师比率在 47%—65% 之间。总体而言,1996 年,所有公立学校教师中,近 74.4% 为女性(National Center for Education Statistics,Digest,1999,p.80),男性主要为学校领导者和督导。

已步入领导职位的女性其晋升历程缓慢,与男性相比,要花费更多的岁月在教学上。这种不平等似乎存在两个互为交错的原因——便捷与歧视。对女性而言,教学比其他职业更便于获得与接受,教育可接近性比较高,获得教育学位所用的时间与经济投资则较低,课时、假期和时间表与照顾家庭和子女不冲突,她们可以在许多地方找到工作。对许多人来讲,"施教"经历与自身生活经验相一致(Tannen,1991)。导致不平等的另一因素为歧视,因为其他一些职业之门对接受培训或处于入门阶段的女性是紧闭的。男性所能获取的各种职业机会相对更多,许多男教师只有在意识到其他目标不能实现时才会决定从事教育事业。然而,随着可获得的工作越来越多,选择从事教育的高素质女性和少数族群人数越来越少。

公立学校教师中,超过90%的人连任教学,没有连任的最普遍的原因为退休,其次为从事其他职业、怀孕与抚养子女、其他的家庭或个人问题等。很少有人因不满意而离职(National Center for Education Statistics,"Schools and Staffing Survey," 1993—1994)。

典型的教师职业周期分为三步骤,分别为适应新环境和发现新挑战,中期的稳固以及随着职业生涯的结束而从对教育的大量投入中解脱出来。教师的投入程度因教学生涯的不同阶段而各异,处于教学生涯中期的教师对工作的投入较少(Rosenholtz & Simpson, 1990)。

如今,教师平均年龄为44岁,高于1981年的37岁(National Education Association, 1997)。占较高比率的老教师肯定存在着优势:他们有丰富的教学经验并视自我为专业人员,与年轻教师相比,他们整体上属于更加专业化的组织并在社区中拥有更多的关系。但是也存在着不利之处,一些终身教师不称职但必须继续聘任他们。对教育系统而言,聘任老教师的代价高昂,他们的存在占据了年轻教师在教师队伍中的一席之地,后者在首份工作训练过程中会带来新的教学理念,促进新的发展,协助前者与他们从教领域的发展保持同步。这样,新老教师间存在着一种双向社会化过程。

我们对教师要求是否太苛刻?请看下面一则虚拟的广告,它突出了对教师的角色期待:

招 聘

现招大学毕业生,主修教育基础理论(硕士研究生优先考虑)。应具有良好的交流与领导能力,工作日程紧密,每日要接待150名客户,坚持多种产品规格,开发五个左右产品来满足个体的需求;应具有一定的灵活性,在供应商不能准时供货时,他/她必须准备好自身辅助服务项目,因为顾客是很少了解自身的需求的。此外,应乐于独立工作,此种多变的角色要求在工作及工作之余从事打字、文职工作,运用法律以及社会工作技能。一般每周工作50小时,因工作的特性而不配备便利设施,如电话和电脑等,但是工作本身有其内在奖励。起始工资为24 661美元,仅十五年后升至36 495美元。("What matters Most", 1996, p. 54)

对教师的角色期待 教师主要是使儿童适应社会需求,也就是说,教师在教授儿童如何成为社会成员方面起着重要的作用。其首要互动角色是与学生间的关系(Brophy & Good, 1974)。这是一种非自然的关系,教师拥有权力,实施权力存在着几种方式,既有成人权威性、成绩等第或诸如课后留校、羞辱等惩罚手段,又有有效行

第六章　学校地位与角色："人们期待的方式"

为、表扬和个体交流手段。一些人认为，如何在校内最有效地使年轻人社会化是学校面临的最紧迫的问题。尽管家长与校长在幕后制定课程以及教育决策（Apple，1988），但是"教师肩负着传递有效学习氛围的最终职责"（Brookover et al.，1996，p.101）。

人们期望教师教授学生读、写、算，管理与促进班级教学，提供环境以有利于学生高效的学习，总之，教师作为看守人控制着活动与学生的进出流量。教师作为社会化工作者，其作用显而易见，人们期待其为学生树立良好的伦理道德榜样。然而，对于何为"良好"其定义常有歧异。譬如，一些法庭案例起诉教师因其服饰、外表、校外饮酒吸毒的指控、性意向以及与学生的不体面行为对学生造成了不良影响。

无论是否有聘任期，教师都可以只因一个普通的正当的理由而被解雇，这些理由虽然很难得以证明，却包括了没有能力（即缺乏学科知识和教学方法）、不道德（即撒谎、伪造档案、盗用资金、欺骗）、滥用毒品、对雇佣者的批评与贬损之词、亵渎的言语。

教师培养　每位新教师都会经历面对学生济济一堂的第一堂课。每年，这样的教师在教学队伍中占了三分之一（National Center for Education Statistics，1996，1992），近三分之一的一年级教师是从其他学校转调过来，50%直接来自大学的分配（National Center for Education Statistics，Condition，1996）。公立学校教师中，超过50%的人已经返回大学攻读硕士学位、专业学位或博士学位，多数教师在其教学领域获取了合格证书（National Center for Education Statistics，1995）。多数公立学校教师（占71%）相信自己已有能力维持教室纪律与秩序，少数人（占41%）认为自身已准备好实施新的教学手段或执行州与区域的命令（占36%），极少数教师（占21%）认为自身准备好将教育科技融入教学手段中。首创精神、科技、学生群体的变化强烈要求教师超越其现有的能力状态（National Center for Education Statistics，Condition，1999，p.48）。

许多教学院校（teaching colleges）正在考虑修改教师教育方案，诸如约翰·古德拉德（1998，1984）等改革家以及包括《准备就绪的国家：21世纪的教师》（*A Nation Prepared：Teachers for the 21st Century*，1986）在内的报告为教师教育改革提供了模式。有人建议，让教师主修一门学科，对学校发生之事给教师更多的发言权，建立一个全国标准委员会，增加少数族群教师数量。事实上，全国专业教学标准委员会（National Board for Professional Teaching Standards）已设立，它正在将这些建议付诸实施。

鉴于人们对教育的不满，教育者们被迫检讨包括教师教育在内的整个系统，评价课程以及重新设计内容以突出当代热点问题，这些问题包括从课堂管理措施到多元文化的全球教育，针对中等年级教学的特殊培训，提高数学与科学教育质量，乃至研究学习风格的性别差异等方方面面（Banks，1999）。

人们对教学这一职业的兴趣从20世纪70年代到90年代呈稳步下降走势，如今略微回升,学生与教师的人数有望在1997—2009年间增加4%(National Center for Education Statistics, Projections, 1999)。然而,随着大量的学生进入教育系统,学校可能会面临教师紧缺现象。学区求诸几种方式以满足需求,其一就是重组当前不需要的学科的教师,让他们学习其他学科;还有一种为"颁发选择性证书"(alternative credentialing),吸引其他职业的合格个体从事教学工作("*Alternatives, yes*" 1989)。多数情况下,个体开始执教时会得到教育培训。福尔摩斯团(the Holmes Group)由全美国教育学院的院长组成,它建议提供第五年的毕业生教育以授予新教师合格证书(Levine & Levine, 1996, p.405)。公众喜欢聘任个体的原因在于他们学科领域的专业知识,尤其是在他们显示出教学天赋时(Elam, Rose & Gallup, 1995)。

为了增强教师教学的有效性,尤其在内容方面,一些教育者提议颁发统一的硕士文凭。但是,批评者指出,这种额外时间与开销可能使那些为获得教学学位而学习的少数族群学生受挫。其他措施强调提供一种环境,使未来的教师能够在职业发展学校(professional development schools)内接受课堂教学培训,这些学校与教育学院联合起来培训新教师(Holmes Group, 1995)。

测试与发放执照 如今,为了努力提高标准,多数州要求人们参加国家或州测试以获取教师资格,绝大多数都要求教师通过最低能力或基本功测试。1998年,仅阿拉斯加州、爱达荷州、爱荷华州、犹他州、佛蒙特州和怀俄明州没有最低限度的教师教育入学考试(National Center for Education Statistics, Digest, 1999, Table 156)。全国教师资格考试在各学区内广泛使用,而许多竞争性测验公司则提供了其他的可选测试,一些州还形成了自身的测试方式。全国教育协会与美国教师联合会虽然在测试的内容和基本目标方面存在差异,但都赞成对教师进行测试。

对于教师测试与发放执照的争议持续不断。一些人认为技能测试或许没有效度,不是测量教师能力的惟一手段,并且可能对少数族群教师造成歧视。而另一些人则支持测试,理由是课堂内教师缺乏基本功会对儿童不利。几个州已经出现了起诉州测试的公正性问题的法律诉讼。

全国报告与教学建议 辍学率的升高、国际测试中美国学生的表现拙劣以及其他问题已经给教育部、致力于改善教育的私人基金会和组织敲响了警钟。20世纪80年代出现了大量的报告,讨论"教育危机"问题,并给出了激进的变革建议。

几项报告认为,美国在改进教育计划与课程之前必须使教学职业更具吸引力,随着富有经验的年长教师的退休,有才能的年轻教师改从其他职业,教学队伍的教学能力在衰退。在教师短缺之际,除非提高标准以及工资,否则美国将不得不"退而求次"。

当教育行政领导者必须制定政策来控制教育质量时,被吸引从事教育的职业教师更少,这是不可逾越的障碍。好教师需要自主权,需要具备竞争性的工资以及工作条件,然而教师10%—50%的时间花费在非教学工作上,如作记录,管理操场、餐厅和走廊,写稿件等,这些减弱了教学任务的重要性。

有关教育改革的众多报告中有一份来自全国教学与美国未来委员会(National Commission on Teaching and America's Future),写于 1996 年,受资助于洛克菲勒基金会和纽约的卡耐基公司,它提出了以下目标:"到 2006 年美国将为举国上下的所有学生提供他们与生俱来的教育权利,对有能力、有爱心的合格教师的享有权。"为实现这项艰巨的目标,该委员会制定了改革议程《最重要之事:为美国未来而教学》(*What Matters Most:Teaching for America's Future*, National Commission, 1996),概述了如何培养、招聘、筛选教师,使其正式就职,并支持他们,以及学校如何支持、评价和奖赏教师的工作。

另一委员会,全国优秀教师教育委员会(National Commission on Excellence in Teacher Education)着重两方面的总体建议,其一,所有的教师必须参加能力测试,其二,应该改善教师培养计划,并将之延长至 5 年,尤其是教师应在学科领域取得学位,然后再参加教师培训。尽管许多人青睐这些建议,但是人们担心为时五年的学习会使一些潜在的教师受挫。

这表明要吸引并留住高素质的教师,就得关注他们对更高工资、更多尊敬、更专业的对待以及获得更多进修机会的需求。其中一些提议已取得一些进展,如高工资方面,但是全体教员依旧汇报说他们在学校决策上起不了什么作用,只能对课堂决策进行适度地控制。

人们提议按劳付酬、奖励津贴或按成绩分配工资的方式来奖励优秀教师,一些校行政管理者正在实施这些方案。绝大多数公众偏向于按劳付酬的奖励制度,美国许多州已经形成了这方面的计划。然而,有些争议:这些计划会使教师士气低落,产生歧异,环境更具竞争性,导致不易管理。

在不良环境真正发生变化之前,学校必须加以整顿。私立与教区学校教师工资较低,它们就须建构其系统以使教师能够享有更多的自由,受更少的科层制行政规章制度的约束,允许专业人员活跃于小组的环境中,并共同执行任务。公立学校,因其等级制与科层制,必须常规化、标准化并进行控制。有人认为,家长与儿童可通过选择学校与使用保证金制度的方式来达到对学校的控制(Chubb & Moe, 1986)。

教师压力与燃尽感 学校教师的流失有三种途径:教师离开教学岗位,调动到其他学校或被解雇。许多调动是为了改善环境(Boe et al., 1998)。鉴于职业性质,许多课堂配备的教师不合格,他们主要教授着非本专业知识领域的课程(Ingersoll, 1997)。

学校存在的问题也影响着教师的压力与燃尽感,市内尤甚。教师常常觉得工作没有意义,对所处环境内的变化感到无能为力,这些问题的出现来自许多因素,一些为教师的性格因素,一些为社会压力因素。譬如,教龄在七至十年间开始出现燃尽现象,其程度随着年龄与教龄的增长而增强(Byrne, 1998),高峰期在 41 岁—45 岁年龄段上,随后呈下降走势。教育层次越高的教师职业期望越高,所体验的挫折越多(Friedman,1991)。导致燃尽感的主要原因在于得不到行政管理人员和学生的赏识与关注。

以下为一份教师燃尽感研究中所确认的特征报告,该报告详细地指出燃尽现象更常出现在以下类型的教师身上:

1. 年龄在三十岁以下;
2. 白人,来自中产阶层家庭背景;
3. 缺乏经验,教龄不超过五年;
4. 体验着种族孤立感,所在学校多数学生群体来自与其不同的种族;
5. 感觉到本民族成员在该校受到种族歧视;
6. 不愿分配到现今所在的学校;
7. 相信一切乃天意所赐或凭运气所致,未来不受人的控制;
8. 在校园管理者的适当角色方面与校长存在分歧。

研究表明,教师可能计划辞职的惟一最佳预报者为燃尽感,打算辞职者也具有已经燃尽的教师的特征(Dworkin,1985,p.9)。

一些市区学校的教师感受到身心的折磨,这种状况增强了压力感与燃尽现象。在一项研究中60%的市区学区汇报了学生攻击教师事件,28%的学区汇报了学生与教师之间的暴力行为,四分之三的教师知道存在着对教师的辱骂言语(National School Boards Association,1993;McEvoy,1990)。

导致教师燃尽感的校园文化与学校结构因素同等重要(LeCompt & Dworkin,1992)。高度组织化的学校不可能为教师提供所需的无约束的创始新理念的自由,但教师需要有这样的感觉,感到对环境有了一些控制,在学校政策方面有了一些发言权。有效力的教师对课堂存在着操纵感,他们通过良好的管理,实施不可或缺的规则,而尽可能地不浪费课堂时间并减少干扰。

如何解决压力与燃尽感问题? 研究给出了两个试探性建议:其一,教师需要对其所处领域有种控制感,而且要感到自身具有创造性并且没有约束感;其二,在这方面校长是否支持教师是个关键因素(Dworkin & Townsend,1993;Dworkin et al.,1990)。

总之,当群体遭遇环境的威胁,即低声誉,低工资,工作条件差,缺乏自主性与职业水准,身体受到威胁,因在对付一些学生方面存在困难而尊严丧失,来自愤怒的少数族群、家长与行政领导者的批评等,就必然存在着相应的反映:压力、燃尽感、辞职、加入教师联合会来为更好的条件和更多的自主性而斗争。

改善教师角色的建议 "我喜欢小孩,喜欢这项工作,喜欢这种工作之余的满足感,但是我不觉得在从事一项为社会所真正重视的事业,看看我们的工资以及所缺少的职业人员应有的自主性,我不知道未来呈现给我或所有教师的是什么"(Dworkin & Haney,1988)。特别工作组与调查团的报告已经为全面改革提出了建议,其中一些已经讨论过。教师对其所处环境的感觉如何?尽管还存在问题,但如今的教师对其职业似乎比十年前较为满意,近60%的教师说他们可能或一定会愿意再次选择教书职业(National Center for Education Statistics,Digest,1997)。其部分原因可能是教师在社会中的重要角色得到了更多的赏识。

1979年,得克萨斯州的休斯顿市开始给以下几种情况的教师发放奖励津贴:在高一流学校教学,教授教师短缺的学科,出席率良好,参加职业培训,标准测试中学生成绩进步,在实验学校内教学等。根据官员报告,这产生了积极的效果。然而,按劳付酬或按成绩分配工资的提议一直遭到争议,支持率不高,要确立公正的奖励机制已被证实很困难,教师联合会反对允许行政管理者操纵教育系统。诚然,就如何改善教师职业问题,教师与行政管理者达成了一些共识,而且已经出现了一些改变。

教师每日与学生相处,自然对学生角色有一定的期待,所以下一章我们将谈谈学生角色以及学生与教师间的互惠关系。

● 实践:请描述一位你所熟悉的有实力的教师。
是什么导致这位教师有影响力? ●

校内的辅助角色:幕后人员

学校教职员工:学校通道的护卫者 多数学校存在着由职业专家和服务人员构成的辅助教职员工。通常一进学校首先接触的是电脑后的办公人员,他们起着重要的"缓冲"与"过滤"作用,如愤怒的家长进来要求立即见校长,教科书销售商想与"主管"人员交谈,办公人员必须判断抱怨或要求的恰当与否,筛选出对学校职员不必要的干扰,安排上访者与适当人员见面。

办公人员同时控制着诸如文件内容等关键信息,譬如,副校长需要与食品批发商就发货事宜所定的协议,就得靠办公人员来寻找该文件。教师和学生也通过办公人员来获得多项服务与多种信息,从此意义上讲,处于该职位者可能具有很大的影响力。

其他重要的辅助角色有图书管理员、特殊教育教师、教学辅助人员、食品服务者、驾驶员、医护人员等。人们常忽略一个重要的角色,那就是学校工友,他们很独特,虽然在等级制中几乎没有正式权力,但是他们可能是学校所处的社区中极其重要的成员。他们具有局内人管理学校的理念,这一优势几乎所有的人,通常连校长都不具备。尽管学校工友为中立个体,但是其中一些参与到政治中,如沃勒(1965,p.80)的摘录所示：

> 学校工友通常是当地社区的成员，而教师却属于外部世界……学校工友同散布谣言者一样重要，他经常视自己为社区的官方守望员，其角色就在于尽可能的观看，并将所观察的结果以闲谈方式告诉亲戚朋友。

校内另一重要角色为教学辅助人员，他们的学历低于四年制大学本科，尽管不能全面操纵课堂，他们却在课堂和学校内执行着无数的任务，绝大多数人从事特殊教育项目，如补习班与双语班（Blalock，1991）。

学校医务人员的角色变化巨大。从给予患慢性疾病和机能亢进的学生药物治疗、包扎绷带以及免疫接种，转变成如今的应对虐待、处理影响公共医疗卫生服务的其他社会问题。有时他们要协助社会公益服务，使学生获得所需的帮助。许多学校对这一角色存在着性教育、怀孕测试和分发避孕套等方面的争议。

辅导员：起着选择与安置的作用　　随着中学规模的扩大，开设的项目与课程更为多样化，其职员也更为专业化。许多学校聘用辅导员，主要处理中学生事宜。他们通常有学校咨询方面的学位和教学经验。美国学校辅导员联合会（American School Counselor Association）网站公布了一项政策，其中对辅导员的正式角色做了明确的界定：

> 专业的学校辅导员是持有证书或得到官方许可的教育者，他们借助实施实验性的学校咨询项目来处理学生全面的需求问题……学校辅导员与所有学生打交道，这就包括了那些被认为是"问题"以及有特殊需求的学生……他们以四种干预方式向学生提供援助，分别是（个体与群体）咨询、大型群体指导、辅导和协调。

辅导员对每位学生发生的事有很大的决定权，即承担着"守护"的角色。他们通常决定着学生离开中学后所遵循的道路（Brookover et al.，1996，p.100）。有了学生的档案，他们能够将学生领向满足学生与社会需求的课程与项目，为年轻人做终身决定。其所用手段不但有等级和测试成绩等客观标准，而且也包括他们对学生的印象，这种印象通常是在几年间的简短会面过程中形成的，也可能受到教师和同辈群体对该学生分类的影响。学生的社会背景、服饰、言行方式等因素也会影响辅导员对该学生其未来规划的建议。辅导员身处维谷之境地，因为人们期望他们牢记"社会"目标，充分了解学生以至能规划他们的未来，与学生及其家长合作来实现有时是不切实际的目标。

特殊辅助角色　　鉴于 20 世纪 70 年代全国对基本功显著下降一事的关注，一号法令(Title I)(即《中小学教育法》)(Elementary and Secondary Education Act)得以通过。它为各区域提供辅助资金来聘用额外职员以及实施特殊项目。学校能雇用阅读、数学、有时是学前教育的专业人士来辅导那些标准测试中成绩低于三年级水平的学生。此外,一号法令规划中的贫困学生将得到一些补助服务,如食品、药品、牙科服务、衣物等。特殊教育的职员如果对学生有很高的期望并给学生以支持而不是放弃他们,那么就能够对边缘学生产生重要的影响,对那些注意力存在缺陷、学习能力丧失、情感受到伤害或智力受损的学生尤是如此(Brookover et al.,1996,p. 105)。

全国性报告《危险之际的国家》建议,"个体、商业与公民团体通过自愿奋力合作来加强教育活动"(National Commission on Education,1983)。由美国政府、城市联合会和公立学校管理的实施援救项目利用居民、商业、组织和教会来对一至三年级基本功差的学生进行辅导。"并非10 000名学生学业失败,相反,7 000多名学生得以升入高年级,这部分归功于实施援救项目中的一对一或小组式的辅导援助"(Epperson,1991)。该项目具体体现了《运作中的学校》(Schools That Work)报告中的提议(The Ministry of Education,1989)。

学校的自愿者项目报告数量颇多,由于资金与职员的短缺,使用额外人员来执行特殊任务,其价值是无法估量的。退休教师以及其他专业人员、有技能的社区居民、家长、商业人士、代课教师甚至高年级学生或大学生自愿参与辅导,辅助教师教学或代课,讲授特定话题,在办公室、图书馆和其他领域帮忙,组织放学后的体育活动或其他特殊兴趣小组活动。一些项目利用社区资源安置学生实习,而另一些社区内,商业为学校的特殊项目提供职员与资源。

男校友是学校最大的拥护群体,对学校批评也最厉害。他们提供财经资助,在大学中尤甚,通常他们是家乡中学所处社区的成员,参与体育运动并自愿给予各种能力的帮助。

但是,男校友可能阻碍着变革的进程。一个享有声誉的预科学校在为每年的少数族群学生的招生定下配额,考虑男女合校教育事宜的过程中,出现了抗议并丧失了男校友的支持,其中包括财经资助的丧失。

个体如何扮演角色因人而异,下一章我们将讨论学生的地位及角色。

● 实践:请画一学校示意图,描述校内的各种角色。●

结语

个体扮演必需的角色,从而使系统活跃,没有个体的系统不能运作。尽管多数职位的主要角色通常得到明确的界定,但个体扮演角色时伴有自身独特的特征、训练、能力以及背景经历等。因此,任何描述都不能详尽该系统角色的丰富性与多样性。

Ⅰ. 角色的意义

角色指个体在社会系统中所承担的角色。在学校组织中,角色有行政管理者、教师、学生和辅助职员。当这些特殊角色的承担者之间需求不和谐时,就产生了冲突。教育系统中的互惠作用例证了角色间的相互独立性,譬如,没有学生,教育系统中的其他角色将不复存在。承担角色的人常被迅速地社会化进入该角色,没有人能够容忍界定不明的角色的模糊性,没有人愿意面对挑战角色期待可能导致的嘲笑或惩罚。所以,学校系统有一内置的保障,那就是多数新手会适应而无混乱发生,这就是系统变化缓慢的一个原因。

Ⅱ. 学校中的角色

校董事会由局外的社区成员组成,他们对学校职员、预算和政策有着不同程度的控制。这些也许就是紧张状态的关键点。

督导全面管理着学校,充当学校、董事会和社区间的桥梁。

校长是学校个体的管理者,但是其权限介于督导和教师权力之间,这就需要他们扮演好平衡角色使两者均满意。

教师处于第一线,是课堂的管理者,他们自治的需求与来自环境的压力之间的冲突会导致紧张状态的产生。近来,在教师职责、教师测试以及教师培训方面存在着争议。美国几个全国委员会忙于如何提高教学这一问题。

学校存在着许多其他辅助角色,他们在学校的全面运作过程中都起着重要的作用。

实践

1. 设想你扮演着某一学校系统中的各种角色,试比较自身的各种角色行为。
2. 请尽量回忆不同阶段教育中作为学生角色时的重要事件。不同阶段的角色期待存在着哪些差异?
3. 观察一所学校,记录不同的角色以及各种互惠关系。
4. 观看纪录片《中学时代》,试着识别出个体扮演的各种正规的学校角色。描述互惠角色关系。
5. 观看几场"教学问题系列片"中教学逸事的片段,识别出教师、学生和行政管理者所承担的角色或在执行正规任务时所扮演的角色。

第七章 学生：学校的核心

我与一群四年级男生闲谈他们学校体验,毫无疑问,他们知道成人对他们的期望,知道自己上学的原因,他们都承认,要在当今社会中生存,就应该学会阅读和写作,如果不提高技能就不能找到工作。学校中的好孩子、坏孩子指代什么？对此他们无须思考便脱口而出,好孩子是那些能够准时提交作业、课堂上认真听讲和集中注意力、不粗鲁地对待他人的学生,坏孩子有破坏性行为,有时卑鄙而好斗,完全不在乎学习。做好学生很难吗？教师吹毛求疵或心情不佳时,是很难,但是,只要想成为好学生,多数时候是不难的。我有种似曾相识的感觉,这与我读书时的情景没有太大的改变,期望具有显著的连贯性。

学生特征

学生的大小、体形、智力以及学习动机不同,他们可以是主动学习者,被动参与者,或具有破坏性的捣乱者。据估计,全球6岁—9岁年龄段的儿童中,多数以全日制或半日制形式入学就读,然而,大约在三年级以后就没有了规律,在工业化国家中就读率近百分之百,而在欠发达国家就读率就低得多,这一点在第十一章中详述(见框7-1)。

1983年,《危险之际的国家》提议,所有想获得毕业证书的学生必须修完"新基础课",它包括四个学分的英语,三个学分的科学、社会研究、数学和半个学分的计算机科学。1982年到1994年,完成这项课程的公立学校学生比例从13%增至32%,与1982—1983年学生相比,如今的中学生正学习更多的课程(每年七门课程),而花在这些功课上的时间却更少。学生就读最多的课程是数学和科学,社会研究和英语学习者也在增多。1994年,读外语的学生数为39%。这种开设和攻读更多学术性课程的趋势也许反映了早期考察团报告中的提议,认为我们需要改善课程的质量。这些变化影响着教育系统中各级别各种类型和能力的学生。下面是有关这些学生及其需求的描述。

少数族群学生在中心城市之外的大都市公立学校入学所占比例从1970年的6%上升至10%。1996年,中心城市公立学校中,每四个学生中就有一个是西班牙裔(National Center for Education Statistics, 1999)。2000年,在十个州少数族群学生占多数,他们需要少数族群角色范式,并在学校的中产阶层文化与少数族群子文化之间建立桥梁。但是,少数族群教师数量却从1980年的12.5%降至1996年的9%(National Center for Education Statistics, *Digest*, 1999, p.80)。据估计,截至2020年,少数族群学生所占比例可能高达39%,而少数族群教师在教师队伍中所占比例将依旧较小。

框7-1　1998年—1999年学校入学人数

　　根据美国教育部全国教育统计中心统计,1998—1999年全国公立与私立中小学K-12年级的入学总数估计为5 860万(1999),其中5 200万为在读公立学生,而1984年此类学生为3 920万;私立学校入学人数估计在660万人次。自1984年以来,公立学校入学数已增加了1 280万,但私立学校入学数却相对平稳。

　　"1993年,美国超过6 300万人,即每四人中就有一人就读中小学或各类大学,其中,幼儿园至八年级阶段有学生近3 700万,九—十二年级阶段1 300万人,两年制学院600万人,四年制大学以及综合性大学计900万人。"(National Center for Education Statistics, 1995, p.104)

　　"入学公立学校人数,在幼儿园至八年级阶段,自20世纪70年代起呈下降走势,1984年为低谷,随后一直呈增长趋势,在九—十二年级阶段,1976—1990年为下降走势,期间80年代中期有小幅回升,随后的1990—1994年间开始回增,并将按计划继续增加。"(National Center for Education Statistics, 1995, p.106)

　　想想在无吸引力的学校和教室内的教学条件、相对较低的工资待遇、教师测试中存在的文化偏见等,少数族群教师的这种低比例是可以理解的(Stephens, 1999)。增加少数族群教师数量这个问题可以从许多层面上加以解决,从个体激励到教师—学校计划,到州与国家政策。有人提出了公平安置工作程序、激励、有竞争力的工资待遇、指导方案、学科领域的人员征召、多元文化的培训等建议(Stephens, 1999)。乔治亚州制定了一个计划来培训无执照的学区雇员,他们多数是教学辅助人员,通过给予他们指导和支持使之能成为有执照的教师(Dandy, 1998)。增加少数族群教师数量将会为许多处于学习状态中的学生提供更多的角色范式。

学生角色的期待

　　在多数公立学校系统中,对学生正规的角色期待要符合年级标准,详细阐述的计划勾勒出学生所处的学术地位,多数学校中出现正规的学生角色,如小组指导者、运动

第七章 学生：学校的核心

队成员，或者（低年级的）垃圾清空员、桌椅擦洗员或车辆看守员等，但是这些角色没有成功地捕捉课堂和学生角色的特征和多样性。

学生文化，"陌生习俗的合成体"，形成了"参与神秘性(participation mystique)，复杂礼节的人际关系，一套社会习俗、道德观念和无理性的原则，以及建立在此基础上的道德准则"(Waller，[1932] 1961，p.103)。这种描述属于非正规学生角色的一部分，体现了学生文化的独特性。

在描述学校的学生角色期待中，我们必须要考虑到学生文化的正规和非正规两方面。我们都曾经是其中的一部分，然而时间流逝，记忆消退，学生文化远离了成人世界。学生处于角色等级制中的底端，权力结构隐现在他们的头顶，虽然他们在教育系统中数量上占多数，但是在决策方面却显然是少数派。通常，谈及学生时，人们将之看成是几乎格格不入的群体，一个该被学校教职员"征服"、训练或控制的群体。

学生亚文化决定了许多年轻人在同辈生存中可接受的行为，这些行为通常与成人期望相违背。同辈群体来自不同类型，一些认为学习和学业成绩很重要，一些则对社会活动更感兴趣，还有一定比例的学生群体参与了违法活动。他们当中，结交了关注学习朋友的学生，与那些结交了对学习不感兴趣的朋友的学生相比，能取得更好的教育成就(Chen，1997)。

如果学生的友谊模式"质量高"，即他们有看重教育的朋友，那么他们就更可能调整自己甚至扮演领导的角色，而那些与被界定为有行为问题的人交友的学生调整自己将比较困难，时间将更长，在高中，情况尤其如此(Berndt，Hawkins & Jiao，1999)。选谁做朋友是私人决定，同时也是个文化过程，可以反映出学生的自我概念以及在社会或诸如分轨等学校实践中对自我地位的感觉，换言之，友谊模式可以看成是阶级再生产过程中的一部分(Coorsaro，1994)。

下面关于"大学运动员"与"精疲力竭者"以及运动员和非运动员的两组研究提供了学生亚文化的案例。阶级再生产可以发生在青少年的同辈群体中。"大学运动员"，束缚在大学范围内，属于中产阶层学生，对学校系统投入了资本；而"精疲力竭者"，是来自工人阶级的学生，常感到在学校环境中受到敌视或疏远，在学校中受到侮辱，这些学生采取的行为会阻碍自身在中学取得成功(Eckert，1989；Willis，1979)。与纯运动员和那些既非学者型又非运动员型的学生相比，学术型运动员和纯粹的学者型学生自尊心相对更强，课外参与更多，领导能力更强，例如，参与体育运动（除带领拉拉队之外）的女性在科学方面取得的成绩更高(Hanson & Kraus，1998；Synder & Spreitzer，1992)。

影响学生角色的另一变量是性别。即使如语言使用这样的细微之处也能对学生的经历产生影响。如果教师注意到语言的不同使用，那么他们或许能有效地将这种知识运用到对男女生的教学中。一项对学生语言使用的研究表明，女生将秘密告诉知心朋友，而男生则以更大群体模式参与活动，形成地位的等级制。男生使自己处于前进状态会感到更加舒适,更愿意争论,而女生抵制"敌对的"讨论。正因为这些差异,有人认为,对女生而言,男女分校教育可能产生更积极的社会和学术成就(Riordan,1990)。性别与成就的关系在第四章中有所讨论。

了解学生角色

每年新的一批学生必须被社会化,进入他们的角色,实现幼儿园和小学对他们的期望。预备进入新学校或课堂的学生担心在同辈面前出错或惹上麻烦,因为他们还没有了解自身的角色期待。多数学生期望被他人接受。学生的许多角色学习与教育的社会控制功能有关系——学习如何调整自己,采取适当手段并服从命令。要成为一名"好"学生,意味着遵循学校的常规及规章制度。这些早期的经历对学生随后的自我调整以及对学校教育的态度均有影响。

要想成为一名"好"学生就必须学习规章制度,了解角色。

学校涉及的是智力健全的儿童,相反,家庭则面对所有的儿童。学前教育计划以及幼儿园将儿童引进教育机构,它们被描述成"学术新兵训练营"。在一篇描述幼儿园常规的经典文章中,格雷西(Gracey)叙述了儿童和教师一天的生活,指出儿童进入正式社会的社会化现象(Gracey,1967)。学生进入教育系统,最终却又离去,因此是教育系统中最短期的成员。学校系统适合于促进学生在该系统中进行成功的活动并接受该系统的训练,这种训练活动需要进步,也需要控制和合作。因为学生并非自己选择入校,所以多数学校发现有必要使他们保持秩序,其途径是采用诸如正面强化和有趣味性的科目等激励方式,或采用惩罚形式,如额外功课、课后留校、停学等,并且给予等第激励学生实现学校目标。

每年这批学生构成一个"阶层",在教育系统中以团体或群体的形式列队前进。试想一个巨型分层的过滤网,学生被置于顶端,经历着一层层的过滤网,而该网眼持续变小。那些没有通过某一层的学生就被留级,或退出这种分类挑选的过程。毕业处于该过滤网的底端。

如果具有相同经历和价值观念的学生按照能力层次分置的话,那么他们的分类——聪明人、乡下人和失败者就可能影响了他们担任的角色模式。学生的分轨这一事实也是学生教育经历变化的一个主要因素。学生就读的课程一般受到他们选择继续学校教育还是工作的未来规划的影响,并以此为基础来选择课程。在几个欧洲国家,如德国和英国,学生在进行教育系统中的活动时分轨与编班制变得日趋严格,在决定学生未来教育机遇方面起着重要影响的是:德国的几种学校层次的测试,英国学生16岁时的测试,日本和许多其他国家的大学入学考试等,美国许多大学则要求学术能力测验或其他的测试。

相冲突的学生角色期待

人们期望学校使儿童社会化,成为社会成功之人,这意味着学生在学校发展学术和社会技能。根据塔尔科特·帕森斯的研究,学校期望"成功的"学生实现初级阶段成就有两个要素,其一是对信息的"认知"学习,如技能、推论框架和有关世界的实际知识,其二是"道德"要素,包括有公民责任心、尊敬、关心、协作、工作习惯、领导能力、首创精神等(Parsons,1959)。学生同辈群体对这些目标有强烈反感时,分歧与冲突就会产生。中学生可能另有意图,即集中在同辈群体的参与和接受上。威拉德·沃勒非常恰当地指出成人与学生之间价值观的冲突。他分析了学校文化传递这一项基本功能:

> 学校生活的中心存在着一定的文化冲突……教师与学生之间的冲突产生的原因是教师代表了更为广泛的群体文化,而学生不受地方社区文化的影响……师生间第二种更普遍的冲突产生的根源在于这样一个事实,即教师是成人而学生为未成年人,因此,教师是成人社会文化的载体,他们试图将此文化强加于学生,而学生代表了儿童群体固有的文化。(Waller,1965,p.104)

学生应对机制

学生经历教育系统中的不同级别时,使用不同的应对机制,采取了不同的角色:领导者、粗鲁愚蠢者和欺凌弱小者。这些角色的扮演需要迎合不同情境的需求。

这样领导者可能依旧是个领导,但是他的领导必须适应通常来自上级教师的力量,他可能采取联合、敌对、竞争和其他手段。粗鲁愚蠢者依旧粗鲁愚蠢,但是必须伪装他的滑稽之举,也许使之隐蔽,也许采用一种天真的姿态,摆出一副犯愚笨错误的样子(Waller, 1965, pp. 332—333)。

沃勒指出,聪明的教师认识到学生的角色,控制并有效地利用它们。在对待寄予很高与很低期望的不同学生时,教师表达方式截然不同,学生能够随意获得教师对他们感觉的暗示(Charles, 1999; Babad, Bernieri & Rosenthal, 1991; Waller, 1965)。

教师对男女生也有不同的刻板印象,这导致学校男女生不同的体验。例如,许多教师相信,男生具有更高的数学能力,因此,对男生在数学成绩方面有更高的期待(Li, 1999)。被教育系统疏远的学生企图破坏教学,对课堂内发生的事保持一种超然情绪,贬低正发生之事的价值,欺骗、做白日梦或者表现出厌倦神态(Jackson, 1968)。

学生的另一个应对机制就是对事冷漠,在他们感到不能获胜的竞争中保护自己避免彻底的失败。如果他们的自尊感受到威胁,那么他们尝试成功的欲望就可能减少。如果看不到努力背后成功的可能性,反而有种无用感,那么他们就不可能作出这样的努力。有着积极态度的学生很可能取得良好的成功,而处于自卫状态、自尊心较低或存在其他问题的学生通常需要他人的帮助来取得成功。虽然学校不能解决社会问题,但却能尝试辨识困境中的学生,并与其他人性化服务机构协作来满足学生的需求。

我们为何要关注那些被疏远的、烦人而无动于衷的学生呢?这是因为,人类潜能的浪费是巨大的,"我们的社会在成熟,而人口中儿童与青年人的数量,相对其他年龄组来讲,在下降。如果目前的发展趋势持续下去,那么不成比例的年轻人将逐渐变得贫穷、未受到良好的教育、未经过培训,而此时此刻社会却需求所有的年轻人健康,受到良好教育并且具有创新能力"(Children's Defense Fund, 1996)。

学校的失败生与辍学学生

被疏远是种无能、不规范、无价值、孤独或自我隔离的感觉。在学校,人们发现它起源于客观的科层制下的正规教育系统。要阻止这促使一些学生辍学的感觉,也许就必须对学校结构进行全面改革。

辍学学生,又称为"学习状态"退出者,年龄在16至24岁之间,无论何时退学,都没有在学校内注册,没有修完中学课程。那些得到了普通教育文凭证书的人被认为完成了中学学业。(U. S. Department of Commerce, 1998)

第七章 学生：学校的核心

谁辍学

莎瑞(Sheri)是一名中学辍学学生，又是一名未婚母亲，她集这两项不太光荣的标志于一身。她原打算在孩子进日托时完成中学学业，这样她就能获得一份好的工作来养活孩子，但是，冬天来临时孩子生了病，这样她不能正常上学，只好辍学。胡安(Juan)在读小学时，全家从故乡波多黎各移居到了一座大城市，由于家庭需要钱，所以读中学时他就兼职打工。因为语言上的障碍、对钱的需求以及家庭的支持很少，所以为了花更多时间在工作上，就辍学了。莎瑞和胡安只是许多离开中学的年轻人中的两个例子。

年龄为 16 岁—24 岁的学生中，有 11% 的退出了中学(National Center for Education Statistics, *Digest*, 1999, p.124, Table 104)。族群差异最大的地方，中途退学的比例最高。与白人学生相比，黑人和拉丁美洲学生更有种被疏远的感觉，更有种无能和孤独感，这些感觉在决定男生辍学方面尤其有影响力。请注意表 7-1 中不同群体的辍学比例。

表 7-1 1972—1997 年 10 月 15 岁—24 岁之间 10—12 年级不同性别、种族和家庭收入的学生辍学比例[a]

10 月	总计	性别		种族[b]			家庭收入[c]		
		男	女	白人	黑人	西班牙裔	低	中	高
1972	6.1	5.9	6.3	5.3	9.5	11.2	14.1	6.7	2.5
1974	6.7	7.4	6.0	5.8	11.6	9.9	—	—	—
1976	5.9	6.6	5.2	5.6	7.4	7.3	15.4	6.8	2.1
1978	6.7	7.5	5.9	5.8	10.2	12.3	17.4	7.3	3.0
1980	6.1	6.7	5.5	5.2	8.2	11.7	15.8	6.4	2.5
1982	5.5	5.8	5.1	4.7	7.8	9.2	15.2	5.6	1.8
1984	5.1	5.4	4.8	4.4	5.7	11.1	13.9	5.1	1.8
1986	4.7	4.7	4.7	3.7	5.4	11.9	10.9	5.1	1.6
1988	4.8	5.1	4.4	4.2	5.9	10.4	13.7	4.7	1.3
1990	4.0	4.0	3.9	3.3	5.0	7.9	9.5	4.3	1.1
1991	4.0	3.8	4.2	3.2	7.2	7.3	10.6	4.1	1.0
1992	4.4	3.9	4.9	3.7	5.0	8.2	10.9	4.4	1.3
1993	4.5	4.6	4.3	3.9	5.8	6.7	12.3	4.3	1.3

续表

10月	总计	性别		种族[b]			家庭收入[c]		
		男	女	白人	黑人	西班牙裔	低	中	高
1994[d]	5.3	5.2	5.4	4.2	6.6	10.0	13.0	5.2	2.1
1995[d]	5.7	6.2	5.3	4.5	6.4	12.4	13.3	5.7	2.0
1996[d]	5.0	5.0	5.1	4.1	6.7	9.0	11.1	5.1	2.1
1997[d]	4.6	5.0	4.1	3.6	5.0	9.5	12.3	4.1	1.8

— 没有统计数据

a 辍学事件的比例指10—12年级中，那些前年10月份注册却没有在今年的10月份注册或毕业的年龄在15岁—24岁的学生百分比。

b 来自其他少数族群群体的辍学数涵盖在总计中，没有单独列出。

c 低收入指代处于所有家庭收入中最低层的20%，高收入指代处于所有家庭收入中最高层的20%，中等收入介于两者之间。

d 1994年当前人口普查的调查工具发生了变化，权重作了调整。

注：自1992年起当前人口普查对获取被调查者的教育目标信息的相关问题作了改动。

资料来源：U.S. Department of Education, National Center for Education Statistics, *Dropout Rates in the United States*, 1997, 1999 (based on October Current Population Surveys).

20世纪80年代，所有西班牙裔学生中有近一半在完成中学学业之前辍学，许多是为了帮助家庭，但多数是因极度贫穷而终止学业。1997年，年龄超过25岁的西班牙裔辍学学生中将近40%的没有完成中学学业，与之相比，相应的非西班牙裔美籍辍学学生中比例为7.7%(National Center for Educational Statistics, *Conditions*, 1999, p.138)。截至1997年，16岁—24岁的西班牙裔学生中的辍学率为25.3%。1989年至1997年间，25岁—34岁的西班牙裔辍学学生人数有所下降，从39.1%降到38.5%(National Center for Education Statistics, 1999, p.138)。

来自墨西哥裔非英语家庭的学生，面临着额外被疏远的可能性。比起不讲英语的学生，双语学生趋向于更好地应付一切，这是因为他们在学校成就以及社会地位变动方面能够获得教育机构的支持(Stanton-Salazar & Dornbusch, 1995, p.116)。

辍学学生不成比例的为男生，他们平均年龄大（超出年级平均两岁以上）、成绩差、行为有问题，又是少数族群、来自具有较低教育目标的低收入家庭，并且几乎没有得到什么教育鼓励。也正是这些人构成了资本主义制度下的劳动力预备军。1998年，16岁—24岁阶段的辍学学生中，约14%的男性和近20%的女性没有工作(*Statistics Abstracts of the United States*, 1999, p.191)。

在美国许多重要城市，辍学问题正变得日趋严峻，这些地方平均辍学率超过

40%，纽约市为50%左右。但是，就整个国家而言，辍学率趋于平稳，并略有下降（见表7-2）。

表7-2 辍学的原因

辍学原因	总数	性别		种族		
		男	女	西班牙裔	黑人非西班牙裔	白人非西班牙裔
与学校相关的						
不喜欢学校	51.2	57.8	44.2	42.3	44.9	57.5
与教师相处不融洽	35.0	51.6	17.2	26.8	30.2	39.2
与同学相处不融洽	20.1	18.3	21.9	18.2	31.9	17.4
经常停学	16.1	19.2	12.7	14.5	26.3	13.1
在学校感到不安全	12.1	11.5	12.8	12.8	19.7	9.5
被开除	13.4	17.6	8.9	12.5	24.4	8.7
感觉不属于群体	23.2	31.5	14.4	19.3	7.5	31.3
学业跟不上	31.3	37.6	24.7	19.5	30.1	35.8
学习失败	39.9	46.2	33.1	39.3	30.1	44.8
转学而不喜欢新学校	13.2	10.8	15.8	10.3	21.3	9.8
与工作相关的						
不能同时工作和上学	14.1	20.0	7.8	14.3	9.0	15.9
必须获得一份工作	15.3	14.7	16.0	17.5	11.8	14.3
找到了一份工作	15.3	18.6	11.8	20.8	6.3	17.6
与家庭相关的						
必须支撑家庭	9.2	4.8	14.0	13.1	8.1	9.0
想要有一个家	6.2	4.2	8.4	8.9	6.7	5.4
怀孕[a]	31.0	—	31.0	20.7	40.6	32.1
成为父母	13.6	5.1	22.6	10.3	18.9	12.9
结婚	13.1	3.4	23.6	21.6	1.4	15.3
必须照料家庭成员	8.3	4.6	12.2	7.0	19.7	4.5

续表

辍学原因	总数	性别		种族		
		男	女	西班牙裔	黑人非西班牙裔	白人非西班牙裔
其他						
想要旅游	2.1	2.5	1.7	b	2.9	1.9
有朋友辍学	14.1	16.8	11.3	10.0	25.4	10.9

— 没有统计。
a 只有女性。
b 案例太少而不值得评估。
资料来源：U. S. Department of Education, National Center for Education Statistics, National Education Longitudinal Study of 1988 First Follow-up Survey, 1990。

学生为什么辍学

"许多少年入学时无家可归，生着病，挨着饿，一贫如洗，这些问题一直困扰着他们，使上学与继续上学根本不可能实现"(DeRidder, 1990, p. 153)。学生面临的问题涉及学校条件、家庭破裂以及来自居住区团伙和毒品的威胁（见表 7-2）。

一些学校如此贫穷与拥挤不堪，它们根本不能提供在校支持，也很少与其他机构进行协调来满足学生的需求。寇兹欧尔描绘了芝加哥地区富足与贫困这两种学校的差异。富足学校每个班平均 24 人，学习困难学生每班 15 人，贫困学校的补习班为 39 人，"聪慧的"学生每班 36 人。在富足学校，每个学生都有指派的指导老师，而在贫困学校，就业指导员给 420 名学生提供咨询(Kozol, 1991, p. 66)。要应付严格的正规义务教育系统的要求是很困难的，它无法接纳那些到达法定入学年龄却频繁辍学的不适应者(全国预防辍学网站 National Dropout Prevention Network Web Site)。

诸如少女怀孕以及来自团伙的同辈群体压力等问题是辍学率影响因素。少女怀孕常常阻止这些年轻的母亲修完学业，这个问题在市中心最为普遍。所以，提供早期性教育、父母养育子女、对儿童进行保育以及使教育更易为人所享受是很有必要的。许多的方案正面向市中心的学校("Teen Pregnancy", 1998; Scott-Jones, 1991, p. 461)。团伙暴力威胁着居住区与学校，这些充满敌意的年轻人携带武器，他们愤怒而又冲动，很少尊重他人。社会弊端直接与参与团伙的年轻人有关(Mcvoy, 1990, p. 1)。

团伙与学校

在美国任何地区和许多其他国家，人们都可以发现年轻的团伙。年轻人为什么加入帮派？有人认为，这是个阶级与种族群体问题。多数的团伙由有叛意的年轻人组成，这些人居住在贫困区，读书有困难，有时团伙也由来自没有融入到主流社会的民族群体的年轻人构成。年轻人加入团伙寻求保护，以展示对所在居住区的极度忠诚并保护着该"地盘"。加入团伙也是与冒险行为相关的，对其成员来讲，青少年犯罪比例很高(Thornberry & Burch, 1997; Crowlwy et al., 1997)。此外，种族存在差异，同化过程存在困难，机会有限，一个人也会拥有成为团伙成员的诀窍(Rodriguez, 1993)。移民加入团伙来保卫与维持自身种族身份并营造一种归属感。

美国司法局1995年发起的全国青少年团伙调查(1999)，描绘了团伙成员及其行为活动。该调查发给了各级别的警察和县治安官。这些调查估计，美国1998年有28 700个活跃团伙以及780 000团伙成员，比前年略有下降。多数成员(92%)为男性，只有1.5%为女性所支配。团伙成员大部分在19—24岁之间，占总数的46%，11%的年龄低于15岁，29%的成员在15岁—17岁之间，还有14%的年龄超过24岁。西班牙裔占团伙成员总数的46%，黑人为34%，高加索人为12%，亚洲人为6%。近三分之一的团伙是种族群体的混合体。尽管团伙在城市地区最普遍，但在郊区、小城市和农村地区也存在。农村地区团伙成员人数惟一增长出现在1998年。

团伙成员做些什么？许多团伙参与严重的暴力犯罪活动，其中28%的组织起来做毒品非法勾当，其他团伙从事袭击和抢劫活动，有时也带有毒品活动。打架、偷窃、酒与毒品交易赢得权力与其他团伙成员的尊敬。估计50%的袭击事件涉嫌枪支携带问题。

团伙如何对学校产生影响？事实上，校内的团伙成员数目通常相当小，但是他们的存在具有破坏性，给学校带来恐惧、暴力、毒品以及团伙的征募活动(Burnett & Walz, 1994)。

一些少数族群群体在校内被教师和同辈们分类，预期会失败而成为团伙成员，拉丁美洲的年轻人就常遭此成见(Katz, 1997)。刻板的看待某些学生，也许对他们不公平。学校氛围能够产生失败感，使语言受到限制，使其缺乏对不同文化的尊敬，并缺乏一种归属感(Burnett & Walz, 1994)。

面对团伙的影响，学校能做些什么？首先，他们能够用法律来保护学生的学习环境，使其免于暴力的恐吓、恐惧或威胁。但是，阻止学生穿戴团伙服装的服饰规定并不合法，除非人们可以证明团伙服装妨碍了学习以及表达的自由(Gluckman, 1996)。学校氛围起着重大的作用。

社区可以提供团伙之外的选择来帮助青少年，譬如，青年俱乐部、体育运动、午夜篮球、拳击、研讨会和其他活动，使青少年远离团伙。最佳补救措施是将所有年轻人融入学校，这样他们会对就读产生既定兴趣，并且知道自身努力会带来在劳务市场上的成功。

校内犯罪与暴力

学校犯罪与暴力是公众对学校态度民意测验中的首要问题（Elam & Gallup, 1999）。学校枪击事件是头条新闻，但是许多学生每日要面对着威吓、性骚扰和笞打。事实是，一些儿童害怕上学或者携带武器上学以求自卫，这些事件第二章以及本书其他地方都有所讨论。家长、教育者和社区成员关注学生的安全问题以及学习过程的完整性。然而，研究表明，多数学校是安全的，80%—90%的学校雇员认为自己学校是安全的（Verdugo & Schneider, 1999）。那么，为什么会有学校不安全的感觉存在呢？报纸大字标题报道学校内发生的惹人瞩目的事件，这些事件看似偶然却是真实的。多数受其影响的学校教师为这些事件所震惊，也正是因为这些行为的随意性以及缺乏预测它们的能力，人们感到恐惧。尽管暴力行为在90%的学校内不可能发生，但是另外的10%却存在着问题。公众很少听到市中心学校的问题，而这里犯罪与暴力是日常事件，这些学校成了有金属探测器与警卫武装的堡垒。

我们看一下一群女奇卡诺（Chicana）青少年的案例。她们学校条件差，教室拥挤不堪，资金不足，辍学率高，许多学生很贫困，教师精疲力竭而气馁。社会在前进，却没有方案来帮助这些学生，结果，几乎没有毕业生准备读大学，并产生了性别与种族歧视。学校中的年轻女性根据实际状况做出选择，这些选择通常包括早孕、从属团伙以及辍学（Dietrich, 1998）。

像这些参与反社会行为的女学生很可能会遭遇学业失败。现在处理这些问题的方案侧重于反社会行为或学业成功方面，但两者并没有联系起来。这些方案视角也很狭隘，只关注变化着的态度或行为，却忽略了行为产生的背景或环境。识别学业失败以及反社会行为存在的环境也许能更为有效地处理这些问题（McEvoy & Welker, 2000; Noguera; 1995）。

人们发起安全学校运动（the Safe Schools Movement）来抵御学校暴力。当共同目标成为集体行为时，运动就产生了。减少暴力几乎是美国所有学校以及安全学校运动的目标。但是，要形成有效的以学校为基础的方案，并将其融合到学校系统中从而改变学校氛围，这极富挑战性。存在的问题有"减少暴力方案与实施之间存在冲突，缺乏适当的方案评估，试图改变个体品质而非改变暴力产生的环境的方案存在局限性，此外，缺乏理论来指导以学校为基础的暴力预防与干涉的发展"（McEvoy, 1999）。

留级与停学：学校对问题学生的反应

学校需要依据社会学研究成果来重新考虑如何处理棘手的"问题"学生。留级是促成辍学决定的一个因素，它似乎不能提高差生的学习成绩，但是却告之学生，人们认为他们没有能力，这增加了因挫折和脱离群体而产生离去的机会（Roderick, 1995,

1994)。

留级生自尊心较差,主要妨碍其发展的知识不足问题很难解决(McCollum, et al.,1999)。他们与成功无缘,辍学率较高。据估计,260万名学生留级耗资100亿美元。这些学生通常为男性青年,社会经济地位低,自尊心差,学习动机低,这符合典型辍学学生的描述(Nason,1991)。

对于寻找用于留级抉择对象特殊方案资金的学校而言,寻找资金存在着困难,这导致除留级外几乎没有其他选择余地(Natriello,1998)。这样,预算的制约产生留级现象,这又导致辍学率更高,最终学校与社会付出的代价是人力与社会服务的损失。

遗憾的是,许多学校使用停学等手段来降低对学生的期望并给他们打上烙印。被停学的学生通常开始时就存在问题。让学生停学也许能消除直接问题,然而却产生了许多长期问题,如辍学率的增长,其原因在于停学学生在课堂作业方面较落后。"尽管开除骚乱与惹麻烦的学生能够给学校系统带来缓和,但是悲剧在于这样的策略忽视了侵略性行为产生的根源,放逐了这些最需要得到坚实的学习基础、人道的学校环境以及积极的同辈关系帮助的学生"(Hudley et al.,1998)。

阻止学生辍学的主要方案是关注最易受伤害人群、减少产生冷漠与疏远的根源、提高学生自尊心与成功率以及学生生涯早期就开始干预。多数专家建议要早期识别出有问题的学生并且迅速加以干预。许多干预方案已被提出,其中一些已在中小学各年级中加以检验,方法包括速成学习、选择性学校,以及星期六与课外课程等。许多州正通过法律,不允许将驾驶执照发放给学习困难或未满18岁就辍学的人。还有其他一些策略,如家长参与方案以使学生留在学校读书,家长对旷课学生负责等。此外,已辍学的学生可逐渐增多课程学习以完成高中学业。

近一半的辍学学生最终完成中学学业。有一些返回中学,另一些通过了普通教育水平测试。他们学业的完成与几个变量有关:那些即使成绩差也要证明自己学习能力的学生最有可能完成学业。75%来自社会经济地位较高家庭的学生完成了学业。近四分之一的辍学学生参加了中学后教育(National Center for Educational Statistics,June,1998)。

青少年雇佣及退学现象

青少年雇佣现象导致对学生的期望产生冲突,青少年在夜晚和周末付出劳动,在快餐店当工人,做报纸投递员,以及许多其他职业。工作经历对于成人角色的培训是很有价值的,在责任心、准时、为老板工作、循规蹈矩、处理财务、实践任何需求的技能等方面尤其如此。但是,工作花费学生学习、课外活动、同辈联系以及"成长"的时间。

人们曾对中学生雇佣现象的影响提出两大问题,即工作时间长短对学习成绩有什么影响? 工作的学生是否更倾向于退学? 超过一半的十年级学生,几乎所有的十一、十二年级学生在一学年间都会工作一段时间(Schoenhals, Tienda & Schneider, 1998)。工作时间的长短和雇工类型对学生决定是否退学起着重要的影响。传统的学生职业有临时保姆、草坪整修、零活和农庄杂务,从事这些职业的学生体验着与从事零售或私营部门经济工作的学生截然不同的工作环境。传统工作环境不太世俗,并可以引发与成人的互动,这是社会化的另一途径。然而,长期从事服务性行业对男女学生都不利。

遗憾的是,这就意味着中学生绝大多数工作会对继续就读产生不利影响。"长期以来政策制定者一直主张,将十几岁的青少年社会化成为青年人的一种途径在于鼓励他们工作。但是,这些结果表明青少年雇佣产生了未曾预料的消极结果,这就是退学可能性更高"(McNeal, 1997, p.217)。

如若青少年在不太干扰其他活动时期从事有限时段的工作,那么这种体验会带来益处。许多学生将购买服饰、汽车、电器、音乐光盘以及其他渴望得到的商品的愿望转为工作的动机。1990年几乎每三位中学生中就有一位工作过,而黑人学生可能参与工作的人数不足白人的一半(见图7-1)。

中学辍学与学生工作时间长短以及工作动机有关联,一些学生工作时间超出了法律规定时限,学生工作的其他原因在于他们存在与学校相关的问题,需要资金或存在家庭问题。虽然一些学生必须工作来辅助家庭,但是10位中几乎不到一人将自己报酬部分或全部贡献出来资助家庭开支。

辍学学生的前途

许多辍学学生前景渺茫。1997年,只有47%的新近退学者被雇佣(见图7-2)。他们更可能以福利为生,子女依附他们。不成比例数量的辍学学生最终入狱,而他们从事违法活动的可能性是正常学生的四倍。在劳务市场竞争方面,辍学学生存在困难,他们缺乏工作所需的技能,对日常生活缺乏了解,自尊心较低。最重要的是,不能在社会中竞争的个体对社会造成了人力浪费。不幸的是,虽然一部分辍学学生最终通过普通教育水平测试而获取了中学文凭,但是一些要求提高学校标准以及要求毕业测试的提议也会增高边缘学生的辍学率。

社会学家们综合无数辍学学生研究成果,形成了一个方案,称做抚养项目(Project RAISE)。它将问题学生与社区成人之间进行一对一指导,该方案实施的前两年里,学生的出勤率以及成绩单上英语成绩有所提高,然而仅靠这个项目还不足以消除几年里的退学风险(McPartland & Nettles, 1991, p.568)。对于年长学生的另一方案是联邦政府的"受益能力"(ability to benefit),允许没有中学或相关文凭的学

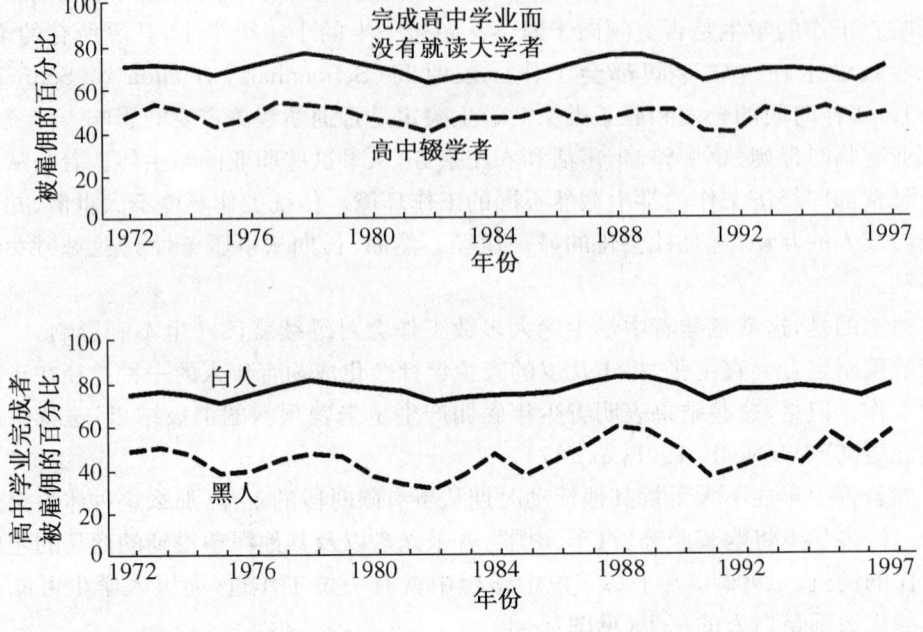

图 7-1 最近高中学业完成而没有注册大学者的雇佣率和辍学者的雇佣率(1972.10—1997.10)

注释：最近高中学业完成者指 16 岁—24 岁之间在调查当年已经完成高中学业的个体。最近高中辍学者指 16 岁—24 岁之间没有完成高中学业，在调查当月没有注册，但 12 个月之前还在学校的个体。1994 年，当前人口调查(CPS)的调查工具作了修改，权重作了调整。1992 年，由于黑人学生辍学的样本资料太少，就没有做出评估。

资料来源：U. S. Department of Commerce, Bureau of the Census, October Current Population Surveys.

生参加某所大学主持的测试，来证明其有资格获得联邦资助而就读该所大学。虽然这些学生被认为辍学几率很高，但是他们中许多人把这看成是自己重新开始的机会(Burd,1996)。至于增加资源、提供更灵活的时间条件、改变停学政策、提供特殊咨询

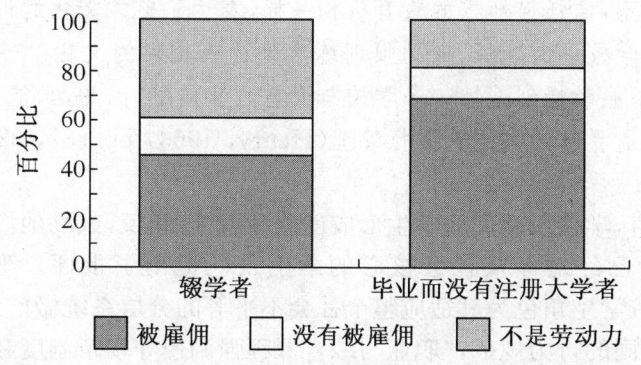

图 7-2　1996—1997 年高中辍学和毕业而没有注册大学者的劳动力地位（1997 年 10 月）

资料来源：U. S. Department of Labor, Bureau of Labor Statistics,"Employment Status of School Age Youth, High School Graduate and Dropouts, 1997."

服务，仅是一些建议而已（McEvoy，1988，p.7）。

学校通过暗示不能处置某些学生，促成了辍学，换言之，正如一些人提到的，学校实行了"推出"政策（pushout）。留级、停学、开除以及剥夺学校支持体系是辍学现象产生的关键（Herbert，1989，p.84）。

学生角色之批判

学生很清楚自身的学业情况，入学初期就被教师和其他同学加以分类。在一个二年级课堂内，教师将学生分成三类朗读小组——火箭飞行器、喷气式飞机和吹笛新手，毫无疑问，这些孩子知道自己所处的位置。年长学生选读的科目类型也促进角色的分辨，如"傻瓜"课程与"精英"课程。这些编制与分类能对学生的自我形象产生永久的影响，有时甚至是有害的。

不同文化对学生学习的态度不同，日本几乎没有失败的学生，部分原因在于他们没有失败者的定义。如果学生没有成功，家长和教师期待他或她加倍努力来不辜负期望。人们没有设想一些学生不能完成学习，相反，他们认为，除残疾人外，所有学生只要花足够时间和精力就能完成。这与美国有效学校的研究结果一致，该结果是学生和教师高学习期待会导致好成绩的产生。

根据人类学家朱尔斯·亨利（Jules Henry）以及其他学校评论家的观点，学生要在其诚实性方面作出让步，他们必须"给予教师想要的东西"。亨利在其《文化与人》(Culture against Man)一书中详细阐述了它的根源：

> 美国教室,像任何地方的教育机构一样,表达了整体文化的价值观、成见以及畏惧。学校没有选择,它必须训练学生适应现存的文化,它可以提供技能培训,但不能教授创造性……学校与大量儿童接触,因此,只能将所有学生归为一种普通界定的方式来进行管理(Henry,1963,pp.287,320—321)。

这样,据亨利所言,学校没有促成学生形成创造性思维,相反,鼓励他们服从命令。

许多教育者已经对涉及社会核心的学生角色提出了批评。鲍尔斯与金蒂斯(1976)认为,学校学生角色为其适应整个社会不平等的分层系统做准备。按课程分类的学生会遵循不同的行为规范,"职业与综合课程强调遵守规章制度和严格监督,而大学课程有着更为开放的氛围,并强调规范的内化"。这些社会关系的差异反映了学生社会背景以及未来可能的经济地位。

> 这样,黑人和其他少数族群聚集在学校内,武断而通常混乱的内部秩序,强制的权力结构以及升级现象可能性很小的特征反映了他们处于劣势。同样,工人阶级子女主导的学校往往强调控制行为以及遵循规章制度,然而在富裕学区内的学校采用相对开放的系统,赞成更多的学生参与,较少的直接监督,更多学生选修课程,总之,赞成重视内化控制标准的价值体系(Bowles & Gintis,1976)。

由此看来,学校为学生将来职业做准备的过程中,顺从、缺乏创造性和遵守制度是其要实现的目标。

在多数学校环境中,学生角色没有显著变化,即便在提倡学生拥有更多权利、权力、平等机会以及自由的教育运动背景之下也依然如此。学生是教育的客户,但是却几乎不能控制它提供的服务。学生有权抉择所学内容以及学习方式吗?激进教育家们,如伊利奇(1971)与寇兹欧尔(1991)认为,这是学生的基本权利,它遭到否决的原因不在于合理教学而在于其他方面。

● 实践:请描述一下你在不同教育系统层次中作为学生的角色。该角色是如何发生变化的?●

学生与非正式系统

个体要实现某角色必须相信自己能取得成功,因此,学生必须坚信自己能很好地实现目标。对自我能力的评价可以发生变化,这取决于我们对相关代价、奖赏和动机的理解。以下章节将展示它们对学生学习成绩和学习体验的微妙影响。

学生自我概念

威尔伯·布鲁克欧佛(Wilbur Brookover)及其同事(1996)揭示,学习能力的自我概念与学习成绩之间存在显著的相关性。分类与训练会影响我们审视各领域中自身能力的方式。如果一所学校内许多学生对学习成绩期望不高,那么这将影响到学校的成绩水平。控制学校变量或许能提高学生学业成功的机会。学生生涯中的学校价值观氛围、经历状况、同辈群体关系以及其他因素会影响学业的自我概念,反之亦然。因此,学校有影响力的研究文献建议提高学生自我概念以及学业期望。

学校价值观氛围与学生成绩

杰克逊(1968)认为,学校奖励无能者,他指出,学生平均一周花20小时在功课上,没有家庭作业时几乎不做作业,并不肯说话。学校对成功者的奖赏就是更多的功课,那么为什么要努力呢?这里,我们研究学校如何影响学生的成绩。

布鲁克欧佛与其同事(1973)着手检测科尔曼与詹克斯的研究结果,即家庭环境取代学校对学生学习成绩的影响。在对学校氛围与成绩的研究中,他们对学生和教师进行问卷调查,结果显示,小学生面对学校的学术价值观氛围会受到四种观念的影响:

1. 学生对学校和社会系统中的"他者"(家长、教师和朋友)的当前"评价或期待"的观点;
2. 学生对学校和社会系统中的"他者"(家长、教师和朋友)的未来"评价或期待"的观点;
3. 学生对渗透到学校社会系统中的无作为标准的观点;
4. 学生对学校和社会系统中存在的那些重视学习成绩的学术规范的观点(Brookover & Erickson, 1975)。

目前,最重要的因素是学生汇报的无作为感,即他们的绝望感以及认为教师不关心他们学习成绩的感觉。显然,对于这些感觉的形成,学校氛围中的教师和同学们的态度起着重要的作用。

布鲁克欧佛与其同事(1996)研究了学校社会结构与社会环境对学生学习成绩的影响。学习成绩由阅读和写作能力、学业自我概念和自力更生来衡量,学校社会结构的衡量因素为教师对学校结构的满意程度、家长参与情况、学生课程的差异、校长参与指导的时间和学生在校内的流动情况。学校氛围由学生、教师和校长观念三部分构成。影响学生成绩的因素中85%以上可以由上述变量综合来解释,在对改良学校与衰退学校(improving and declining schools)的对比研究成果的总结中,布鲁克欧佛与其同事发现,改良学校的教职员工更重视对阅读和数学基本目标的实现,他们相信所有学生能够实现基本目标并抱有很高的期望,此外,他们承担学习的责任并接受对此负责的观点。改良学校校长是教学领导者和执行纪律者。总之,布鲁克欧佛认为学校能够而且也确实导致了差异。

为了例证这一点并将"学校氛围"的概念付诸实施,布鲁克欧佛与其同事们在芝加哥公立学校系统内设计了一个实用方案,运用上述变量来改变学校氛围,结果,学校成绩有了显著的提高。

针对"学校导致什么差异"问题研究结果在一项英国研究中得以证实。研究者研究了伦敦市中心12所中学,它们在学生行为和学术能力等变量上差异极大。时间流逝,而学校变化却相对稳定,即使控制学生家庭背景和个体性格,情况依旧如此。在成功的学校内,测试成绩、行为以及违法程度是密切联系的,而与学校规模、建筑物的物质因素和行政领导结构没有关联。

成绩与作为社会机构的学校特征有联系,这些特征为"重视学术,教师授课行为,激励与奖励的可用性,学生可利用的好条件,学生能够承担责任的程度等"。它们都可能受到教职员工的影响,学生能力也影响着成绩。这种混合因素创造了"一种特殊的风气,或一套价值观、态度和行为,成为或将成为学校整体特征,这就是学校价值观氛围。人们行为和态度受到学校经历的定型,反之决定着学校成绩"(Rutter et al., 1979, pp. 177—179)。

最近,许多考察团报告鼓励教师制定高学术标准,布置精心制作的作业,给予成绩和有意义的评价。事实上,高标准和家庭作业之间存在着联系,研究表明,成绩和测试分数随着课外学习时间的增加而得以提高。教师、家长和同辈们制定的高成绩标准也会导致更努力地完成作业。教师和同辈们为能够迎接挑战、能力高的学生制定了更高的标准,而家长更倾向于为不太能应付挑战、能力较低的学生制定更高标准。这种差异产生的原因可能在于教师对能力高的学生的期望以及家长对子女成绩差的反应(Coon et al., 1993; Natriello & McDill, 1986; Pashal et al., 1984)。

总之,学生自我概念、家庭环境、教师期望、学校氛围和其他许多因素共同作用而影响着学生成绩。无论学校学术规范是什么,学生乐于遵守它,只要学习成果得到教师和同辈的奖励,学生就能取得更好成绩(McDill et al., 1967)。学校氛围解释了学习成绩水平的差异,但有时这些差异只会归因于种族、社会经济地位和家庭影响(Brookover & Erickson, 1975)。

教师与学生的期望

学校中,学生同辈群体能够通过内聚性识别出来,伴随内聚性的是期望、价值观和志向。威利斯(1977)描述英国男子综合学校的男生如何被分类为"操纵系统"来获得自我时间控制的"青年人"(lads),以及顺从权威并不辜负学校期望的"听从者"

(earholes),前者因拒绝学校的智力劳动而学习如何归属于劳动阶层,他们在加强和再生产自身地位,威利斯认为,其为自身再生产的文化实际上是对校内和社会阶层环境内机遇的现实评估。学校改革者认为,学生所具有的无作为感可以通过制定高期望而得以改变,"没有人期望学生学问低于下一级教育中获得成功所需求的水平"(*Effective School Practice*,1990)。

● 实践:请问你将如何通过改变社区学校的价值观氛围,从而来改善学生学习并提高成绩? ●

同辈群体与学生文化

进入学校或观察体育场活动,呈现在眼前的是学校特有的文化。控制同辈群体成员举止行为的规范很严格,我们只需观察服饰、手势、语言和俚语的一致性就会发现这个学校的规范标准。时尚和狂热是学生文化的重要因素,它们将群体凝聚在一起。

体育场活动与游戏将学生远离成人文化,即使在游戏过程中,学生学习如何通过遵循规则、依照次序、以语言和非语言表达自己等方式与同辈建立联系,这些行为将延续至与成人世界正式接触之时,这是儿童社会化的重要动因。

学生亚文化在学校事件决策方面起着重要的影响,原因在于学生因年龄组合在一起,受与年龄相关的系列条件的制约,他们形成了独立的亚文化,有着规范、期望和方法或"策略"来应对这些制约。这种同辈亚文化的演进是长期学校培养的结果,虽然在工业社会是必需的,但是却延误了青年进入成人世界。同辈群体服务于其成员多种的目标:在社会与教育系统内地位相似、年龄相仿的年轻人能够自由表达;在学会与他人相处过程中,体验着社会互动与友谊;学会性别角色;强化规范、规则和道德。此过程中同龄伙伴很重要,因为在学校活动中他们凑在了一起。

在《青少年社会》(*The Adolescent Society*)中,科尔曼(1961)写道,该亚文化的力量在于对其成员的控制。他发现,同辈的不赞成对青少年来讲几乎与其父母的不赞成一样令其难以接受,而且他会为此不一致付出代价。对多数青少年来讲,同辈是参照群体,影响着穿着、习性、言语方式和喜好,甚至整个生活方式。譬如,抽烟、早期性体验、饮酒和使用毒品,这些与知心朋友和亲密同辈的行为有着密切的相关性(Wang et al., 1995; Bauman & Ennett, 1994; Webb et al., 1993)。

中学亚文化通常非常重视男性的体育运动和女性的领导活动,不太强调智力或学术方面。对女生而言,好成绩常会降低她的受欢迎程度。一些学生甚至试图表现得愚蠢以免丧失同辈群体的认同。中学地位最高的学生一般来自校内处于社会经济支配地位的群体,倾向于参与社会活动,根本不关心是否得到成人的赞同。学习杰出者不被同辈接受或奖赏,有时被奚落。科尔曼(1960)建议学校改变重心以便于青少年群体的规范不阻碍反而有助于学校教育目标的实现。然而,在学生教育和职业期望很高的学校内,等第的竞争很激烈,这里好成绩得到奖赏,一些学生甚至宁愿求助于作弊行为而不愿取得差成绩。

学生同辈群体常构成周围邻里友谊关系,这种关系只要学校存在它就存在。他们的活动可能与学校学习方面没有关系,虽然他们能够影响学术成就以及其他组织要素,如课外活动等(Garner & Raudenbush, 1991, p. 251)。

学生同辈群体行为是在学校框架或背景下建构的。菲利普·卡瑟克(Philip Cusick)勾勒出这种社会文化环境的重要因素,它们对自由活动的否决以及未分化群体中学生的组合起着预期的效果,同时也有预期外的效果,如图 7-3 所示(Cusick, 1973, pp. 216—217)。在所研究的中学中,卡瑟克发现"学生倾向于维持严格的校内群体,这是学校基本组织结构尚未被认识到的自然产物。只要支撑结构存在,学生就可能继续组成群体"(pp. 208—209)。

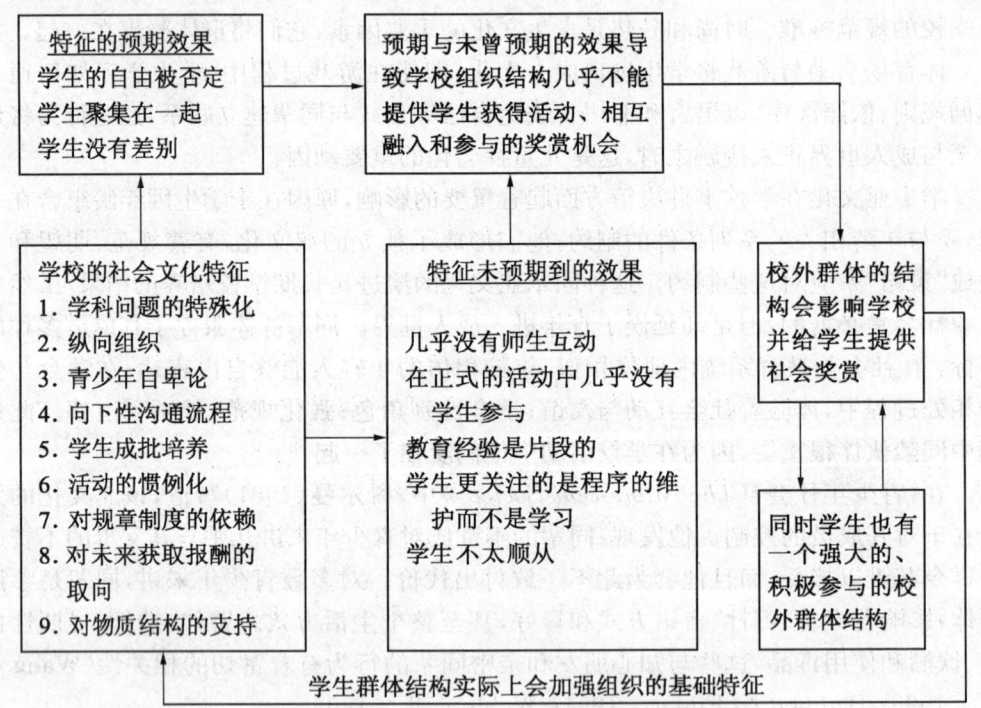

图 7-3 学生行为与学校组织的关系

资料来源:Cusick, Philip A., Inside High School. *The Student's World* (New York: Hott, Rinehart and Winston, 1973).

在中学的这种潜在疏远文化中,拥有一位可以一起散步、吃饭和参加活动的朋友是很重要的。通常存在着精英"运动员"和容貌出众的女学生组成的核心,一些学校也许拥有高素质的音乐和戏剧群体。遗憾的是,学校存在着没有朋友的孤立派,他们在系统内得不到"保护"(Cusick,1973,p.173),人数一般很少。哈格雷夫斯(Hargreaves,1967)在中学研究中描述了两种主要的学生群体或亚文化:积极倾向与消极倾向的学生。对学校价值观具有积极倾向的学生最终进入高一级群体,强化了自身的方向,消极倾向的学生最终进入低一级群体。对于消极亚文化的成员而言,主要的认同来自同辈群体,而积极倾向的学生受到学校价值观和同辈的两种影响。

有时,学校组织在学生中所起作用与社会阶级作用相似,通过能力分组或"分流"促成学生两极分化。威利斯证明,来自工人阶层或低阶层的学生可能很少能看到未来有所改善,并聚集在消极倾向的群体内:

> 反学校文化提供了强劲的非正规标准和有约束力的经验过程,这引导着工人阶层的青年人"自愿"选择进入工厂,帮助再生产现存的雇佣阶层结构以及作为工人阶层整体文化一部分的"车间文化"(Willis,1977,pp.53—54)。

有迹象表明,在许多国家,同辈群体对青少年的影响在增强,而家庭的影响却在减弱。研究表明,父母对子女的养育实践确实影响着儿童的同辈联系(Brown et al.,1993)。家长花在青少年身上的时间长短确实也会影响他们不良行为的倾向性,并会阻止他们与过失朋友的交往(Warr,1993)。尽管美国家庭过去对青少年的价值观和行为起着主要的影响,但是作为社会化动因的家庭如今却在与同辈群体竞争,企图吸引儿童的注意力(Goodlad,1990,1984)。

学生应对策略

学生应对策略,或曰适应学校文化权力结构的方式是非正规系统的主要要素。学生以自身学校体验、自我概念、同辈群体关系、能力分组及其他因素为基础发展与自身需求相关的策略。虽然早期学习对于学生能否在学校取得成功至关重要,但是学校所需求的策略与早期社会化过程中学生在家庭中所学的策略截然不同,儿童逐渐地适应了学校的这种充满竞争、评价与纪律的小社会。教师因其在教育系统中的地位而具有权威性,因而学生与教师之间的社会距离初期就建立了。于是,学生很早就开始学会使用策略来应对学校与课堂。

该领域的许多研究是互动理论研究方法的分支,在某种程度上,它主张我们在环境中建构现实,并且以此建构来行动。由是观之,我们可以将策略的形成看成一种磋商过程,既要求学生理解教师的角色与需求,又试图将学生利益最大化。学生态度存在差异,从对教师目标的近乎完全的顺从到对义务的完全丧失。教师拥有权力,但是让学生做预期的事不能直接使用权力而需要采用策略(Woods,1980),尽管一些互动完全是常规性活动,但学生个体、学生与教师以及作为一个群体的班级之间的"磋商"在不断地变化。

学生成长过程中不同时期有着相应的策略,学会如何学习以及解决难题也许在一段时期内是重心,而掌握测试技巧却是学生生涯中另一阶段的焦点(Woods,1980)。学生生涯中的转折点能将他们从"偏离者"转成"内行者",或从兴奋激昂状态转为厌烦无聊状态。同辈在学生自我概念中作用显著,原因在于同辈明确地规定了每个学生在班级和学校内的角色,不受欢迎的十多岁儿童会被归类为"蠢货",其中一些儿童通过参与提高自信心的活动和友谊群体的方式得以摆脱这种绰号(Kinney,1993)。

马丁·哈姆斯雷(Martyn Hammersley)与格伦·特勒(Glenn Turner,1980)发展了一种互动模式,这种模式考虑到了学生和教师的策略。它起始于对学生行为的目的、动机和观察的分析。学生根据各种行为的感知与实际结果考虑可行的行为及其代价和结果并做出决策。教师制定指导方针、期望或"框架",这些可在课堂内操作抑或与特定部分、课程或问题相关联。学生可以遵循教师的"框架"抑或制定背离于它的其他选项或"框架"。学生究竟是遵循还是背离部分取决于学生同辈群体的行为以及对课程内容的融入程度。

学校社会文化结构在决定学生体验与策略方面也起着重要的作用。基于这点,罗伯特·默顿(Robert Merton)发展了学生对学校目标与方法的反应类型学,这里方法指学校实现目标所采取的手段。个体学生相应的反应范围从赞同到抵制,正如默顿(1957)指出的四种类型:

1. 遵循型:赞同目标与方法。
2. 逃避型:否决目标与方法。
3. 犹豫型:态度冷淡。
4. 置换否决型:考虑其他替代品。

彼得·伍兹(Peter Woods,1980)对英国公立寄宿学校的男生做了目标方法类型学测试,并修订了此模型以使之体现更多的个体学生反应类别。他添加的类型有以下几种:

1. 殖民型:特点在于对目标毫不关心,对方法却犹豫不决。学生认可学校是自己必须度光阴之场所,并试图将许可的、未许可的、官方或非官方的现存奖赏最大化。他们接受部分的学校体系,但却可能采用诸如抄作业和考试舞弊等非法手段来应对它。
2. 满足型:这是对目标和方法的非常积极的反应。

3. 遵循型：进一步分为以下几类。

a) 顺从型：学生"觉得目标与方法具有亲和力并对此有认同感"。

b) 逢迎型：学生"企图通过讨得掌权者的欢心使自身利益最大化，他们常因不受同辈欢迎而感到不安"。

c) 机遇型：学生"不太持之以恒地勤奋学习，经常短暂性地学习其他方式"，在作出确定之前先对它们进行试验。这就会导致行为的不稳定性。

4. 顽固型：这种类型的学生对学校目标漠不关心，拒绝通过惯例、规章制度来实现其目标的方法。他们可能扰乱课堂，甚至对教职员工进行人身攻击或破坏财产。这类学生可以从发型、衣服、鞋、靴等外表得以区分。总体而言，学校很难管理他们。

5. 反叛型：学生拒绝接受学校的目标与方法，却采用其他来加以替代，这普遍发生在学校生涯的后期。目标的置换使得这群学生不像顽固型学生那么有威胁。

由默顿发明又经伍兹修订的模式制定了与学校目标以及实现目标的手段相关的中小学学生策略，而大学层面的策略因需求以及环境本质的差异而与之有所区别。大学生应对机制导向每节课所必须完成的学习，斯尼德（Snyder，1971）证实了高等教育中存在的隐性课程与正规课程，即隐性要求与显性要求之间的鸿沟，后者更易于识别出来。

一些大学生很快就发现，那些掌握了隐性课程以及学会了"操纵系统"的学生已经学会了重要的应对策略。譬如，米勒（C. M. L. Miller）与帕莱特（M. Parlett，1976）就写过"暗示觉察力"（cue-consciousness），即学生从教授那里获得诸如测试题目以及偏好的主题范围等信息的程度。他们描述了三种类型的学生：

1. 暗示意识型：学生依赖勤奋与运气来做好功课。由于试图学习更多的主题，他们对测试准备得不够充分。他们获取一定量的暗示信息。

2. 暗示探索型：学生有选择地学习，他们常常积极地从教员那里寻找信息，在寻求诸如什么为重要话题等暗示信息时试图给予他人以好印象。

3. 暗示充耳不闻型：学生几乎不获取任何有关重要信息的暗示，他们试图学习所有教材而不带有选择性。

研究者发现暗示意识最强的学生与高分成绩之间存在相关性。

近年来，一些研究者研究了学生的学习风格。每个人都有主要的学习方式，教师如果知道个体间差异范围以及班级学习风格概况，那么他们就能够设计课程来迎合主要学习方式或多种学习风格。了解自身学习风格的学生能够调适学习模式。我们在听觉、视觉和触觉刺激之下学习,在合作群体、竞争环境或孤立中学习。人们已经形成了评价学习风格的几种刻度(见框7-2)。

框7-2　学习风格调查表

以下为格拉斯哈-赖希曼(Grasga-Reuchman)学习风格编制目录的样本(Grasha,1975)。(学生回答的等级范畴从同意到不同意)

1. 我所具备的知识多数来自自学。
2. 我觉得其他同学的观点对于自身理解课程教材有相关的帮助。
3. 我试图尽全力探究课程的方方面面。
4. 我学习对自身发展重要的知识,它不一定就是教师所讲的重要知识。
5. 我认为课堂的一个重要环节就在于学会如何与他人相处。
6. 我认可教师制定的课程框架结构。
7. 我在课堂集中注意力方面不存在问题。
8. 我认为学生共同讨论比独想能习得更多的知识。
9. 我喜欢与其他同学一起学习迎接测试。
10. 我感到要获得好成绩就必须与其他同学进行竞争。

研究者分析了每个学生、每个班级填写的调查表,在此基础上,学生与教师对哪种学习风格最有效就有了更好的了解。

学生策略产生多种个体角色与分类:遵循者、偏离者、计划者、逃避者、妥协者、反叛者、教师的宠儿、小人物、捣乱者、运动员、愚钝者、智者、书呆子、受欢迎者、一鸣惊人者、踌躇者等(Jackson,1968)。分类可以变化,然而,学生一旦被归类就会愈来愈以该类别相关的方式行为,达到自我实现的预言。

评价学生策略时,关键之处在于考虑学生操作的整个系统,这包括能力的动态、其他教师与学生的策略、社会文化结构或学校目标与方法。现在我们讨论学生所处的环境。

● 实践:作为学生,你运用了什么策略来应付课程学习?●

学生与所处的环境

家庭环境对教育成就的影响

一位学校社会工作者所在区域里有着一所面向贫困地区招生的小学,她讲述了那些因父母工作时间、疾病或其他社会问题而不能得到照顾的学生,讲述了那些照看弟妹的小学生,讲述了以可乐与薯条为早餐的学生,冬天穿着破鞋湿着脚上学的学生,以及有着无名伤痕甚至老鼠咬伤的痕迹的学生。然而,学校却没有提供必需的支持体系来帮助这些面临困难的儿童以使他们做得好一点。对这些问题我们都有解决的办法,那么为何没有人采取什么行动呢?

儿童在学校与社会的位置主要取决于家庭环境。下面将谈及的科尔曼(1966)与詹克斯(1972)的研究发现,一半或三分之二的学生成绩变化与诸如社会经济层次等家庭变量有着直接的联系(Greenwood & Hickman, 1991, p. 287)。与其他变量相比,家庭"作用"变量与成绩和等第之间存在更大的正相关性(Dornbusch & Ritter, 1992)。

一个根本问题在于学校如何能满足每个儿童的需求。我们知道,学校运用社会构建(social constructs),其组织与语言更为中上阶层儿童所熟悉,这些儿童更可能具备能支持其价值观和态度的家庭体验,接受过认知技能的培训,以助于他们适应学校的需求。在早期成长阶段,儿童学习语言、价值观和对世界的定位。儿童早期家庭学习环境是至关重要的,布罗姆推测我们80%的智力潜能在八岁之前定型,刺激环境能帮助恢复丧失的潜能,但是这样的一个过程是非常艰辛的(Bloom, 1981)。

让我们观察两位能力相等的五岁入校生,乔伊(Joey)来自工人阶层家庭而贝利(Billy)来自中产阶层家庭,然而为什么从起始阶段起乔伊成绩就可能低于贝利呢?在对此案例进行归纳时,我们必须格外地谨慎,必须意识到儿童培养模式存在许多的差异,而美国与英国的研究则确认了各阶层儿童培养模式的一些共性,这就给乔伊和贝利提供了进行学校体验的不同方式。

乔伊与贝利的差异性存在于以下几个方面:带入学校的文化资本、对是非的学习、态度与价值观、语言能力与认知技能、家庭结构与父母和子女间的互动等。在乔伊举止不当时,其父母迅速施行惩罚,最通用的方法是对其行为所产生的结果加以恐吓,取消任何特权,或用皮带抽打。贝利也受到惩罚,然而方式却截然不同,他父母采用推理、使其内疚与羞愧的方法灌输价值观。乔伊接受的社会化培训或许有助于生活于闲或危险的环境中,但却不能帮助他适应课堂情景下的要求,如创造性或独立思维。

乔伊与贝利可能形成不同的语言模式。他们都讲英语,但是,来自中产阶层的儿童除学习适于任何阶层儿童交谈的"大众"语言之外还学习正规或详尽阐述的语言。受限制的"大众"语言越多就越限制了儿童将新想法与观念概念化的能力,而正规语言能使贝利应对更为复杂的想法与感觉(Bernstein, 1981)。

尽管多数家长很看重子女的教育及成绩,但是他们激励教育的方式却存在差异。工人阶层的家长期望子女在学校"举止得体",强调对权威的遵循与服从,这是工人阶层工作所必备的举止行为,而中产阶层在儿童的社会化过程中强调独立与自我定向,这在决策与从事白领工作中很重要。

家庭背景与家长参与

儿童的成功很大程度上取决于家庭背景以及家长支持他们教育中所采取的行动。父母养育方式与其期望对确立儿童的教育日程至关重要。对于放学后和周末的活动、观看电视、家庭作业和其他与学校相关的决策的指导方针给予了儿童框架结构并有助于树立目标(Dornbusch & Ritter,1992;Lee,Dedrick & Smith,1991)。儿童在学校取得成功的一个最重要因素是父母在其教育过程中的参与程度。问题在于父母何种行为对儿童学习成绩可以形成积极或负面影响。父母的参与受限于他们社会与经济因素、参与的机会、自身对教育的观念态度(见图7-4)。

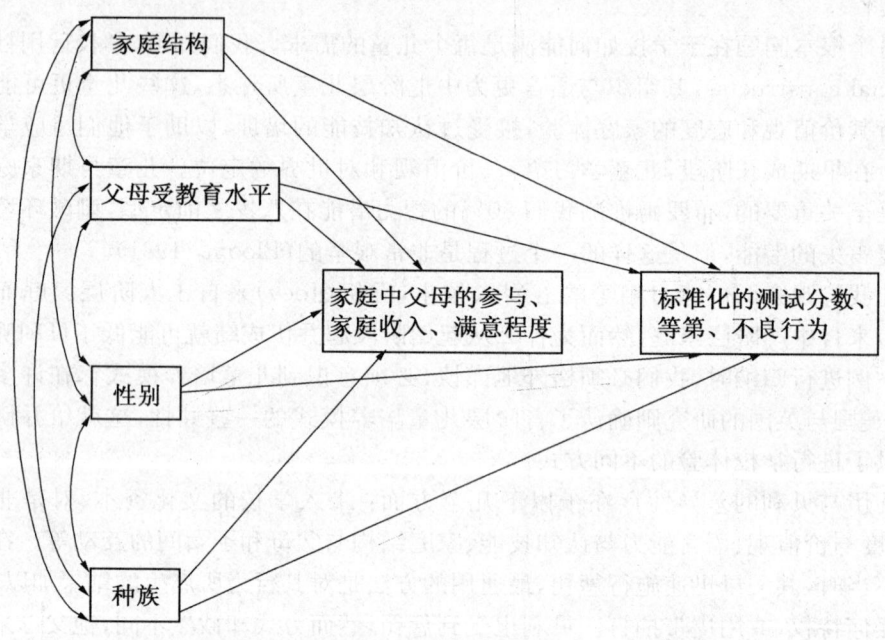

图7-4 对儿童成绩和行为产生影响的父母因素

资料来源：From Parents, Their Children, and Schools by Barbara Schneider, Copyright (c) 1993 by Westview Press, A Member of the Perseus Books Group. Reprinted by permission of Westview Press, a member of Perseus Books, L. L. C.

影响学生成绩的家庭环境因素包括家庭的社会阶层、早期家庭环境、父母养育子女的风格、母亲与子女互动的"类型"、母亲工作的影响、父母对学校决策与活动的参与情况、家庭与学生的抱负、家庭子女的数量等(Rubin & Borgers,1991)。家庭中子女越多,父母与子女互动的时间越少。下面着重谈谈其中的几个因素。

社会阶层背景

家长对教育过程的参与因社会阶层而异,大量的研究已侧重于儿童从家庭生活中带入学校的"文化资本"的探索(Kalmijn & Kraaykamp, 1996)。其中一些类型的文化资本有助于学校学习,另一些则没有促进作用(Bourdieu, 1977)。事实上,社会阶层地位也能成为一种文化资本,并导致不同的学校体验。中上阶层儿童——譬如,那些母亲受过教育的儿童——的文化资本为教育体验提供了有用的资源,而其他较低阶层的文化资本提供的资源却不被诸如教育等社会统治机构所重视(Lareau, 1985)。

较高社会阶层的家长积极操纵子女在学校与家庭中的教育,而较低社会阶层的家长则按学校的要求去做,很少超出要求。这两类家长的教育价值观相似,在学校待遇也相同。然而,较高社会阶层的家长具有更多的文化资本,一旦得以运用,其子女将受益,与教师交谈时他们更为轻松,并较积极地参与学校活动。与他们相比,处于工人阶层的家长在应对学校与教师方面则感到不轻松(Laueau, 1989)。

中产阶层家庭倾向于在家庭内拥有更多的教育资料,如书籍、报纸与杂志。这样的学生在家进行了大量的阅读,在阅读成绩测试中分数高于较低社会层次的学生。他们的父母也阅读、去图书馆以及参与学校活动(Anderson et al., 1985),此外还参观更多的博物馆,听音乐会,在放假期间提供额外的教育机会(Entwisle & Alexander, 1995),所有这些活动都加强了教育的价值观并补充了学习内容。

虽然不同社会阶层背景之下的儿童都进入了大学,但是他们的文化资本却与就读的大学类型密切相关。学生对大学的选择与家庭背景、朋友、自身对生活机遇的态度等有关(McDonough, 1997),此外,长期的差异表明来自低社会经济状态下的学生的收入水准、教育目标、教育抱负、研究生就读情况低于那些来自较高社会经济状态下的学生(Walpole, 1997)。

父母养育子女的风格

父母养育子女的风格也影响着学生的成绩。在美国,权威型、溺爱型与自由型(或很严厉或很宽容)的养育风格对学生成绩起消极作用,这样背景下的学生辍学率较高(Taris & Bok, 1996)。以推理为导向的权威型养育风格中,父母要求严明,同时与子女进行情感交流,认可其自主权,这种风格对学生成绩有积极作用(Darling, 1999),它涉及到父母高度的监控、高度的支持与参与、儿童高度的心理自主权等(Lam, 1997)。在一些社会,结构严谨而具内聚力的家庭与高成绩相关联(Georgiou, 1995; Fontaine, 1994)。

家庭抱负

家庭与学生对未来的抱负是另一个受阶层、民族或种族影响的要素。那些设立高标准和较高抱负的家长的子女更可能取得较高成就。詹姆士·科尔曼与其同事发现，黑人与白人的家长们抱负相似，而区别就在于实现抱负所采取的必要步骤存在差异。尽管许多低阶层的黑人妇女寻求多种策略来激励子女的学习成绩，但黑人学生认为他们对环境的支配较少，因此视其命运取决于运气与机遇（Coleman et al., 1966; Rosier, 1993）。科尔曼的《教育机会均等》（即《科尔曼报告》）涉及范围最广，它证明了家庭环境对成绩的影响远远超过了学校课程的影响。教育和社会阶层背景是导致学生间差异的首要决定因素，次之是学校的组成部分，即同一所学校内其他学生的背景。

另一个涉及范围较广的研究由克里斯多佛·詹克斯与其他人一起操作（1972），得出了一致的结论：家庭特征是学生学校环境中的主要变量。实际上，詹克斯的研究结果表明，家庭背景占据教育成就变量的一半以上。不管使用什么样的衡量标准，如职业、收入、父母教育程度等，家庭社会经济状态极大地预示了学业成绩的好差。

单亲家庭

平均而言，与双亲家庭的儿童相比，来自单亲家庭的儿童等第较低、测试成绩较差、辍学率较高，这些结果也受到家庭的民族或种族背景、父母受教育程度、因缺少父/母亲而导致家长参与程度低的影响。许多福利儿童在学校可能有问题的预兆迹象出现在三至五岁间这段很早的年龄阶段，这些儿童很少得到认知激励与情感支持。除非父母有效地加以支持与监督，否则这些因素就会与儿童的行动迟缓或缺席、不做家庭作业、不与父母接触、忙碌于频繁地约会和早期性行为相关联（Moore et al., 1996; Pallas, 1989; Mulkey, Crain & Harrington, 1992）。

单亲家庭中的儿童在教育活动方面，比起与亲生父母生活在一起的儿童，获得的父母鼓励与关注较少，他们陈述的教育期望、家庭作业的监控以及全面监督都低于来自完整无缺家庭的儿童（Astone & McLanahan, 1991, pp. 318—319）。

母亲角色

贫困中的母亲因与教师相处的不适以及缺乏社会的支持而不太可能参与子女的学校教育（Thurston & Navarrete, 1996）。因父母不参与而被迫为自己制定教育计划与决定的儿童更可能辍学（Rumberger, 1990）。这些研究结果在荷兰的一项研究中得以证实。它报道说，单亲家庭的负面影响自20世纪80年代起有所加强（Dronkers, 1992）。然而，确实参与子女教育的单亲父母能对这些负面影响加以补偿（Lee et al., 1991; Pallas, 1989）。最近的研究结果表明，非全日制工作的母亲能很好地投入到子女的教育中，他们的子女表现较好，而全日制工作影响子女放学后的监管时间，两者之间的差别就在于此（Muller, 1991）。

其他证据表明了母亲参与学校教育过程的影响。例如,接受了8年教育的母亲在激励子女学习成绩方面与其他父母讨论相似的策略,但是他们对这些策略的使用与实施因社会经济层次的差异而各不相同。接受大学教育的母亲通过选择大学预科课程而"操纵"着子女高中课程表。来自较高社会经济地位的儿童在学校系统中表现得较好,部分原因在于他们的父母具有较强的管理技能(Baker & Stevenson, 1986)。事实上,一些中产阶层的家长可能在子女出现问题时试图"控制"学校并采取行动,而低层次的家长则在与学校的互动中感到无助与疏远。

许多家庭关心的一个问题在于母亲工作对子女成绩的影响。研究结果是混杂的,涉及到许多变量,如工作时间量、工作强度、对子女的关爱、家庭社会经济地位等(Williams, 1993)。综述主要的研究结果可见,母亲工作提供了积极的角色模型,其子女通常在成绩测试中取得较高的分数(Radin, 1990)。具体而言,单身的黑人母亲的工作对小学的黑人学生起着正面的影响,而来自黑人双亲家庭的母亲工作对子女的成绩几乎没有影响。研究表明,母亲的职业与女儿的职业抱负没有什么相关性,这也许因为许多母亲的职业为常规工作。但是,当母亲从事女性职业时,其女儿更可能立志从事一项女性职业(Mickelson & Velasco, 1998)。

兄弟姐妹的数量

家庭中子女的数量是影响学校体验的另一因素,尤其是影响儿童完成学校教育的时间。小家庭的父母提供给子女更多的智力与教育优势。我们知道来自子女较少的家庭的男生更灵活,与其父亲相比,他们通常能修完更多年限的学校教育。家庭子女越多,父母关注越少,物质资源越少(Blake, 1991),成绩也越差(Hanushek, 1992)。

来自子女较少的家庭的儿童"获得许多个人本性的优势,这包括显著的较高口语表达能力、校内表现的动机、喜好课外'智力'活动、典型的有利于学习与学术研究的家庭背景、对上大学的鼓励等"。来自子女较多家庭的儿童"平均而言,口语智商较低、学校表现较差、较少参与课外智力活动、参与体育运动和社区活动较多、不太可能被鼓励上大学,结果导致如从中学毕业就更依赖于家庭地位的支持"(Blake, 1986, p. 416)。

学校在使家长参与的可能性方面起着作用(Spencer, 1994)。并非所有学校都受欢迎,教师超额工作,家长在工作量上又增添了一层(Dornbusch & Ritter, 1992)。一些家长对教师期望太高或进行直截了当地辱骂(Ostrander, 1991, p. 37)。然而,一些建设性的方式可以使家长参与子女的教育和学校计划(Epstein & Dauber, 1991, p. 289)。

● 实践:要加强子女的学术成就,家庭能做些什么? ●

学生构成学校参与者中最大的群体,因此在影响成绩水平与学校氛围方面起着重要的作用。理解这些作用的重要意义在于,在环境影响方面,他们将什么带进了学校,在为参与社会做准备时将什么带出了学校。

结语

构成学校系统的最大群体是学生,学校存在的目的在于将学生社会化为社会中具有生产能力的角色。本章探讨了学生角色的多种层面。

Ⅰ. 学生特征

在美国中小学教育中,少数族群学生注册率在增加。学生身陷学校、同辈与家庭的期待之中,这影响了学生的成绩;学生的亚文化与友谊模式,如社会阶层与性别一样,能影响学生的自我概念与学习成绩。学生在就学初期的托儿所或幼儿园内就习得了自身的角色观,并在其学校生涯中扮演着这些角色。每一个新的群体以帮或班级的形式出现。教师与行政管理者代表着成人权威,学生要面对他们期待之间的冲突,学生在课堂上扮演不同角色以此来应对期待,他们可能对事冷漠、被疏远或不参与学校活动。那些不能顺应学校系统的学生很可能学业失败。

Ⅱ. 学校的失败生与辍学学生

一些学生学业失败,他们最可能辍学。导致辍学的因素有家庭问题、少女怀孕、第二语言问题、所属团伙、移民地位、贫困、被学校系统疏远的感觉等。年轻人加入团伙以寻求保护与归属感,许多团伙从事非法活动,它们的影响力能波及到校园。虽然人数可能很少,但是影响也许很大,产生恐惧感、暴力、恐吓、吸毒、团伙征募活动等。为了控制团伙的影响,学校试图影响学习环境使之更为问题学生所接纳,同时为其他学生护卫着学校。安全学校运动采取行动来减少暴力以及校内的暴力威胁。一些学生留级或停学,他们通常最可能辍学。人们提出了几项减少这些现象的建议。青少年雇佣对学习成绩的正负面影响取决于雇工类型以及工作时间的长短。辍学学生的未来困难重重,因而,试图将学生留住是一项重要的目标。冲突理论者认为学校在装备学生适应社会中的社会阶级地位。

Ⅲ. 学生与非正式系统

自我概念影响着学生的成绩,学校或课堂内的低期待导致较低的成绩,学校的价值观氛围影响着期待,学校确实影响着学生的成绩,有效学校的特征,如教师制定高学术标准等,本节均加以了讨论。教师对学生的期待与同辈群体的影响彼此竞争以期影响学生成绩,中学运动员群体就是一例。按能力分组能够影响学生的同辈组群,结果却不总是积极的。互动理论者讨论的应对策略指学生阐释与应对学校期待的方式,解读学生应对策略的一种模式在于将学生的目标与途径与其成绩联系在一起。

Ⅳ. 学生与所处的环境

环境指学校之外影响学生校内角色的影响力,如家庭环境就是一重要影响力,家庭是否支持、提供角色模式以及提出在校内表现良好的其他要求影响到学生的成绩,家长参与子女的学校教育,其子女的成绩就高,家长参与程度因社会阶层与养育子女风格不同而各异,家庭对未来的抱负也影响学生的成绩,如,母亲受教育程度越高,其参与管理子女教育就越积极。母亲工作对其子女成绩的影响千差万别,兄弟姐妹的数量也可能影响着成绩,家庭规模越小,家长给予子女的关注就越多。

总之,影响学生校内成绩的因素有多种。

实践

1. 请谈论教师的期待对你或你子女的教育的影响。
2. 你所在中学很显眼的同辈群体或派系是哪些?它们如何影响着其成员对学校的态度以及成绩水平?
3. 儿童的自我概念如何影响自身的学习?请举例说明。
4. 请访谈来自不同阶层、少数族群以及性别等方面的家长,询问他们对其子女学校教育的参与程度以及他们采用的哲学理念。
5. 你所了解的学生,如你的子女、兄弟姐妹、其他熟人等生活中最重要的影响是什么?家庭影响?同辈群体的影响?或其他?

第八章 非正式系统与"隐性课程":学校内真正发生了什么

父亲将她留在一年级教室门口时,津格止住了眼泪。她将会熟悉同班同学并且结识到朋友吗?会喜欢教师吗?懂得规章制度吗?会获取成功吗?当学生面临意味着成功或失败的新挑战时,这些问题就萦绕在他们脑海中。你还记得新学年或在一所新学校内的第一天生活吗?这些记忆生动而持久,原因在于我们投入大量的时间和精力来适应学校教育。做学生时,我们每年花 1 000 多小时在学校读书(Jackson,1968)。也许我们最清晰的学校记忆是最佳和最低状态,而不是每日的常规生活。问一下你的朋友,记得什么早期的学校体验?你得到的回答会是,拼字比赛获得胜利,站在全班级前背诵一首诗歌,没有原因地被罚课后留校,因为寻找在学校内逃脱的仓鼠而错过了数学课,跌倒在操场上而使伤口缝线,在学校戏剧中担任主角却忘记了台词等。这些到处可见的例子有助于我们形成对学校的态度,有助于我们形成对学校的体验,它们属于非正式系统的一部分。本章将探讨学校非正式系统的几个方面,即那些远离或源自正式规划的学校课程而发生的未规划的经历。

我们倾向于将自己与学校周围的人,即同辈人和教师,相比较来界定自己。我们经历考查、奖励、谴责、诱骗、惩罚、喜爱、奚落、表扬或嘲笑,也可能失败。约翰·霍尔特(John Holt,1968)探讨了这一话题,并在此过程中指出了一些影响儿童学校经历的变量:

> 他们最害怕失败,最害怕令他们周围许多热切渴望的成人失望或不愉快,这些成人对他们无限的希望和期待萦绕在脑海中,如乌云一般。此外,要在学校做的事情是如此的琐碎,如此的枯燥无味,再者,针对他们宽泛的智力、能力和才能而提出的要求有限而狭隘,这使得他们感到厌倦。他们感到困惑,学校灌注给他们的洪流般的话语中,多数意义不大或没有意义,通常与他们所接受到的其他事情截然相反,几乎与他们真正了解的事物——他们脑海中现实的粗略模式——没有任何联系(pp. xiii—xiv)。

第八章 非正式系统与"隐性课程":学校内真正发生了什么

我们关于学校的信念受教师、班级环境、校外发生的事件以及我们自身理解和解释的影响,然而,我们中多数人没有仔细考虑过自身对学校的信念,社会学家和教育者直至最近才注意到这个问题。从有关这方面研究缺乏情况来看,学生对学校的信念似乎很少受到关注,毕竟儿童必须上学,所以为何要询问他们对学校的感觉呢?这样做的好处又是什么?学校发挥着各种功能,它不可能总是迎合学生的喜好,不管怎么说这些学生或许还不知道哪些是重要的,值得学习的。

非正式系统涉及的话题范围包括了从微观分析角度上的个体学生和教师的应对策略,到宏观分析角度上的结构和校园文化。鉴于非正式系统渗透到教育的方方面面,我们只能够描述该系统是什么以及它是如何运作的。

开放系统研究法与非正式系统

学校内部系统既有包括角色和结构在内的正式部分,也有非正式的一部分。考虑图8-1所展示的模式,并注意内部系统和环境之间的互动关系,这将在第九章里作进一步探讨。本章讨论非正式系统的几个方面:隐性课程与有效学校,同辈文化与同辈影响,学校作为社会化的非正式媒介,学校内的权力动态,以及学生和教师的应对机制。

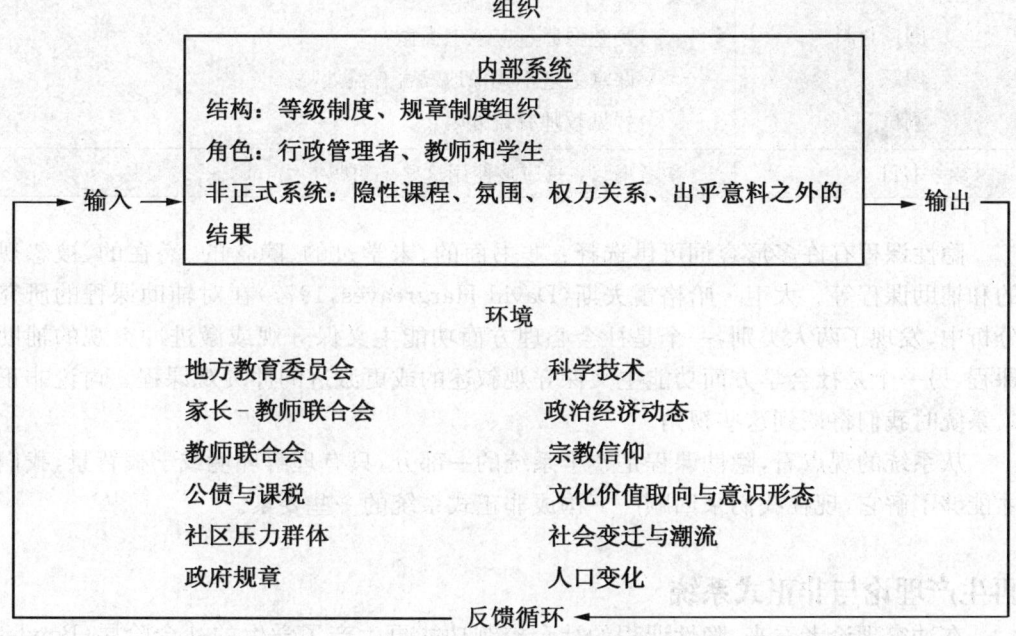

图 8-1 学校开放系统

第八章 非正式系统与"隐性课程":学校内真正发生了什么

隐性课程

有组织、有结构的课程背后存在着另外三个"规"字,即隐性课程的规则、常规与规章制度,这一点在表8-1概略的大纲中得以强调。每当进入一个新的班级,评论每一位新教师时,多数人都有相似的问题。"隐性课程"这一术语由本森·斯尼德(Benson Snyder,1971)提出,随后这个概念被教育家、社会学家以及心理学家使用了多年,用以描述学校非正式系统。斯尼德将"隐性需求看成是'显性课程'(visible curriculum)明晰规定的义务的对立面,该隐性需求可以在所有的学习机构中找到,而且学生要在此机构中生存,就必须找出它并对之做出回应"(p. 6)。

表8-1 101课程的教学大纲

实际或显性课程	隐 性 课 程
教师:姓名	教师:我应该如何称呼教师?
课文:标题	课文:我们确实需要学这些课文并阅读它们吗?
课程主题:列出	课程话题:教师真正该讲授些什么?教师真正感兴趣什么?
要求:	要求:
阅读材料	要勉强通过应该怎么做?
课题	课堂上毫不犹豫地发言有益处吗?
测试	拜见教师有益处吗?
参考书目	参考书目:真应该使用这些书目吗?

隐性课程有许多形容词可供选择:非书面的、未学过的、隐含的、潜在的、被忽视的和辅助课程等。大卫·哈格雷夫斯(David Hargreaves,1977)在对辅助课程的研究分析中,发现了两大类别,一个是社会心理方面功能主义保守观或激进冲突观的辅助课程,另一个是社会学方面功能主义保守观叙述的或更激进的冲突观课程。讨论非正式系统时我们将谈到这些视角。

从系统的观点看,隐性课程是整个系统的一部分,只有理解环境或学校背景,我们才能够了解它,现在我们来回顾一下构成非正式系统的一些要素。

再生产理论与非正式系统

在冲突理论者看来,隐性课程的社会控制功能再生产了学生的社会阶层(Bowles & Gintis, 1976)。譬如,工人阶级出生的学生学会如何应付学校的无趣,这使他们能够忍受工作中的无聊生活,通过隐性课程,他们知道自己在教育系统内"被看不起"。

第八章　非正式系统与"隐性课程"：学校内真正发生了什么

隐性课程包括社会与经济诸事项，它们负责将社会阶层分离，给予精英们更多的自由和机遇，而培养非精英们接受自己的命运，成为顺从的严守时刻的劳动者。多数学生不管他们在政治经济体制中所处的位置如何，都学会将之看成是最佳的体制。

安妮恩（Anyon, 1980）描述了处于截然不同社区的小学类型，即从工人阶级子弟学校到专业人士子弟学校与管理者精英子弟学校，以此证明了不同学校体验与期望之间的差异性。虽然表面存在着许多相似之处，但是每所学校的隐性课程忙于解决的是自己多数学生所代表的社会阶层的"需求"。

1. 工人阶级子弟学校强调机械地遵循某程序的步骤，要死记硬背，而不做决策、选择，对特殊做法不加以解释。等级的评定以后面的程序为基础。

2. 中产阶级子弟学校强调获取正确解答，可以做判断、选择以及制定决策，如询问儿童如何找到正确答案。

3. 富裕者子弟的学校强调独立的创造性活动，要求学生表达与运用观点与理念，并且斟酌这些观点和理念。

4. 管理者精英子弟学校强调发展智力分析能力，解决问题的推理能力，整合系统中各要素规则的概念化能力以及运用这些规则解决问题的能力。这里包含的是自我的成功体现。

安妮恩指出，隐性课程的这些方面为学生将来在社会上的生产角色（productive roles）做准备。工人阶级子弟在为将来机械常规的按劳计资工作做准备，中产阶级子弟为官僚政治与资本的关系做准备，专业人士子弟为参与大量谈判事件的工具性和表现性角色做准备，而精英们的子弟在为分析与操纵整个系统而做准备。总之，隐性课程为学生适应将来社会中的角色进行培训。

麦克利奥德（1995）描述了芝加哥一项贫困住房计划（housing project）[1]中两组年轻人的生活。在人种志研究中，他观察"闲荡之人"，访谈其中的成员，重点在于他们与学校教育的关系，在学校和生活中获得成功的障碍，以及他们如何用行动再创自己生活的机遇。在另一个人种志研究中，鲁贝克（Lubeck, 1984, p. 230）对儿童早期教育做了汇报，证明了灌输成人价值观所用的时间和空间的重要性。她所研究的幼儿早年教育计划与其他儿童保育情景不同之处例证了价值观再生产阶层的重要性，前者为低收入家庭儿童服务，与儿童有一些自主权的其他中心相比，它对儿童的时间和空间安排得更为严格。对学生而言，其意义在于长期有效地导致他们阶级地位的再生产。

---

[1] 编者按：通常指为低收入家庭而设的，由公家经营管理的住房发展计划。

第八章 非正式系统与"隐性课程":学校内真正发生了什么

处于各教育级别的学生发展应付机制或应付策略,以便在矛盾的系统中得以生存,这种矛盾抑或表现为延误却又花费一天中大量时间等待加速,抑或在学生被告之有许多事情不能做时加以否决。学生试图在混杂的信息中找到被认可的回应,成功的学生开始擅长与整个系统合拍(Holt,1968)。

● 实践:描述一下你所处教育背景以及你所选修的课程中的隐性课程。●

教育氛围与学校效力

让我们再一次进入学校,正如讨论正式学校系统一样,但是,此次我们探询的是系统中的非正式方面。我们只能够观测到少数的情况,因此,将会就这一点提供学校内非正式系统事例。

"氛围指社会总环境,用于描绘群体、组织或社区的特征,如社区内一般舆论等"(Brookover, Erickson & McEvoy, 1996, p. 26),它影响学校和班级内发生的事情,有助于有效学校的形成。不正规地讲,氛围和文化属于非官方,无论教育情境是温暖而易接纳的,严厉而不宽容的,还是庞大而没有人情味的,它们都会渗入其中。自20世纪60年代以来,组织氛围的概念引起了研究者的注意。早期的研究表明,对学校氛围的关注能够影响学生的学习成绩,因此,在美国和其他一些国家,研究者关注的焦点是了解使学生学识最大化时所需要的条件或环境(Johnson et al., 1999)。有一些非

许多学生在教室外与同辈群体互动的过程中进行学习

正式系统的要素相当容易观察到，它们就是：学校的建筑、开放式还是封闭式班级、能力分组、按年龄分学级，以及分组教学制等，其中许多在本书中得以探讨，但还有一些不容易观察。这里我们尤其关注影响学校参与者体验的教育氛围或文化，第一个话题就是学校价值观的内外因素。

价值氛围

什么影响学生的学习动机、期望以及成绩？为什么一些学校比其他学校更有生产能力？与教师和家长相比，同辈对学生的影响力更大吗？阐明这一组连锁问题是很困难的，因为各种因素是密切联系的，任何单一因素都不可能提供出答案。所有与价值观氛围相关的重大研究项目都包含具有细微差别的研究问题、变量、方法和背景，从而导致结论各不相同，甚至自相矛盾。尽管这是发展和革新中的一个领域，但在此所引用的研究揭示了价值观氛围与家庭环境、自我概念、成就以及教师期望之间的关系，并例证了该领域中一些重大的关注点和研究结果。

学校教育不仅仅局限于阅读、写作和数学，正式与非正式组织中都存在着价值观和道德方面的课程。菲利普·杰克逊（Philip Jackson）及其同事（1993）对学校向学生灌输道德价值观的实践进行了研究。譬如，公立学校正式课程中几乎没有教授伦理道德这一部分，尽管其他科目的课程内容中出现了道德教育，但是该课程的目的却不是要灌输道德内容。道德教育以其他形式出现，诸如出现在学校内的仪式典礼上：有关禁用毒品的演讲、赛前动员会、毕业典礼、对美国的效忠宣誓以及马丁·路德·金纪念日等的节日庆祝；含有伦理道德信息的标语、图画和海报等的视觉展示，如"为你所做的一切而自豪"、"全球和平"，提倡了一种"类似机动车保险杆上印有显示信息的张贴物的伦理道德"（bumper sticker morality）。教师每天不时地插入道德教育，譬如对偷窃行为、虐待行为或体育运动道德的沦丧做评论等。

一些道德不是教授的内容，但是却被吸收为教育环境的一部分，例如，所有班级和学校都有能做和不能做之事，即都有其规章制度、风俗和传统。语言和非语言提示使学生知晓何时举止行为会不被接受。学生正是通过这些信息才学会学校的非正式课程的。

学校氛围与有效学校

不同学校之间存在着许多相似之处：学校门廊、封闭式的班级、大钟将我们引向学校办公室的标记等，但是，学校的环境或气氛等无形的东西却是独特的，它形成了学校氛围。

校园文化 就像一个小型社会一般，每个学校都有属于自己的文化，是学校氛围的一部分，包括构成系统的价值观、态度、信仰、规范、习俗等。每个校园文化都有自己的典礼仪式(Waller,[1932]1961)。此文化的关键目的或作用在于培养一个具有忠实感的群体。赛前动员会、对体育比赛项目的欢呼、集合、唱歌、奉献、火灾避难训练、荣誉与颁奖典礼、朝会、毕业典礼,甚至转换班级等构成了多数学校普遍的仪式,但是每个学校却又有其独特性。许多仪式应运动员而产生,原因在于他们通常是学生中的领导人物,甚至学校给予他们特殊的权利和地位。在大学生联谊会中,人们发现存在类似的仪式,它们将参与者与更为"严肃的"学术界和教授区分开,并在这两者中建立了缓冲区。

学生由于居住机缘而被分配到一所公立学校,校园文化反映了当前学校所处的社区以及学生的特征。学校背景与更大范围的文化规范鼓励着教师与学生之间存在距离,一位新教师,如果试图对学生太友善,那么就会受到教师嘲弄或排斥的制裁。多数学校的情况是,教师与学生保持距离,将之作为一种权威的象征,也阻碍亲密关系的产生,亲密关系可能会导致学生与教师之间产生轻率的举止行为。

教师代表成人社会与主流群体的文化,而学生则有更具局限性的文化范畴,它以年龄同辈群体、学校和当地社区为中心。这两种群体的世界观产生分离的影响,教师被学生认为"异类",他们充满了神秘。回忆你对不同教师的印象,流传的有关他们的谣言,以及给他们起的绰号。学生创造自己的文化,并传递给刚进学校的每一代新生,这包括语言、服饰、幽默、音乐、游戏和老生戏弄新生。

学校学习氛围 我们都可叙述学校存在的问题,但是该如何给有效学校下定义呢?学习氛围指"一个学校中对学生群体整体的学业成绩水平产生影响的常规化态度和行为模式",即教师的期望、学术规范、学生的无用感、角色定义、分组模式以及教学实践等(Brookover et al.,1996,p.28)。有效学校这一概念提出正式结构变量与非正式氛围变量,并承认这两种变量的相互关系。

渗透在所有这些特征内的理念是:一个积极的学校氛围重视学业成绩,突出学术成功的重要性,强调维持秩序和公正的纪律,并且对它们给予奖赏。与此相辅的应该是积极的家庭与学校关系,即学生拥有一个鼓励的家庭环境,家长参与学校活动,并且支持学生完成家庭作业(Epstein,1995)。

学校与班级情境中的这些关系构成了教育系统,必须在地方、州和国家层面上对教育系统进行控制,以便改善学校,使它们更加有效力(Levine & Ornstein,1993)。

● 实践:根据你对有效学校的了解,谈谈你所处的社区学校需要如何改变才能更加有效力? ●

班级学习氛围

人们通常将班级描绘并视为一个独立的系统,封闭于社会之外。心理学家和社会学家已经聚焦到"一师多生"的模式,而不是将班级放在开放系统模式所提倡的更大环境中审视。班级也被等同于群体环境(Jackson,1968,p.10),有许多非常接近的人和一个经常通过执行纪律来维持控制权的中心人物。无论这个模式是什么,要理解班级行为的动力就要认识到环境的重要性,如,约翰今早吃过饭了吗?琳达与最好的朋友发生争执了吗?斯蒂芬的父母离婚了吗?教师有个人和职业困难吗?

学习氛围由常规组成,这些常规是班级为了维持控制和纪律而强加在学生身上的。事实上,教学模式非常相似,学生通常被动学习,不积极地进行思考或参与实践活动。然而,教师在因材施教的教学过程中,会考虑到智力与学习风格的不同类型(Lazear,1992)。如果他们相信自己能够产生影响的话,他们就常会操纵和决定各种活动(Weber and Omotani,1994)。

鉴于自身结构和组织,班级接受学生的某些行为和态度,例如,延迟满足感,对群体内聚力与目标超越个体私欲的支持等。这些态度学校内不容易教授,但却是教学情境中不可缺少的要素,儿童必须在进校之前开始获得班级学习必需的行为和态度。对"未准备好的"学生而言,学校体验可能是没有意义的,家庭问题、缺乏纪律性的家庭,以及电视的影响都没有对传统班级的适应过程给予帮助。为学校做准备不再是教师的职责。如何才能为学生做好准备?相应的提议包括从解决社会经济问题来增强家庭的稳定,到第十三章中描述的"非学校化社会(deschooling society)"。

学生以许多不同的方式来理解他们的班级体验,其中,多数受到学生关系的影响,尤其对于刚进入青春期的学生而言。社会和个人发展的需求表明,合作学习活动是重要而又有效力的(Gilmore and Murphy,1991)。

班级氛围会产生反学校感,在具有竞争性与限制性的班级内尤其如此。此外,它也能够导致学生受到自我提高、学业成功以及愉悦学习的推动。当学生动机不强时,教师的关注与参与程度的增加能够减少班级问题。然而,当学生随着年级上升而进步时,积极的给予学生鼓励的教师行为却呈现出了不合宜的下降趋势,到中学阶段,"教师表扬、鼓励、有关指导以及与学生之间的积极互动频率,与小学早期阶段观测到的相比,已经降低了近50%"(Benham,Giesen,and Oakes,1980,p.339)。

班级符码:班级内的互动 互动是学校系统中的一个重要过程,涉及到期望、权力关系,以及对他人与学习过程的态度等信息,通过语言和非语言表达得以传递。班级互动类型和范围与教师风格有关联,可归为三类:

- 权威性类型:教师被正式授予使用的权利。
- 民主性类型:学生参与影响班级活动的决策制定。
- 放任主义类型:班级内存在普遍的自由。

师生之间的日常互动与人际关系决定了班级的气氛。普通班级会形成一个套路,诚然，班级内的每一天活动很少是真正固定不变的。试想这样的事实，在一小时的上课时间内出现300至600次师生互动，而且每一种话语信息，都伴随着几种无言的信息，它们通过语调、手势与面部表情传递，与有声语言相比，这种无声语言能告诉我们更多班级气氛的信息。

英国社会学家巴瑟尔·伯恩斯坦对学校的过程已经详尽著述，他关注班级内的正式与非正式过程、支配互动的规则、师生间的权力关系，以及这些与学生社会阶层的关系。他认为，这些班级动态过程会导致阶层的社会再生产（Bernstein，1996）。他主张，班级存在着互动"符号"（codes），即规则、惯例以及调控沟通的能动性（agencies），这些决定了权利的分配。符号指"调控的原则，是各种信息系统的基础，尤其是课程和教学的基础"。教学（pedagogy）指通常以结构化课程的方式进行的知识传授。在这些符号中存在着等级制——传授者（教师）与获得者（学生）之间的互动、信息传递的先后顺序和速度（或曰进展和速度）、评价学生将教育过程中传递的信息接受为合法或非法信息的标准。所有这些因素都影响着学生的学习。于是，控制与权力结构和社会劳力分工相关联。那些控制课程传授信息内容的人也控制着传授方式，控制着知识传授与接受的教材、组织、速度和时间（Bernstein，1990）。"学校要求的是成功所需的精致符号，这就意味着，学校教育占主导地位的符号使工人阶级儿童处于不利地位，足够的……差异在宏观权力关系背景下成为弊端"（Sadovnik，2001）。

对伯恩斯坦"教学符号"（pedagogical codes）概念的论证中，卡乐金-费西曼（Kalekin-Fishman，1991）研究了德国和以色列幼儿园内师生之间信息的传递方式。班级内的"噪音"模式反映了班级目标与结构。例如，教师的权威性指示导致更多控制声音模式，儿童得到允许时方才发言。这种模式在一些情景下，如工人阶级领域，更为有效，能产生预期的结果。教师如同"指导者"，在班级内产生更多的"白噪音"（white noise）或者一致的声音，原因在于教师直接指导较少，学生谈论更为自由。不同的教学符号的确影响着学习环境以及社会阶层的再生产。

班级内学生友谊与互动模式

学生与谁为"伴"是学校非正式体验中的一个重要组成部分，这些友谊模式影响着每个学生与同辈群体的关系，依次也影响了教育成就的抱负。学生友谊模式和互动的变化取决于班级建构在开放还是传统的方式上。开放、灵活而民主的班级重视学生的情感情绪的发展（Grubaugh & Houston，1990），而传统班级是以教师为中心，常常强调基础学习。一项友谊模式研究（Hallinan，1976）表明，情感性班级（affective classrooms）内互动和共同参与的活动有所增加，学生受欢迎状况的分布更为一致，学生出色完成某些任务的机会也更多。开放式班级鼓励更多更持久的友谊。哈林南（Hallinan）研究了在传统和开放式班级内学生交友的环境，开放式班级中学生知心朋友更少(Hallinan,1979),但是却有更多的普通友谊;而传统班级中,由于强制的座位分派,那些座位临近的学生可能是朋友。

友谊模式始于幼儿园,儿童在玩耍的过程中发展友谊关系,这些友谊模式一直贯穿于整个儿童时代(Evaldsson and Corsaro, 1998; Corsaro, 1994)。形成朋友关系与儿童的受欢迎程度相联系,并有助于社会情感的形成与相应行为的产生(Walden, Lemerise, & Smith, 1999)。对青少年而言,有位知心朋友是很重要的,这是彼此亲密的源头,存在着接纳与理解,提供了自叙(self-disclosure)与彼此忠告的天地。随着他们年龄的增长,忠诚和责任逐渐成了友谊的重要要素。

同辈的社会地位与友谊并非一定相关联,一些被拒绝、被忽略的儿童有朋友,而一些受欢迎的儿童却没有友谊。其关键在于所有的儿童都需要社会上的同辈与亲密朋友,让他们有种归属感。等到教师能够促使这些友谊建立时,学生成绩可能会提高(Vandell and Hembree, 1994)。

在受欢迎与友谊模式方面显然存在着性别差异,女性联系密切,主张平等主义,分享隐私以及共同面对困难,而男性联系不密切,存在着明显的地位等级制,这种等级制建立在诸如运动等共同活动基础之上(Corsaro and Eder, 1990)。小学中男女生的受欢迎程度与性别社会化有关,男生获得很高的地位,原因在于他们的运动能力、冷静、韧性、社会技能以及在跨性别关系中取得的成功,而女生受欢迎是因为父母的社会经济地位、自身的外表、社会技能以及学业成就(Adler, Kless, and Adler, 1992)。

艾德(Eder, 1985, Eder et al., 1995)描述了初中女生中明显的派系等级制,受欢迎的女生避免与地位低的同性交往,这就造成了对后者的厌恶,从而产生了声望的循环现象。许多女生想表现得友善,与她们讨厌的人交往,以避免被归为"势利"或"高傲"一类。男性少年通常不敏感,有进取精神,他们将这些模式看做竞争成功的一部分(Eder et al., 1995)。在很大程度上,男女生在小学班级内的不同经历来自不同的性别角色期望,学校在教育男生更加自信与独立,女生更加顺从与有责任感方面存在着微妙的差异(Brophy, 1985)。

学校的组织结构也会影响互动,譬如,分轨或能力分组限制着与之交往的学生人数和类别,从而影响了学生的交往,如在那些因种族因素而终止分组的学校内种族之间的互动。不同种族间的友谊可以作为未来工作环境的培训基础,同时会对大学的抱负和入学产生影响,这些都很重要。同辈关系越密切,影响越大,在同轨与同性别之间尤其如此(Hallinan & Williams, 1990)。教师为了更好地控制学生个体或小组互动模式,通常巧妙地控制着班级环境,移动座位、重新安排课桌以及重组学生从而影响互动的模式和氛围。

特殊事件或组织的变化能够改变班级常规,并影响着班级的参与情况,它们是:来了代课教师,儿童从一个阅读小组进入另一级别组,校长参观该班级,指定了测试日期,以及学校有一个特殊的聚合或假日课程。

第八章　非正式系统与"隐性课程"：学校内真正发生了什么

学校与班级的座位安排和物质条件　学校设施规划领域中，一个旷日持久的问题是建筑环境与其使用者的成就与行为的关系问题，尤指学生（Earthman & Lemasters，1996）。研究已显示，班级结构与学校条件对学生成绩产生影响。

多数班级建立的结果是教师成为活动的中心，学生面对教师而坐，这样再遥远的学生注意力也能聚集到中心点。通过这种方式，教师能够更好地控制学生的注意力，如果学生不专心，或者一组学生注意力分散，那么座位的重新分配可能解决这个问题。

学生座位的位置影响着该学生的行为以及教师对他的态度。学生成排就座能够更好地关注个体任务，一个研究表明，成排就座所关注任务的时间是75%，小组就座56%，而重新成排就座时为79%。对于某些任务而言，沙发，以及流行海报等有效房间装饰，营造了一种最佳的学习环境。这意味着，座位安排与任务相匹配时最有效果，小组就座对合作学习任务最合适（Hastings，1995；Arnold，1993）。

对小学到大学班级的研究表明，就座于教室前排或中心的学生参与得更多，取得的成就更大，教师和同辈们对他们的评价也更高。对于就座前排的学生，教师可能对他们的言语互动更为宽容，并很少给予正式指令。在大学课堂内，处于以上位置的学生往往更聪慧、更有兴趣，能取得更好的分数，并倾向于更喜欢教师，这也许是因为他们能够更好地看和听，更加地投入，更多地观察与参与。诚然，对有些学生而言，座位的选择是与独处的需求相关联的（Pedersen，1994；Stires，1980），他们也许选择远离主要关注区的座位。

人们也关注能营造最好工作、学习环境的物质条件，这包括开放空间计划、学校建筑年代、保暖因素、视觉因素、颜色与内部着色、听觉因素、无窗设施、地下设施、场所面积、建筑维修等（Earthman & Lemasters，1996）。据估计，25%的学习取决于物质环境（Hayward，1994）。研究者发现，影响学生表现与成绩的最重要因素是保暖环境、照明、足够的空间、器材设备等，这尤其体现在自然科学教育领域中。课堂最佳学习的理想温度是近20℃，其变化因素依赖于活动类型、衣着和压力的程度等。虽然人们认为无窗学校是不可取的，但几乎没有人对照明进行研究。有人甚至认为"电气环境"（electrical atmosphere）或离子化氛围（ionization of the climate）是影响学习和成就的一个因素，而负离子化被认为是有益的（Kevan & Howes，1980）。其他因素，如座位类型、墙壁颜色、课堂内外的音乐与声音程度等，虽然缺乏相关证据，但不可否认，或多或少对学习都产生影响。图8-2展示了可能影响学习的物质环境，请注意它提出的心理与文化、生物学、物理学等因素间的关系。

对学校与班级健康危害的关注大量存在。美国总审计局预备对每一州的学校设备条件进行调查研究，检查建筑条件、环境条件以及涉及安全的其他变量（总审计局，1996）。估计每八所学校中就会有一所设备陈旧、部分被毁坏，学习条件差；25%的学校缺少足够的空间、维修与安全。然而，由于缺乏修理建筑的资金，几乎每一所学校建筑都现存着建筑污染，如二氧化碳、一氧化碳、水汽、二氧化氮、石棉、甲醛、生物浮质、

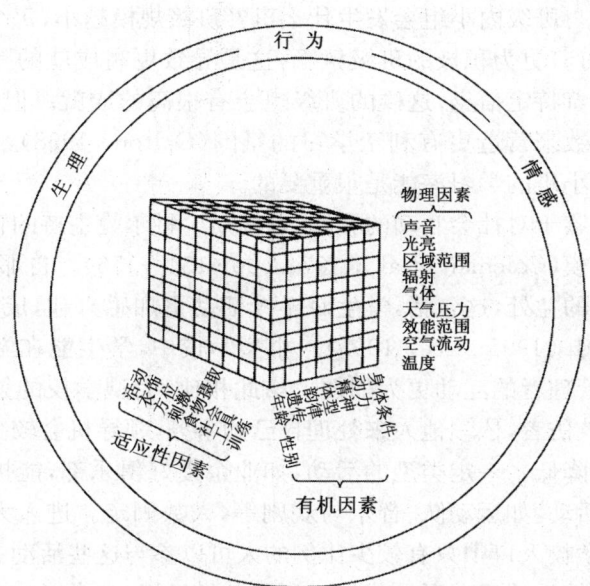

图8-2：决定人的热量环境因素的图解式

资料来源：Rohles, F. H., "Environmental Ergonomics in Agricultural Systems," *Applied Ergonomics*, Vol. 16, No. 3, 1985, pp. 163-66 (chart p. 163). Reprinted with kind permission from Elsevier Science Ltd., The Boulevard, Langford Lane, Kidlington 0X5 1GB, UK.

生物污水、铅、氡等(Greim, 1991, p. 29)。

美国最大学校系统之一的纽约市公立学校例证了设备老化的问题，该系统正试图改善旧楼条件，以便增加学生注册人数。不幸的是结果令人沮丧。20世纪90年代，早已拥挤的学校建筑变得更加拥挤，班级规模扩大，建筑条件恶化，学术成绩依旧很差，阅读和数学平均成绩至少在均分之下。就1996年班级平均人数而言，幼儿园至三年级为29人，四至九年级为26人，中学为32人或以上。这种状况还在恶化(Rein, 1997)。

学校与班级规模　有人认为班级规模"越小越好"，小班意味着控制问题较少，教师工作较少，师生之间互动与交流更多。在初级阶段（即从幼儿园到三年级），有证据说明缩小班级规模确实提高成绩。事实上，1999—2000年间，联邦政府在行政管理"班级规模缩减计划"上花费了12亿美元，包括加利福尼亚、田纳西州在内的数州引进了缩减初级阶段班级规模的项目(Sulllivan, 1998)。田纳西州的项目——学生/教师成就比(Student/Teacher Achievement Ratio)——开始于1991—1992学年，一至三年级班级规模缩减到一个教师教授15个学生的比例。对该项目的评估，即持久利益研究(Lasting Benefits Study)(Nye et al., 1994)发现，班级规模的缩减不但提高了成绩并且改善了教学质量(Achilles, Harman & Egelson, 1995)，这些影响至少会延续至五年级。少数族群与内城区学生获利最多(Black, 1999)。

问题是，"小班与班级内小组会发生什么事？"班级规模越小，每个教师教授越少的学生，这样的学校有着更为积极的班级氛围，这是导致更高成就的一个因素。班级内小组学生彼此传送着特定信息，这样的班级也会有很高的成就。但是，教师并非常常利用更少的班级人数来营造更有利于学习的氛围(Galton, 1998)，所以，教师培训对于最大范围内发挥小班的学习潜能是很重要的。

早在1974年，鉴于对社会互动的影响，詹姆斯·科尔曼主持的青少年问题专门小组推荐小型学校规模(Coleman et al., 1974, pp. 154—156)。自那以后，其他研究也已经指出小型学校的益处，这包括，学生对学校活动更加感兴趣，成就水平更高，更多的社会平等(Griffith, 1995; Lee, 1995)。小型学校中，学生能在学校生活中更为积极，与教师和行政管理者的互动更为随便。与此相比，大型学校的氛围导致学生对成人惟命是从，成为效仿者，依赖他人来处理自己的事务，领导机会较少。学校规模的扩大导致参与比例的降低。一定类型的活动，如业余爱好俱乐部，能扩大规模接纳任何一个成员，而其他活动，如运动队、音乐与戏剧等，人数固定。进入大型规模学校的学生处于劣势，因为学校人口中只有较少比例的人可以参与这些活动。

学校建筑　建筑设计反映了该建筑物所服务的目标，也会影响在其内的活动以及这些活动与周围活动和建筑物之间的互动。学校建筑风格与场所使学校在建筑群中令人注目，表明学校独特的功能。无论学校建筑物是挤在其他建筑群中还是位于无计划地延伸的校园内，它们圈在围墙内的区域或其他有形分离区将它们与社区完全区分开来。一些教育者反对将学校从周围社区有形分离开。分离使学校孤立于社区的重要互动之外，然而，它实现了一项功能，即将学生集中在一个地方进行某一特殊活动("An Architectural Revolution", 1990, p. 9)。

录像"美国学校中的儿童"以《冷酷无情的不平等》(Kozol, 1992)一书为蓝本，提供了视觉比较，展现了许多学校环境——过度拥挤，欠热的，出现油漆裂口、带有石棉并且管道掉落现象的被认为不适用的建筑物，屋顶与墙壁出现裂缝，磨损的、过时的教科书等。它提出了有关学习的问题，那些在环境贫穷甚至危险的情况下可能发生的问题。

学校由许多动态要素构成，这些要素结合在一起，包括那些致使一定互动模式成为可能的建筑物，到影响学习过程的环境或氛围。所有这些都归属于复杂的非正式教育系统。现在我们谈论非正式系统中的另一个主要要素——权力关系。

● 实践：请描述一下你认为在建筑式样、规模以及
　　有形环境方面是理想的学校。●

非正式系统中的权力机制与作用

班级存在着正式期望与非正式过程之间的微妙均衡状态，许多规范学校内正式行

为举止的规则被非正式地传播着。有人认为,这种非正式性很好地服务于学校与班级,与许多正式组织相比,班级内科层制现象较少(Dreeben,1973),这就提供了从家庭到工作场所的转换。当正式规则不能牵制学生的时候,学生更可能无意识地内化了规则。通过这种非正式过程,学生学会应对组织的正式与非正式期望。从广义上看,权力不仅指增进教师与成人兴趣的现行实践,而且指非正式威胁,它不需要总是用来控制或获得预期的结果。

班级中权力机制的理论阐释

已在其他章节中讨论的理论方法对权力动因的探讨依然很重要。功能主义理论者强调对班级社会化功能的一致意见,因为班级为学生适应社会角色而做准备(Parsons,1959)。选择与分配是另一个基本功能,始于初级班级并贯穿于整个就学过程。就学过程的重要要素不仅是成就,还有服从与合作。儿童很快知道人们对他们的期望,他们的合作推动着学校系统的运作。那些最成功地实现成就与行为期望的儿童在学校系统中做得最好。学生被挑选的依据是他们如何成功地社会化,融入该系统中,以及他们与执权者合作的程度如何。

冲突理论者对班级机制有着不同的解释。他们看到,在代表支配群体以及成人社会价值观念的学校工作人员与那些必须通过各种策略来控制、强制以及选为群体中新成员的学生之间,存在着一种权力争斗。班级内的冲突话题是沃勒1932年著作中的重点部分(1961)。他在书中描述了成人与学生文化之间的差异,维持两者间社会差异的途径,以及班级内对要求的"争执"。

资本主义要求学校为社会准备忠诚、温顺、遵守纪律的劳动力,被看成班级强制背后的社会力量:

> 学校鼓励与经济领域中统治和隶属关系相协调的各种类型的个人发展……途径是,在支配工作场所内人际互动的社会关系与教育系统内的社会关系之间,建立一种密切的符应(Bowles & Gintis,1976,pp. 11—12)。

依此视角,冲突是建立在动态系统之中的。权力影响着"文化资本"的传递与再生产方式,教师控制着空间和时间的使用,指导初步互动,确定规则。因此,学校常规与礼节代表了主流价值体系,这种价值体系正由学校灌输给年轻的一代。那些在学校内顺利地被挑选、分类和评价的学生很可能在步入成人时在社会中取得成功(Bernstein,1990;Bourdieu,1977)。少数族群与支配群体在取得较高层次的教育成就方面相对集中,其部分原因在于,家长有意识地将文化资本传给子女,对处于相对劣势的少数族群来讲,这被证明也许是向上移动的有效方法(Kalmijn & Kraaykamp,

1996)。少数族群学生的家长以各种形式"参与进来",这取决于个体家长与录取他们子女的特定学校之间的相互影响(Lareau & Horvat, 1999; Fordham, 1996)。

学校本身不能决定自身内部的权力结构或者不平等的结果。相反,我们必须在社会阶层、意识形态以及物质压力的大范围社会环境中审视学校(Apple, 1980)。最近的一些由政府发起并受到保守的意识形态和政治认可的教育"改革",正在加剧不平等现象(Apple, 1997, 1996),但是教育理论者很少花时间分析学校外的权力系统的影响。

在互动论者看来,班级的每个成员对该领域都有独特的理解。个体的行动计划取决于他或她看世界并做出反应的方式。回想一下霍华德·贝克(Howard Becker)对芝加哥教师的经典研究(Becker, 1952)。教师对学生的认识与学生间的文化差异和阶级出身相关联,也与教师受学生的麻烦程度有关联。

学生通常在学校生涯早期就被分类,进入严格不变的轨迹之中。例如,教师将学生分成"老虎、红雀、小丑"组,学生内化了给予的标签,标签也担当了一个本身自然会实现的预言。老虎小组得到了最积极的互动影响,而低层次的小组受到的关注较少。研究者发现,小组与学生的社会阶层相关联,该老虎小组成员,比起其他小组成员,阶层背景更高(Gouldner, 1978)。这种以阶层为基础的不同期望影响着选择与分配过程,使得来自低阶层家庭的学生处于劣势之中。分类影响学生行为的另一个迹象出现在个体学生对他们教师不赞成的观念,研究者认为,这种观念与更多的不良行为相联系(Adams & Evans, 1996)。

学生对自身成功机遇的观念影响着他们决定在学校中所扮演的角色。譬如,一些研究表明,如果男女分离不会导致不同的机遇和价值,那么女子班级中的"氛围"更有利于女生的参与(Stromquist, 1995, p.423)。如第四章讨论的,有关女性教育的问题会继续造成争议,引起研究。

教师策略与非正式系统

"'班级管理'指教师指导计划、管理和监控学生学习活动和行为的整个范围。学校环境不仅包括了教职员工的班级管理,而且包括学校范围的规章习俗,用以明确规定和增强学生的正确行为"(Brookover et al., 1996, p.184)(见框8-1)。每一种新的情况需要不同的教师策略,教师和学校的哲学理念、学校和班级的组织结构、可利用的资源、学生数和兴趣层次等都影响着教师的目标和策略。

框8-1　有效学校的研究

"教师
● 在学年或课程开始时……全面迅速地复习重要的概念与技能

- 使用不同的教材与事例来重新授课,不使用初次讲授时采用的教材与事例……不是改头换面地重复
- 重复教授重要的课程内容直至学生表明他们已经学会了
- 全年经常集中地复习关键概念
- 选择包括复习和巩固在内的计算机辅助教学活动"

资料来源:Brookover, Wilbur, et al., *Creating Effective Schools: An In-Service Program*. Holmes Beach, FL: Learning Publications, Inc., 1996, p. 140; Cotton, K. Effective Schooling Practices: *A Research Synthesis 1995 Update*, Northwest Regional Educational Laboratory, 1995.

马丁·哈姆斯雷与彼得·伍兹勾勒出可被教师用于管理班级的几种策略技巧:

1. 正式组织意味着,教师是活动的中心,典型的策略是让学生背诵教材,或者做问答题以及写作。而非正式组织意味着,学生群体一起学习且班级成员之间的互动更多。

2. 教师可能监督学生行为,当发生反常时进行干涉。或者,教师可能更多地作为一个参与者而存在。

3. 教师可能使用高压政治与他们职位上的权威人士支持的命令与要求。或者,教师可能以个人身份呼吁每个人合法的权利和义务。

4. 学校或班级测试可用于比较学生的成绩。或者,或许不存在正式的评估。许多平常使用的非正式分组策略的基础是年龄、能力、"捣乱者"等,与此相对,随意分组建立在学生选择、友谊群体或不是正式分组的基础之上的(Hammersley & Woods, 1977, p. 37)。

教师所运用的技巧影响着班级的氛围以及发生的学习类型,但在许多层面上,哪一个技巧更为有效还没有清晰的证据。

通常,学生质疑教师的权威性,而教师在适应学生的进展方面比学生适应他们要结束得早。根据玛丽·海沃德·梅斯所言,低轨学生常利用身体和语言的无序来进行对抗,而高轨学生则检测教师对该学科的精通程度。学生在自己最有能力的方面向教师发起挑战(Metz, 1978, pp. 91—92)。新教师即使接受了最佳的训练和教学技巧,也必须亲身经历现实课堂的体验,以便发展自己的策略来实现班级目标。

考虑一下要使学生集中注意并使之保持的任务。教师安排每天的上课与活动,同时却必须让学生相信功课的重要性,并且激励他们遵从去做甚至参与进去。任务的时间长短与课堂管理相联系,"典型课堂内的教师浪费了近50%授课时间,其原因在于

学生没有执行任务或者中断学习(Charles，1999，p. 107)"。有效学校的研究发现,通过具有计划良好而节奏均匀的授课、话题撤换迅速、使学生做一些简单的任务以及书写工作、确立常规、使用其他保存时间的技巧等,能够使教师避免浪费时间(Brookover et al.，1996，p. 185，p. 198)。

教师必须提防课堂遭分解(disintegration)以及学生的叛逃。学生被要求集中注意"正式环境",即班级内正在进行的教师指导的内容,而不是注意朋友、喜剧书籍或其他分心物。在一个典型的环境中,教师在教室的前方,面对着学生,监视着注意力不集中现象,并且使用诸如提问等方式来吸引注意力,而学生也许正试图掩饰违禁的活动。教师能够以控制休息、体育和游戏等引起重视的方式来行使权利。

多数人视越轨的学生为有害于班级环境的因子。但是,一些教师却发现,将引起混乱的学生作为一种"资源"可能会使他们变为有价值的人。越轨学生是班级社会组织的产物,在整个社会环境之下去考虑他们处境的三个因素,教师可能会发现操纵班级结构以便对学生有利的方法。这三个因素为:越轨学生的地位是如何确立的;该地位是如何维持的;他们如何促进秩序的维持或促使他人从他们的混乱状况中获得教训(Stevenson，1991)。

现今的学生有娱乐的需求,他们期待立即获得满意状态。他们的注意广度缩短了,需求更多的注意,也更难满足,对教师期望更高,更不愿意努力学习,受到的激励来自外部而不是内部的奖赏。

● **实践：你在班级授课中使用了什么应对策略？** ●

班级决策 教育系统中教师的角色在第六章中已经讨论过,而教师决策与行为对学生成绩的影响在第四章中讨论过。在这些讨论中,有一点是绝对的,即教师在班级中扮演着主要决策者的角色。班级真正发生了什么,以及什么影响着决策制定过程等问题是复杂的,关于这个话题的许多研究来自"互动"理论以及"新教育社会学",它们侧重课堂互动机制和个体如何理解当时情形。要观察这些机制不是件容易之事,然而,尽管存在着方法论问题,但是决策制定的"方式与原因"仍是当今人们关注的话题。

教师的决策行为多数几乎出自以经验为基础的本能。但是,不管是否有意识,他们的确具有决策的策略。它们可能是"情景性的特殊决定或者协商策略",用来应付出现的特殊情况。教师,尤其是新教师的策略通常建立在教科书理想境界的基础之上,但是,学生背离理想,迫使教师偏离他们的理想模式而采用更为实际的应对策略。

运用侧重教师角色不协调的角色冲突模式,我们可以看到决策制定如何受到学生、家长、其他教师和行政管理的观点和期望的影响,而且看到它如何受到教师自身对将实施的任务的界定。教师必须考虑自己能与不能做之事,将做与不做之事。他们可能使用规则,运用专门技术,并且通过谈判来获得权力。决策制定是个复杂的过程,受到许多互动因素的影响。教师没有得到决定课堂环境的控制权时,他们的不满意和精疲力尽感就会增加(Lee, Dedrick & Smith, 1991)。

对隐性课程、教育氛围、权力机制和其他主题等非正式学校系统的认识,其重要性在于理解隐藏于表面现象之后的教育系统的各个方面。本章列举出数例,例证了教育中这一大的部分。此外,下一个主题是关于学校机制至关重要的环境的讨论。

结语

要理解学校和班级内发生的各种过程,就必须意识到非正式系统,这是社会研究中的一个重要领域。在本章简短的讨论中,我们试图承认其对于完全理解系统以及系统方法中完整的一部分的重要性。

Ⅰ. 开放系统研究法与非正式系统

非正式系统的隐性课程包括不属于正式课程的学生学习的课程,即隐性要求、价值观念和潜在功能。一些冲突理论者认为,学校主要通过隐性课程再生产学生的社会阶层。学生因为其阶级背景的不同而体验到不同的学校生活。

Ⅱ. 教育氛围与学校效力

学校与班级的氛围或气氛包括学校的建筑、班级的类型、能力与年龄分组和学校的其他要素。价值观的环境影响着学生的学习动机、期望和成绩。家庭环境、自我概念和学校价值观等因素也影响着学校的效力。学校的校园文化各不相同。班级内的互动模式也是环境中的一部分。性别等影响互动的因素也都进行了讨论。

Ⅲ. 非正式系统中的权力机制与作用

权力机制出现在任何一种等级制系统中,学校师生关系使我们熟悉另外一些问题。学生和教师都形成了应对策略来对付权力机制。学校中的权力能够被积极地利用,也能够被看做是一种使学生有秩序的潜能。功能主义理论者认为,学生通过与成人强加的规则的合作懂得了社会角色。而冲突理论者认为权力机制导致冲突存在的可能性持久存在。

教师试图在公然运用权力与获得学生合作之间维持一种微妙的平衡状态。教师必须对课堂内使用的策略形式做出决定,我们已经讨论了无数影响这些决定的因素。使用的策略范围从权力到不明显的提示到对班级物理布置或社会排列进行改变。

要理解教育系统如何运作就要了解非正式系统,这一点至关重要。

实践

1. 请就对学校体验的突出记忆与一个学生面谈。
2. 请描述一下你所在中学或大学内学生同辈亚文化。它是否存在着社会的种群隔离？你能回忆起他们的特征吗？请采用观察或面谈的方式对你的中学与当今的一所中学进行比较。
3. 请问你就读的中学中，学生起了些什么作用？与一些学生谈谈如今他们扮演的角色。
4. 请问你观察到中学教师为了让学生合作采取什么策略？

第九章 教育系统与环境：一种互相依存的关系

我们生活在环境之中，环境怀抱着我们。任何人和物都无法存在于真空中，脱离了环境我们就不能生存。正如每个教育系统所处的环境不同一样，我们每个人处在不同的环境之中，这种差异性取决于个人经历、家庭背景以及所接触的不同个体和各种机构。

作为大学生，我们交学费、听课、学习、取得成绩、最终毕业，所扮演的这种学生角色受制于我们所处的教育环境。环境还包括其他因素——家庭、教堂、工作、子女、朋友等。因为不同角色之间都相互关联，所以与一组行为或角色相关的事件必定影响我们扮演其他的角色。假设我们将参加一场重要的考试，由于时间压力，我们也许会经历角色冲突（role conflict）：忽视家庭和朋友，或者决定不花大量时间学习迎考。总之，环境中的每一要素都要受到其他要素的影响。

本章讨论环境的含义以及学校制度的环境要素，包括家庭、宗教、政治与法律系统、经济、社区等。作为大的社会系统中的一部分，学校系统受社会上意识形态群体、政治制度、经济条件和其他趋势的影响。社会每一层面都是相互联系的，学校不可能无视政治、经济、文化意识形态层面所构成的学校环境（Apple and Weis, 1986）。

环境与教育系统

教育各系统拥有为之提供目标、解释意义、界定功能、阐明局限性并使冲突轮廓分明的环境。学校面对环境的影响特别脆弱，尤其在与年轻人社会化功能相关的问题方面。儿童常被视为海绵，随时接受呈现给他们的知识，环境中的许多要素——政府、社区压力群体、宗教及其他特殊利益群体——要求涉足儿童所学的内容以及教学方式。

人口的变化，科技的发展，流行的转逝，社会的变迁都是环境中的一些要素，它们影响着教育的功能。例如，20世纪60年代，美国有许多前卫艺术实验活动，它们产生的思想观念影响了公立学校；70年代，人们对学校颁布很多纪律之事很关注，于是"回归基础课程"成了主题；80、90年代提出了对教学成效承担责任以及对教师和学生进行水平测试的要求。

这些运动构成了对学校的环境影响力。

讨论教育系统内部运作时,我们考虑的是教育系统内部个体所处的位置与学校组织结构之间的联系。然而,不依赖环境,不受环境影响的组织、单位或个人是不可能存在的。图 9-1 强调的是组织与其环境的关系。

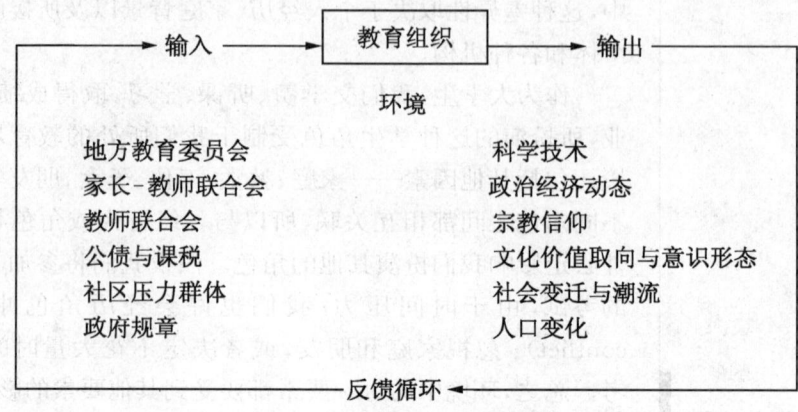

图 9-1 学校系统的环境

为了生存与满足需求,任何个体和组织都依赖于环境;反之,个体和机构生存的环境中也留下了他们的印迹,因而,他们也都影响着自己生存的环境。

许多系统都清楚地显示了组织与环境之间的这种相互依存性。想像一下像纽约市这样一个复杂的系统以及当该系统的一部分运转不正常时所产生的混乱状态(Rogers,1969,p. 211):如果纽约市停电或者其垃圾清运工、地铁工人、电话接线员、学校教师举行罢工,整个城市内部相互依赖的结构就会垮掉,该系统中的各部分会因压力过重而濒临崩溃。同样,纽约市的学校系统也是复杂的。它面向纽约市的五个区,服务于不同的群体和社区。1998—1999 年共聘任了 75 209 位教师,还有教学辅助人员 23 704 人、数千名行政人员和技术员,培养了 1 100 000 名学生。学校预算超过 90 亿美元,拥有大约 1 600 种设施(New York City Board of Education,1999)。这庞大的学校系统的各要素之间相互关联迫使该系统在社区利益的竞争方面采取慎重的均衡行为。

环境的种类

环境中的有些部分对于我们的生存很重要,首先是直接环境(immediate environments),其次是亚环境(secondary environments)。家庭对我们的情感健全、身体健康、经济富裕等事关重大,而星期五的跳舞晚会对大多数人来说与生存无关。对一个组织来讲,与之相关的环境有以下几类:国家、州及当地的立法机关和政府机关;司法系统;财政资助单位;每个学校周围的包括人口统计学要素(年龄、性别、宗教、种族、社会阶层等）在内的"自然"社区；社区内的利益群体；包括教学创新和新科研在内的技术环境；诸如雇佣毕业生或转化新知识的教育系统产品的消费者；宗教机构。

人们常常不能清楚地区分直接环境或曰主环境和较之略逊一等的亚环境。重要性随时间变化而可能发生变化，但是，环境因素的重要性存在程度的差异。意识到这一点，我们就能在任何时候挑选出对学校系统决策最有影响力的环境因素。就像池塘中泛起的涟漪从中心散去时变弱一样，当环境中的因素与学校之间距离变得越远时，学校受它的影响就越小。

组织是不能闭门造车的，它依赖环境提供资源、工具、人力以及获取最终的生存。教育系统中，环境因素的重要性或曰突出性可以图解为连续体（见图 9-2）。环境因素的突出性根据人们考虑的个别学校情境而发生变化。

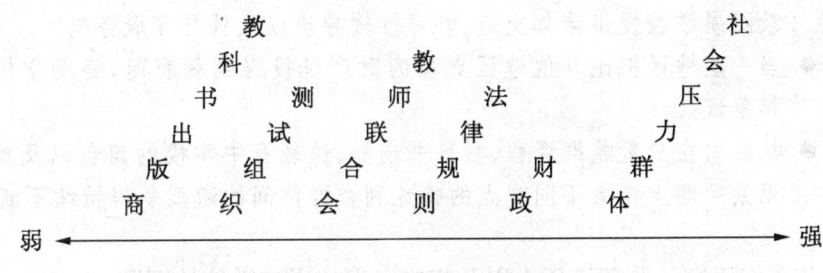

图 9-2 环境的突出性

在此还有一点需要解释一下。我们一般把在学校任职的个体看做是内部组织的一部分，他们包括行政管理者、教师、学生和辅助人员。这群人在学校内部机构中任职，执行学校的教育过程，为校内的良好关系打下基础。然而，毫无疑问，每个任职者给学校带来了自己独特的背景与个性，这种背景与个性可看做是一种"环境影响"（一些社会学家视学生为学校系统的客户，这样的话，学生也是环境的一部分）。而且，诸如校长、学校辅导员、社会工作者等一些学校职员在沟通学校与家庭或社区环境方面扮演着各种角色。这些"界限生成"（boundary-spanning）的角色促进学校系统内外观念与成果的流动，并在维持与环境的关系和联系方面起着极为重要的作用。

总之，我们必须了解环境要素的重要性在程度上是有差异的，一些要素对于在一特定时期组织的健全乃至组织的生存起决定性的作用。系统环境中某一部分出现的问题，或与环境的关系上出现的问题所产生的影响会波及到环境中的其他部分，波及程度取决于该部分对系统生存的重要性。

本章着重探讨学校机构环境，任何学校环境都有许多要素，然而，从构成环境的个体到环境周围的辅助组织，它们都对学校环境施加影响并服务于它。

● 实践：列举当地学校各种环境的一些影响。●

学校系统环境：机构间的相互依存

学校官员每日处理着他们外部环境带来的事务：

- 对学校幻想破灭的家长和社区成员要求学校和教师对其提供的教育负责任，这导致许多学区乃至全国要求用统一的测试来检测成绩水平。
- 如果家长让孩子进了不合格的宗教学校，他们是否违反了不成文的规定？学校里该教授"科学创造宇宙说"和进化论吗？
- 很多地区的法院在处理有关教会与政府分离之事：公立学区能向宗教附属学校提供诸如交通、补习性辅导班以及辅导等服务吗？
- 当一些地区把比其他地区更多的财产税投资到教育时，资助学校引起争议。
- 社区内在少数族群课程、教科书选择、性教育中学校的角色以及其他无数问题上持有不同观点的特殊利益群体间的激烈争辩持续不断。

在本节我们研究一些环境压力以及相应产生的影响学校的问题。

1. 家庭影响与压力；
2. 教育上教会与政府的分离；
3. 学校资助；
4. 政府规章制度与法院裁决；
5. 社区与特殊利益群体对学校的影响。

家庭对学校的影响

学生踏进学校时有抱负、有动机、有压力、也有成功的期望，身心或健康或不健康，有时也会有辱骂、不安全感、身心紧张感以及其他问题。因此，了解学生带进学校的社会与家庭背景对教师如何与学生相处是必要的。第七章讨论了家庭对学生学习成绩的影响，本章再次强调家庭与教育的联系。

许多家庭中工作与教育不耽误，父母必须为学前子女找到值得信赖的儿童照看人员，在美国每日有 600 万的儿童上正规的日托。国会 1993 年通过了国家儿童保护法，保护年幼的儿童在远离家庭的日托过程中不被虐待(Clinton, 1993)。儿童一旦开始接受正式的学校教育,"家庭课程"——维持学习的学习态度与学习习惯的发展,和对个人发展的高度重视——就影响着儿童在学校的学习与学业成绩。这种"课程"包括家庭规模、阅读材料与在家阅读、看电视的时间、对家庭作业以及缺课的关注、家长参与学校决策以及家庭资源(Barton and Coley,1992)。

研究发现,父母参与儿童的教育越多,儿童的综合学业成绩越高(Keith and Lichtman,1994;"Parent Involvement in Education",1994;Reynolds,1993)。父母在几个大的方面会影响儿童的学习成绩和学习热情。父母通过限定举止行为对儿童的循规蹈矩深寄厚望,这种限定的举止行为强烈地影响着儿童(Cohen,1987)。此外,重要的是父母的示范或竞争行为,这对女孩的影响力尤甚。家庭在跨越社会阶层方面有很强的影响力,而母亲受教育层次越高,参与学校活动就越多,与教师接触就越频繁,并能为子女选择大学预备课程。父母参与了学校教育的儿童在校表现层次较高(Stevenson and Baker,1987;Baker and Stevenson,1986),这包括那些来自少数族群家庭的儿童(Keith and Lichtman,1994),而来自被认为是"剥夺了社交权"的家庭和近邻的儿童在学业成绩上受到负面影响(Garner and Raudenbush,1991)。

艾普斯坦(Epstein)从中小学研究中心正进行的研究中发现,能使家长与孩子一起参与家庭活动尤其是阅读活动的教师为这些学生创造了取得正面的学习成绩的条件;单亲家庭的家长在家庭学习方面感到有压力,而双亲家庭的家长在这方面帮助孩子要多得多。这项研究表明了家庭环境与家长参与孩子教育这两方面的积极影响。

在美国,父母、同辈与教师三方面影响的结合强烈地影响学生对学校、家庭作业、成绩及学校教育的其他方面的态度。

父母在孩子身上的投资以及对追求高等教育的支持与否是与他们想取得什么样的社会地位有关。有些父母遵循"人力资本理论"(human capital theory),视孩子为一种投资;另一些视教育付出为"资源稀释"(resource-dilution),它常常与家庭中的孩子数目有关,在此,家庭被比喻成可利用的资源。例如,受到上辈支付教育经费的家长更愿意为子女的高等教育付款,他们认为这是义务,只要子女数目不会使资源耗尽,他们就更乐意去做。

● 实践:积极或消极的家庭环境如何影响孩子在校的学习成绩? ●

宗教机构:教会与政府的分离

许多国家的宗教与政府是同一的,其教育系统体现的是两者的信仰与价值取向。少数族群的宗教或许有自己的学校,或许默认了占统治地位的宗教主旨。例如,在英国,为增进不同文化间的相互理解,人们常常讨论生活在那里的非基督教学生的假期。

美国曾尝试过一种独特的实验。自建国以来,人们信奉着教会与政府的分离原则,这体现在第一修正案中,它写道,"国会不能制定任何有关建立宗教或禁止其自由行使权利的法律。"美国宪法的制定是建立在确保避免其他国家已出现的宗教冲突基础之上的。政府的职责是保护所有人的权利与自由,不偏袒任何人。然而,区分教会与政府常常不是件容易的事。这问题的根源在于我们是多元文化的社会,在这样的社会,宗教信仰的自由是价值体系与政治意识形态中的不可缺少的一部分。(见框9-1)

框 9-1 美国教育中的教会与政府

学校应该允许祈祷吗?允许的条件是什么?应该允许学生在毕业典礼等重大仪式上主持祈祷吗?宗教学校应该接受政府向特殊教育提供的资助吗?政府学校应该支付学生的宗教刊物的费用吗?

1971年,美国最高法院针对构成违反教会与政府之间的分离制定了方针(Cook,1995,p.17)。1971年,勒摩/克茨蔓案例(Lemon v. Kurtzman)中的勒摩测试(Lemon test)构成了立法的禁止测试。被挑战的政府行为包括:1. 有世俗的目标;2. 其主要或基本功效既不提倡宗教也不禁止宗教;3. 不会助长政府过度地与宗教牵连在一起。最近几年,当法院接手的案例逐渐增多时,联邦高等法院除了给予上述方针之外,没有给予学区明确的指导。他们试图避免看上去是在虐待宗教团体,同时也避免提倡或支持宗教。1992年,李伊/魏思曼案例(Lee v. Weisman)中法庭裁决,公立学校毕业典礼上进行非派系意识的祈祷上帝是违背宪法的。

让我们看一下纽约市外海斯帝克犹太人(Hasidic Jews)的克亚斯-玖儿(Kiryas Joel)社区的案例。其主要语言为伊地语(Yaddish),穿着与其他文化形态不同,儿童就读于海斯帝克团体资助的犹太教区的学校。

社区内的残疾儿童就读于邻近的学区,接受特殊教育,但是,他们的父母不让上学,原因在于这些孩子因离开自己的社区而经受恐慌、不安与精神创伤。于是该社区新建了一所容纳220名儿童的学区,只招收残疾儿童,英语授课,没有宗教标识。有关残疾学生的法律之争提出了这样的问题:学校本来是要帮助宗教的吗?学校受到了质疑,纽约市的最高法院判决该地区违反了宪法的第一修正案,联邦最高法院维持原判。

最近,联邦最高法院对弗吉尼亚大学资助有宗教倾向的学生刊物这一实例进行了裁决,声明该学校必须用学生活动经费来支付有宗教倾向的学生刊物的印刷费用,并认为学校侵犯了言论自由权。

教会与政府的分离是件有争议的政治事件,它不可能在近期任何时候清楚浅显地得以解决。

第九章　教育系统与环境：一种互相依存的关系

　　从开放系统模式中，我们可以发现每种机构与其他机构间的相互依赖性。当个人将宗教与家庭、经济、政治、教育等机构的日常生活分开时，冲突不可能产生。但是，当宗教融于个人生活的方方面面（包括教育）时，要体现这部分的需求会导致宗教环境对学校产生压力。

　　宗教对学校的压力已导致由宗教团体与那些支持世俗教育的人发起的法庭诉讼案件。在法庭上占主导地位的案例有两种类型：第一种案例声称学校侵犯个人信仰，并认为课堂与典礼上的祈祷或传授进化论就是实例；第二种案例产生的原因是校方领导或政策阻止个人在就学期间和在学校参与宗教活动，譬如将学校设施用于宗教活动等。

　　早在1948年，公立学校内的空堂时间[1]被定为是违反宪法的。1962年，联邦最高法院通过了一项引起极度争议的裁决，反对公立学校要求背诵祈祷文（*Engle v. Vitale*, 370 U. S. 421）。有几个州通过法律允许自愿祈祷，伊利诺伊州、康涅狄格州、阿肯色州、麻萨诸塞州与其他州通过法律允许一节"沉默课"，"对一天的预期行为进行无言的冥想"。因为这并没有"提倡"宗教，所以已被定为是符合宪法的事。而背诵主祷文与强迫学生背诵忠诚誓言则被认为是违背宪法的。

　　1963年，传递下来的宾夕法尼亚州阿槟滕县/斯克姆案例（*Abington Township, Pennsylvania v. Schempp*）的裁决在宗教教育上有着不同的着重点："一个人没有全面学习宗教以及它与文明进程的关系的话，他所受的教育就不完整，"理由是它涉入了许多人的大部分生活，所以我们不能无视宗教作为学术研究的一块领域。其他组织的存在是帮助向学校解释法律的意义以及提供资料为课堂所用。因此，学校能教授关于宗教，宗教比较、宗教历史的知识或可将圣经作为文学来教学，却不能讲授一门提倡宗教的学科。

　　与此相关的争议在于是否由公立修道院向教区附属学校提供教育设施与服务。在1975年最高法院的米科/匹特颉案例（*Meek v. Pittenger*）中，严格的与开放的美国宪法解释者们之间的冲突达到高峰，法院裁决："一个州的政府可以将世俗的教科书借给教区和其他有宗教倾向学校的学生"。此外，政府还可以向非公立学校提供公交车、午餐、防火设备、水、警察、裁缝、免税、标准测试与评分、语言听力与心理疾病的校内诊断、校外的治疗指导与矫正服务、实习费用的支付，以及为学校提供借给学生的教材与教育设备。然而，政府直接出借教材，直接提供诸如辅导、测试、治疗与协助纠正等的辅助服务是违背宪法的，因为这些服务结果会直接推动宗教活动的增多。

　　在艾圭拉/菲尔腾案例（*Aguilar v. Felton*）中，要求公立学校执行联邦援助是合法的，但是，如何执行的争议依然存在。一些法院支持其合法性，却不同意提供电脑、

---

[1] 编者按：空堂时间：（美）在公款资助的学校里，学生可以离开课堂去接受宗教教诲的时间（因为宗教被禁止列入正式课程）。

照相机等设备的援助,因为这些会被用于宗教目的(Crawford,1986,p.15)。很明显,在可接受的与不可接受的援助方面有一清晰的界限,更多的试验案例提交到了法院。

在1999—2000年间,几个州政府与联邦法院的有关保证金制度与特许学校的裁决已经在资助私立学校方面使人困惑。俄亥俄州、缅因州、佛蒙特州、宾夕法尼亚州与佛罗里达州的法院裁决给全美国传递了保证金计划的信息。主要的关注点在于保证金给那些就读于宗教学校的学生提供津贴,这违背了宪法的教会与学校分离的法则。法院似乎在鼓励政府着力去改善公立学校而不是去寻求资助私立学校的解决之道(www.nbsa.org)。

在教会与政府分离之争中的另一件事是政府标准与私立学校标准之间的冲突。相关的案例发生在1976年俄亥俄州的达克县内,当时服务于顿卡第(Dunkard)宗教团体的圣幕(Tabernacle)[1]基督学校被告之没有依从州教育委员会的要求,学生家长将被控诉没有送子女去读书,在学校支持者与同情者的眼里,这是在企图摧垮福音传道的基督学校。其他有些案例涉及诸如安曼教(Amish)等的宗教团体与其所在州之间的冲突,冲突集中在入学法律的问题上,宗教团体想控制儿童所受教育的种类与总数。但在大多数地区,政府与宗教团体已达成和解。

涉及教会与政府分离的最有争议的一个案例,据说是1981年至1982年间的阿肯色州小洛克法院的案例。一般被称做斯科普斯第二(Scopes Ⅱ),也就是麦克雷恩/阿肯色州教育委员会案例(Mclean v. Arkansas Board of Education),它与1925年约翰·斯科普斯(John Scopes)在教室内教授进化论这件事的审判相似,是对要求在教室内用同等时间传授"科学创造理论"与"进化论"事件的审判。这次案例与其他相似案例的焦点在于创造主义者所信奉的"绝对真理(absolute truth)"与被原教旨主义(fundamentalist)[2]的基督教徒看做是与世俗人文主义者所信奉的"相对真理(relative truth)"之间的争执。支持1981—1982年案例的人认为进化论没有被证明过,其他理论应该得到同等对待,而反对者则申辩说创造主义者的观点来自圣经,它自会将宗教带进课堂。

经过长期的专家鉴定,法院裁决允许传授创造主义者的观点是违背宗教与政府分离这一原则的。这次案例之所以格外地重要,主要在于它为其他18个州的在审案例开创了先河。其中一个案例于1987年7月提交到了最高法院,争议是"创造学"有权与进化论一样在教室内传授。赞成者认为创造是人们可接受的科学理论,各种生命并非是进化的结果而是突然出现的,因此创造应该得到同等的重视。然而,结果陪审团7票反对2票赞成,法院坚持原判,认为要求同等对待创造学是想将圣经带进课堂的

---

[1] 圣幕:古代犹太人逃出埃及后在定居巴勒斯坦前所用的帐篷式活动神堂。
[2] 原教旨主义:信奉圣经的文字记述,否定进化论等现代思想的主义。

一种遁词,它违背了第一修正案("Louisiana Creationism Law", 1987, p. 23)。

最近,在堪萨斯州再次出现了这样的问题,该州教育委员会通过了"堪萨斯州自然科学教育的课程标准",却没有将进化论包括在必修的课程内,而是将教授进化论的选择权留给了地方教育委员会("Evolution/Creation Science Controversy Continues", 1999)。对此事的公众民意调查结果显示,美国83%的人希望自然科学课堂上讲授进化论,70%的人觉得教授进化论与宗教意义上的创造主义不相违背。少于30%的人希望在自然科学课堂上讲授创造主义(People for the American Way, 2000)。

其他新近法庭案例涉及的依然是校内祈祷问题以及课外宗教俱乐部这一复杂问题。1981年,维德玛/文森特案例(Widmar v. Vincent)中,最高法院裁定公立大学学生有权利在校园内组织宗教俱乐部;1990年6月,西区社区学校/梅金斯案例(Westside Community Schools v. Mergens)中,中等学校被裁定在一定条件下也有相应的权利(Sendor, 1990, p. 15)。《同等权利法》(The Equal Access Act)指出,如果学校允许任何与课程无关的俱乐部的存在来迎合娱乐、政治、哲学团体的要求,那么就必须也要迎合宗教团体的要求。美国国会也已关注教会与政府分离之事,正考虑学校能否传授《圣经》中的十诫。

李伊/魏思曼案例(Weisman v. Lee)涉及祈祷出现在毕业或升级典礼上的合法性问题。一方认为引用上帝的名义应看做是符合宪法而得到支持,而另一方则认为这偏袒了某些宗教,使得非宗教人士觉得他们是"局外人,公立学校系统不属于他们",这将侵犯教会与政府分离的权利。最高法院的另一最新案例涉及足球比赛时的祈祷问题,而得克萨斯州的一个案例涉及的教会与政府分离对学生言论自由的权利之间的问题还在解决之中。全国民意调查显示,三分之二的美国人认为应该允许学生进行祈祷。

● 实践:陈述赞成与反对公立学校中出现俱乐部、
　　　祈祷等宗教形式的论据。●

教育经费:资助学校

多数社会视教育为对未来的一种投资,培养年青一代是为了使他们社会化,成为社会生产力,为社会做贡献,并挑选他们扮演未来角色。在许多国家,中央政府向地方学区提供资金来执行平等的公众教育。这些政策建立在有效、平等、自由的基础之上。然而,社会富有人士出资让子女接受精英教育,以确保他们获得较高的地位,再生产了社会分层制度。

学校服务于经济部门的无止境的扩张与技术复杂性,职业教育的学校急剧增加正体现了这一点。在美国,学校教育的增长具有戏剧色彩。从1890年至20世纪60年代末,中等教育由原先的7%的中学学龄的学生增至90%以上。1997年的数字显示,近 97% 的 14 至 17 岁的人到学校就读，而 18 至 19 岁的就读人数则降至 61.5%（National Center for Education Statistics, *Digest*, 1999, p. 15, Table 6）。

功能主义者认为学校的增多满足了经济对接受过教育的劳动力的需求。学校与劳动力这两者共同维持着国家的经济面貌。学校的增多与改善提高了劳动者的技能与品质特征，这样就促进了经济的增长与社会的进步。面向个体的学校教育越多，为国家和个体开创的经济发展可能性就越大。

社会进步理论（social progress model）驳斥了功能主义者的观点，它认为单纯的教育改善不会导致社会的发展，学校是筛选与分类机构。冲突论者则认为学校培训个体来满足社会经济、职业的需求。正如通过测试区分个体一样，通过向个体发放劳动力资格证书使得培训阶层化，但这并不一定暗示着社会的进步。

美国学校的经济大环境具有不稳定性。教育的实际费用不断上涨，并且比通货膨胀时的费用升得还快，这使得用于学校的税收不能帮助填补逐渐升高的费用。以 1997 至 1998 年间的美元为常数，公立学校平均每日看护学生的教育费用由 1919 至 1920 年的 453 美元涨至 1997 至 1998 年间的 6 624 美元（National Center for Education Statistics, 1999, p. 186）。

学校资助来自三个层面：地方、州和国家。比较起来，公众教育的大多数资金来自州的资助，但这也是在变化的。在 20 世纪 80 年代，州资助资金所占份额稳步增长至 50% 左右，当地方资金从 1986 至 1987 年的 43.9% 增至 1995 至 1996 年的 45.9% 时，州资金份额不断降低。在一些州，资金比例却截然不同。例如，新罕布什尔州 87% 的资金来自地方资源，佛蒙特州与伊利诺伊州地方资金各占 64%，而国家占 6.6%（National Center for Education Statistics, *Digest*, 1999, p. 170, Table 158）。

市中心区学校需要更多的经费，在资助学校方面，尤其受到经济上的打击：市区教师联合会很有势力，常常要求加工资并获成功；校舍需要修建；诸如补偿教育等的特殊活动在市中心区更庞大；学生流动率更大。不幸的是，当税率上涨以支持学校经费时，一些居民移居到郊区，从而降低了城市税收。因此，在贫困地区，如没有强大的税收基础的市中心区，国家与州资助份额比例大些。一个学区有大比例的儿童生活在贫困中，那么联邦政府支付大约 13% 的学校总收入，州支付 60%，地方上占到 27%。即使有政府津贴，贫困区域与富足区域比较起来，资助情况截然不同：富足区域的国家资助所占份额低至 3%，州 41%，地方资金 56%（National Center for Education Statistics, 1995, p. 390）。

地方资助　地方资金的主要征收方式是财产税，但是不同区域之间的差异很大。市中心区来自财产税的税收基础薄弱，随着富足人士移居郊区和工业的重新选址，税收基础日趋薄弱，相应地，郊区有着强大的税收基础来提供更好的学校。如果财产税不能提供足够的资金，公债与课税方面人们可以投票表决，但是赖此生存的学校成功的前景并不看好。尽管市中心区资助贫困生、维护与改善学校旧舍、征收财产税等的资金需求量通常较大,但是每个学生的开支总体上很少。

学校常依赖于地方征税等地方资助。

在美国,大区域与小市区一样面临着资金短缺的问题。在20世纪60年代早期,地方征税资助了学校预算的6%,到1974年,达到26%并且还在上涨。如今,富裕区域的学校总收入中的56%来自地方资助。纳税人则反对这越来越重的税收。在20世纪90年代,学校资金改革是头等大事,学校预算中州资助所占份额逐渐增多,而地方与国家税收资助相应减少。地方税收基础会受到一些事件的影响,如军事基地的关闭、工厂的倒闭、储蓄以及借贷机构。这样,一些地方区域求助于每周四天工作日、出售学生艺术品、摸彩券等来填补资金空缺。

州资助 最近几年,在贫困区域,州资助占到所有资助的近60%,资金主要来自货物税、个人所得税、州奖券等特殊款项。40多个州拥有全州的货物税,这就占了该州总收入的30%之多,剩余的由个人所得税填补。这些税率州与州之间不同,越来越多的州使用州奖券以资助教育。

学校资助问题最初是在大约25年前提起的,目前依旧出现在法庭上,美国绝大多数的州都卷入到该诉讼之中。主要的法庭裁决有:

1. 重新界定宪法规定的一个州所必须提供的教育层次。
2. 用新标准衡量什么是服从宪法。

3. 注重平等的同时要注重妥当性。
4. 依赖州规章内的教育条款的普通意义(Verstegen,1994,p. 244)。

在资金分配方面人们最关心的是如何确保公平对待州内的所有群体及整个地区。州资金通过以下四种途径流向地方区域:

1. **统一补助金** 不管特殊需求而向所有区域的所有学生提供等同数额的补助金,有一些州则会向贫困区域提供更多的数额。
2. **基础方案** 是自塞拉诺案例以来最普通的方法,用以提供每个学生每年最低的开支费用。
3. 在**权力均等方案**中,"州资助地方学校开支所占的比例与该区域的富裕程度成反比"。
4. **衡量学生方案** 允许依照学生的特殊需求对学生进行划分等级:双语教育、特殊教育、职业教育等(Ornstein and Levine,1985,pp. 258—259)。

以上方案中,有一些考虑到地方支持学校的能力与一些区域特殊需求的差异性,并试图使学校与学校之间更加平等。

一个争议已持续出现在许多州的法庭上,它涉及的是使用财产税来帮助资助学校这一问题。反对者认为,富裕的区域有更多的资金投入学校因而能为子女提供质量更好的教育。因此,各州正探索方法来减少地方区域资助方面的差异。

两个著名的法庭案例提出了通过财产税进行地方学校资助的问题,1971年,塞拉诺/普利斯特案例中,加利福尼亚州最高法庭裁定"这一资助计划使人不愉快,它歧视穷人,将儿童所能接受教育的质量高低当成是其父母与邻居财富的功能"。这划时代的裁决影响了其他许多州的学校资助状况。在1973年的得克萨斯州圣安冬尼奥/罗得里克兹案例中,教育被认为是人的基本的权利,所有学校应该有相同的财政基础。这个案例上诉至联邦最高法院,被裁定"教育不是基本的利益或权利",驳回了反对财产税资助教育的上诉。因此,各州虽然被要求设计征税以及如何开支的新方案,使用财产税来资助学校依旧进行着。

其他案例导致了地方、州与国家对教育投资的再次分配。自塞拉诺/普利斯特(1971)与圣安冬尼奥/罗得里克兹(1973)这两个划时代的案例以来,针对资助计划的法院裁决各不相同(Fulton and Long,1993)。目前,超过34个州出现了有关农村与大都市资助学校方面的尚待解决的案例(Dayton,1998)。

国家资助 国家教育投资受国家经济状况的影响。当20世纪80年代早期的经济衰退席卷全美时,教育从联邦政府总收入中可获得的资金减少。此外,一个国家的重视程度也影响着资金的流向。

在里根(Reagan)与布什(Bush)就任期间,原则是教育及其决策属于州与地方政府管辖。这样,除了幼儿早年教育计划外,其他针对残疾儿童的联邦计划有所裁减。27个联邦计划下放到各州,这致使一些项目在州这一层面就消失了,当项目不受州内有权群体的青睐时尤其如此,因此,许多人认为联邦政府应该继续支持这些项目来促进机会均等。市内学校很可能最受失去项目与资金之苦。最终结果是与其他工业国家相比,美国在教育上对每个学生的投资很少(见图9-3)。

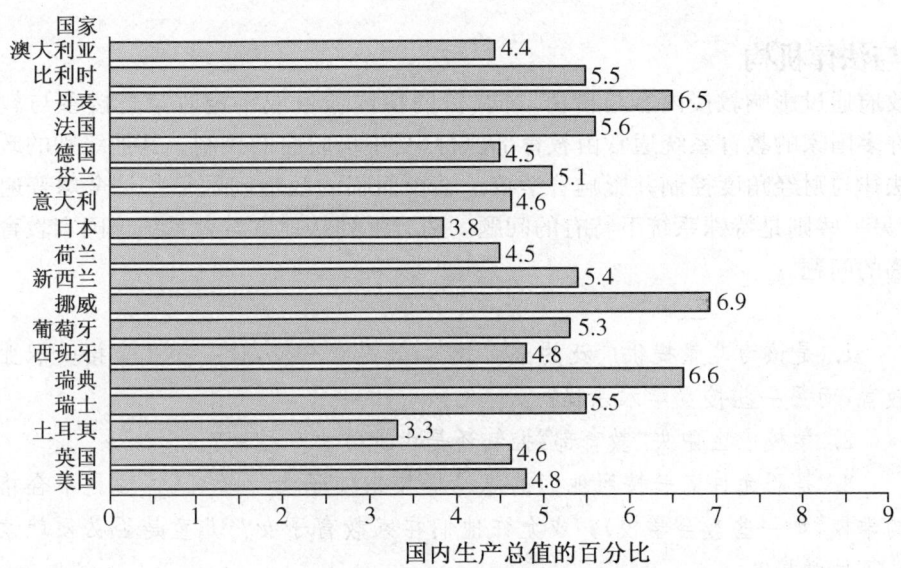

图 9-3　1994 年一些国家的大众教育费用
在国内生产总值中所占比例

资料来源：Organization for Economic Cooperation and Development, unpublished data.

人们为改善教育资助而提及最多的几种方式为学费税款信贷[1]、保证金和特许学校、学校由私人投资以及公司承办、摸奖券等。如上所述,使用保证金导致了各方面的争议。保证金方法的基本观点是儿童与其家长将得到一份保证金用以支付他们选定的学校费用,或支付能满足学生特殊需求的学校费用。一些批评者认为,这将导致学校种族隔离,对教师联合会构成挑战,允许特殊利益群体控制教育,并破坏了大众教育的理念。

由于财政压力,学校被迫向所处环境兜售自己,使人们相信自己计划的优势,证明自己的职员安置是正当的,并证实自己的成功。学校非常仔细地审查那些被社区认为是"虚设"的课程。因此,课外活动,如体育活动、音乐与艺术、课外辅导、年度活动报

---

[1] 译者按：一种允许家庭从其所缴联邦收入税中贷款来资助子女上大学或私立学校费用的方式。

第九章　教育系统与环境：一种互相依存的关系

告、读报、辩论赛、举办戏剧与音乐会等，常常在预算这紧要关头首先被排除掉。学校的经济环境对于学校课程的制定与学校计划的类别有重大的影响。

● 实践：平衡公立学校资金来源有何意义？●

政治环境与原则对教育投资有着直接的影响，下面所叙述的就是政治这一部分。

政治与法律机构

政府通过影响教授内容与价值取向、资助特殊项目或制定政策直接参与教育活动。许多国家的教育系统通常由教育部执行，受中央政府的控制。其他级别的政府常常从法律与财经角度控制并影响着学校。学校面临的政治问题一些是全球普遍性的问题，另一些则是特殊系统下特有的问题。请看下列从地方教育系统至国家教育系统都面临的问题。

1. 是该为儿童提供广泛的全面教育，还是该分流，让一些儿童接受职业教育，而另一些接受学术课程？
2. 学校应由中央"教育部"控制还是由地方当局控制？
3. 是否允许家长按照他们的意愿择校来使子女受教育（哪怕是不合格的学校，如一些教会学校）？或允许他们在家教育子女？儿童是否必须就读认可的学校？
4. 保证金是否该发放给家长来替子女择校？
5. 是否允许有着特殊思想观念的家长群体在学校教科书令他们不愉快时有权禁止该教科书的使用？
6. 课堂上是否该讲授艾滋病、性教育等社区或整个社会有争议的话题？

在许多方面教育与政治是密不可分的：

- 学校课程设置受经济需求的影响，有些计划经济的国家还指定每一类职位该培训多少人。
- 家长与社区对学校施加压力，要求学校为学生的成功打下基础。
- 不同的利益群体对课程内容与教科书中所传授给学生的知识有冲突。

学校一直是社会变迁与否的检测场所。在美国，这意味着学校承担公众教育的责任,有着"促进社会福利增长的责任"。在美国建国初期,联邦政府根据1785年的《西北部条例》(Northwest Ordinance)与1862年的《莫里奥法》(Morrill Act)的规定热衷于为教育圈地集资,并积极通过法律来确保诸如印第安人等特殊学生群体接受到教育。最近几年,保障残疾儿童的教育法律也已通过。

各级法院审理有关法律诠释方面的教育案例,从废止学校种族隔离到残疾儿童的教育问题到保证金制度与特许学校。这些法庭案例由社区居民或利益群体提起诉讼,本书已讨论了几种案例,如教科书、创造主义、校车接送学生与种族融合问题、特殊教育以及许多其他问题。

法规能对学校产生巨大影响力可体现于联邦政府的一个裁决,有人预测这裁决将同1954年布朗/教育委员会案例或1964年的《民法》一样对教育有着深远的影响。1975年制定的《公法》第94款第142条,1975年颁布的《所有残疾儿童教育法》,要求学校将3至21岁的残疾儿童"编入学校正规班(mainstream)"(在正常班级学习)。《残疾人教育法》(IDEA)改变了许多儿童的生活。在该法令实施之前,可能有100万的残疾儿童被排除在公立学校系统之外,更有数十万的儿童被剥夺了正常的服务。如今许多残疾儿童从中学毕业,上大学,参加工作。要求将残疾儿童融入正常儿童行列的论据包括以下几点(IDEA,1997):

1. 残疾儿童不被孤立,就可能获取更高层次的学术与社会地位。
2. 正规的学校环境帮助残疾儿童适应成人所处的世界。
3. 与残疾儿童接触可以帮助正常儿童理解他们之间的差别。

作为残疾人公民权的一项法令,《美国残疾人法》(ADA)颁布5周年纪念日这天,司法部门公布了对该法令效果的评价。从将残疾学生纳入正规班级到确保他们参与各种活动再到向他们提供公平的测试机会,残疾儿童所处的环境在过去的几年里已得到了很大的改善("Enforcing the ADA," 1995)。

反对残疾人法令的人认为,许多残疾儿童将会受到同学的讥笑或因未受培训的教师企图使计划起作用而遭受痛苦。他们建议小心谨慎地安置残疾儿童,对教师进行培训,教室内残疾儿童的数量应得以控制。

学校环境中的各级别的政治团体与政府机构担负通过并执行与学校功能有关的法规的责任,因而,他们影响着学校内部的运作,影响着整个教育系统。该系统结构必须有所改变;要有适当的教材,各种设施,以及持拥护态度的全体人员;要重新界定角色,将人们新的期望考虑进去;必须重申学校的目标,以避免与正式声明相冲突。法令要求学校、教室、课程、个人角色责任方面有所变化,这些法令意味着教育系统的重新调整,对各层次的结构与职位都有着间接影响。

● 实践：在你所处的社区学校，政治系统起着什么作用？●

社区与社区学校

有时，大多数人会支持与学校对立的事件。这也许会涉及学校正常的功能，课程的教育内容、学校职员的聘任等等。学校易受周围环境需求的影响，因此，它的管理人员必须考虑到不断变化的需求。学校管理部门受到双重约束，迫于压力要考虑一个问题的所有观点，虽然有些观点不被人接受。

家长们控告学校，认为学校不该传授性知识，企业迫使学校在工业方向的计算机与技术方面培训学生，一些移民希望学校用他们的母语教学，同辈群体与学校竞争学生的注意力和忠诚，所有这些例子说明学校系统易受社区各种因素构成的环境的影响。学校所处的社区混合体决定了就读于当地学校的"原材料"——学生。

学校合作关系 企业日趋频繁地涉足学校领域，在一些大城市尤甚。在这些地方，中学生被给予实习期，大学毕业生得到许诺的工作，而在读的大学生可得到学费，企业领导人认为这种资助对他们有益，为他们提供了训练有素的劳动力和更具活力的城市。企业与市内学校那些继续读大学的学生之间的联系促使了一些学生坚持读完中学。诚然，企业也会受挫，它们不总是能够知道自己提供给学校的现金与实物所能产生的效果。检测有效性是件困难的事，许多企业领导在质疑他们付出的努力是否有任何影响。

美国企业意识到将来的劳动力濒临危机，所以现在更看重学校教育。这种重视以几种形式出现：从直接现金捐助到以企业的预设前提来运作学校，尤其是基金会，为项目而向学区授予奖金，一些基金会为了支撑小学、中学而挪用了以前授予大学的基金。地方小企业捐助于特殊项目、图书馆与体育运动。

一些学校职员质疑企业在公众教育上的作用，担心这用金钱导向课程与政策的企业部门会产生过度的影响，而另一些则认为，在向贫困学区投入更多资金与尝试有创意的想法来提高成绩水平方面，这种合作伙伴关系提供了希望。

同辈群体对于介于10—19岁之间的生长发育阶段的儿童来讲日趋重要，每个儿童都可能受到几个不同群体的影响：一些是由学校正规组织的，如团队运动，一些来自宗教团体或称宗教童子军的社区活动，还有一些是不正规的，如邻里或同辈群体。

特殊利益群体不断对学校提出要求：

- 该投入更多的资金到体育项目上。
- 性教育不应该在学校进行，而应该出现在家庭中。
- 学校首要的是传授各种文化遗产。
- 学生应该在学校学习纪律与尊重他人以便成为可靠的公民。

● 少数族群学生应该有特殊的文化课程。

少数族群课程设置就是特殊利益群体提出的问题之一,教室在课堂上变得更多样化,成了多元文化、多族群混合体。了解社区利益与需求可以推进教育的进程(Drake,1993)。

多年来,少数族群团体要求学校课程中增添许多课程,黑人研究、西班牙人研究、女性研究和其他的研究已在进行之中。最近,少数族群研究项目得到诸如福特与洛克菲勒基金会等慈善机构捐赠的资金。许多教育学家赞成标准课程需要修订,起初设置这些课程是为了使学生社会化,成为社会主流群体的一员,并将各种群体同化成美国人。如今,课程趋向不同文化课程的发展。这样的课程支持了学校内的各种群体,最终将会从恰当的角度适应美国国内的每个群体,并强调对文化多样性和多元文化的尊重。

社区内提出问题的利益群体的政权基础越巩固,该问题就可能得到更多的重视,而一些小群体有着与权力不相称的影响,这是因为他们愿意大胆明确地说出来。试看本书第二章提及的对书籍审查制度的事例。学校的制度环境塑造了该地区的学校内部过程,使得每个过程在教育环境之下成为独特的组织。

教育系统环境的这些影响使得学校与学校之间有了相似性,然而,迫于每个学校环境的压力不同,每个学校也变得独一无二。要理解学校内部的政策与活动,就有必要了解学校的环境压力。

结语

Ⅰ. 环境与教育系统

学校为生存对环境提出的许多不同的要求做出回应,由于学校依赖于环境提供的各种资源,因而它不能忽视环境对它的要求。本章着重讨论了学校的制度环境:家庭、宗教团体、资助与经济、政治与法律系统、社区等。

利益冲突是学校环境固有的,反对者要求他们的观点占主导地位,为了获得生存所需的资源,学校必须花更多的精力处理环境中较显著部分的要求。

Ⅱ. 学校系统环境:机构间的相互依存

构成环境的关键要素有家庭、宗教组织、经济环境、政府与法律体系、社区与特殊利益群体。

1. 儿童带来家庭对学校的态度以及其他特征,家长参与学校的程度各

第九章 教育系统与环境：一种互相依存的关系

异,家长参与越多,子女学校体验的结果就越好。

2. 在一些社会,宗教与国家,连同教育合为一体。在美国,教会与国家的分离导致几个方面的冲突,其中最惹眼的是学校如何可以教授宗教以及课堂上该传授些什么。"人类起源"问题是一个主要的例证。

3. 教育资助途径来自联邦、州与地方三层面。它们提供的资金比例随时代的变迁而变化,法庭判例已提出,一些地方计划资助学校对贫困地区不公平。近年来,州资助有所增加,资金来源为个人所得税、营业税、财产税、征税以及某些州内采用的发行彩票。资金分配的方法各州不同,其中最常见的是"基础方案"。联邦资金资助的是为少数族群、残疾人专门开设的计划以及其他既定项目。对包括税款信贷和保证金在内的改革提议仍在讨论之中。

4. 政府在教育中的角色包括通过法律与制定政策。尽管在美国地方控制最为重要,但是联邦政府通过限制教育资助流向不遵循联邦教育指导方针的手段也具有一定的影响力,只要涉及法律与政策的问题出现,法庭就得给予裁定,例如,法律规定的对残疾人的教育政策极大地影响了这群人,诉至法庭的案例继续检测此项法律。

5. 社区为学校提供"原材料",影响着特定社区内教育的类型。社区的构成决定了双语教学等特殊项目的需求,社区的特殊利益也迫使学校迎合其利益。

6. 学校环境对学校内部功能有着巨大的影响,不考虑影响教育系统的关键要素就不能透彻地了解学校。

实践

1. 描述影响你学生角色的环境因素。它们是否导致角色冲突?
2. 你所在学区受到哪些运动或人口发展趋势的影响?请教你的校长与教师,当今发展趋势中他们认为什么会对学校产生压力?比较当前的影响与20世纪60年代的影响之间的异同点(参阅第十章)。
3. 你所处地方学校的直接环境与亚环境是什么?请列出图表。
4. 试举出几个学校系统变化导致环境反馈的例子。

第十章 高等教育系统

"中学通向大学之路不明晰"(Boyer，1987，pp.13—14)。一些人有父母、长兄长姐或辅导员为之介绍大学预备课程、大学测试、就读申请及挑选程序乃至获取入学资格等一系列事宜，并以此为标准，而另一些人则没得到什么指导，他们常常就是那些缺乏上大学机会、缺乏成功的高等教育机会的学生。中小学为义务教育，而是否进入高等教育机构深造却是自愿的。与中小学相比较而言，学校氛围、全体教员的职业态度以及教育系统的组织都是高等教育所特有的。

本章讨论高等教育系统，即高等教育的发展及其意义，受高等教育的机会，该系统的结构、过程及角色关系，导致系统变化的环境压力，高等教育成果与改革。开放系统模式（见图10-1）有助于勾勒出高等教育的方方面面，有助于了解它们与整个系统之间的关联性。这种模式展示了当今高等教育中一些系统的部分，但是，这对于那些研究高等教育历史的人来说却是陌生的。

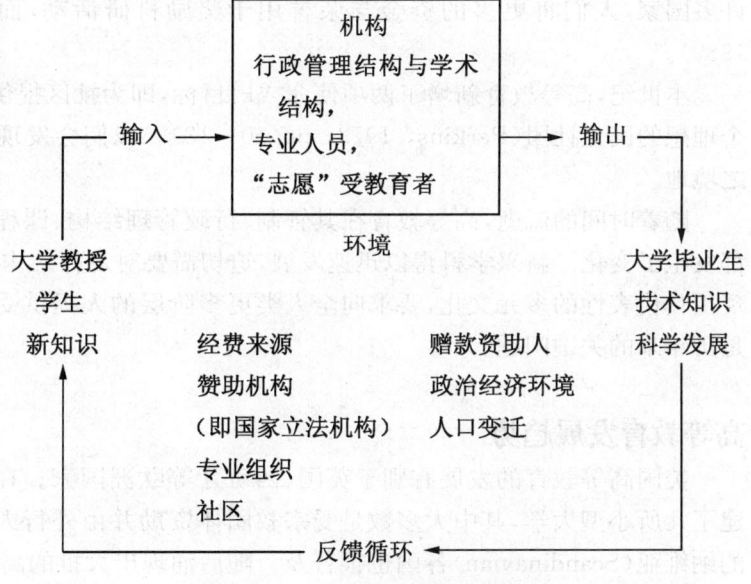

图10-1 高等教育体制模式

高等教育的历史与发展

穿梭于英国牛津与剑桥大学的各学院之间,看到各种庭院、锥形体建筑、整齐均匀的草地、镶嵌着有色玻璃窗户的长走廊以及早期著名学者的塑像,人们不禁会想到,高等教育的许多传统正是在此背景下于12、13世纪创建的。在远古的牛津大学图书馆内,中世纪学者们就同当今身着牛仔裤肩背背包的学生一样坐着,学习着。传播知识这一传统开始于早期的大学,如法国的巴黎大学、意大利的博洛尼亚(Bologna)与威尼斯(Venice)大学、西班牙萨拉曼卡(Salamanca)大学、英国的牛津与剑桥大学(Perkins,1973,p.3)。这些学校在其独立制定决策方面,在与教会和国家相互影响方面建立了一种微妙的平衡关系,这为至今已有数百年历史的教会—国家—学校三者之间的关系开创了先河。

高等教育的历史功能

十九世纪,除传统传播知识的作用外,高等教育被赋予了一项新的使命或曰功能,即研究成为自身的目的(Perkins,1973,pp.6—7)。这项新使命导致了教学与科研之间的紧张,并造成了教师与学生关系、不同研究方向和兴趣的教学人员之间关系的紧张。如今我们对此并不陌生,因为教授们的全部时间就用于教学与研究这两方面。在许多国家,人们将更多的资金与荣誉用于奖励科研活动,而不是教学(Ballantine,1989)。

本世纪,高等教育新增了两项使命或曰目标,即为社区提供服务,并在校内建立一个理想的民主社团(Perkins,1973,pp.10—13)。我们会发现,这使大学进入了维谷之境地。

随着时间的流逝,高等教育在其管制、行政管理结构、课程、学生群体构成等方面都发生了变化。新兴学科得以迅速发展,迫切需要对现存结构进行改革。要求课程呈现更具代表性的多元文化,要求向全人类更多阶层的人提供受高等教育机会,这些都是历年来的关键问题。

高等教育发展趋势

美国高等教育的发展有别于英国、西班牙等欧洲国家。在殖民统治期间,美国创建了几所小型大学,其中大多数是受宗教团体资助并由外行人运作,这种模式在斯堪的纳维亚(Scandinavian)各国也很普及。随后涌现出大批的高校,其中许多又夭折了。这些学校旨在服务于那些来自"体面家庭"的男士以及少数贫困家庭中挑选出来的幸运的年轻人,总体而言,它们是由中上阶层人士建立的,目的是使美国社会各阶层之间的差异永久存在下去。1776年,200人中大约只有一人接受过大学教育,而许多其他的年轻人则师从于家庭教师或自学(Jencks and Riesman，1968，pp. 90—91)。妇女在当时被排斥于高等教育之外，但是，少许妇女聚集成小型私人群体，接受来自附近大学里开明的异性教授的培训。

直至美国内战结束和《莫里奥法》的颁布，许多州才建立了国家资助的公立高等院校，目的在于向大面积学生提供自由教育与实践教育。同时，也出现了公立师资培训大学或曰"师范学校"，满足了对教师日益增长的需求。1869 年获特许的哈佛大学及 1876 年的霍普金斯大学是美国第一批提供本科教育继而成为综合性大学的学校。

到 1900 年，美国已有几百所小型私立本科院校，其中大多数都开设了"经典"课程：希腊语、拉丁文、数学、伦理道德、宗教。此外，也出现了更专业化的学院，即当今的专科院校的前身，如，专攻工程的麻省理工学院和加利福尼亚理工学院。

相对而言，在现今的英国，可归为综合性大学、工学院与高等专科学院的高等教育机构较少，年龄段在 25 至 34 岁的人中仅约 15％的人接受了高等教育。而在美国，包括两年制大学在内共有 4 000 多所高等教育机构(*The Chronicle of Higher Education Almanac*，1999，p. 24)，秋季从高中毕业的学生中招收近 63.5％的男生与 70.5％的女生(National Center for Educational Statistics，*Digest*，1999，p. 209)。这种就读高校的比例在全世界名列榜首，其次是加拿大、新西兰和澳大利亚。英国的这种较多限制性的教育模式与美国的大众教育模式的产生是由各种历史因素造成的，其中之一就是美国学生人口分布的巨大差异性。当然，我们也会看到，英国正在扩展它的教育模式，提供等同于两年制的大学教育(Trow，1987)。

两年制学院，有时又称社区大学或两年制专科学院。它出现在 20 世纪，提供某些学科的结业学历，或向四年制高等院校提供生源，或两者兼而有之。"与四年制高等院校相比，社区大学更倾向于招收学业较差的学生、少数族群学生、半读生、经济不富裕的学生、走读生、大龄学生和父母为移民的大学生"(Oromaner，1995，p. 1)。美国独创的这种教育机构肩负多重目标：关注学生，在需要时提供矫治教育，开设职业课程，进行社区服务，影响非传统学生与少数族群学生(Grubb，1991；Vaughan，1991)。"近一半的中学教育后的学生在两年制学院内开始接受大学教育，而目前全国约 40％的学生就读于此类学校"(Olson，1996；National Center for Education Statistics，1995，p. 42)。半数以上的少数族群学生也在此就读，所有在此就读的学生中，约五分之一最终毕业于四年制大学，这数量在过去十年内一直保持不变。研究表明，对于转学的学生和那些开始就读四年制高校的学生而言，花六年时间读完四年制课程的可能性是一样的(百分率为 69％)(Lee，Mackie-Lewis，and Marks，1993)。

40 年前，伯顿·克拉克(Burton Clark)评述道，加利福尼亚州的两年制专科学院在 20 世纪 50 年代起着两种作用——提供两年制专科学位，并给一小部分学生转读四年制大学做好铺垫。他指出，确实当有许多学生期望转学时，专科学院就劝阻他们，讲述他们学业上的不足之处以及以职业为导向的两年制教育的优势,他将此称之为"降温功能"(Clark,1960)。

该"降温功能"已激起人们对两年制专科学院角色的争论。评论可归为下列几种:精英们认为它是劣等学校,达不到四年制大学的学术标准;主流批评家虽然赞成其教育原则,却认为它在对待处于劣势的学生问题上、在促进学生转读四年制大学方面做得不够好;结构主义批评家发现高等教育中分层系统导致不均等,而两年制专科学院则在这系统中起着重要的作用(Pincus,1994)(见图10-2),他们指出,这种专科学院像过滤网,将贫困生和少数族群学生排除在外,或阻止他们继续攀登教育阶梯,边缘学生通常是少数族群学生,他们从高等教育系统中慢慢被过滤出来,例如,西班牙裔学生就被不均衡地分轨至两年制大学中(Velez and javalgi,1994)。许多少数族群学生在市区中学没有获得充分的大学预科课程,他们中近90%的人就读于两年制大学的发展教育课程,而获得四年制大学学位证书的人是有限的(Littleton,1998)。

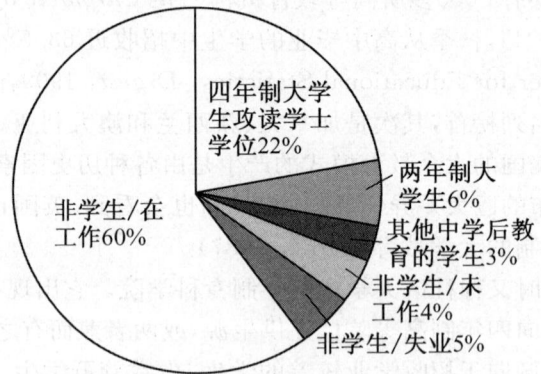

图 10-2　1991 年 10 月份两年制大学生通过数年完成学业后的活动情况

资料来源:U. S. Department of Commerce, Bureau of the Census, Current Population Survey, October 1991. Reprinted in The *Condition of Education*, 1995, p. 45.

围绕社区大学的另一争议集中于学院目标由服务性向企业文化的转变上,培训课程相应地由惯例合约(custom-contracted)转向迎合商业需求。由于这样更体现了一个社区、职业的目标,所以社区学院传统的文科教育与转送学生的功能就弱化了(Lee and Pincus,1989)。截至1970年,三分之二的社区学院学生转学至四年制高校,但是,到1980年,70%的社区学院学生却在攻读两年制的职业课程。近期一篇就此情况的评论,从社区学院对经济、社会与环境作出的高度反应到学生对课程的种种选择方面,对上述的巨大变化提出了几种解释(Dougherty,2000;Dougherty and Bakia,2000)。

研究表明，社区学院自身也许应该开设更加职业化与半专业化的课程，这样可在高等教育市场上拥有一席之地(Brint and Karabel, 1989)。但是，与企业签约为企业雇员提供培训、课程与讨论会导致人们产生忧虑，比起自身的教育自治与满足自身独特的学生资助者的教育需求而言，社区学院也许觉得经济利益更具吸引力。

尽管与大学的衔接课程使转学比较容易，但教育者还是关注学生转学人数下降的这一问题(Eaton, 1990)。一些人争辩此转学功能之重要性，论据是它确认了社区学院的学术目标，许多学生确实有志向攻取四年制大学学位，却气馁于中途。而平等主义者的口号正是建立在这个转学功能基础上的，他们声称应该让所有学生拥有追求四年制高等教育的机会(Grubb, 1991, p. 194)。那些转学的学生毕业与继续攻读研究生的可能性和直接考取四年制大学的学生基本一致(Lee, Mackie-Lewis, and Marks, 1993)。

社区学院的学位证书对职业定位与成功有什么影响呢？就读的学校类型定型了我们的职业地位。譬如，社区学院出来的刚就业者与直接就读于四年制大学的毕业工作者相比，前者中男性获取的职业地位低于后者同性别者；就女性而言，前者在教育年限所对应的职业报酬方面低于后者，平均来讲，前者职业地位低于后者。1990年，完成两年制社区学院的毕业生中，60%有工作，然而，一年之后，近5%的人失业。

最近研究表明，与高中毕业就参加工作的学生相比，就读社区学院的学生在职业与经济地位上的优势是有限的。由于缺少工作经验，他们的经济报酬不高(Monk-Turner, 1992b)。获得准学士学位(associate of arts degree)也许阻碍了学生获取更多年限的教育机会(Monk-Turner, 1992a)。这样，社区学院就能够使高等教育中的分层永久化(Lee and Frank, 1990, p. 191)。

社区学院提供的职业教育，如加强职业技巧、增强电子运用技巧或贸易技能，产生了不同种类与层次的工作，使需求熟练工的雇主受益，也可能给工人一个摆脱低待遇、无前途工作的机会。但正如冲突理论家们所担心的，这或许也会将工人牵制在较低层次的位置上。

很显然，两年制学院担负着特殊的角色，尽管有争议，却正逐渐向全世界流传开。譬如，英国在许多综合学校已经添置了"第六学级"学院，这些学院在结构与作用上类似于两年制学院；日本也提供了两年制学院就读的可选课程。

● 实践：你认为社区学院对学生与社区起到什么作用？●

高等教育的理论方法

过去的50年里，高等教育在世界范围内迅速扩展开，其主要的理论问题是高等教育的结果如何以及为什么出现这样的结果。另一主要的争论则关注享有高等教育权利的问题,即是否某些群体更有机会获得受高等教育的权利。下面将从功能论与冲突理论两方面对其进行讨论。

高等教育的扩展

功能主义者或曰大多数理论家认为,大学通过其自身发展以及对新知识的使用从而能够成功地解决社会问题;而冲突理论者则争辩道,大学常常使现状永久化,如果我们要想改变当前不平等状态,就需要进行更为基本的社会变革。

功能主义方法 对于功能主义者来讲,高等教育之所以能在美国及其他国家迅速发展起来,原因有以下几点:首先,它能令人称心如意地改善个人发展机遇;其次,通过传授复杂科技领域所需的技能,可以增加机会均等的可能性,从而提高个人参与社会生产方式竞争的能力;最后,社会需要高等教育帮助武装个体来满足基本角色的需求,这一论点已被提出用来扩展发展中国家的高等教育。

冲突理论方法 冲突理论家们认为高等教育的发展是直接与资本主义的制度变化相联系的。他们相信,高等教育同中小学教育一样,是为精英的需求服务的,使他们得天独厚的地位永久化。正如中学将学生分流至职业与学术的轨道上,高等教育系统也可看成是一系列的轨道。人们对它存在着向上流动的幻想,但却质疑于现实情况。毕业于两年制学院或技术学院的学生,在职业地位上与毕业于精英大学的学生之间存在着很大的差异。塞缪尔·鲍尔斯和罗伯特·金蒂斯将大部分高等教育系统解释为,引导学生选择不允许有自治和判断力的较低层白领职业,除去学校为学生获取精英地位而做准备的指导,学生有更多的选择、更长期的工作(Bowles and Gintis,1976,Ch. 8)。他们怀疑即使精英教育是否鼓励学生对其系统及合法性提出质疑。教育研究经费也受精英的兴趣所左右,并使现状持久化。

要了解"把关"政治(Karen,1990),或谁有权进入精英大学,就必须研究教育系统的方方面面,包括谁制定入学条件的决策,这不仅包括大学招办工作人员和中学辅导主任(Rosenbaum,1996),以及他们所采用的标准,而且包括他们试图打造的大学模式。招生过程很可能反映出学校的社会地位以及它的选择力度,因此,它也反映了进入社会的种种竞争(Collier and Mayer,1986)。

接受高等教育的机会

一个困扰全球的问题是谁就读哪所大学,原因何在。不管真实与否,大多数国家相信,教育是人们通向进步与成功之路。在许多社会,精英统治着学术机构。随着现代化的进程,受教育机会结构的改变,社会中其他的群体要求共同获益。

世界上老牌大学被强制重新考虑它们带有限制性的入学条件,新立大学则接纳新的学生群体,譬如,马来西亚的国立大学如今主要面向本土的马来西亚人招生,直到最近他们接受高等教育的群体代表人数仍然远远低于印度人、华裔人数。

美国的情况却截然不同。诚然,进入精英大学的入学条件与英国、日本相似,但不是主要取决于大学入学考试。美国90%的公立大学采用"门户开放"政策,即任何满足先决条件(学完必需的预修课程)的高中毕业生都有入学资格,私立学校中47%是公立学校模式而另48%则择优录取。1980年以来,公立四年制大学越来越趋向于择优录取,这意味着对高中课程论文与教学成绩测试成绩的期望有所提高。著名的哈佛大学入学资格决定是与一些学生的精英地位有关的,而招收另一些学生则考虑到入学特别保障政策。随着高等教育入学条件的逐渐严格,对高等教育中受教育机会与精英统治论的抗议也随之出现。

高等教育中的分层化与机会均等

在美国,大学招办工作人员要考虑以下几种因素:高中等级、参加的各种活动、推荐信和考试成绩。人们特别对考试成绩有争议,那些赞成招生过程中使用标准化考试成绩的人认为,成绩帮助筛选出那些"不成功"的学生,而批判使用考试成绩的人则辩驳道,考试不能准确体现学生所学的知识,学生只要有经济实力就能通过指导培训来提高成绩,考试并不能考察其宣称测量的东西,而且这对于少数族群学生来讲是不公平的,尽管他们的成绩已略微有了提高,如表10-1所示,学术能力测验方面,多数群体的分数都有略微的上升。

表 10-1 1998 年不同性别、种族、民族在学术能力测验中的成绩

性别、种族与民族背景	语言部分		数学部分	
	分　数	一年的变化	成　绩	一年的变化
男　性	509	+2	531	+1
女　性	502	-1	496	+2
印第安人	480	+5	483	+8
亚　裔	498	+2	562	+2
黑　人	434	0	426	+3
墨西哥裔	453	+2	460	+2
波多黎各人	452	-2	447	0
其他西班牙裔	461	-5	466	-2
白　人	526	0	528	+2

续 表

性别、种族与民族背景	语言部分		数学部分	
	分 数	一年的变化	成 绩	一年的变化
其 他	511	−1	514	0
总 体	505	0	512	+1

注：学术能力测验中每一部分分值在 200 至 800 之间。
资料来源：*The Chronicle of Higher education Almanac*, August 27, 1999.

在欧洲、拉丁美洲、非洲、亚洲以及世界其他地区的许多国家，一场大学入学考试决定了一个人的前途，就那么简单，通过、没通过。这在日本产生了一类称做"柔恁"（ronin）的年轻人，即那些没有通过自选大学的入学考试而花费一年甚至更长时间复习以再次参加该考试的学生。然而，在日本也有一些学生轻易地放弃了进一流大学激烈的竞争而去了声望次等的大学或参加了工作，他们通常是蓝领阶层的子女，这就使现存的阶层体系得以持续下去。

英国牛津大学的录取过程代表了入学世界精英大学的过程。大学的入学考试是至关重要的，其次是英国的高级考试（British A-level exams），这是每个考虑上大学的高中毕业生必须参加的测试。社会经济变量（尤其是学生所毕业的学校类型）在大学招生的决定方面有着重大影响。许多国家社会、经济、政治的迅速变化促使大学要向更多学生提供入学机会，这种压力正迫使政府考虑采取诸如多元大学（multiuniversity）等新的模式，开设更多位置，并考虑允许更多的私立大学存在（Hayhoe, 1995）。更多的大学正在采用开放式招生政策，如下所述，部分原因就在于人们对入学机会的争议。

精英院校与公立院校

社会经济背景较差的学生不考虑自身的能力、成绩与期望，而更倾向于就读择优条件低的大学，譬如两年制学院和开放式招生的大学。美国的高中生知道肯定会有一所学校接纳他们，但中产阶级家庭的学生进入这样的学校较少，尤其是进入择优录取的学校。精英寄宿学校的学生最有可能加入高度择优录取的大学（其 61% 来自精英学校，39% 是决定上大学的普通学生）（Karen, 1990, p. 238）。尽管不受规章制约而有绝对的自主权来选择学生，招生工作人员还是在努力使校园的学生群体多元化，这常常出于自愿（Farnum, 1997）。然而这些努力招致了争议，引出了入学特别保障政策问题。

高等教育体系范围从开放式招生到高度择优录取。

招生与法庭

学院录取少数族群学生的决定并不总是自愿做出的。政府通过提供特殊教育项目资金、制定入学特别保障政策、拒绝将研究经费给予那些在录取少数族群学生与雇佣少数族群员工等方面没有履行政府制定的标准的大学等方式对学校施加压力。

法庭逐步涉入影响各层次教育方向的重大决策,而且这部分教育系统环境已日趋重要。在高等教育中,法庭的仲裁及其蕴涵从招生与入学特别保障政策问题延伸至资助学校体育活动与学生权利问题。早期与平等权利问题有关的两个案例突出了法庭在高等教育环境中的作用。

一些人认为的对待少数族群的优惠待遇并没有得到公认。1970至1971年间,被华盛顿大学法学院取消录取资格的迪佛尼斯(DeFunis)提起诉讼,他称,低分的少数族群学生可以被优先选择。此诉讼至最高法院,裁定他胜诉,但同时对少数族群录取问题及招生配额问题留有异议。

来自迪佛尼斯案例的有关少数族群配额优惠待遇方面的遗留问题,招生工作人员希望在1978年巴克(Bakke)案例中得以解决。此案例中,戴维斯的加利福尼亚大学医学院制定了招生配额,巴克接近录取线,而考分较他低的特殊申请者却被录取了,于是他提起诉讼,提出反向差别待遇(reverse discrimination)的争议。法庭的观点是学校也许试图在招生与入学特别保障政策方面取得种族平衡,然而在招生过程中不该忽视保护个人权利的观念,因此,学校应该采用各种特别注意到种族问题的计划而不是配额制。人们翘首以待的裁决所遗留下来的问题几乎与所解决的问题一样多。事后剖析,有人对法庭在推进少数族群进程中的退缩行为感到失望,有人意识到必须听证更多案例来检测法庭裁决的结果。

随后1996年3月,美国第五巡回上诉法院否决了得克萨斯州大学法学院的招生政策。在郝普沃德/得克萨斯州案例(*Hopwood v. State of Texas*)中,法庭禁止有关有利于墨西哥裔与黑人公民申请者的政策,结果导致该学校少数族群入学人数大幅度下降(Diaz, 1997)。这次裁决导致了诸如路易斯安那州、密西西比州等数州产生了相冲突的入学特别保障政策指令(Healy, 1998)。

近来,另一起遭抨击的高等教育招生问题是种族奖学金。许多大学为少数族群学生留有奖学金以协助招生以及使之不致中途退学,诚然,这只占了学校所有奖学金的5%。但鉴于最近法庭对此举措的否决,许多学校正在缩减少数族群学生的奖学金。相关案例是马里兰大学,最高法院裁定它只为黑人设立奖学金项目是违反宪法的("Supreme Court," 1995, p. 22)。如今一些大学正试图遵循该裁决,提供"父母为移民的学生奖学金(first-generation student scholarships)",这就包括了处境不利的白人学生与少数族群学生(Gose, 1995)。批评家们认为,这些迹象也预示,少数族群学生入学率将有所下降。至于此棘手问题的最终结果如何还不得而知。

● 实践:高等教育中,学校如何才能向所有学生群体
　　　　提供均等的机会与公正的待遇呢？●

美国高等教育的特征

高等教育是高中之后提供学位课程的统称,但是本章一般不涉及职业就业培训学校。

人们选择学校时,可以在两年制、四年制与综合性大学中挑选,可从私立与公立角度挑选,一旦做了抉择就进入了高等教育系统并直至两年或四年后毕业或中途退学、转学时结束。

美国有4 000多所高等教育院校("Number of Colleges," 1999, p. 24),首先,资助性质是区分公立、私立学校的重要途径,公立大学又分为地方、州、国家级别的学校,多数情况下为州资助大学,地方资助学校倾向于两年制与技术培训学院,超半数的私立大学附属于宗教,通常附属于源自新教徒与罗马天主教的宗教组织。

其次,学校的某些信息可从学生构成获得,如学校男生、女生、少数族群学生与讲外国语的学生的比例,学生的年龄、家庭背景等(见表10-2)。

再次,学术课程导致大学间存在差异:两年制还是四年制、研究生还是本科生层次、有无博士点以及诸如法律或医学等专业学院。许多大学发展了专业领域或专业学院,并以此而闻名,一些则已向多元校园设施发展,加利福尼亚大学就是一例,它共有9所大学校园,19所四年制州立大学,与100余所可以提供证书或将学生转入教育系

统内其他学校的两年制学院。

表 10-2　1998 年秋季新生特征

种族与民族背景	整　体	男　生	女　生
美国印第安人	2.1	2.0	2.2
亚　裔	4.0	4.1	3.8
黑　人	9.4	8.2	10.4
白　人	82.5	83.2	81.9
墨西哥裔	2.1	2.2	2.0
波多黎各人	1.0	1.0	1.0
其他拉丁美洲人	1.4	1.5	1.4
其　他	2.3	2.4	2.3

资料来源：Higher Education research Institute at UCLA.

每个类别还可细分，譬如，专业学院种类有多种：建筑学、商业贸易、牙科、教育学、工程学、林学、新闻学、法律、图书馆管理学、医学、音乐、护理学、验光配镜业、药剂学、公共卫生、社会学、神学、兽医学等。这些学院随着规模大小、资金来源、本科生还是研究生培训、入学特别保障政策与性别分布以及学院附属大学的各自特征而存在着差异。高等教育各系统的差异是巨大的，而其共同点在于都是面向完成了 12 年制学业后自愿进一步深造的学生们。

高等教育经历了一段显著的发展期，如今已趋于稳定。下面将探讨该发展期中的发展趋势及其启示。

高等教育的发展

19 世纪后期（尤其是 60 年代）美国高等教育发展的显著性是史无前例的。尽管大学规模迅速扩大，但是此阶段的退学率却保持不变，近期数据显示，1997 年秋季，有 1 550 万学生入学（全日制或半日制学生），两年制大学的就读人数有大幅度增长，并预期在 2002 年将达到 1 600 万以上（*The Chronicle of Higher Education Almanac*，1992，p.24）。这些数据中，少数族群学生人数在增加，而白人略有减少。

由学习向工作的过渡与文凭危机（credential crisis）

人人有权读大学？没读大学的人有权工作吗？谁决定这一切？最终必须有一些试图进入劳务市场的人找不着工作吗？

与其他工业国相比，美国在高中生与大学毕业生的工作预备以及应聘方面很少提供帮助。高中毕业生发现学业与工作之间没有什么联系，这使得他们必须调整自己以适应劳务市场的需求，而大学毕业生由于在专业领域受过培训，因此容易成功(Reich，1994, p. A16)。雇主需要具有特殊技能的人而新雇员往往欠缺，这就意味着雇主必须花精力、财力培训新雇员，主管人员花时间来解释并检查工作，此外，还需费力留住那些熟练员工(Rosenbaum and Binder, 1997)。

一个影响大学毕业生的问题是文凭危机，它产生的根源在于大学生不再有工作保障。大批毕业生依旧失业，或正返回学校来改善他们的就业机会(Wilson, 1990)。各种新型文凭正被提议使用，而工作要求也随之提高，这不是教育知识更新的结果，而是由于此教育系统下寻求更高层工作的人数增加。因此，许多人所受教育远远超出工作的需求，此现象称做"工作差距"，受低等教育者曾经从事的工作如今由教育层次高的人承担，这种状况持续至他们能找到对口的适当工作(Halaby, 1994)。

文凭的膨胀是与经济分层制度紧密联系的，学生需要高学历文凭找到更好工作以取得更高社会地位。然而，高等院校作为"通往更好生活的稳当之路"的形象已衰落，高中与大学毕业文凭之间差异在缩小，这直接与国家经济状况及其经济不能为大量大学毕业生提供更多、薪水更高的工作有关(Moore and Trenwith, 1997)。事实上，许多大学毕业生处在与本专业无关的职位上。目前的经济情况向功能论者的扩大教育机会以满足社会需求的观点提出了挑战。根据冲突理论家的观点，大量毕业生不满足的现象所导致的压力能够迫使经济制度与教育制度的轮番调整。

● 实践：人人都该接受高等教育吗？目前教育是否过度？谁来做决定？●

高等教育系统的功能

高等教育在社会上有着一定的功能或目标，对于目标是什么或应该是什么，人们存在着争议，这可能会导致家长、教育者、学生、政府官员及社会其他群体之间的冲突。下面将探讨大学的社区形象、大学的功能以及有关功能的不同观点。

作为社区的大学

判断大学功能的一种途径就是运用社区这一概念：成员共有物、劳力分工、成员间的相互依赖性(Sanders, 1973, p. 57)。大学就是社区，有着综合的基础理论教育工作规划、集中的物质环境、一种管理模式以及一系列的服务项目，人可以在此吃饭、睡觉、工作。所以，将现代大学描述成一个执行无数功能的机构或许是最好的办法。

一个完整的大学应有着领域广泛的课程、现代的研究设施、扩展的研究生院和专业学院,以及大量的辅助性服务设施,这已为高等教育内所有学术系统制定了准则。然而,它陷入了自相矛盾的目标之中,这在组织机构与自治的领域尤甚。传统上使大学自身结合的诸如共同信仰、态度、价值观等的纽带随着被更正规的结构、规则、程序所取代而在瓦解(Perkins,1973,p.258)。于是,有关大学社区基本价值观的问题被提了出来,这些问题包括:学术研究计划的性质;是否传授事实性知识或同时讲授价值观、信仰甚至实践技巧;学者研究自由的意义何在;大学活动该包括哪些内容。

科研功能

人们普遍认为,高等教育,尤其是在有着坚实研究组合的大学,目标是开拓知识。研究计划的方向、范围主要取决于商业、工业和政府提供的经济资助,这种对科研努力方向的影响导致一些研究者提出"知识是为了谁"的问题。一些研究,尤其在纯理论科学而非应用科学中,正因为其在该时期财政缩减中没有优先权而被取消,有人认为,这可能导致将来知识的差距,从大学环境中缩减州与国家资助资金将极大地影响依靠这些资金来资助研究者、学生及其他部门的科研机构("The American Research University," 1993)。

教学功能

在高等教育机构中,占主导地位的是有关均衡教授的教学与科研角色关系的关注,在设有研究生课程的大学内尤其如此。斯坦福大学率先于20世纪90年代早期宣称教学评估将在职称晋升过程中起着重要的作用,随后是康奈尔大学和其他大学。许多学科在编制教材,以促进教学职业水平的提高,专科学校也更强调教学艺术。

服务功能

大学另一功能或目标是在更大范围内进行公共服务,人们期待全体教员通过出版物、媒体、教学与开讲座等渠道传播研究计划中得以发展的知识。这种想法的传播已产生了极大的反响,乃至最终刺激了全球范围内国家的社会变化,而在通过提高社会意识或采取社会行动来产生变革以至改变观点方面,学者的参与程度如何是个有争议的问题。许多大学学生参与社区服务工作,有时这是教育要求的一部分。

"维持国家安全状态"的功能

有时,人们设想高等教育是自治的,其实,迎合高层技术人力资源的需求而进行个体培训是其根本,有人将此看做维护国家安全与发展经济的必备因素。也有人认为,大学权力结构由董事会领衔,他们为社团利益服务,而他们的利益却影响着大学的组织构成(Rhoades and Slaughter,1991)。受雇于此类组织的学生与由私人利益集团资助的研究制造了大学与社团的联结,这种联结证明了彼此间的关系。

大学教授在实验室创造理念,其中一些转变成商业产品。将技术从实验室转换为商业运用的组织多数由大学行政部门控制,他们采用"公众利益"观来控制这种转换过程,但是,大学全体教员认为必须用科学准则来指导科技转换。如何转换影响到谁获取荣誉、专利以及经济利益(Rhoades and Slaughter,1991,p.75)。

大学功能的冲突观

一个星期六的下午,秋高气爽,体育馆露天梯座上挤满了人,观看一场重大的比赛,一场决定谁参加板球运动的传统比赛。大学体育比赛是个耗资数百万美元的大事,相关问题成了大学功能冲突观的主要批评对象。体育运动很能赚钱,吸引着新的学生,但批评家认为,这不是大学主要功能的一部分,主要功能该是探索、传授知识,提供服务,或其他传统功能。这例证了大学学术功能与商业倾向之间的冲突。

大学学术功能与大商业倾向

近几年出现的问题例证了此冲突,其中之一是"运动员是块肥肉"的问题。星探与招聘人员察看高中明星运动员并签订协议。提供报酬、用车或奢侈的生活来贿赂他们都是不合法的,但是确有其事,更寻常之事在于,要在体育比赛中获胜的压力太大,以至于存在着规避法则的诱惑。几所大学的等级定位报告已导致恶意的流言飞语以及对个人与学校的制裁。学业基础差的少男少女们入学参加比赛,然而有时却不能在学业上取得进步,少数族群学生受到的影响尤其大。但是,近年来运动员作为新生进校时具备的文凭比过去高了,而且对照一区高校(Division I institution)56%的总毕业率,其六年后毕业比率为58%。

全国高等院校体育协会所收集的统计数据表明,就读一类高校的黑人运动员的文凭可能低于其他学生,这种可能性达到5倍。而对照所有获奖学金的运动员毕业率(58%),他们毕业可能性较低,为41%。然而,他们中获奖学金的运动员六年内毕业比率比其他所有黑人学生要高(见表10-3),况且学校内有适合运动员的学业补习课程来帮助他们(1999 NCAA Graduation Rates Summary,1999;Blum,1995,p.34)。人们近来关注的是由1991年资料中的六年后45%的毕业率降至了1998年的41%(Haworth,1998,pp.A41—42)。

两位社会学家采用参与式观察法,耗时几年研究一区高校的运动员,观察他们的角色冲突。他们多数入学期待打篮球,有社交圈,获取学位,或许再进美国职业篮球联赛或其他职业联合会,但是许多人幻想迅速破灭,一些人感觉受到球迷乃至教练的利用,因为他们只有在表现出色时才得到注意。运动员的问题在于学业基础差,而训练又花费了所有的时间,他们常常独立居住,与大学校园分离,有种被遗弃的感觉。一些来自中产阶层家庭的运动员得以毕业,而来自低阶层家庭的注册生几乎不得毕业(Adler and Adler,1991)。

表 10-3　1998 年美国全国大学生体育协会毕业率概略

1. Division I 学生运动员			2. Division I 男生运动员		
入学年份	学生运动员毕业率(%)	Division I 学生总体毕业率(%)	入学年份	学生运动员毕业率(%)	Division I 男生总体毕业率(%)
1992	58	56	1992	52	54
1991	57	56	1991	51	53
1990	58	56	1990	53	54
1989	58	57	1989	53	55
1988	58	57	1988	53	55
1987	57	56	1987	53	54
1986	57	55	1986	52	54
1985	52	54	1985	48	52
1984	52	53	1984	47	51
3. Division I 黑人学生运动员			4. Division I 白人男生运动员		
入学年份	学生运动员毕业率(%)	Division I 黑人男生总体毕业率(%)	入学年份	学生运动员毕业率(%)	Division I 白人男生总体毕业率(%)
1992	40	31	1992	58	57
1991	41	34	1991	56	56
1990	43	33	1990	57	57
1989	43	35	1989	59	57
1988	42	34	1988	58	57
1987	43	33	1987	58	57
1986	41	30	1986	57	56
1985	34	30	1985	55	55
1984	33	28	1984	55	54

资料来源:NCAA Graduation Rates Summary, National Collegiate Athletic Association. http://www.ncaa.org./grad-rates/

另一问题是运动员一入校就能得到的资助缺乏。一些大学只有在他们参加比赛时才使用他们,然后断绝关系,使他们前途渺茫。有人提出几种建议来抑制"肉市场"现象。要被认为是"合格的人",也就是第一年就要参赛的人,运动员必须高中毕业,完成有 13 门学术课的核心课程,有由年级平均成绩与学习能力测试或大专院校测验成绩组成的组合成绩,这成绩在全美大学生体育协会的学术资格标准中有详细说明,范围从年级平均成绩不低于 2.5 分,学习能力测试 17 分或大专院校测验成绩 820 分的组合分值,到年级平均成绩不低于 2.0 分,大专院校测验成绩 1 010 分或学习能力测试 21 分的分值("NCAA Guide," 1999, 1995)。反对此条件的人认为这在很大程度上强调了种族歧视的测试。

其中一种提议是让运动员花五年时间打球,这样给他们更多时间完成大学功课。在一些学校,特殊补习课程、对比赛季节与训练时间的限制、咨询服务已处于适当的地位,能够对学业差的学生有所帮助。许多大学的补习与辅导项目旨在补习运动员的课程,其中一些起作用,一些没效果。一些因不及格而被退学或中途退学的运动员最终从事打扫卫生或其他仆役工作。当学校侧重"大商业"倾向时,它的学术"教学"功能遭到质疑;诚然,最近焦点在于如上所述的致力于平衡此功能的努力上。一些研究结果表明,参与了大学代表队比赛的学生比没有此经历的学生更能在劳务市场表现得好,这是其优势所在(Lederman, 1990, p. A47)。

课程类型

有关课程问题历来有争议,一方想让大学保留传统,着重文理科的自由教育,为知识本身而向学生传送知识,培养学生成为全面发展的人;而另一方提倡以职业为中心的实用培训,这种培训强调知识传播的社会效用。在当今高等院校面临逐渐下降的入学率周期时,在经济环境迫使学生获取一种他们所能使用的实用的、直接导向就业的文凭时,这些冲突更具重大意义。那种综合课程并引入与纯理论的文理科相对的更为实用、实际的课程的压力,也许只有几所精英学校能够抵制。对多数大学来讲,适应变化或冲突的环境需求的能力也许决定了自身的生存。

社会冲突体现在围绕课程内容的争议上,以及要"政治正确"的压力上。种族歧视,根据阶级而不是根据个人的优点来加以差别对待,对特定群体、种族或宗教的非理性的怀疑或仇恨、不容异说、因材施教、性骚扰以及对同性恋的憎恶,都是热门话题。1960 年以后,激进主义(activism)转型为自我主义(meism),但是却重现于 20 世纪 90 年代(Altbach, 1990, pp. 33—48)。偏激分子来自那些抛弃旧课程,用彻底更新的教材取而代之的人,这种新教材对过去弊端很敏感,对"憎恨的演说"、校园内种族或性事件也很敏感。保护言论自由的职责与保护憎恨导致的犯罪行为的受害者(学生、全体教员、全体职员)的职责之间的竞争产生了争论(Munitz, 1991)。最高法院在一决定中裁定憎恨的演说是自由言论,但是其他法庭的裁决,对于诸如教师和学生在文学之外使用"N"字眼这样的话提出了质疑(Zirkel,1999)。

多数大学为使其课程"国际化",纳入了第三世界与环境相关的问题,而专攻此领域的学生人数也正在不断增加(Dodge,1990,p. A31)。从事社区服务的要求体现了课程向服务性工作知识和公民职责与权利发展的趋势。

有关目的的冲突也可从大学社区不同成员的角色变化中觉察到。譬如,20世纪50年代,人们期待行政管理人员像家长一样监视着学生,因此有了"代替父母(in loco parentis)"的称号,学校有着严格的寝室休息时间,强制的熄灯制度,不同性别学生期待分在不同的生活区,学校氛围不仅使青少年的依赖性持久化,而且把家庭结构带入到学校。60年代,随着学生对大学行政管理的不满与攻击,多数行政管理人员逐渐淡化或完全消除了这种角色。全体教员的角色随着新技术的产生而正在发生变化,如框10-1。

● 实践:大学该满足社区需求、置身于社区要求之外,还是做出其他选择?●

框10-1 高等教育的前景:一个虚拟大学的个案

设想这样一所大学,招收任何有学习欲望并期望攻读课程的公民,年龄在高中学龄至老年之间,场景可在家中、图书馆或其他可浏览因特网的地方。

根本不需设想!在肯塔基州以及其他几个州内,这种模式确实存在。州、国家乃至全球经济令煤矿业和烟草种植业中的原有职业已成废置,面对这种变化着的经济,肯塔基州的虚拟大学正被当做解决失业与贫困问题的一种方法在使用。

程序如何?虚拟大学的20位职员,就座于一间带小卧室与电脑的办公室内,筹备在网上向全州内外的学生提供服务,网上必修的学位学分四分之三来自肯塔基州的公立与私立大学。其他服务包括与课程专业设计员签订协议,提供在线图书资料、学生咨询服务和书店服务。

从与学生讨论问题,解决疑难,至使用诸如在线协助写作和理所当然地给学生作业评分等服务,教员的角色由授课转变为指导。而在电脑屏幕上出现教授或班级成员图像的方式表现了对缺少面对面互动交流的焦虑。

在虚拟大学里,学生,作为消费者,操纵着学习过程,能在线注册并完成所有学习任务,以个体舒适的速度学习,阅读并参与含有课外自修项目与指定作业等专业在线课程,从在线书店中阅读文章,与教授网上交流。肯塔基州全民虚拟大学校长苏斯曼(Susman)认为,此类大学涉及"轨道转换"问题,学生不需再出现于现场,穿梭在各部门间以注册或获取教授的认可和获得停车通行证,他们不再担心是否准时到校,因为网络是全天候开放的。

想参加作为大学生活一部分的娱乐活动?加入虚拟足球队,密歇根州虚拟大学已经向肯塔基州虚拟大学足球队发起挑战。就在此时此刻,诸如象棋、读书俱乐部、课程聊天室等游戏可能正在创建,这种可能性是永无止境的。

一个实质性问题是,将来在科技引领之下,一些学生可能有着截然不同的大学经历。

资料来源:Taken in part from a lecture by Mary Beth Susman, president, Kentucky Commonwealth Virtual University, August 11, 2000, Bethesda, MD, at the meeting of the Society for Applied Sociology.

高等教育组织

高等教育结构与科层制模式:起作用吗

大学试图以科层制模式或商业模式运作时会面临特有的矛盾,然而,多数大学正在这样做。大学内的等级制类似于商业组织机构,但是相似性大体仅此而已。

1. 大学有两种截然不同的结构:水平的学术结构与分等级的行政管理结构。
2. 许多雇员是知识专家,即按照传统观念期望自治与学术自由的专业人员,他们对大学或许只是暂时性的忠诚,但是对专业的研究却是永恒不变的。
3. 大学在从事传播知识与进行科研这些主要活动时,在很大程度上是与社区及其他更大社团相分离的。
4. 教学与科研要求教员个体对最后结果有自主权。
5. 政策决定在整个高校组织中普及,有时学生在一些问题上有很大的发言权。

下面将更详尽地讨论等级制与决策制定方面的问题。

双重等级制 学术机构有双重等级制。大学的学术结构,包含许多部门与课程,属于一种等级制模式,它常以职务与任期为基础。尽管全体教员有着不同的职务,他们官方的影响力、权力、责任和薪金也许存在着差异,但是在学校内的正式身份却是相同的。行政管理机构更近似于商业模式与韦伯的科层制劳动分工。在此等级制顶端是校长与包括院长在内的其他高级管理者,其他行政管理人员执行着各种功能,如提供公共医疗卫生服务、书店、食品供应、建筑与场地维护、财经服务以及咨询服务。

大学机构松散,强调学术自由,几乎不允许集权决策。专业教员期望自己在专业知识领域作决策,而憎恨他人侵权或制定侵权的规则,这种现象尤其出现在全体教员的雇佣、晋升和保留方面,以及课程问题上。一旦教员被同辈们授予了终身职位,他们就更独立于行政管理决策之外。此外,在提供良好教育与进行行政管理式(又称做商业或科层制模式)的经济有效操作之间存在着内在的冲突。

这些问题与矛盾随着"多元大学"规模迅速扩大、相应行政管理的复杂性迅速增强而得以着重强调。随着系科、课程以及研究要素的增加,行政管理结构连同学术结构的复杂性也在增强。

大学等级制结构与决策　用科层制模式的特征来描述大学尽管不适宜却是有用的,原因在于这种模式更贴近现实状况。在高等教育等级结构中有以下几个层次。

1. **系科**　系科是行政管理单位,其领导或主管是任命、选举或系科成员轮流坐庄,对系科成员与更高层次的管理者们负责。该职位有着固有的角色冲突,就任者必须支持系科全体成员,同时又要参与有关工资增长的裁决,有时是升职的裁决。系科内分等级,普通学衔为助理教授、副教授和教授。系科的权力及决策常分配到个人,人人都运用民主程序制定系科的重大决策。

2. **学院**　几个相关学科组成学院,院长为行政领导,大学内的各专业学院地位相似。此级别的行政部门制定影响着全院各部门的财政、工资待遇、时序安排、新课程等。

3. **行政部门**　大学的校长或名誉校长、副校长、教务长、助理可以是教学成员,也可以不是。他们对大学的各方面负责,这包括学术问题、学生的服务性工作以及经济问题。

4. **教师代表团体**　来自各学院的代表组成了大学的系务会或评议会,对学术问题有着决策权。

5. **理事会**　这些来自社区的不懂专业的外行人,承担着最终的法定责任。其成员常通过选举产生、选自其他委员会成员,或由各州州长任命。多数理事会成员会正式认可大学校长及大学教师评议会的推荐书。近年来建立了中心委员会,作为一些多校园大学的协调机构。这些"超级委员会",正如理事会,有着最终的控制权,然而,他们愈加剥夺了全体教员与大学个体的决策权。

6. **地区评估大学认可的联合会**　全国有六家自愿者协会,用来自中北部、西北部、新英格兰、中部诸州、南部以及西部的专业人员,从目标角度对学校的成就进行评价,其目的不是要使大学平等化、标准化,而是有助于学校达到自定标准。

7. **国家组织** 许多国家协调着国内的公立大学。在美国,尽管没有对决策权进行正式的国家控制,但在许多方面联邦政府已施加了它的影响。从某种程度上讲,国家教育政策的制定就是对经济、政治、军事领域的国际压力、竞争和国内需求的一种反应。联邦资助在大学从事什么研究方面有着重要的影响,也许构成了大学全部课程的财政来源。一旦大学被断定忽略了大学特别保障政策时,资助就被取消。失去了国家资助,许多大学就会危机四起。

控制与决策 主要决策是由学校校长和理事会制定、批准。课程的多重性通过行政管理等级制相协调,尽管协调机构的数量在增加,但是有关决策制定权下放到个体部门的要求也在增强。然而,这些个体部门又要从对它们监督的外界机构处获取资金(Friedman,1995,p.746)。

大学内层次较低的参与者使用的权力常常被认为是非官方的,但是在决策制定上却有着一定的影响力。例如,办事员有接近人、信息、科技的机会,并控制着它们。许多办事员因其拥有的知识而处于不可取代的位置,但是他们所得的补助金很少与他们这种微妙的权力相称(Reyes,and McCarty,1990)。

学生在决策制定的结构中有着不同程度的权力。他们身处教育系统中,时间短暂,却带来了新的视角,离开时留下了印迹。由于读大学的时间短,所以学生通常不是主要决策者,但却能为评估与改变现状提供急需的动力。

● 实践:你能辨识大学等级制结构与商业模式之间的不同之处吗?●

高等教育中的各种角色

每个人在高等教育系统中扮演某种角色,而这只是我们所扮演的众多角色中的一个,因此,对于高等教育而言,同其他任何组织一样,面临着一个问题:必须力争集多种角色义务于一身的成员对它的忠诚。一个学生也许有家庭责任、工作和其他的角色义务。大学的教学人员要忠诚于多种责任,这导致了许多学校问题。下面讨论高等教育系统中的主要角色,请牢记互相矛盾的角色义务的两难抉择。

高等教育中的角色:受教育者/客户

没有学生就没有高等教育机构,多数教授就会失业,所以学生是该系统的客户,他们购买服务,同时是该系统的成员,在系统运作过程中起着不可或缺的作用。不同时期,学生在系统内拥有权力的程度不同,可以是从入校到离校都是无实权的群体,可以是能自我选择,从而决定大学教学人员、课程乃至大学的生存问题的群体。

20世纪50年代的学生是审慎的"沉默的一代",到60年代,学生开始要求在大学以及其他机构的管理上起主要的作用,并制造压力迫使其有所改变。这群政治上积极参与的学生在伯克利的"言论自由运动"(Free Speech Movement)中显示了他们的力量,接着,在60年代末与70年代,他们以更强大的力量反对越南战争。60年代的这种反叛行为的非凡之处在于年轻人的文化深深地影响了高等教育系统中的其他成员,他们的理念与实践被成人所采纳。因为涉及到角色的互换,所以学生们引起的变化影响了高等教育中的所有成员。

在婴儿出生率突然大幅度增长的年代,大学注册人数显著地增长,随之而来的是突然的人数缩减。在1979至1985年间,18岁高中毕业生人数减少了50万。学院担心没有足量的学生来维持它们的生存,但是非传统学生就读人数在增长(一种使学生就近上大学的回退现象),而且高中毕业生就读大学的人数在增加,这就先预防了许多小型大学将面临的灾难。学校采用直接邮寄广告、电视、电话联系、邀请参观以及向学术上聪颖的学生提供奖学金的方式来招生,这样市场推销的预算明显地增加了。而具有嘲弄意味的是,在代表名额不足的群体处于看似有利地位的时候,许多大学并没有降低他们入学条件和期望,反而却有所提高,他们招收学术能力测验中的高分学生和来自较富裕地区的学生,而非来自贫困的被剥夺了公民权的少数族群学生。

在高等教育中,1998至1999学年共有超过1460万的学生注册,比1996至1997学年注册人数增长了1.7%,私立大学注册人数下降了1%,而公立大学却增长了2.5%(*The Chronicle of Higher Education Almanac*, 1999)。这种人数的浮动来自许多因素,包括学生中大学学龄人数少,而某些群体的入学人数较高。就大学学龄的学生而言,1996年是90年代人数最低的一年,然而,将来注册人数应该会继续上升,到2005年预期将超过1 600万(*The Chronicle of Higher Education Almanac*, 1999, pp.24—25)。

随着更多的大龄非传统学生、少数族群学生、已婚学生的注册入学,典型的大学生形象正变得更加多样化。1965年,黑人学生在全美大学生中只占4.8%,在法律专业学生中占1%,这数字在过去的30年内发生了巨大的变化(Bowen and Bok, 1998)。如今,他们占了全校注册总人数的近15%,从1990至1996年提高了21%,而西班牙裔学生注册人数同期提高了49%(*The Chronicle of Higher Education Almanac*, 1999, p.24)。印第安土著人入学人数也有所增加,现今全美有24所由部落控制的大学。

在28所择优录取的大学中,75%的黑人学生六年内毕业,更有4%的毕业于转读的大学,这些百分比率高于其他群体。专科学校中,90%的黑人学生完成学业,所得工资是取得本科文凭的同类人的两倍。尽管有些学生没有特别保障政策就不会入学而取得成功，但是法院正在修改法律条文否决这种特殊照顾。

高等教育中的性别与种族

自 1970 年以来，美国大学中女生注册人数翻了一番。事实上，1996 年大学女生人数为 796 万，高于男生的 630 万。人数增长的部分原因在于非传统学龄的女性返归大学，但有迹象表明，在非重点发展中国家中女性参与高等教育的程度受到跨国公司的阻碍，这些公司的高职仅面向男性，这导致对知识女性需求的降低（Clark，1992）。

女性在人文科学、社会行为科学、教育、公共医疗卫生等方面取得更多的学位，而男性获取的学位侧重于自然科学、计算机科学与工程学、工商管理等方面，这种区别尤其突出在工程学与计算机科学领域（National Center for Education Statistics，Digest，1999，p.306，Table 268；Olsen，1999）。在各层次的教育过程中，女性在数学和自然科学课程上的成就继续有待研究者努力去探索。在大学中，通过计算发现女生在数学课程中取得的成绩与男生相近（Bridgeman and Wendler，1991，p.283）。

年龄在 25 岁及以上，并拥有本科学历的全年全职男性工人的年均收入为 48 616 美元，获得副学士学位的人年均收入为 38 022 美元，同类女性的年均收入分别为 35 379 和 28 812 美元（National Center for Education Statistics，Digest，1999，p.434，Table 380）。尽管可以考虑到休产假等因素，但是接受了同等类似教育的女性所得报酬依旧较低。

对于高等教育中一些注册率低的大学来讲，一个希望就在于是否能吸引非传统学龄女性的注意。近年来，这一群体已成了招生工作人员的目标。她们早已大批地进入或返回大学中。高等教育中有超过 100 万女性复读生，她们中许多正试图实现扮演家庭与教育这两种角色的期待。改变家庭地位需要她们重返学校，调查数据表明，多数女性复读生学习坚定，有信心与精力。包括精英女性大学在内的几所大学承认女性复读生是班级的一部分，并为她们提供特殊教育教学大纲（见框 10-2）。

框 10-2 一女复读生的个案

安妮·马丁戴尔（Anne Martindell），前任州参议员、大使。她的个案阐明了试图接受大学教育的女性所面临的挑战与冲突。

马丁戴尔退出政治前沿，成为较年轻一族的立法者，但是这不意味着她停止了打破障碍的行为。85 岁高龄的她返回史密斯学院，作为艾达·康斯托克（Ada Comstock）学者，完成 60 多年前中断的学业。当时，她父亲担心，知识女性将不会结婚,因而禁止她返回校园,如今,复读时,被冠为史密斯学院最年长的学生,她的事例已经在向同学与教员们传递了有关成长的经验教训……她的学术辅导员评论道,"在想尽可能多地学习的这种兴趣与愿望上,她是贪婪的。希望学生能从她的事例中看到,生命在运转,但无论什么年岁的人都能继续学习,在课堂上积极参与"(MacMillan,2000,pp.1,14ff.)。

多数女生似乎有理由满意于自己的大学体验,其中包括教授、其他同学、教室与学习条件。女子学院的学生趋向于对自己的经历很满意。她们意识到自己获取技能的能力很强,而包括进入研究生院的可能性在内的教育抱负也在提高。

许多大学通过成人继续教育或终身学习项目为成人开设无学位的课程。这些课程不仅使感兴趣的成人为消遣而学习,而且能帮助财经亏本运作的项目弥补预算赤字。修课的成人范围广泛:万事不求人的人,老年人,那些有着特定动机的人,诸如为假日出国旅行而学一门语言的人,那些为复读大学而做准备的人,那些希望与他人接触、增强心智激励或仅为娱乐而学习的人(调查来自作者成人继续教育班级的学生)。

总体而言,女性正在学术环境中发展壮大,诚然,在女性学生与行政管理者的比例很高的机构内,她们不太被隔离,也不太强调科研(Kulis,1997)。但是,其他少数族群的情况却是混杂的。到2010年,全国大约三分之一人口将是黑人或西班牙裔人,到2050年,非西班牙裔白人总数预计达到总人口数的52.8%(U.S. Census Bureau, 2000)。然而,这种变化并没有在高等教育中的少数族群群体数量上得到体现。由于那是两年前的注册率统计,还不能反映加利福尼亚与得克萨斯州法院有关入学特殊保障政策的决定所造成的影响,这个决定可能导致高等教育中少数族群数量的减少。增加人数的方案有多种,只有时间能决定它们是否有效(见图10-3)。

少数族群学生成功与失败的原因。高等教育中,学生是否成功不仅取决于个体目标、动机、能力而且依赖于社会阶层、种族、性别与早期分类。在人生早期,儿童被习惯性地分类时,"成功"或"失败"就出现了。高中阶段,教师、辅导员、学生与家长很清楚学生的学术能力,按能力就读大学预科课程或职业课程常常很容易决定,但一些学生,有着远大抱负却几乎没有教师推荐、测试成绩、辅导员评价、父母鼓励等形式的支持,矛盾出现在他们面前。

高等教育系统规定公平竞争,成绩好的被授予进入更好的学术机构的资格,这就被称为"择优录取"(contest mobility)。但是,"赞助性录取"(sponsored mobility)从公开竞争中拿走一些空位,因为它挑选出一些受优惠的或精英学生,培训他们以适应社会某一特殊职位(Turner,1960)。

另一些学生没有为大学生活做好准备,阅读、写作、数学上的基本技能,加上大学

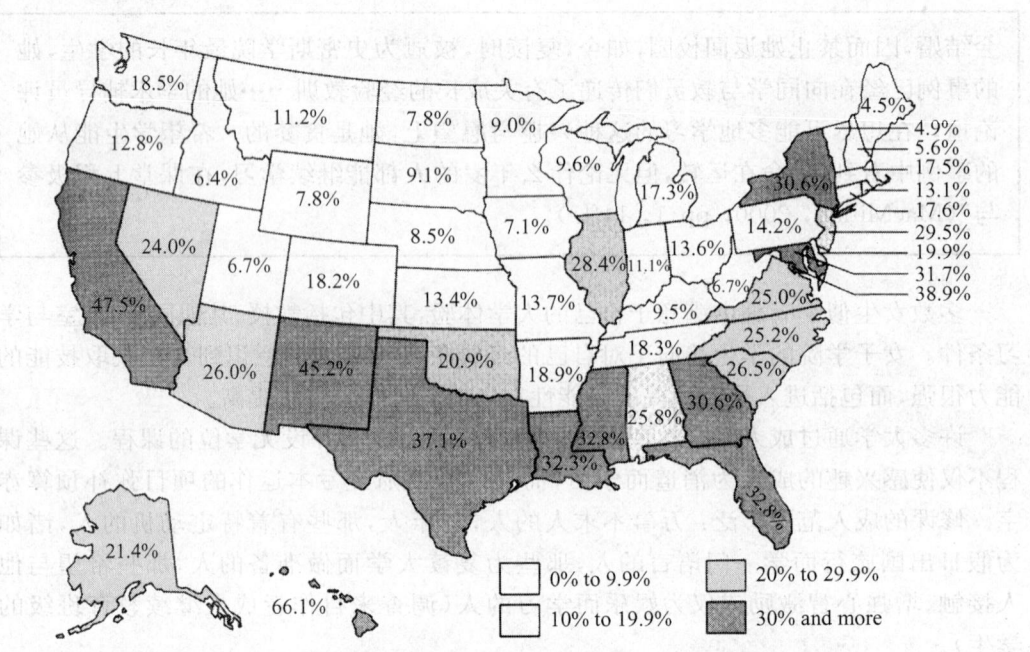

图 10-3　1996 年大学生中少数族群群体成员所占的比例

资料来源：The Chronicle of Higher Education, Dec. 17, 1999, p. A 53.

预科课程的缺乏，导致他们在大学内处境"危险"。而在高中阶段就进行早期诊断并采取补习措施来打基础，能帮助学生取得成功，许多大学正提供补习与发展教育方面的特殊服务。

大学内，经济受限制的学生不能毕业的几率是其他学生的八倍（Levine，1995），随着政府与学校的缩减，经费选择更受限制（"The Widening Gap …"，1996）。受其影响的也是少数族群学生，他们占高等教育注册生的 23.4%。16% 的黑人与 13% 的西班牙裔拥有高中学历的学生已经获得四年制或四年以上的大学文凭，与之相比，白种学生比率为 30%。这差异常常开始于教育的早期阶段，许多学校正向技能较差的低成绩学生提供补习课程。市区大学在服务方面尤其受到投入资金不足以及缩减的打击，从而不能够有效地回应许多少数族群学生的要求。许多少数族群学生不能完成他们的学位课程，这不是能力问题，而是因为学术基础差和校园氛围的影响。例如，拉丁美洲裔的大学学生，入校的前两年内加入宗教或社会组织，并与班级外的其他学生保持联系，比起那些身处种族敌对环境之下的学生，更能坚持学业（Hurado and Carter，1997），即使那些学生能毕业，他们的成绩也较低，继续研究生教育的几率更小。1977 至 1997 年间，黑人学生被授予博士学位的人数略有升高，占到所有博士学位数的 4.8%（*The Chronicle of Higher Education Almanac*，1999），其他少数族群群体获得的博士学位数见表 10-4。

表 10-4　接受博士学位的学生特征，1996（所有专业）

学位总数	44 652
印第安人	153
亚裔	2 492
黑人	1 563
西班牙裔	950
白人	26 363
暂居的外侨	11 450
种族不详的人	1 681

资料来源：The Chronicle of Higher Education Almanac, August 27, 1999, p. 32.

即使准备充分，许多少数族群学生仍有被轻视、诬蔑和易受责难的感觉。这就好似他人在寻找理由来"证实"种族劣势（Steele, 1992），对许多人来讲，大学是没有人情味、陌生的（Thompson and Fretz, 1991）甚至有敌意的世界。它公然对抗人的自重与自尊心，尤其突出在当人怀疑自身应付大学学业的能力并相信其他人也在质疑这种能力的时候（Kraft, 1991）。最近，校园内的种族事件阻止人们花精力将黑人、其他少数族群与社会融为一整体，阻止努力提高他们的自尊心。一种解释就是，等第、竞争性强的课程的录取资格、毕业以及最终的工作与收入等稀少资源的竞争，触发了这些事件的发生。

学生亚文化或同辈群体　学生归属于同辈群体，该群体极大地影响着他们的行为、兴趣以及学术成就。多年前，伯顿·克拉克与马丁·特欧（Martin Trow, 1966）提出了学生亚文化或同辈群体的分类法。学生被分为四种类型：

1. *学院学生*：参加运动、约会、娱乐、大学生联谊会、大学女生联谊会、典型的美国大学生、有一些资金。
2. *职业人士*：为工作准备、态度实际、经济上不太富裕、常常工作、已婚。
3. *学术界人士*：高智商、认同才能、在图书馆与实验室度过时间、计划研究生培训与职业培训。
4. *不墨守成规人士*：有以下几种类型：进取心很强的知识分子、寻求个人身份的学生、桀骜不驯的学生。

随着20世纪60年代的学生激进运动，涌现出了新的学生类型，不能清晰地归入这几类。这几种类型也许发生了变化，但是提供归属感和行为模式的"参考群体"这种观念却没有改变。

大学生联谊会的作用在于向高等教育中的一些学生提供群体身份,这些"正式"的同辈群体关系一般归为学院学生亚文化,为大学生活的学术方面提供了可供选择的办法。20世纪60年代,学生联谊会组织数量减少,而自70年代中期以来校园内的这些组织在力量与数量上有所增长。这个同辈群体的压力已经导致了一些严重的指控,涉及范围从大学生联谊会誓言的受辱到约会强奸,甚至群体强奸(Sanday,1990),有时也与酒精使用有关。尽管大学官员制定严厉政策,各州有适用于学生联谊会会员行为的刑法,但是评论家认为这些法律无任何效果,问题继续存在(Gose,1997)。好的信息是校园内毒品与酒精使用略有下降,一些大学生联谊会正在取消饮酒的聚会(见框10-3)

框10-3 校园反强奸运动

校园反强奸运动,根植于女权主义者与受害者权力运动中,可以被看做是一场"新的社会运动",其原因在于社会基础超越了社会阶层结构。参与者构成了一个形形色色的群体,包括了年轻人群体、性别群体或性倾向群体(Johnson,Larana,and Gusfield,1994,p.6)。人们对阻止与消除校园强奸案,结束性暴力的基本目标达成共识,但是对如何实现这些目标有着不同的观点。

该争议涉及面广,其中包括:性意识教育内容该是什么?谁实施这种教育?教育对象是谁?如何进行性骚扰辩护?什么是恰当的惩罚?校园该提供什么辅助性服务设施并为受害者所用?个人与学校的责任何在?

这场运动有助于传媒与公众从强奸是性行为的观点转变为是暴力犯罪的观点。运动的另一成就是建立了数据库,记录了性暴力的数量与结果,消除有关强奸荒诞的说法,并加强了对受害者提供服务。

20世纪80年代末90年代初人们关注校园内约会强奸或熟人强奸案,拟订许多计划并提供咨询服务,法律规定学校必须明了校园犯罪,并将此信息提供给学生。

从十年前很少受人关注,到如今成了多数校园关注之事,反强奸运动在使学校注意到强奸案方面取得了重大的进展。多数运动参与者有同感,觉得对强奸受害者不公平,尽管该运动几乎没有得到全国的配合,但是却可能继续促使政治与立法方面产生变化。

在一些校园,迫于经济压力、工作的竞争性,许多出生在美国的大学生试图利用机会提高自身的社会、经济地位,职业亚文化占了主导地位。

大学生学龄增长

在 20 世纪 80 年代,18 至 22 岁间的传统大学学龄人口降了 270 万,但是整个大学生人数增加了 180 万,原因何在?这是因为年龄超过 25 岁的学生数大幅度增长。人口普查局报告说,美国 1997 年 38.2% 的大学注册生年龄在 25 岁或以上(*The Chronicle of Higher Education Almanac*, 1999, p. 24)。年长的非传统学生参加大学学分课程或旁听课程,以此提高他们的职业技能、改换工作、寻求个人发展。许多年长者加入了有偿劳动力大军,教育在劳动力的重组方面起了重要的作用,有来自包括联邦与各州在内所提供的经济资助,以帮助年长公民支付学费,因此,老年人常常免费上学。

这种人口的变化影响着课程与校园生活。夜课班与周末课程班增多了,并开设了更多校园外培训场地,这种现象尤其出现在大城市,此外,许多课程论文可在家完成,而一些大学为年长学生提供了过渡课程。

诚然,许多年长学生默认了强加在他们身上的刻板印象,说他们不敢返回离别多年的学校,他们担心会向自己或他人证实没有能力与大学群体竞争,不能应付学业,不能适应新的高要求的环境,以及不能面对压力。尽管年龄增长会导致一些能力的下降,但是许多人依旧有很强的学习能力,享受着大学生活的乐趣。年长者是好学生,有着很强的学习动机,值得信赖(Cox, 1996)。

战后的生育高峰使出生率从 40 年代的 278 万增加到了 60 年代的 435 万,使用中等系列规划法可以预测年龄在 65 岁及以上者人数将从 2010 年的 3 900 万增至 2030 年的 6 900 万。90 年代末年龄超过 65 岁的人数占总人口的 13%,而 2030 年将占到近 20%。(Current Population Reports 1996)随着医疗的不断进步,这群人也将活得更久,而随着年岁的增长,他们将比前辈们更活跃。对老年人的歧视一直折磨着年长的一代人,但是生育高峰产生的这一代人,因其在全人口中的比例而将可能会抹平与年龄有关的多数刻板印象。阐明老年人需求的联邦与州立法在一些国家也已经通过,其中之一就是美国,其目的是确保所有公民有受教育的机会,而"不考虑先前教育或培训的种种限制、性别、年龄、身残情况、社会与民族背景、经济条件等"。

例如,俄亥俄州的所有州立高等学院在有空间可利用的情况下,必须向年龄在 60 岁或以上者提供免费注册(《俄亥俄州修正案》Ohio Revised Code)。教育老年人的国家能够增强自身的经济与社会制度。

高等教育中的受教育者的形象正在发生变化,他们的需求必须得到考虑。高等院校将面对一个有着不同目标与兴趣的更加多样化的学生群体。只有灵活的教员才能满足不断变化着的需求。

● 实践：在高等教育体系中你扮演什么角色？如何将你的这种
角色与高等教育中其他人的角色进行比较？●

高等教育中的角色：全体教员

大学期望教授教得好，在学科领域知识丰富、顺应潮流，并能够生产出有影响力与声望的工作，这样学校获得声望，依此产生资源。学生、家长与学校环境内的其他人员对教员也寄予一定的期望。下面探讨教员这一角色的一些具体方面。

教员特征 社会学通过群体共有的特征来区别不同群体部分，对待教员也不例外，他们的特征可以从民族、性别、院校类型、学术学科等几个方面体现出来（见表 10 - 5）。1940 年，美国高等学院共聘用了 15 000 人，20 世纪 60 年代，随着学生数的增加教员人数有了剧增，到 70 年代总数超过 60 万人，至 1992 年下降到 526 222 人，而 1995 年又略有回升，达到 550 822 人，其中有 380 884 名兼职教员（*The Chronicle of Higher Education Almanac*，1999，p. 38）。

表 10 - 5 1992 年秋学期专职教员教学任务的特征

	全职教员人数	印第安人		亚裔		黑人		西班牙裔		白人	
		男	女	男	女	男	女	男	女	男	女
总 计	526 222	0.3%	0.2%	4.0%	1.3%	2.6%	2.3%	1.7%	0.8%	58.9%	27.9%
机构类型											
公立研究	108 493	0.1	0.1	5.7	1.3	1.5	1.2	1.4	0.5	68.7	19.7
私立研究	32 350	0.2	—	6.7	2.4	2.8	1.9	1.3	0.7	59.2	25.0
公立博士生[a]	54 433	0.6	0.2	4.9	1.4	1.6	1.3	1.7	0.6	62.1	25.7
私立博士生[a]	25 397	0.1	0.3	5.1	1.4	2.9	1.2	2.3	1.0	66.5	19.4
公立综合性	96 350	0.2	0.3	4.1	1.0	4.9	3.9	1.4	0.7	55.5	27.5
私立综合性	36 548	—	0.1	2.5	0.9	1.4	1.6	1.0	0.6	60.5	31.3
私立文科	37 560	0.3	0.1	1.9	0.5	3.7	1.8	0.9	0.5	54.2	35.8
公立两年制	109 551	0.7	0.3	3.1	1.4	3.0	3.6	2.5	1.6	47.8	37.7
其 他[b]	25 540	0.3	0.2	3.7	0.9	1.6	1.2	0.8	0.4	67.3	23.6
学术学科											
农业与家庭经济	11 466	—	0.7	1.0	1.8	2.2	1.5	1.6	0.2	71.3	19.6
商 业	39 848	0.6	0.3	4.0	0.8	1.9	2.0	0.9	0.4	62.3	26.6
信息传播	10 344	0.9	0.3	4.3	1.2	2.8	2.8	1.6	—	56.3	29.8

续 表

	全职教员人数	印第安人		亚裔		黑人		西班牙裔		白人	
		男	女	男	女	男	女	男	女	男	女
学术学科											
教 育	36 851	0.7	0.3	0.5	1.1	3.9	5.1	0.9	2.4	43.9	41.2
工 程	24 680	0.7	—	15.6	1.3	2.1	0.6	2.8	0.2	73.0	3.8
美 术	31 682	0.3	0.2	1.2	1.6	3.8	1.8	2.1	0.3	60.4	28.3
健康科学	77 996	0.1	0.1	4.0	2.0	2.0	3.2	1.3	0.7	43.1	43.5
人文学科	74 086	0.3	0.1	1.3	1.9	2.1	2.0	2.0	2.0	53.5	34.8
法 律	7 337	—	—	0.2	0.7	5.8	2.9	1.3	1.1	57.8	30.0
自然科学	101 681	0.2	0.1	7.2	0.9	2.5	0.9	1.5	0.3	69.0	17.4
社会科学	58 526	0.3	0.2	2.6	0.7	2.9	2.9	1.9	0.8	65.4	22.3
职业特殊课程	15 395	0.5		1.9	0.2	3.5	0.9	3.1	0.9	75.9	13.5
其 他	27 466		0.1	2.3	0.6	2.8	3.3	2.0	0.7	58.1	30.1

— 个案太少，不具统计意义。

a 包括医学学校。

b 包括公立文科学校、私立两年制学校、宗教学校、其他特殊学院，不包括医学学校。

注：表中所列数字是以 1992 与 1993 年在 817 所大专院校 25 780 名全职与兼职教员以及其他教学人员所做的调查为基础。这个调查的对象为：包括执行教学在内的定期任务的雇员、享有教员地位却不包含教学有定期任务的人员、有教学任务的暂时和永久性雇员以及在休学术假期的教学人员。这项调查不包括研究生教学助理。样本经过权重而得出全国的评估。这个表仅限于上述人员以及至少有一些教学任务的人员。鉴于舍入法，尾数没有详细列出。

资料来源：*The Chronicle of Higher Education Almanac*, August 27, 1999, p. 36.

教员性别比例取决于学术课程，护理专业几乎百分之百为女性，而在工程学与农业学领域的大学教师中她们占了不到 1%，她们最常见于教学岗，而不是研究机构，并常见于声望不高的系科。1995 年，全体教员总数为 550 822 人，女性总数为 190 672 人。

在过去的 40 年里，美国高等教育机构中全职黑人教员人数没有什么变化，1995 年，人数为 26 835。最新数字表明，女性与少数族群教授比例在上升，但是速度慢，而且他们几乎不可能获得终身职位或一定期限后被授予终身职位，不太可能成为美国本土出生的公民(Finkelstein, Schuster, and Seal, 1995)。一个大学的教授中三分之一是处于教学的第一个七年期，这群教员中只有 43% 是土生土长的白种人男性，与之相比，年长的群体中 59% 是土生土长的白种人男性。这两种群体中，女性在前者中占

41%左右,后者28%,诚然,前者女性未集中在研究机构,少数族群教员在前者中约占17%,后者11%,其中亚裔美国人,尤其男性,有着最显著的增加。

要使教员人数增加就必须使更多的学生经历教育系统,我们早已发现,黑人就读研究生与接受博士学位的人数没有什么增加,同样,来自体力或蓝领阶层家庭背景的学生在此方面的人数也没有变化,但是他们不属于"官方"类别范畴,所以没有得到特殊的考虑(The Chronicle of Higher Education Almanac, 1995, p. 29)。天主教与犹太族背景的教员人数在20世纪的前半段时期大约翻了一番,但最近已趋于平稳或有所下降。

高等教育中的教员问题

与高等教育中教员角色相关的三个问题尤其重要,它们是:职业特性,就工资、工作条件等与行政方面进行的集体谈判,高等教育机构中女性教员与职员的地位。

职业特性与取向:教员角色 教员通过数年的强化培训才能成为专业人员,进入此职业的主要标志是该领域的最高学位,即哲学博士、法学博士、医学博士等等。教育过程是强化培训与职业社会化的过程,在此期间,研究生不仅学习学科领域知识,而且学习正确的态度、言行举止,以及学科道德规范。研究生院针对博士的典型培训,涉及三到四年的课程学习、随后的综合测试以及有独创性的研究,即有关毕业论文的大量工作。有着共同的深刻体验,研究生们成为"大学生联谊会"中的一部分,坚持传统,以此捍卫着学科领域的入口,而诸如医学等最有声誉的职业最保持传统。这种社会化过程受到一些批评。一些研究生抱怨他们所受的培训与将要从事的职业工作无关,一些人所具有的实践经验很有限,而另一些称,他们很少或没有受到教学技巧方面的培训,而且他们的研究领域通常很狭窄。平均而言,全职教员每周花47至57小时工作(Magner, 1995),教员汇报他们54.4%的时间花在教学上,17.6%与13%分别在科研、学问与行政职责上。

1993年,美国高等学院协会与研究生院理事会启动一项新规划:培育未来大学教师(Preparing Future Faculty)。许多机构的确为未来大学教师提供了培训,许多正为教员提供职业水平提高教育(Cage, 1996, p. A19),许多还开设了教学助理与教员的研究班课程。随着学生群体变化的越加不稳定性,更多的机构强调着素质教育的重要性。

一旦工作,教员就面临着不同的角色期待。在两年制与四年制文科学院中,教学是主要的任务,而大多数综合性大学中科研占了相当大的比例。教员的定向也与学校的类型有关。"四海为家"的教员,指对校外之事有依恋之心及职业兴趣的教员,他们开展科研与写作,涉及到的对象更为宽泛,吸引到更多的拨款以及获得更多的荣誉。而"地方"教员注意力在校内,他们是积极分子,关注校内之事,对学校趋向更忠诚。这两种类型教员存在于所有高校,但是在两年制与四年制院校中可能存在着更高比例的"地方"教员。

最有名望的学校,吸引着最著名的教学人员,但是也存在着保留他们的问题。这些教员课少,大部分时间是充当顾问、开讲座、参加会议,或作为访问学者或讲演者在其他学院工作,而委员会的工作与教书任务常常落到年轻的教员身上,因为拥有了知名的受尊敬的教员就会加强学校的声誉,就可能吸引到更多的资金,吸引其他一流的学者和学生,所以大学只得容忍这些。

多数教员面临的一个难题是,教学与科研要求之间不调和。教学还是科研的窘境常常对年轻学者的打击最大,为了保留职位,获得长期聘任资格,他们必须要证明自己的实力。这就是说,不仅在教学与大学服务方面,而且在科研与发表成果方面也要做得好,而后者通常在"工作要求"里没有列出来。肩负家庭责任的年轻教员可能被迫在家庭与职业之间做出艰难的抉择。一些人认为,迫使教员"写得好比教得好"更重要。这样,大学教员受雇佣教书,但常常被期待发表文章,否则,他们无法生存。尽管有压力,教授一般还是对职业感到满意的,有 65%的男性和 59%的女性教员称,他们有机会再选择职业的话,还会追求学术生涯(Leatherman,2000)。

专业人员,联合会与集体谈判 学术专业人员的特点是信仰学术自由,对涉及学科和教育过程的决策有自治的信念,并坚信为整个社会服务。传统上,美国大学教授联合会(The American Association of University Professors,AAUP)代表教员的利益,制定工资、晋升与政策的指导方针,它支持全体会员,并能将学校列入教员拒绝受聘用的学校黑名单里,以此造成威胁,从而"影响着"学校机构。

教员对联合会代表的支持有着极大的差异,许多教员不愿通过协调委员会向行政管理部门诉说他们的不满,相反,愿意保留解决问题的权力。在两年制院校里,教员更倾向于将自己看成"雇员",更可能遵循中学模式,并期望通过联合会代表获益。然而,在有声誉的综合性大学中,许多教授的工资早已比他人高,而且一旦不满意,能灵活自如地重新定位,所以通过代表获得的利益较少,也不太可能屈尊去要求联合会的谈判代表来谈判。诚然,许多大学教学人员的确属于不同代表团体,即各种专业联合会与美国大学教授联合会,联合会成员的观念已确立(事实上,在如今已加入联合组织的学校内,在法律的正当程序上以及教员工资等方面美国大学教授联合会代表了教员的利益)。而美国教师联合会与全国教育协会也在试图吸引大学教师。

近来,教员联合会与集体谈判已经开始对高等教育界的大型部门更具有吸引力。高等教育已迅速扩张,这种现象尤其出现在两年制院校的层次上,它们中获得博士学位的教员更少。在高等教育界,经济问题导致了劳务市场的不可预测性。学校行政决策的制定更远离于教员,而年轻教学人员背景差异性更大,这使得一群核心教员公开将集体谈判作为一种策略(Morgan,1992,pp.2719—2720)。

高等教育中的性别问题 女性教员更集中在两年制院校而非综合性大学中。在所有学校机构中,获得长期聘任资格的女性在所有女性教员中的比例低于全体教员中获得长期聘任资格的教员比例,这说明女性集中在低层次的岗位上。根据女性研究者的研究,这种模式的产生缘自学术机构长期以来传统上由男性统治的因素。传统的科研之路以男性生命周期为基础,建立了通向成功的一系列步骤(Gilligan,1979)。然而,女性也许从事科研有着不同的职业设想,譬如,生育之后进入学术界,或共享某学术职位。人们公认几乎没有其他的模式能导向成功,而这就置那些有能力有生命力的女性于不利地位,最终对高等教育界来说是种损失。

最近一项对女性在学术界的地位的研究表明,"在校园内工作的女性处于不利的环境之中"。不但性骚扰是个长期存在的问题,而且同工低酬、低职位以及晋升几率低一样是常见的歧视形式(Blum,1991,p. A1;Lomperis,1990,p. 643)。黑人女性有时觉得,"要获得在学院的合法地位,自己就必须明显比白人女性(她们的少数对手)更优异,在思维敏捷度与工作完成方面胜过她们"(Fontaine,1993,p. 121)。

近年来,女性教员比率缓慢增长,占了全体教员的34.6%,其中17.8%为全职教授,50.4%为副教授。人们担心几乎没有女性会获得长期聘用资格或获得晋升,然而,她们不成比例地占据着低层次的、兼职的以及非授予终身职位的雇佣制下的岗位(Greenberg,1995,pp. 35—36)。

在解雇教员与职员时,女性不成比例地被迫下岗。而过去排斥女性与少数族群的职位,诸如行政领导岗位,聘用女性很少发生。此外,女性教员不成比例地出现在女性占主导地位的领域,以及酬金和声誉较低的机构。

高等教育中的角色:行政管理人员

行政管理者必须是魔术师,在该机构至关重要的环境因素、教员的学术利益和学生群体之间的友好关系方面,维持着微妙的和谐状态。

在公立学校,财政问题与课程主要由各州或地方理事会或评议委员会管理,因为从理论上讲,各州立法者和州长影响着公众的心态,所以也许还取决于他们的态度与成见。

在私立学校,行政管理者在某种程度上依赖于私人基金的帮助,这种基金通常来自校友,然而却是微薄的,而且取决于捐赠者的意愿。例如,一所著名的学校案例中,校友施与的压力影响着决策的制定,校友时事通讯报道了大学传统结构即将面临的各种改变:允许女性正式就读男子学校,学校接受更多的少数族群学生,对优先考虑校友亲属入学这一惯例的重新审议等等。人们可以听见来自校友的愤怒声,他们宣布将要停止捐款,或事实上停止了捐款。这结果导致了政策的产生,而修改了的形式更能被这些校友接受。

对增强行政管理者角色持批评态度者认为,行政管理者将大学设想成商业模式,是个充满竞争,能制造利润的机构,他们待遇丰厚,而有了这些管理者的大学将出现"头重"现象。同时,批评者指出,许多学校行政管理者的工资在高速增长,例如,1998年的人均工资比1997年高出7%,而在过去的六年内工资增长速度超过了物价暴涨的速度,在1999年平均增长率为4.5%,而1998年是4.6%(Lively,2000)。

不涉及诸如校友等环境因素,就不能够理解高等教育系统。下面将讨论高等教育环境中的一些因素。

高等教育的环境压力

影响高等教育体系的环境压力来自政府、法院、教师组织、出版公司、教堂、社区、家长以及其他利益群体(见图10-4)。高等教育机构正从事着生存游戏,环境中任何对生存至关重要的因素都将对决策以及发生的变化产生最大的影响。让我们看一看高等教育环境影响的几个重要来源。

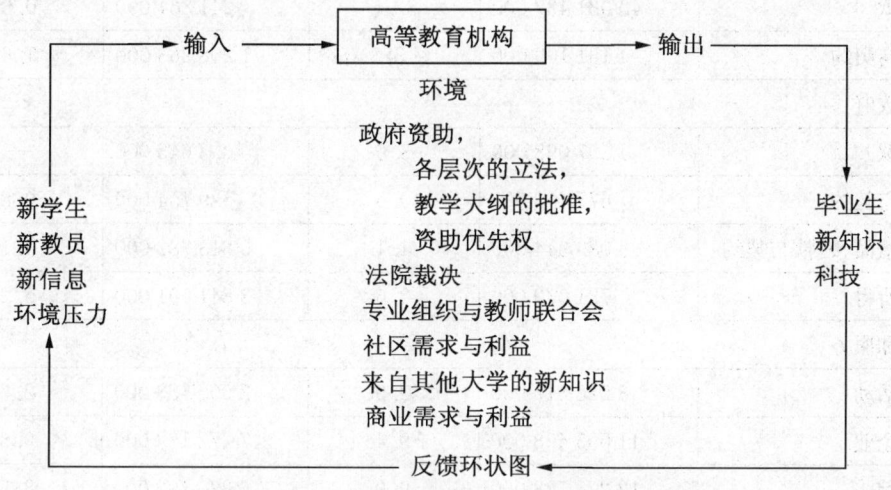

图10-4 高等教育的开放式系统模式

政府对高等教育资金的影响

政府通过控制资金在一定程度上控制着高等教育机构,联邦、州与地方政府结合起来的高等教育资金在1992—1993学年度公立大学预算中占了近一半(见表10-6,p.308)。政府对公立学校影响力较大,诚然,私立大学的科研与特殊课程常依赖于政府的支持,但在多数私立大学中,学费与其他杂费是最主要的部分。而宗教附属院校大体最不依赖政府,也最不受它的影响。高等教育中最大的开支就是机构开支。

表 10-6　1995—1996 年各院校和大学的收入和开支

	公立学校		私立学校	
	数　额	占总量百分比	数　额	占总量百分比
收　入				
学费与其他学杂费	$ 23 257 454 000	18.8%	$ 32 002 839 000	43.0%
联邦政府				
拨　款	1 826 738 000	1.5	210 210 000	0.3
赠款与契约	11 595 201 000	9.4	6 770 274 000	9.1
独立经营	250 529 000	0.2	3 286 124 000	4.4
州政府				
拨　款	40 081 437 000	32.5	241 864 000	0.3
赠款与契约	4 161 109 000	3.3	1 208 263 000	1.6
地方政府				
拨　款	4 397 098 000	3.6	3 643 000	—
赠款与契约	677 412 000	0.5	529 754 000	0.8
私人赠品、赠款与契约	5 089 344 000	4.1	6 813 782 000	9.1
捐赠所得	721 079 000	0.6	3 841 091 000	5.2
营业和服务				
教育活动	3 528 610 000	2.9	2 002 153 000	2.7
附属企业	11 595 408 000	9.4	7 272 132 000	9.8
医　院	12 275 778 000	9.9	6 335 792 000	8.5
其他来源	4 043 955 000	3.3	3 954 162 000	5.3
总计通用资金收入	$ 123 501 152 000	100%	$ 74 472 083 000	100%
开　支				
教　学	$ 38 653 245 000	32.3%	$ 19 156 788 000	27.0%
研　究	12 076 357 000	10.1	5 441 530 000	7.7
公共服务	5 321 014 000	4.5	1 686 399 000	2.4
学术支持	9 004 113 000	7.5	4 292 950 000	6.1
学生服务	5 810 403 000	4.9	3 820 174 000	5.4

续表

	公立学校		私立学校	
	数 额	占总量百分比	数 额	占总量百分比
开 支				
机构支持	10 710 279 000	9.0	7 545 490 000	10.6
设施的运转和维护	8 005 101 000	6.7	4 325 784 000	6.1
奖学金	5 084 653 000	4.3	8 110 450 000	11.4
委托转让	1 420 459 000	1.2	980 417 000	1.4
附属企业	11 309 031 000	9.5	6 290 030 000	8.9
医 院	11 878 939 000	9.9	6 062 047 000	8.5
独立经营	250 906 000	0.2	3 239 604 000	4.6
总计通用资金开支	$119 524 500 000	100%	$70 951 662 000	100%

注：一字线表示少于 0.1%，鉴于舍入制，尾数没有详细列出。

资料来源：*The Chronicle of Higher Education Almanac*, August 27, 1999.

例如，如果政府确定优先资助艾滋病、癌症研究或智力迟钝等方面的项目与科研，那么，研究者就会被吸引到这些领域以寻求资助。一些领域会获得更多的资助优先权，而事实上可以说，一些领域就是由资金支撑着。资助优先权的变化能导致学术部门教员与职员人数上的变化。那些依赖"纸币"(soft money)或受赞助的项目的职员们或许被削减或不再有职员更新。依赖多层次政府支持的是实验室或其他设施，教员工作量，系科引来专修生的数量，甚至是一个系科或学院的生存机遇。

院校也从校友、公司、基金会和宗教组织处获取资助，而款项通常是拨给特殊项目使用的。鉴于迅速蔓延的资金筹集驱动力，校友捐款有了显著的增加，在1989至1994年期间，捐款增长了38%。20世纪90年代早期，多数院校经历了歉收时期，靠削减开支以及提高学费与其他学杂费来抵消开支(见表10-7)。在一些城市，企业提供资金送内城区[1](inner-city)高中毕业的学生上大学。

随着学费的增长，家庭所承担的学生教育费用更加沉重。最近有人研究了负担上大学的费用对一个家庭中的兄弟姐妹的影响。有许多儿子的家庭，比有女儿的家庭更可能负债累累，这部分原因在于父母更倾向于鼓励儿子攻读大学，如果女儿要读大学，他们也支持，但是他们更多的精力投入到为儿子筹钱(Powell and Steelman，1989)。

---

[1] 内城区：一个城市的通常年代较久远的中心一部分，尤指那些以被低收入，经常是少数族群所占据的拥挤的住宅为特色的地区。

表 10-7　1998—1999 年大学平均费用

	公立大学		私立大学	
	住校生	走读生	住校生	走读生
四年制大学				
学费与其他学杂费	$3 243	$3 243	$14 508	$14 508
书籍与供应品	662	662	667	667
食宿费	4 530	2 098	5 765	2 101
交通费	612	1 011	547	861
其他费用	1 411	1 491	1 046	1 233
总　计	$10 456	$8 505	$22 533	$19 370
两年制院校				
学费与其他学杂费	$1 633	$1 633	$7 333	$7 333
书籍与供应品	624	624	663	663
食宿费ª	—	2 039	4 666	2 163
交通费	—	978	562	880
其他费用	—	1 171	998	1 162
总　计	—	$6 445	$14 222	$12 201

a 走读生没有住宿费用——资料不足。

注：以上数字是通过对每一类型院校注册的本科生平均所缴的费用进行加权而产生的。

资料来源：*The Chronicle of Higher Education Almanac*, 1999, p. 46.

那些需要资金来帮助自己支付大学费用的学生，会得到联邦政府提供的奖学金和贷款。90 年代后期，美国教育部长宣布，取缔种族专有的奖学金，为了增加校园的多样性，种族只能作为授予奖学金的一个考虑因素，或者种族能被用来消除公认的种族歧视。这当时就导致了争论。到 1995 年，最高法院裁决了一起类似的诉讼，取消了种族专有的奖学金(Myers, 1995, p. A13)。

除了获得教育的个体外，高等教育还牵涉到社会经济的发展。政府在高等教育，尤其是科研上的投资，而不是总体花费，刺激着资本主义国家私有经济的发展。在科研活动上的经费长期影响着私有制生产，鉴于大学是纯科研基地，而美国的工业却投资在科研成果的应用上，所以这就格外的真实。随着政府与家庭一起承担高等教育费用，就出现了另一种环境影响以及机构相互依赖的实例，同时政府又与学校结合，发展与资助迎合国家优先项目的课程。

法院与入学特别保障政策

　　法律总体上禁止对种族、性别、肤色、宗教、血统、国籍、年龄、残疾、退役状态、公立机构的性别取向,以及接受联邦基金的人的歧视。对于过去的歧视,不管有意无意,联邦法律也要求大学采取入学特别保障政策来消除或修正它。同时,法庭做出了一些自相矛盾的裁决,如上文提到的郝普沃德/得克萨斯州案例的裁决。

　　入学特别保障政策涉及活动范围广泛,譬如,不通过"老同学关系网"(old-boy network)或"口头"(word-of-mouth)关系来填补教员职位空缺,相反,要采用登广告方式公开招聘。其他基本的入学特别保障政策包括:消除那些趋向于不成比例地排斥某些群体的不合理的障碍,并且确保录取与招聘的有关决定确实以公布的标准为基础。

　　经常招致争议的入学特别保障政策有以下几种:1. 考虑用种族或性别作为决定录取与招聘的条件,此目的在于增加少数族群与女性的存在率,从而反映出他们在一群有资格有能力的候选人中当选的相对可能性;2. 建立无数目标来检测少数族群与女性的存在率的增长进程。"目标"指良好信念努力追求的"对象",有人反对使用该词,理由是,有时目标被解释为"限额"(quotas),即为了逃避处罚而必须达到的数额。而确立限额的结果是,决策制定不以种族或性别为基础就会导致失去所有联邦资助,包括失去教育补助费、科研合同,甚至失去学生贷款收益。

　　自1965年公布了美国总统《11246号行政命令》(Executive Order 11246),入学特别保障政策已存在了三四十年,在此期间也一直受到人们的抵制。在消除种族、性别歧视,以及取消其他各种受教育与就业机会的条件方面,已是硕果累累,诚然,要达到机会均等还将需要更多的努力。

　　1995年,美国最高法院裁定,为种族、民族提供利益的政府入学特别保障政策项目必须受到法院的"严格审查"。这意味着,那些项目"有必要"实现"强制性的政府利益",即政府目标。为了加强教育过程本身的多样性与丰富性,人们努力提高大学的职工或学生群体的多样性,但是人们还不清楚,这是否将会形成一种"强制性的"利益[1]。

环境反馈与机构变化

　　"1964年9月30日,在加利福尼亚大学伯克利分校,由于违反校园内进行政治宣传的规定,男生部主任点名表扬了涉及公民权问题的五位学生"("Ten Years Later", 1974, p.1149)。依据尼尔·斯迈尔泽(Neil Smelzer)的集体行为理论(Smelzer,

---

[1] 此部分的内容得到赖特州立大学入学特别保障政策职员胡安妮塔·威尔若·艾豪(Juanita wehre_Einhorn)的补充。

1962),这是一种"促进因素",增强了学生与大学行政管理者之间的对抗,使这种对抗持续了四个月,同时为世界上其他学校的学生抗议树立了榜样。以下是发生的类似事件:

> 1964年12月2日,1 000名学生受到民歌歌手琼·贝兹(Joan Baez)的精神鼓励,占据了伯克利的行政大楼,结果出现了感人的一幕,大约700名警察与代理治安长官抬着不屈不挠的示威者离开现场。这样,同情者与响应者自然立即增加("Berkeley Student Revolt",1965,p. 51)。

鉴于大学的形象影响着它获取的国有与私有资金数额以及所吸引的学生,大学关注着自身的公众形象。伯克利言论自由运动不仅改变了大众认可的环境概念,而且改变了加利福尼亚大学的决策制定结构。许多人试图分析这些事件,其中一些人认为,该运动产生的根源在于学生试图在教育系统中获取权力;另一些人则认为,学生是对言论自由等具体权力的剥夺所作出的反应("Berkeley Student Revolt",1965,p. 51)。在此抗议的随后几年内,人们对大学目的的争议非常激烈,而高等教育中的多数学校感到了要改变现状的压力。在一些场合下,学校使更多学生加入到决策制定结构中,或者在自由言论问题上更具容忍性,而另一些则完全相反,为响应社会压力,它们加强对决策制定的控制。

上述事例表明,来自主环境——被看成是客户的学生——的反馈,与亚环境——社区——的反馈导致了交替与变革。伯克利戏剧性的激烈反应是一种需要关注与采取行动的反应,它导致系统的改变,并导致对系统中交替与改进的探索。

不同情形下影响变化的变量是不同的,但是不断变化的过程可以通过开放系统模式来寻找并加以研究。对组织的功能分析经常产生这样一种评论,即利用这种方式的学校不再是静态的,而且变化不一定归因于冲突理论中所讲的不同派系或利益群体之间的持久的权力争斗。相反,变化可以看作是组织进程与运作中的一部分,是任何系统都在进行的动态过程,学校机构要生存就必须依靠环境反馈,不断调整与改变自己以迎合环境需求的变化。

● 实践:你所处的高等教育机构的环境压力有哪些?
该机构是如何对付这些压力的?●

高等教育成果

高等教育:态度、价值取向与行为举止

大学教育对它的学生有什么影响?随着时间流逝,学生的政治、宗教以及道德态

度与价值取向发生了变化,而大学教育是研究该变化的关键点。高等教育研究所对新生一年一度的调查共记载了过去 29 年的变化,例如,1966 年,57.8%的学生表明"在政治事件上不落后是重要的",此数字在随后的年月里有所下降,到 1994 年降到最低点,只有 31.9%的学生认为是重要的。90 年代中期学生关注环境问题,有 84%的人表明需要更努力地保护环境(*The American Freshman*,1995)。

多年来大学毕业生的态度与信仰展现出了巨大的变化,其中最显著的变化在以下方面:支持女权运动,致力于净化环境与推进种族间的相互理解,树立有意义的人生观,支持堕胎合法化等等。然而,对经济富裕的重视程度上却有所下降。

在 1999 年秋季调查中,一个值得注意的发现是近三分之一的新生有高度的压力感,许多人必须工作以保持收支平衡,因而受到竞争的困扰。与男性相比,在经济上,女性更易有压力感,同时,在学习、义务劳动、参与学生活动、做家务或照看孩子方面需投入更多的时间。

与 1985 年的低比率 26%相比,1999 年近 40%的学生汇报觉得课堂无趣,人数明显增多。学生花在家庭作业上的时间也更少,这也许会导致高中需要补课的学生越来越多。

其他趋势表明,抽烟与饮酒人数继续下降,刚到的新生中只有一半人说,在过去的一年内频繁地喝啤酒,学生抽烟的比例为 14.2%,低于 1998 年的 15.8%(Sax et al.,1999)。

大学教育的价值

教育文凭越高,相应的职业地位就越高?将来的收入就越高?大学毕业生收入比高中毕业生高出 52%,但是随着大学文凭的普及,这种差距会缩小。在预测未来地位与收入方面,诸如所就读的学校与专业等因素将会变得更为重要,而大学成绩或工作能力则不那么重要("Costs and Benefits",1993,p.2;Hurn,1978)。(见图 10-5)

就读名校的学生,比起就读不太讲究择优录取的大学的学生,更有机会获得高收入,但是,标准化测试成绩相等前提下,就读普通大学的大学生,获得的收入与就读名牌大学的学生持平,这归因于学习动机、成熟状态以及抱负(Gose,2000)。

许多学生正认可与专业无关的工作,加上大学经济有利条件的降低,年轻人被迫提出疑问,大学教育是否与所花的时间与财力等值?回顾一下图 10-5,此对比说明,大学毕业生收入高于高中或初中毕业生,但最近几年这些数字已经下降,他们之间的差距在缩短。

在薪水与荣誉方面,就读大学的类型与质量是教育回报的重要决定因素,当学生能力与社会经济地位保持不变时,上述研究结果就不是那么绝对,诚然,依旧是重要的。

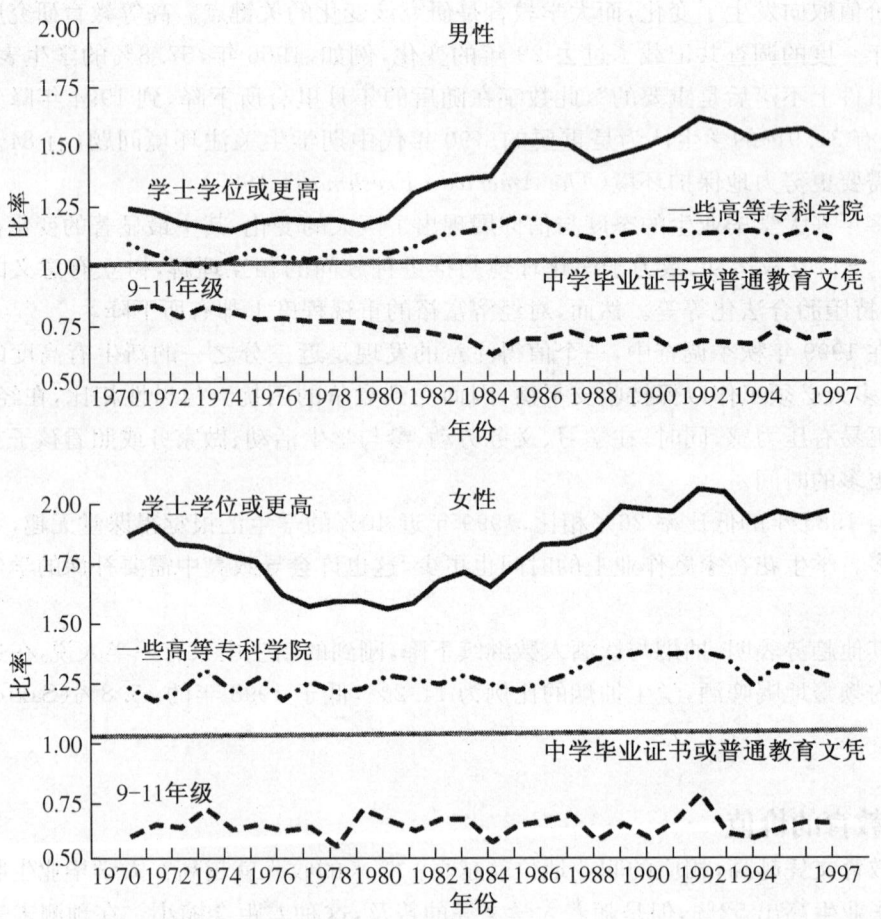

图 10-5 1970—1997 年最高教育水平为 9 年—11 年、专科学历、学士学位或更高学历与高中学历或同等学历的年龄在 25—34 岁之间工作者每年所有工资和薪水收入的中间值比率[a]（按性别划分）

a 这个比率与 1.0 比较很有用。例如，1997 年拥有最高教育水平为学士学位或更高学历的男性的比率是 1.50，这意味着他们的收入比高中学历或同等学历的男性高 50%。1997 年拥有最高教育水平为 9—11 年级的男性的比率为 0.71，意指他们的收入要比那些有高中学历或同等学历的人少 29%。1994 年、1995 年、1996 年的数据是根据以前出版的数字而修订。

注：当前人口调查中用于获得教育成就的问题 1992 年得到修改。1994 年，当前人口调查的调查工具被修改，权重也进行了调整。

资料来源：Department of Commerce, Bureau of the Census, March Current Population Surveys.

大学教育相对无形的结果在亚历山大·奥斯丁（Alexander Astin）所著的《大学

中重要之事——对关键性四年的回顾》("*What matters in College? Four Critical Years revisited*",1993,p.211)中得以归纳。大学帮助学生形成积极向上的自我形像以及巨大的人际交往和智力能力,学生处理社会问题时采取更为自由的政治观点与态度,虽然这种观点与态度或许持续不久,同时他们的宗教倾向在减弱。

● 实践:大学教育是否与所花的时间与财力等值?为什么? ●

高等教育的问题与改革

随着教育系统对政府与社会的责任压力越来越大,高等教育身处公众与政策制定者的批评之中。"象牙塔"面临着更多的挑战,许多机构正对此作出反应,如,改善教学质量,评估教育项目,提高少数族群学生就读机会,为美好前途而装备学生知识与技能。

大学也因为某些"不道德的"习惯性行为而受到批评,许多学校正提出这些问题。20世纪60、70年代间的年级膨胀[1](grade inflation)发展迅速,但现已平稳;许多学校正明确提出学生作弊现象,并制定适当的行为不端规则与程序;课程以及课程学分正受到高等教育内部与外界的评估;资金滥用的报告正被核查,而且课程改革是个持续的过程。

没有组织不受到批评,高等教育也不例外。一些批评者用意识形态来支撑他们改革者的评论。最近几年,几位作家对高等教育进行了大规模的批判,在人文与社会学科方面尤其如此,矛盾集中在什么是正确的学习方法以及学习什么恰当的知识这样的观点上。部分由这些批评者引起的校园内"政治正确性"(political correctness)问题,已经使课程与校园内主导的问题发生了改变。这些冲突一方面反映了特权与父权制之间的潜在张力,另一方面体现了入学特别保障政策与文化多元问题(Wilkinson,1991,pp.550-551)。

并非所有观点是消极的,在高等教育中种族行为的积极方面包括以下几点:受教育机会均等的扩大,大学成为讨论国内问题的论坛,许多学生重视学校教育,对于教学与学术课程很满意,信任教师,认为他们是有资格的,并学习尽可能多的知识。

大学教育尤其是批评的对象,因为他们的产品可以看见,可以测量。一些考察团的报告奋力争取提高训练作为主体的这种地位,而另一些认为学生应该专修一门科目而在第五年里接受训练(Astin,1993)。

传统的观念认为,大学是用以保存、推进、传授和阐释知识的,这在20世纪大部分

---

[1] 译者按:对那种为了迎合学生而降低课程标准,致使入学人数剧增的做法的一种非正规称谓。

时期是几乎被普遍接受的定义,它包含的目标具有持久性,然而这种持久不一定需要方法或课程内容永久化。大学非但不与社会分离,相反,却是它们环境的一部分,它们的职员与学生体验着经济与科技迅速变化带来的社会压力与生活紧张。

结语

高等教育系统并非一种,既然不同系统之间有普遍性,我们就讨论了一些共同特征与存在的问题:高等教育的发展与意义,受教育机会,该系统的结构、过程及角色关系,导致系统变化的环境压力,高等教育中的一些成果与改革。

Ⅰ. 高等教育的历史与发展

有组织的高等教育追溯至 12、13 世纪,随着时间的流逝,它的结构与功能发生了巨大的变化,如今的结构由行政管理与教员两部分构成,具有诸如科研与服务等几项额外的功能。20 世纪出现了两年制大学,它有着新的结构与功能。

Ⅱ. 高等教育的理论方法

功能主义理论与冲突论使我们能更好地了解社会学家如何看待高等教育,系统模式集合了高等教育的方方面面,从而提供了更全面的视角。受高等教育机会,是指谁被录取以及什么原因被录取,此问题是教育理论家主要关心之事,他们尤其注重录取过程及测试,以及公立还是私立机构。专科学校录取决定已受到法律的质疑,但是结果尚不明晰。

Ⅲ. 美国高等教育的特征

根据赞助性质、学生构成、课程类型、提供的学位证书等的不同,学校机构各不相同。高等教育的迅速扩张产生了对大学价值削弱的威胁。注册数与经济模式的改变也迫使课程与职员的缩减。

Ⅳ. 高等教育系统的功能

大学可看成是大的社区,随着大学的扩展,人们对它的功能产生了争议:课程该采用什么形式?科研与教学之间关系如何?服务在社会中起什么作用?针对大学学术功能的争议体现在校园内的"大商业"运动会以及大学该具有的课程类型上。

Ⅴ. 高等教育组织

高等教育由科层制模式管理着,许多人认为,这不适应大学独特的构成。决策制定随支持者而变化,有责任制定决策的领域也是如此。例如,教员一般对课程问题保留控制权。

Ⅵ. 高等教育中的各种角色

学生正成为更加多样化的群体,有更多的大龄学生、少数族群学生和已婚学生注册入学,如今更多的女学生正经历着大学体制并就读研究生院,与过去相比,学生从事的角色成倍增长。大学努力解决尚未准备好的学生问题,这些学生缺乏技能来完成大学学业。

教员面临的三大问题是:职业特性、集体谈判与性别问题。

Ⅶ. 高等教育的环境压力

与高等教育环境有关的几个问题被用以列举环境的重要性。几个问题如下:高等教育的资助、法庭诉讼与课程方面的社会压力等。

Ⅷ. 高等教育成果

高等教育成果包括态度、价值取向与行为举止等的改变,以及接受大学教育产生的经济效果。

Ⅸ. 高等教育的问题与改革

最后,本章简短地讨论了高等教育系统与伦理道德所面临的挑战中的一些问题及改革,这包含了一些对教员与课程的批评。改革的提议正在考虑之中。

实践

1. 请列举出当地区域内的高等教育机构。
   a. 每个学校的目的是什么?(它提供了什么课程与学位?为谁服务?)
   b. 每个学校分别录取什么样的学生?
   c. 你高中同班同学毕业后做什么?上大学?工作?其他?
   d. 在你所处区域是否有高中毕业后没有被高等教育接纳的学生?
   e. 在你所处区域的高等教育系统内是否存在缺陷?

2. 请回想一下你学校内最近一次争议。设身处地地考虑争议中持有不同观点的学生、一个教员以及卷入争议之中的一位行政管理者。他们观点如何不同?也许与他们面谈很有效。

3. 考虑一下书本提到或你关心的几个高等教育问题。解释功能论者与冲突理论者是如何不同地阐述这些问题的。

4. 你的学校或专业领域中的课程或活动存在什么问题?请指出你的学校现有体

制的几种选项,用以帮助解决这些问题。

5. 谁在你的学校的不同领域内拥有正式权力以及决策制定权？请举例说明。就此问题可以访谈他人。

6. 你的学校必须与环境的哪些方面相互影响？就大学压力问题与行政管理者交谈或许是有益的。

第十一章 世界各地的教育体制：一种比较的观点

在西非的一个乡间小村庄内，几个孩子坐在大树下，有的拿着石板和粉笔。只有一本书，没有纸、铅笔和其他用品，教师只有小学六年级水平，正试图帮助这些孩子们学习拼读。然而，北面几千英里的地方，孩子们坐在教室里的课桌旁上课，而且教育所需用品完善。我们来看一下这两种体制下的孩子，教育与生活机遇有何不同。

艾米纽八岁，兄弟姐妹九人中，刚好处于中间，他全家住在西非北部的一个乡间小村庄，那里村民们以种田为主，家家耕种自家田地，而他的家人使用人力犁具耕田，生活不富裕，但是总体而言，食物充足，多数为单调的饮食，包括小米、木薯根、香蕉以及一点猪肉。艾米纽父母的兄弟姐妹以及祖父祖母等亲戚也住在这个村庄。

很小的时候，艾米纽就帮助家人在田里干活，父亲传授他农业知识，祖父讲述家族史及宗教，虽然他只是众多孩子中的一位，但寻求帮助时总有亲戚会帮他，所以他的生活是无忧无虑、快乐的。

按照中央政府的规定，所有六至九岁的孩子要上学，艾米纽六岁时开始就读乡村学校，他不太反对上学，因为他看见朋友们在那里，在自由活动时间内能够玩耍。教师摩阑姆·哈桑是当地的一个年轻人，曾离乡外出就读初中，回来负责管理坐落在村庄大会堂一个房间的校舍，他看似和蔼却很严厉，经常采取打学生或让他们站墙角的惩罚手段。一个班级内学生年龄不等，向他们所有人教授恰当的知识是困难的。艾米纽学会了基本的数学函数，尽管发现没有用，却对此相当感兴趣，此外他能读懂有关英国小孩与狗一起野餐的简单书籍，学习伊斯兰教可兰经并学会背诵部分章节，然而他不喜欢被叫到全班面前背诵，因为如果背不上，就会受到惩罚。在家里，他没有时间在宁静气氛或安静场合中坐下背诵经书。他的书写很差劲，而要求听写时，他从来没有默对过。

当种植与收获季节到来时，艾米纽与他的兄弟们离开学校，帮忙干农活，有谁病了，孩子们轮流待在家中照料与帮忙。有一次，艾米纽一个月没上课，随父亲去了20英里以外的大城市帮忙。

这学年结束，艾米纽和多数朋友一起将离开学校，他们中

第十一章　世界各地的教育体制：一种比较的观点

只有两人，即该校的两个尖子生，考虑就读大城市里的初中，一个在那里有亲戚，可以与他们住在一起，而另一个在犹豫，原因在于，尽管教育是免费的，但是他的父亲需要他的帮助，而且家里不能提供在外居住所需的额外费用。此外，许多村民对外出就读的孩子不满意，那些孩子几乎不回乡，即使回来，也似乎是一副高傲的样子。

琼十岁，居住在英国的城区，父母在城内的住宅区内建有一个温馨的家园，每天父亲往返于家与公司之间。她三岁时开始上私立托儿所，在那里学会了字母、数字、童谣，懂得了遵守规则、常规以及日程表安排。接着上了家附近的幼儿学校和小学，下个秋季将进入公立女子学校学习（英国"公立学校"相当于美国的私立学校。学生要缴学费，人们普遍认为，进入此类学校就读是上好大学的前提）。在此，她将学习常规学术科目，如拉丁文、法语、骑马以及一项乐器的弹奏。她特别喜欢绘画，将会选择个别学生参与的课程。她父母重视教育，每晚她至少花一小时学习或读书，当成绩好时会受到奖励。她父母都读大量的书，家中拥有许多书、杂志与报纸。母亲受到过教师资格培训，而父亲曾在牛津大学攻读数学，如今是个事业有成的商人。琼有一个兄弟，现在公立男子学校就读。

她是个好学生，很专心。完成公立学校学业之后她想继续读大学，很可能是这样。

全球学校教育的情境有多种。

从上述情景我们可以看到两种教育体制，它体现了儿童经历的两个世界。不仅这两个孩子之间，而且这两种教育制度、两个国家、两个世界存在着区别：一个富有、发达，另一个贫穷、发展中的。在考虑世界教育体系时，我们必须牢记这些差异。但是，两种教育体制虽然不同，也存在着共性。本章将探讨其中一些共性与差异。

我们从全球教育系统谈起：首先，比较教育领域、跨文化教育研究及其研究方法；

其次,比较教育中的各种理论观点及类型;最后讨论社会内部与社会之间机构的相互依赖性。在第十二章,我们将列举全球的教育体制。

跨文化教育研究

教育社会学中的跨文化研究为我们提供了新见解、新观念以及对待自己所处社会的新视角,并提供信息,讲述教育体制中的独特性及共同性。鉴于不同的教育体制很难比较,并且它们有着潜在的不同意识形态和目标,跨文化研究常常不是件容易之事。社会学家在此作出了卓越的贡献,他们发明可行的研究方法,识别出关键变量,建构了分析模式,并实施研究计划。这些研究多数可被使用于应用、实践的目标(Farrell, 1997)。

作为研究领域的比较教育

> 全世界有 6 000 多种语言,其中许多没有文字;既有使用现代科技的文化,又有含有古老技术的文化;受歧视的少数族群无法获得受大众认可的生活质量;有种排斥感;处于不利地位的少数族群失业率高;丢失了传统文化与知识;宗教问题;不容异说 …… ("The Challenge of Multicultural Education", 1994, p.2)。

这是一些导致比较教育研究具有挑战意义的因素。

比较教育起初是个呈现特选国家、特殊问题的描述性资料以及个案研究的领域,现已转向跨学科领域,运用各种方法论从跨文化角度研究教育(Cummings, 1999; Epstein, 1988; Altbach, 1986)。研究范围从运用描述性人类学与人种志方法进行的研究到大范围的成就研究,如今,它运用了许多方法与理论,这包括女权主义、后结构主义与后现代理论,教育体制发展的历史比较,课程内容的分析,基于国际数据库的大范围研究,以及使用观察到访谈、问卷等多种方式进行的某一学科领域研究或区域研究。尽管除了实验设计外,比较研究者已使用了很多的社会研究方法,但是相当大比例的研究依然没有使用比较研究方法,在"外国教育"的描述性或个案研究方面尤其如此(Cummings, 1999; Rust et al., 1999)。

威廉·卡铭斯(William Cummings, 1999)将此描绘成一个已取得进步的领域,它经历了几个历史发展阶段:

1. 19 世纪中期:"借鉴者"与"预测者"使用比较调查来推进与完善自我的体制。

第十一章　世界各地的教育体制：一种比较的观点

2. 20世纪50年代中期：事实根据的分类导致历史研究与学科领域研究的产生。

3. 60年代：关注新兴发展中国家转型中教育所起的作用。

4. 70年代早期：比较研究相对被忽略，原因在于人们认为，美国处于领导地位，不需要向其他国家学习。

课程、学生人均花费、教科书、教师培训等几个主题受到国际组织（McNeely，1995）、全球流行趋势与国际事件的影响，过去20年里，这些主题在教育的跨文化研究领域占主导地位（Benavot，1992）。本章将讨论其中的三个，即课程问题、国际测试以及知识的合法性。此外，为了丰富该领域，许多理论研究方法已被加入现有理论，如马克思主义、新马克思主义、符应原理、抵制与再生产理论、依附理论再生产、女权主义理论以及后现代理论等（Paulston，1999；Heyneman，1993；Hall，1990）。

在比较教育的发展方面，虽然美国起了主要的作用，但是其他国家也有特殊动力进行此方面的研究。例如，为了自身体制能吸收新思想，中国内地从事前苏联教育理论与经验的比较研究，宏观教育体制比较研究，以及高等教育比较研究（Chen，1994）。

随着该领域的发展，比较教育的重心观念的差异性也得以发展。以下是四种观念：

1. 教育体制发展的过程对每个国家都至关重要，它必须由"当地文化当局"操作，而不是其他国家或外国组织操作。

2. 科技、保证金、远程教学等单一的解决方式是教育成功的关键所在。

3. 国际组织逐渐形成的通用的优秀标准是无法接受的，不应该用来发展教育体制，即使是建立于研究与资助基础上也是如此。

4. 跨文化教育模式应该指导教育体制的发展。

事实上，这些观点并不总是正确的，每一个都是在特定条件下提出的（Heyneman，1993，pp. 383-384）。

人们从跨文化角度已经比较了教育的许多方面：教育的质量与数量、体制的内在结构、教育目标、教材、教育资金、教学方法、教育效果、课程、教育控制、人口群体以及分析水平等等（Bray and Thomas，1995，p. 1）。诸如入学学龄、课程、学校类型、测试与记录方法，以及跨文化研究费用等方面的差异的方法论问题，使得人们寻找标准的比较方法与数据的努力变得复杂起来。例如，在对19个国家的大范围比较研究中，为了获得需要的信息，调查工具得以用许多不同种语言建构起来（Baker and Jones，1993；Hambleton，1993）。

为了帮助将资料收集标准化,联合国确定了一些成员国使用的普通教育测量工具。随着这些工具的采用,加上更多的可靠数据以及政府对国际研究的兴趣,比较分析在扩展,这产生了许多新的研究问题、理论研究法以及方法论等。

比较教育与系统研究法

我们不能忽视国家之间的相互影响以及社会体制中教育与其他机构之间的相互作用。系统研究法用于洞察这些动态也是有用的。每个国家存在于世界这个情景中,利用开放系统研究法可以帮助我们将世界情境概念化(见图11-1)。从这个视角来看,世界体系是国家所处的环境,它们在世界体系中如何在经济、政治上相互作用以及发展程度如何,影响着逐渐形成的教育体制类型。

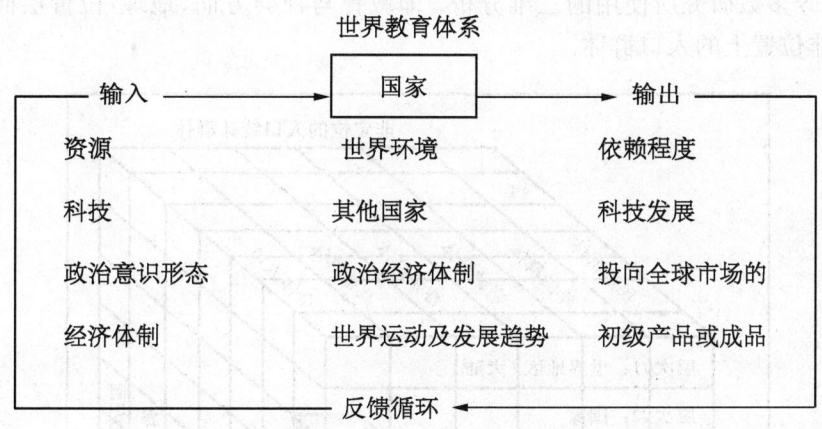

图 11-1 世界教育体系展现各国间的彼此依赖性

教育体制的跨文化研究方法

我们希望比较什么？如何比较？近期比较研究展现了研究的多样性,如性别问题、校内变量、学校教育的功能失调、每个州的角色、课程与教科书问题、比较测试结果以及许多其他主题(McAdams,1993;Altbach,1991,p.506)。这些潜在的问题导致了下面的五种研究法,但并不意味研究方法仅此五种:

1. 在教育某些特定方面进行各国间比较的模式,如比较学科领域的成就等。
2. 识别国内教育系统结构中关键要素的研究法,目的是能够进行跨文化比较。
3. 社会体系策略或研究法,用以发展教育体制,满足社会需求。

4. 展现大众教育课程与国家—州立标准课程和结构扩张之间联系的模式（Benavot et al.，1991）。

5. 展示社会机构与环境之间的相互关系。

跨文化研究的许多方法给我们提供了模式或类型。模式就像房屋的骨架，为每个独特单元提供了地基与支撑，我们改变房间结构、装饰之格调和外涂层，但是所有房屋都有一个地基，它是以建造基本原则为基础的。同样，模式为发展或研究相同类型的体制提供了框架，在此，即指教育体制。与实际情况相比时，模式反映的是事实，那么它就对人类有用。一般而言，模式不是与教育的某些特定方面有联系，就与体制比较有关。随着方法论变得更为复杂，跨文化研究模式也更为复杂，图11-2呈现的模式展现了当今多数研究所使用的三维分析，即教育与社会方面，地理/位置层面或曰层面分析，非位置上的人口群体。

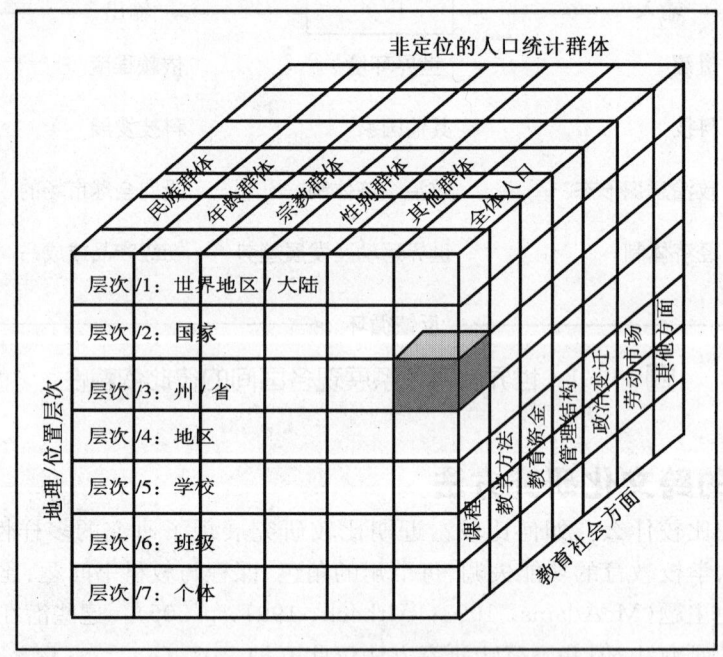

图11-2 一种比较教育分析框架

资料来源：Figure 1, p. 475, from Mark Bray and Murray R. Thomas, "Levels of Comparison in Educational Studies: Different Insights from Different Literatures and the Value of Multilevel Analysis," *Harvard Educational Review* 65:3, pp. 479-490. Copyright © 1995 by the President and Fellows of Harvard College. All rights reserved.

图11-3呈现的模式展现了一些变量，能够用在成就研究的跨文化比较上。一个

"特定方面"的研究事例或许能有助于澄清问题,在这事例中,研究的特定方面是学习成绩。

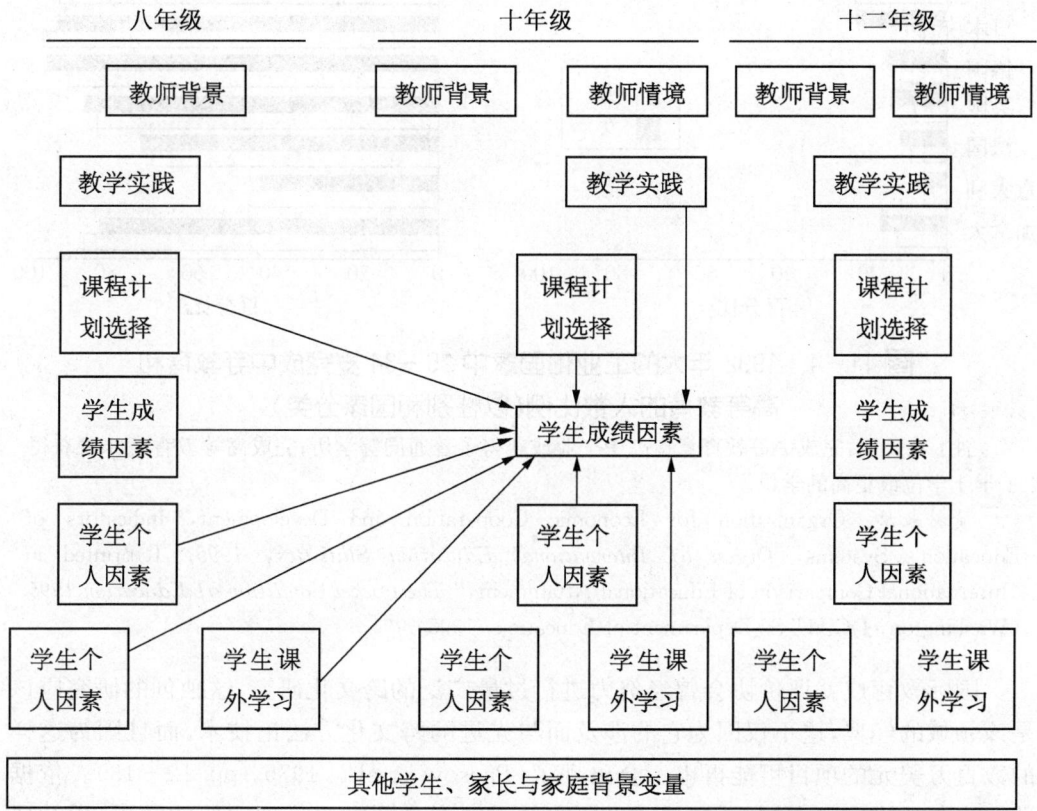

图 11-3　NELS:88 调查中变量分类的图解呈现

资料来源:Kupermintz, Haggai, et al. "Ehhancing the Validity and Usefulness of Large-scale Educational Assessments: I. NELS:88 Mathematics Achievement," *American Educational Research Journal*, Vol. 32, No. 3, Fall 1995, p.528.

学习成绩的国际比较研究

工业化国家劳动力受教育程度说明了该国家可获得的技能,尽管一流工业国初中普及程度相似,但是获得学士学位的人口比率却是美国最高(见图 11-4)。

学习成绩的全球比较研究给阅读熟练程度、数学与科学成就提供了跨文化数据。国际研究的使用日趋增多,原因在于它给教育实践、学校课程、学校政策、学生背景情况以及其他影响教与学的社会文化变量提供可以选择视角的价值(Fletcher and Sabers, 1995, p.455)。

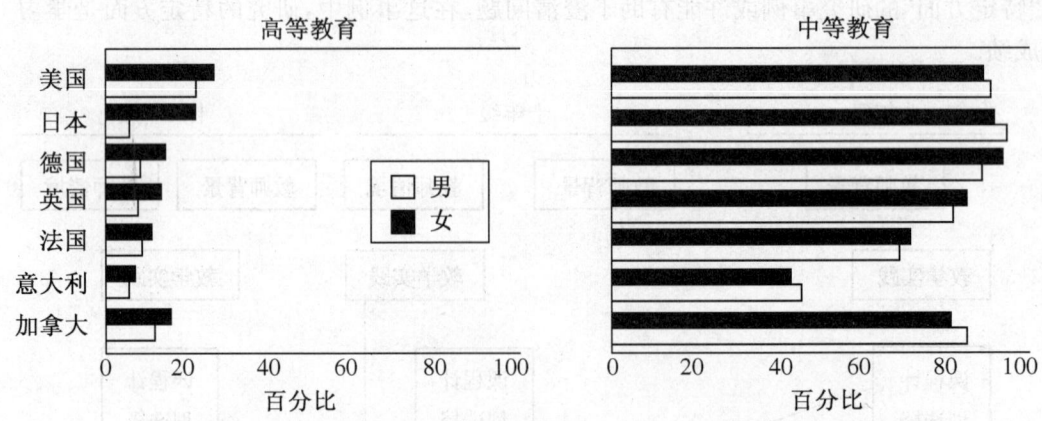

图 11-4　1992 年大的工业化国家中 25—34 岁完成中等教育和高等教育的人数比例(以性别和国家分类)

注：在美国,完成中等教育意指高中毕业或获得了普通同等学历；完成高等教育意味着获得了学士学位或更高的学位。

资料来源：Organization for Economic Cooperation and Development, Indicators of Education's Systems, *Digest of International Education Statistics*, 1995. Reprinted in "International Comparison of Educational Attainment," *The Pocket Condition of Education 1995* (Washington, DC: U.S. Department of Education, 1995).

国际教育成就评价协会曾经努力进行过最广泛的跨文化研究,这独创的研究应该是该领域的经典,这不仅因为它的涉及面与先进的跨文化方法论技术,而且因为这样的数百万美元的项目可能再也不会出现了(Passow et al., 1976, pp. 12-13)。依据数据出版了许多的书籍,话题从谈论研究的重要意义到方法论到比较的结果,后续研究已经提供了补充数据以便比较。

此研究的主要目的是确认影响国家教育体制的关键特征,并且将其联系到学习结果上(Passow et al., 1976, p. 12)。它分析了学习科目,如数学、自然科学、阅读理解、文学、公民教育、法语和英语等外国语。十岁与十四岁年龄组的测试结果进行了比较,离校前一年的测试结果也进行了比较,主要变量有：入学与离校年龄、学校与班级规模、结束时就读的总年龄群体比例、专业与综合课程、学生社会经济地位、性别差异等等。

收集与处理的数据量如此之大,检验的假设如此之多,以至于不可能对结果进行总结。诚然,数据分析必然可以得出这样的结论：国家到达临界点(critical threshold)时,国家之间的教育有效度相似。多少资源被投入到教育的哪些方面或许最能够解释发达国家存在的差异。

尽管诸如数学、自然科学和阅读理解等学科领域的范围差异很大,国际教育成就评价协会的研究只是揭示出,发达国家,主要是欧洲国家内成绩方面差异不大。而确实存在的差异性已经由学校结构或课程的差异给予了解释(Elley，1994)。图 11-5 是 41 个国家和地区中四年级与八年级数学与自然科学成就的对比结果(Matin et al.，1999；National Center For Education Statistics，*Conditions*，1999，p. 7)。

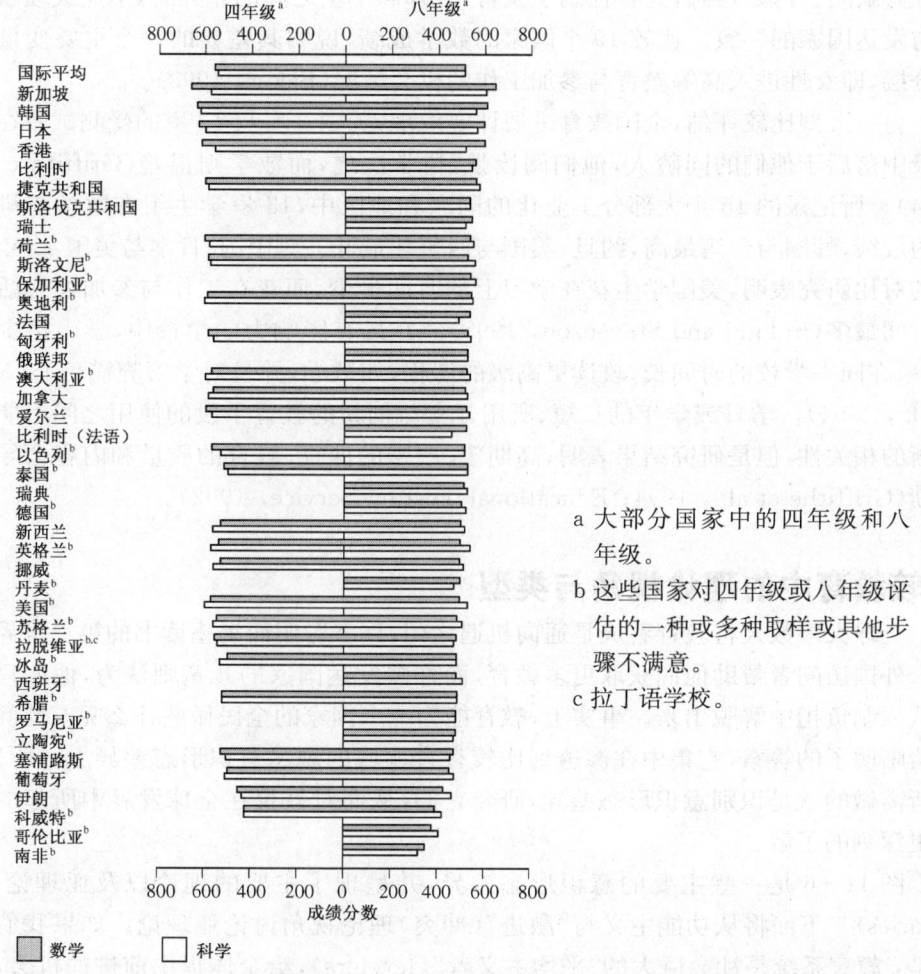

a 大部分国家中的四年级和八年级。
b 这些国家对四年级或八年级评估的一种或多种取样或其他步骤不满意。
c 拉丁语学校。

图 11-5 1995 年不同国家四年级和八年级数学和科学成绩平均分数比较

注：按照八年级平均数学分数从高到低对国家进行排列。参与八年级调查的 41 个国家和地区中只有 26 个参与了四年级的调查。

资料来源：International Association for the Evaluation of Educational Achievement. TIMSS International Study Center, *Mathematics Achievement in the Primary School Years*, *Science Achievement in the Primary School Years*, *IEA's Third International Mathematics and Science Study*, 1997; *Mathematics Achievement in the Middle School Years*, *Science Achievement in the Middle School Years*, *IEA's Third International Mathematics and Science Study*, 1996.

如果将欠发达国家的学校与发达国家相比,那么就会发现差异很大,这在开始的事例中得以证明。人们提出的一个解释是,欠发达国家的儿童"到达学校时,与学校表现密切相关的技能在很大程度上没有得到发展"(Inkeles,1982,p.228)。学校不能弥补其缺陷。但是,当研究者控制了设备、教师和学生之间的差异时,学业成绩水平大致与发达国家的一致。比较19个国家的数学成绩,说明其差异的一个主要变量是性别分层,即女性进入高等教育与参加工作的机会情况(Baker,1993)。

另一大型比较评估,全国教育进展评定发现,美国9岁与13岁的受测试者在全球等级中落后于他们的同龄人,他们阅读强,科学次之,而数学则很差(Griffith et al.,1994)。所记录的15个大部分工业化的国家和地区中,13岁学生组在数学与科学方面的成绩,韩国与台湾最高,约旦、美国与西班牙最低。对中国、日本与美国11年级学生的对比研究表明,美国学生花在学习上的时间最少,而花在工作与参加社会活动上的时间最多(Fuligni and Stevenson,1995)。在最有影响力的学校中,学生很少看电视,呆在同一学校的时间长,攻读更高级的课程,如数学,并且对学习充满信心(Mullis et al.,1994)。学日或学年的长短、所用开支与创新的教育手段的使用之间不能看出清晰的相关性,但是研究结果表明,高期望、严密的课程、教育的质量和内容会导致高成绩(Griffithe et al.,1994;Educational Testing Service,1992)。

比较教育中的理论视角与类型

全球大多数人将教育看成是通向机遇之门,许多聪明而渴望读书的第三世界儿童乞求外国访问者帮助他们获取更多教育,而许多发达国家的儿童则认为,他们只不过想从强制负担中解脱出来。事实上,教育能为一个国家的全民做些什么呢?此问题没有清晰明了的答案,它集中在渗透到比较教育领域的观念意识形态差异上。所以,我们所需做的就是识别意识形态差异,研究它们,从而对教育在全球发展中所起的作用有更深刻的了解。

图11-6是一些主要的意识形态差异,并呈现了主要的理论以及亚理论(subtheories)。下面将从功能主义与"激进"(冲突)理论视角讨论亚理论。如果我们的观点是:教育系统是社会巨大的"平均主义者"(levelers),给个体提供前进的机会,给社会提供经济发展需要的熟练工,那么我们的视角就是功能主义的。如果我们认为,教育系统反映资本家与社会精英的欲望,它们被组织来使他们的地位永久化,那么我们对比较教育的讨论就是持冲突论的视角。究竟采用哪种视角取决于研究者的观点以及提出的研究问题的性质。

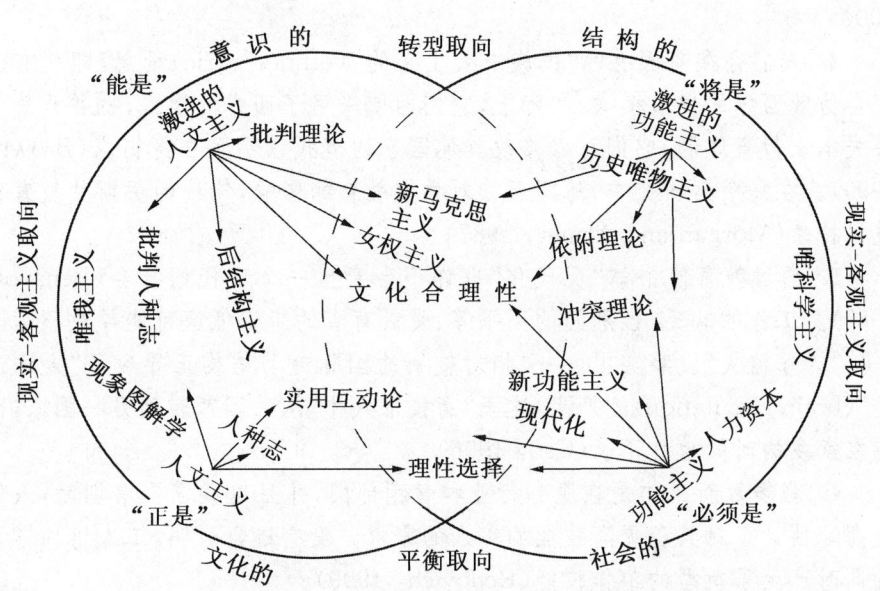

图 11-6　展示包含于社会环境中所有诉求者位置的国际比较教育范式和理论的宏观图

资料来源：Paulston, Rolland G., and Martin Liebman, "An Invitation to Postmodern Social Cartography," *Comparative Education Review*, Vol. 38, No. 2, May 1994, p. 224.

现代化与人力资本观

许多研究者着眼于研究教育与经济增长和发展的关系。20世纪60年代和70年代初期，现代化与人力资本观主宰了比较领域的理论，它指出，个体信仰、价值观、举止行为转变成了经济现代化所需求的勤奋、理性思考、一丝不苟、节俭、准时和对成就的定位等（Slomczynski and Krauze，1986），以及转变成了新的社会价值观，譬如能人统治（meritocracy），即凭个体能力获得成功（Becker，1993）。

尽管全球经济与教育作用之间存在着明显的关系，但是这种研究方法受到了批判，原因有以下几点：

1. 能人统治只是一种理想，没有几个国家可以实现。来自20个有不同政治经济体制类型的国家数据的评论表明，先前的"东欧非市场经济"（波兰、捷克斯洛伐克、匈牙利、苏联），与西欧（法国、英国、瑞士、荷兰、德国、芬兰与瑞典）工业化市场经济相比，更接近于理想的能人统治。与普遍观点相反，日本和美国离此理想很遥远，比一些欠发达国家还要远（Kerbo，

2000)。

2. 人们存在着固有的"民族中心主义的"(ethnocentric)设想,即所有国家会仿效西方的发展模式,实际上,它们即使采用了西方的模式,也并非总是丢失本土教育体制,它们可以修改其他国家的模式以满足自身需求(Brown,1999)。在一个案研究中,随同西方对学校教育的影响,传统的伊斯兰教育仍被保持着(Morgan and Armer, 1987)。

3. 通过教育使个体"现代化"也许不会产生一个现代的社会(Benavot, 1987)。工作的缺乏、性别间的不平等、受教育者的工资低廉可能导致不满与一些"人才流失"。事实上,一个相对较新的国际流动结构正导致了"人才流通"(brain circulation)的产生,这里"高技术人才"从一国家转到另一国家,而待在家乡的时间也许不长(Cao, 1996)。

4. 当多数新工作是在服务行业和营销部门,并且这些需要培训时,人们过高地估计了对具备更高技能的工人的需求。没有迹象表明,工人培训增加的同时产生了新型的工作技能(Redovich, 1999)。

教育在经济发展中起积极作用,这一主张受到了两种观点的质疑,即世界体系观(world systems perspective)与依附理论。

依附理论与世界体系观的学者们认为:(1)全球资本主义经济是个不可分割的体系,以国家内部以及国家之间的结构不平等为特征;(2)第三世界国家的经济,在早期历史时期是被有计划地掠夺和不发达的,如今,成为全球体系中的边缘部分,继续向工业中心提供原材料和廉价的劳动力;(3)核心国家与跨国公司对利润与剩余价值的征用,取决于国家精英们的同谋与权力,他们常常毕业于西方教育体制;(4)通过寻求使国外投资收益最大化,并根据国外标准设立国家优先项目,民族资产阶级的行为加剧了国内的不平等,加强了第三世界国家的依附性,妨碍了经济的长期发展(Benavot, 1992, p.8)。

相反,这些理论家们注意着"一个国家在世界经济内的结构位置、贸易流动、主要产品出口的依赖性、国家实力、外国投资的程度、跨国公司的出现等"(Benavot, 1992, p.8)。根据他们的这些观点,在决定或影响经济发展方面教育只起了小部分作用。

再近些时候,一些再生产理论家已经提出,教育确实影响了发展:在西方受教育的第三世界领导们使先前的殖民模式持久化,这种模式使得他们国家处于依附状态。

边缘国家的教育体制再生产并加强了阶层结构,从而巩固了国家精英们的地位(Carnoy,1982)。虽然经济产生了一些增长,但是利润流向国外,大众看不到什么改变。

"知识合法化"的视角

根据韦尔奇(Welch)的观点(1991),教育知识的比较研究已经经历了两个显著的发展阶段。第一阶段是研究教育知识"合法化"(legitimate)的过程,合法化即指被公民认可,并研究知识基础如何随着时间流逝而变化;第二阶段考虑现代国家教育知识的合法性与权力关系之间的联系。冲突或激进理论家们在这些讨论中起领头作用,他们将马克斯·韦伯、卡尔·马克思、于尔根·哈贝马斯(Jurgen Habermas)与其他人的著作当作基础加以利用。

20世纪70年代,伴随着"新"教育社会学的到来,迈克尔·扬(Michael Young 1971)与其他人不再设想教育体现一个国家公民的社会共识或一致性;事实上,"批判的"社会学家质疑每一个设想与结构,一些人将教育看成是"意识形态控制的"一种形式,这种控制来自那些有权操纵传授的知识并且依旧有权力的人。

三个主要问题与知识合法化问题有关,它们是:某些知识如何被合法化?它改变的条件是什么?跨国家比较这些过程能告诉我们什么(Welch, 1991, p.515)?这些问题潜在的前提是:在知识传递(即教育儿童)的过程中,一些群体也许未被考虑进课程决策之中。

目前大多数论文的潜在主题是,课程与普遍接受的知识传递不是中立的,相反却受到社会因素的驱使,诸如谁掌权?谁有经济控制权(Archer, 1979; Habermas, 1978)?有人认为,教育采用的形式,譬如欧洲的"综合性学校结构",受到资本主义劳力市场需求的影响(Levin, 1978)。所受的另一影响来自国际组织,它们"明确地规定全面的世界级别的原则与理念,并加以推行,以便用于指导国家政策行为——国家政策意旨倾向于同国际组织的决策与政策保持一致"(McNeely, 1995, p.504)。

即使全球内学校的日常常规也已经被研究,以期发现儿童从外部环境,如国际组织中得到的潜在信息,这种"隐性课程"在非洲人思维过程中得以例证。对比传统农业宗教国家的世界观,自然科学教育与西方因果世界观的联系更为密切。当科学成为多数国家基础课程不可分割的一部分时,这些西方新世界观就得以传递。有人认为,这种潜在信息促使国家生活水平更为迅速地提高(Benavot, 1991),但是这样的世界观也会给社会的某些成员更多机会接受精英教育,从而使分层体制持久化。

虽然社会中有关教育作用的观点存在差异,但是所有的国家都有着某种形式的正规教育。下面我们将谈谈比较教育中的跨国研究：富裕国与贫困国、教育体制内部结构研究以及教育的社会策略。

富裕与贫穷：一种教育类型

尼泊尔是世界上最贫穷的国家之一，人均国民生产总值220美元，但是比许多非洲国家富裕，如埃塞俄比亚110美元，莫桑比克与布隆迪140美元，塞拉利昂160美元，同时比尼日尔（$200）、坦桑尼亚、马拉维和卢旺达（$210）略微好点（United Nations, 1999）。2 400万居民中的大多数，即81%，从事农业，多数处于最低生活水平，就出世到一周岁的婴儿而言，每一千个安全出生的婴儿中死亡率就高达73.7%，而且几乎一半的婴儿重量不足（*The Time Almanac 2000*, 1999）。许多儿童吃不饱或严重营养不良，平均寿命60岁。人口的增长不能解决问题，而一个国家在世界体系中的地位通常体现在教育比率上。在尼泊尔，尽管性别歧视在降低，但是仍有89%的女性与46%男性是文盲（United Nations, 1999），而且越穷，读写能力就越差。

虽然在改善基本健康状态、福利事业以及教育水平方面，政府有了各种计划，但是有许多障碍还需克服。只够维持生存的农业需要所有人参与，于是，无论如何看重教育，儿童也几乎没有时间接受学校教育，没有受教育的机会。人口的增长要求政府开支必须能满足增加的儿童开销，女孩从事家务活和照看小孩，离学校的距离较远使得出勤变得困难，而教师素质也影响着出勤率。政府执行面向千万人的大型成人教育体制，希望打破文盲圈。以上只是发展中国家正规教育面临的困难的例证。

学习方式与环境有多种，对于富人，大部分学习是正规的，在教室内，尤其在设计好的建筑内进行；然而，对穷人而言，也许连个教室也没有，正规学习通常是穷苦儿童所受教育的一小部分，多数是通过模仿长者以及学习家庭手艺等的非正规学习。一位人类学教授曾经警告我们，在藐视非正规学习时，应该考虑它的影响。他让我们设想自己来到喀拉哈里沙漠（Kalahari Desert），我们如何能生存下来？哪儿寻找到食物与水？没有援助我们很可能会死亡，但是西南非洲的霍屯督人（Hottentots）与丛林中的居民（Bushmen）却在那里存活下来并且很兴旺，这是因为他们在孩童早年时期就已经学会了代代相传的生存技能。电影《上帝也疯狂》展现了欧洲人与澳洲丛林中的居民生活的差异性。

1995年全球共有中小学生10亿多（National Center for Education Statistics, *Digest*, 1999, p. 445），专业教师5 200万（同上，p. 451），但是这还不全面，因为在不丹，念小学的儿童比例为13.2%，海地为19.4%，尼日尔24.4%（United Nations, 1999, pp. 178-179, Indicator 10），而在富裕的西方国家比例为100%。任何一个国家的儿童就读人数与该国家富裕程度与经济发展水平有着密切的联系。文盲与经济发展是相关的，第三世界那些经济困难的国家有着很高的文盲比率，即近三分之二的女性与三分之一的男性不识字("The World's Women",1995)。全球有读写能力的成人男性比例是81%,成人女性比例为65%(UNICEF,2000)(图4-1列出的是选定区域中不同性别的文盲比例)。

遗憾的是,许多最贫困的第三世界国家的学校质量在逐渐变差,每个学生身上的政府开支在减少。虽然中等收入的国家在学校质量方面有所提高,但是第三世界国家与工业国之间的整体差异是巨大的,它们之间的鸿沟在扩大。为什么有这些差异?原因有多种,它们聚焦在一点,即第三世界国家在世界体系中的位置。影响教育状况的是一个国家的富裕程度。学校注册人数的迅速增长,使有限资源在分配中变得更加稀少,此外,与附属国和债务国有关的其他因素也影响着教育状况(Gallagher,1993;Fuller,1986)。不幸的是,一些最贫穷区域的人口迅速增长将只会使问题更为严重(见图11-7)。

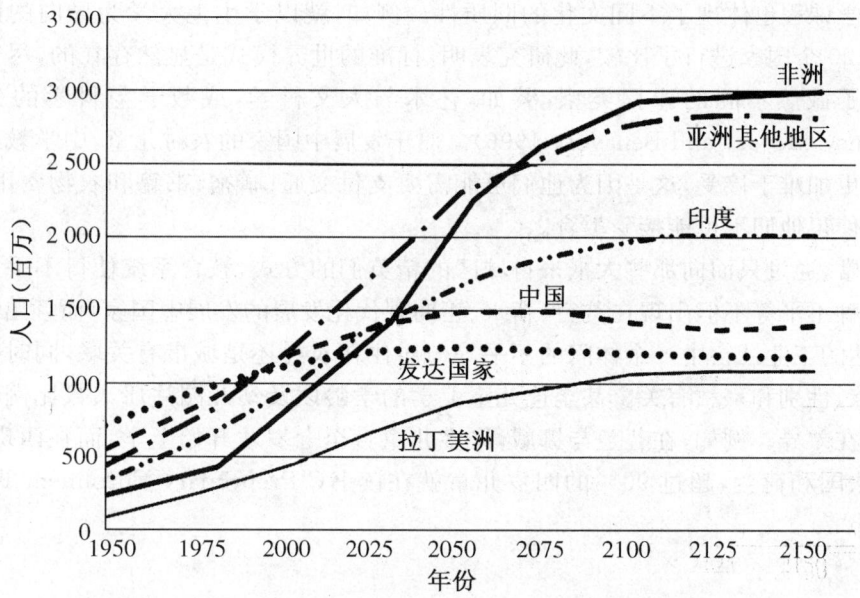

图11-7 1950—2150年世界主要地区的人口(平均系列)

资料来源:"The UN Long-Range Population Projections"(Washington, DC: Population Reference Bureau,1995),p.15.

许多国家存在着两种非官方的教育体制,一种在农村,另一种在城区(Hannum,1999)。一些城区教育是精英教育,而乡村学校,如本章开始的特定情节中所见的学校,资源较稀少,教师通常较不合格,学生家长的支持较少。它们或由州管理,或附属于地方教堂、清真寺或传教机构,主要侧重于宗教教育。在发展中国家,城区学校常常以西方或殖民者的模式组织运行,通常模仿的是英式或法式教育,许多学校为该国的

第十一章 世界各地的教育体制:一种比较的观点

精英人群服务。在贫穷的国家,由于孩子们需要帮忙做农活,所以家庭没有经济实力供他们接受幼儿园和小学教育,对他们来讲,生存比教育重要。诚然,在一些国家,如拉丁美洲国家,有了儿童早期干预计划(early-childhood intervention programs),向家长与儿童提供有用信息、服务以及支持。这为政府提高家庭健康状况以及营养意识提供了一种途径。

许多对小学课程进行的跨文化分析表明,主要学科领域存在着全球统一标准,它超越地区与经济体制差异,反映了本质上超国界的意识形态、规则以及风俗习惯。引导课程发展过程的不是决定课程内容的个体国家或区域,而是建立在科学价值标准之上的一个世界体系(Meyer et al.,1992;Benavot et al.,1988)。如上所述,这种统一标准常常体现的是西方模式,对发展中国家而言并不总是适合的。一些理论家不赞成教育的全球体系指标,但是各教育体制中的相似性得到了支持。

中学课程也体现了不同文化的同质性。例如,就以学生上大学为导向的课程方面,对120个国家进行了比较,此研究表明,标准的世界模式是显然存在的,尽管中学中出现了截然不同的课程类型,譬如,艺术与人文科学,或数学与科学的分轨制(Kamens, Meyer, and Benavot, 1996)。对于发展中国家的农村儿童,中学教育比小学教育更加难于接受,这是因为他们可能需要支付交通、膳宿、书籍和衣物费用,而这些通常使得他们不可能接受教育。

通常,通过只面向那些大抵来自城区的精英们的方式,教育系统使得不平等永久化。这种不平等不但出现在贫穷、新兴、正向现代化发展的发展中国家,而且出现在富裕、发达的工业社会中。个体间的不平等与居住在农村还是城市有关联,同时也与阶层、种族、性别和宗教有关。甚至连儿童上学的学龄以及幼儿园注册人数比例各国之间也存在差异。例如,在芬兰与挪威,许多儿童直至七岁才开始上学,而在西班牙、比利时、法国和荷兰,超过90%的四岁儿童就在读书("Preprimary Enrolment Rates", 1992, p.7)。

世界体系分析

这种全球批判(或冲突)观看待各国间的分层化的方式,就如冲突理论研究各国间种族、阶层和性别分层一样。世界体系分析家们在超国界的社会结构体系内考虑教育,并且观察这种体系对亚单位(subunits)即国家的影响(Wallerstein, 1974)。意识形态体制与政治、经济、宗教组织机构影响着教育发展的方向。资本家通过各州或国家政府的手段来控制全球市场,包括教育体制在内(Ramirez and Boli-Bennett, 1987, p.18)。例如,许多国家受到"进步神话"的感染。全球普遍理念为,教育发展具有相似性,所有的国家对此做出响应,潜在地设想教育增长对社会和个体均有利。"核心"国家(即发达的资本主义国家)通常热衷于发展"边缘"国家,即发展中国家的教育。有人认为,这样可以通过资金返还给核心国的方式,为核心国服务(Clayton,1998)。

有关世界体系分析的事例可见罗伯特·亚诺威(Robert Arnove,1994；1980,p.49)提出的理论模式,他运用依附理论来解释社会与教育之间的关系,一系列的剥削存在于以下几个层面：宗主国(发达国家)与在边缘国家(发展中的国家)的世界组织,第三世界国家中针对边缘乡村区域的权力中心,依次类推到乡村层面。在这个体系中,边缘区域也许获利,得到需要的资源,但是相应代价是宗主国或中心区域对该地事务获得控制权,譬如,他们控制着课程、教科书的设置与编定,控制着教育改革等。

为了例证世界教育体系,学者们指出了许多统筹全球教育的国际组织,如福特与洛克菲勒基金会,世界银行,联合国教科文组织,联合国儿童基金会等等(Mcneeley,1995；Samoff,1993；Meyer,Ramirez,and Soysal,1992)。这些组织有能力与财力在全球推广理念与促进项目实施,而且国际机构提倡的模式已经推广到了全世界。这些项目中一些取得了成功,另一些则令人失望,例如,在印度农村,人们强调非正规教育,政府以此为由,不向学生提供教室。在第三世界国家中,高等教育机构内的教员得到诸如洛克菲勒基金会等组织的赞助,对一些人而言,这似乎是慈善行为的最佳表现。但是,冲突理论家们认为,为了满足国际的、跨国公司的和美国的共同需求,国际组织的慈善行为传播着资本主义意识形态,塑造了第三世界教育体制,这一点在此得到了例证,他们指出,世界银行是得到富裕资本主义国家的资助而向发展中国家提出忠告。

逐渐脱离传统世界体系理论的理论家们主张,边缘国中的下属机构通常意识到自己与它国关系间的地位,并且根据自己的认识采取行动,该行动通常是对核心国控制的对抗,在一些国家,这种对抗以控制他们自身教育体制的形式出现。这种从宏观角度分析向后现代解释的转变,并考虑到边缘国在发展过程中所起的有意识行为主体的作用,与冲突理论的发展是相匹配的(Clayton,1998)。然而,并非所有的理论家们都认为,世界体系带来了更符合各国情况的教育体制(Cummings,1999；Carnoy and Samoff,1990)。

每一个社会教育体制都受到更大的全球体系的影响,在当今互相依赖的世界中,不仔细地考虑全球环境而可以被研究的社会几乎是没有的。但是,在比较复杂而不同的教育体制时存在着方法论方面的困难,所以说,这也不是件容易的事。

人们承认,无论一个人持有什么理论观点,教育在社会中不会单独存在。我们必须考虑到教育与社会中其他机构的关系,与该社会所处的国际环境的关系,这一点在发展中国家尤为重要,它们中许多现处于后殖民统治期,已经继承了前殖民势力的教育体制。下面一节我们将讨论制度间相互依赖的模式实例。

全球制度的相互依赖

每个社会都存在着一组普通的制度：家庭、教育、宗教、政治、经济和卫生制度。

第十一章　世界各地的教育体制：一种比较的观点

当科技、通讯网络和交通运输体制使得世界距离缩短时，制度模式彼此相互影响，在全球范围内变得相似起来，然而，政治、经济制度和宗教信仰也是区分国家的主要变量。譬如，全球国家被粗略地区分为南北半球，南半球通常是发展中国家，其特征为新近独立自主（自 1945 年），是殖民的遗留物，以及欠更富有国家的债务。贫穷、疾病、饥饿、人口迅速增长和文盲等问题困扰着这些国家的政府，从而迫使教育问题在贫穷国家处于不重要的位置。新闻报道告诉我们的是关于战争、饥荒、流行病以及难民危机等一连串持续事件导致的死亡与痛苦状况。

研究机构相互依赖的方法可以从全球的角度，如"世界体系观"一例（Wallertein，1974），或从跨国的角度，如威廉姆森（Williamson）的社会经济政治类型学或对课程、知识和测试的研究（Williamson，1979），或从制度的角度，注重教育制度与其他制度之间的关系（Benavot，1997），或者从国家的角度，这可适用于比较研究。从全球角度的研究方法将世界概念化，看成是相互依赖的一个体系，体系内外变化都与各国间的关系有关联，许多与此理论相关的研究已研究了政治与经济制度特征，当然，也已研究了文化与意识形态的要素。最近这种方法已发展到采取国际力量观，审视那些使不同社会产生相似社会变革模式的力量。

在相对较新的教育研究方法中存在着一些共同主题：

> 首先，它着重欧洲与北美当代学校教育世俗大众体制的根源与扩展，以及它们在 20 世纪的全球制度化；其次，分析社会中教育的制度基础……；再次，研究大众与精英教育改变重要的社会构成与社会制度排列的方式（Benavot，1997，p. 340）。

从这个视角出发，制度论者（institutionalists）认为教育可以导致一个国家社会政治经济权力的再分配。

教育与宗教制度

一个国家，甚至一个村庄中，教育和宗教关系复杂，有时相互冲突。一些事例可以阐明这一点：

- ***尼日利亚北部***　一个伊斯兰教男子学校强调传统的宗教信仰、态度和行为模式，不赞成改变它。紧邻的是一所国家所有的乡村学校，先前由基督教传教士掌管，该学校强调"现代化的"态度，强调"社会前进"中教育的重要性。

- ***北爱尔兰自治区***　天主教教区学校与主要是新教徒就读的国立学校

维持着社会组成部分之间的区别以及两个宗教团体间的敌对，并使这种区别、敌对持久化。

● **伊朗** 穆罕默德信徒学校支持现状，并体现伊斯兰教长或宗教领导人的领导能力与观点。

● **美国** 信奉正统派的基督教的学校强调一些反对宪法允许教会与国家分离的价值观，表达了这一团体与科技社会的疏远，后者可以从教科书的争议以及对某些进化论科学传授的质疑中体现出来。

● **以色列** 宗教与教育联手达成国家的目标。在其他方面不同的社会内，希伯来语与宗教培训提供了统一的主题，但是，宗教与政治信仰在许多情况下融合在一起，这一点在1995年的谋杀案中得以体现，当时以色列总理伊察克·拉宾（Yitzhak Rabin）被好战的宗教学生杀死。

宗教通常与一个群体的种族、民族或国家起源有着密切的联系。在快速而使人迷惑的变革时代，社会准则被打破，这种状态社会学家称之为"社会的反常状态"（anomie），然而，宗教却为该群体提供了稳定性。宗教学校或呈现宗教的国立学校会反映出人们对待变革的态度，如果变革与宗教准则一致时，教会实际上可能是该变革中的领导者，诚然，宗教也可能阻碍变革，变革对信仰体系原则造成威胁时更是如此。

家庭、社会阶级与教育

家庭是主要的社会联结（social bond）以及社会价值观的传播者，家庭中我们形成了对自己以及将来的自我的观念，对教育产生了许多期望。正是在家庭所营造的氛围中，我们接受了非正规教育，也获得了对正规教育鼓励、支持以及行为模式的追求。对这早期影响的背离很可能意味着，我们有着某种可选择的模式，这种模式被看成是现实的：儿童可能受到教师、牧师或年长儿童的影响；社区也许要求儿童上学并鼓励最聪明的儿童继续学业，甚至给予支持。

在发展中的边缘社区，家庭或许太穷，无法利用受教育的机会，在他们的生活中，正规教育也许不是现实的一部分。因此，无论是在某个国家还是在全世界，一些人贫穷，一些人有很多的机遇，这样的循环得以永久化。保罗·佛瑞热，巴西人，圣保罗（Sao Paulo）州的教育部长，主要关注发展穷人的教育，他描述了他所看到的穷苦阶层没有希望的状态，这种状态一部分是因为他们没有能力超越直接问题（immediate problems），批判地看待整个世界。这种无能允许一种制度的存在，即受过良好教育的土地所有者统治农村无知的农民（Torres，1994；Freire，1987；1973；1970）。农民对待生活采取了宿命论态度，而这得到了超自然的宗教信仰的支持，宗教目的在于使农民们处于劣等的位置。

第十一章 世界各地的教育体制：一种比较的观点

当一个社会变得更加文明时，就必然出现一定的变化：都市化、流动性和现代化。这些对家庭产生了直接影响，大家庭开始分裂，出生率下降，都市化增强，一个大家庭在城市流动的社会里难以寻找到住所与糊口。女性一旦进入城市生活，地位通常就发生了改变，许多女性加入工业劳动大军，生育的孩子更少。此外，社会某部分发生的变化不可避免地影响其他部分，一个人所处的家庭在社会结构中的地位不仅影响着受教育机会，而且影响着他在教育体制中的地位。

在著名的类型学里，特勒（1960）提出，向上流动模式定型了学校制度。他比较了英国与美国学校，认为英国的价值观支撑了他所称的"赞助性录取"（sponsored form of mobility），即精英选择精英并使他们的地位永久化，这与美国的择优录取（contest mobility）形成对比，后者中个体能力在职位安置中更为重要。这些社会价值观成为各国教育制度的基础。

一般而言，发达国家的父母想对他们子女的教育有发言权，想"操纵"子女学习生涯。例如，美国学校中，控制子女日常活动的父母会提高子女的学习地位，在德国，子女就读的初中类型会因不同家长的操纵方式而不同，日本的父母支持在正规环境外进行的学校教育活动，如指导子女，提供额外授课，这样加强了考试的准备工作，增加了未来的机遇（Baker and Stevenson，1989，p. 348）。父母想选择子女就读的学校，包括宗教的加入、教学与课程等。少数族群与移民的父母，要影响子女的教育可能特别费力（Baker and Stevenson，1990；Glenn，1989）。一个人的家庭背景对教育成就的重要意义在本书中其他章节中讨论。

教育与社会中其他制度间的相互依赖性让我们在试图理解截然不同的教育体制时注重了更重要的变量。

教育与经济制度

多数国家相信教育、经济发展和现代化之间存在联系，尽管事实并非总支持这种观点，但是各国政府还是按此前提来行动，他们投资教育，这样，教育反映一个国家的政治哲学观以及掌权者的目标，许多政府有权采纳或拒绝教育计划，甚至有权更新教育制度，如在共产主义革命时期的中国与古巴。如果政府为社会建立了某些优先项目，那么教育制度很可能在课程、课本以及计划的其他方面能够优先考虑。

国家为了达到目标，需要培训职员。人力资源理论家们认为，个体就像一台台机器或曰一种个人资本动产——如果提高他们受教育水平，尤其是在职业技巧方面的培训，就能够提高他们在劳力市场中的价格（Becker，1993；Bowles，1976）。（这种论点在1976年受到萨缪尔·鲍尔斯与赫伯特·金蒂斯的质疑，他们主张个体是劳动力而不是资本的观点。）但是，由于种种原因，受教育者的供求制度并非常常理想运作。文盲与较低的学校教育层次是第三世界面临的主要社会问题，这些问题会阻碍经济增长，妨碍政治的稳定，譬如，来自发展中国家受过高等教育的人将成为精英，但是他们所接受训练的有影响的领域，不一定是国家所需求的，如印度有许多受过培训的律师与工程师，他们不能被社会体制所接纳，这导致大量的高技术人才离开印度。而中国，随着许多学生出国留学，也面临着相似的状况。1998年，在美国学习的外国留学生人数中国占据第二，日本人数最多（The Chronicle of Higher Education Almanac, 1999, p.29），在1978至1993年间，中国有80 000学生被送往国外，回国人数仅为20 000，导致了人们对人才流失的担忧，中国试图通过允诺高薪、良好社会、政治和经济地位等方式吸引人才回国。

令人遗憾的是，由于教育模式的不恰当，出现了许多需求方面的问题。这些模式中，一些来自殖民权势，或由他们遗留下来，另一些是西方的科学技术的翻版。中国研究了西方体制以使其教育体制现代化，但是这样就导致学习西方教育时如何发展一个适合中国需求的体制的问题（Chen, 1994）。殖民时期遗留下来的结构依旧影响着权力关系，这一点在前殖民社会（被称为"性别殖民"）中女性地位低下得以体现。在这些权力关系改变之前，国家不能充分利用自己的人力资源，尤其是女性（Acosta-Belen, 1990）。一些跨国公司雇佣大量的第三世界的工人，女性尤甚，她们通常从事无需技能、无需教育的工作（Fisher, 1990）。当东道主国家与跨国公司看到教育对经济发展的价值时，女性的解放步伐也许才得以推进。

许多国家正在打破这种没有收益的模式，逐渐形成教育的不同定义及模式，并意识到不同国家间需求的差异性。教育改革涉及到宗教、社会、经济与政治意识形态。伊朗、尼加拉瓜和坦桑尼亚三国各不相同，诸如此类的国家已经脱离了西方模式。许多比较教育家提倡建立在国家需求基础之上的教育计划。在这一方面，坦桑尼亚20世纪七八十年代因其"教育为了自立（education for self-reliance）"的计划而倍受关注，这计划于1964年—1980年由总统朱利叶斯·尼雷尔（Julius Nyerere）提倡，其目的是在需求的技巧方面培训国民。而肯尼亚的哈兰比（harambee）学校运动，由独立后领袖肯亚塔（Kenyatta）发起，鼓励各地区建立学校迎合地方需求。不幸的是，与政府办的初中相比，这些学校很少受尊重。

经济发展与教育变化的步骤 教育体制的发展可以与科技的三个阶段相联系。在第一阶段，只有数量有限的人，一些获得特权的人才接受教育，例如住在修道院的修道士。第二阶段，教育范围较广，为工厂、行政机构培训骨干，成为商业、工业和政府的领导者。第三阶段的培训是科技时代的需求，是教育、工作与社会密切联系的资讯社会（communication society）的需求（King, 1979; Bell, 1973）。

教育为了实现现代化——现代人 当社会经历这三个阶段时，除了技能教育和扫盲方面的变化外，出现了其他的变化。根据亚历克斯·英克尔斯（Alex Inkeles）与大卫·史密斯（David Smith）针对现代化进程的功能主义观点，人的社会价值观、对教育及发展的态度也发生了变化。重视经济发展的社会需要被他们称作现代人的人，"现

第十一章 世界各地的教育体制：一种比较的观点

代人所具有的那些个人品质可能是通过参加诸如工厂等大型现代化生产企业而被灌输的……如果这工厂有能力高效率地运作"(Inkeles and Smith，1974)，这些个人品质包括：

1. 愿意接受新体验
2. 对社会变革准备就绪
3. 看法趋向成熟，倾向于持有或形成观点，意识到意见的多样性，对意见的变更持积极态度
4. 对寻求事实与信息感兴趣
5. 接受固定常规、准时与现时的导向
6. 坚信人可以控制环境并推动目标
7. 在公众事务与私人生活方面有长期计划
8. 依赖或相信世界及其他人
9. 注重技术技能
10. 有受教育与职业的志向
11. 意识到他人的尊严并尊敬他们
12. 了解生产与政策决定的过程

这12种个人品质与个人经历和社会环境的其他因素联系密切，如亲属关系与家庭关系、女性的权利、宗教、老年人的地位、政治、通讯、保护消费者权益运动、社会分层、工作义务等。现代人高度评价读、写和数学等技能方面的正规教育与学校教育，掌握并持有经济发展所需的技能与态度。

实现现代化的挑战 工业革命在其早期阶段是个简单渐进的转变，一种发展自然地引出另一个，并导致资本投资增加。如今，要使这种转变迅速发生，发展中国家面临压力。虽然有了科技，但是经济发展需要的是整个社会结构与社会价值体系发生变化。要想实现现代化，以农业为生计的社会必须作出巨大的转变。设想一个传统上主要以乡村农业为基础的国家，其内部结构既依赖大家庭关系又依赖中央政府或地区政府，依赖的程度一致。为了实现现代化，在涉及社会所有体制大规模非常迅速的变革时，领导们必须要获得支持。一些宗教与政治体制会促使这种转变，另一些则抵制变革。交通与通讯、卫生系统、经济规划、资本积累、提供多层次和多种类知识与技能的教育体制等等，人们将都需要它们。实现经济发展必须发展人力资本，这就要求自发现代化并愿意流动，要求有动机追求所需的教育或培训，要求与当权者制定的目标合作。也就是说，经济发展不仅取决于人们的态度与价值观，而且取决于技术设备与必备的资本，两者所起作用程度相当。

在发展过程中也许会依赖富有国家,原因在于实现这样的转变,需要资本与企业大量的投资。国家之间通常为获得发达国家(共产主义或资本主义社会)的资助而进行谈判,并有着一种含蓄的理解,即他们承担着一定程度的效忠资助者的义务。包括国际银行和国际货币基金组织在内的国际组织,已涉入全球经济之中,在第三世界国家发展中扮演一定的角色,这角色因使债务与依赖状况永久化而受到批判。

社会系统中的政治经济区分

社会学家已经制定出社会间主要的政治经济区分,并广泛地概括出这种区分对教育系统的寓意,例如,社会主义范围从马克思主义到社会民主,资本主义范围则从自由市场经济到国家管制的资本主义和福利社会。社会主义模式特别强调"平等主义与恰当的"教育,这一点将在第十二章中国案例中得以陈述,而资本主义模式,主要在西欧和美国,允许不平等现象,并强调课程中的"古典"与"实用科目",这在英国的案例中有所体现。总而言之,教育系统反映社会统治阶级群体的立场。

在过去的25年内,拉丁美洲、亚洲和东欧的许多国家政府向更典型的民主政府转变,科学家已经质疑教育在这些新政治制度出现和稳定上所起的作用。现代化理论家们认为,大众教育为人们尽义务做准备,这是种期待人人参与民主政治生活所承担的义务,这样,教育被看作为成功的民主政治做准备。然而,冲突理论家们看到,即使在民主政治中,也存在着将大众分流到预期的位置,以便使现存的权力结构永久化成为可能。研究者们正在从制度的视角考虑高等教育对民主政治的发展和稳定所产生的影响(Benavot,1996)。

在例证制度间相互依赖关系的系统模型中,威廉姆森(Williamson,1979)将政治与经济体制的要素结合起来,他主张,教育系统反映社会的政治结构和权力的分配现象。为了获得一个国家过去、现在和将来的环境情况,我们了解该国历史比较的脉络也是很重要的,这对于后殖民教育系统尤其重要。威廉姆森将世界分成四种主要的社会类型(见图11-8)。

发达的社会主义社会 前苏联和其他的一些东欧社会可以理解为社会主义社会,它们专有的特色来自历史上列宁与斯大林遵循的工业发展规划。前苏联体制给许多第三世界农业国家提供了发展的模式。

欠发达的社会主义社会 农民社会试图建立社会主义社会。因为多数主要是农业国,为工业化积累资本很困难,所以这就迫使它们在与其他社会发生关系时成为附属角色。在使农民与农村工人参与革命性变化方面,欠发达社会主义社会面临结构性问题,它们不仅必须满足人们更好生活的直接需求,而且必须满足资本积累的长期需求,这就涉及到奉献与延期消费问题。

第十一章 世界各地的教育体制：一种比较的观点

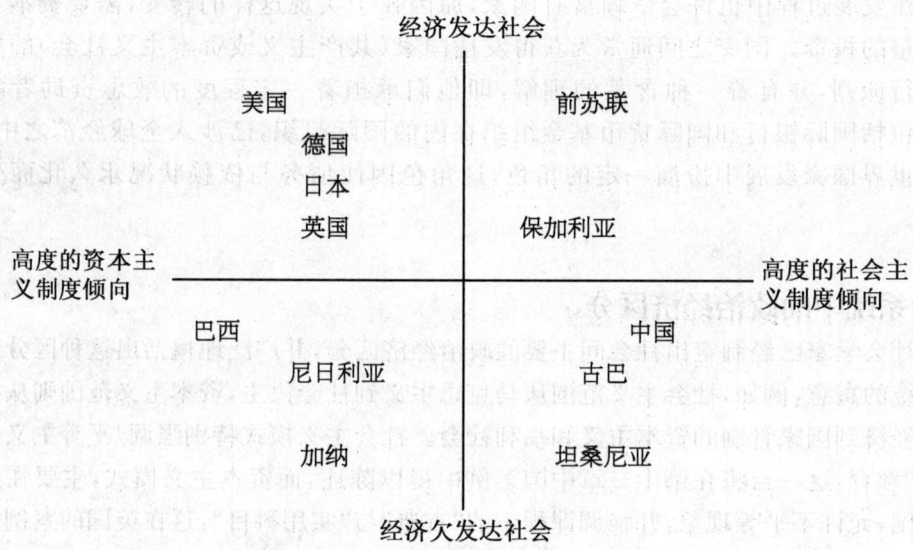

图 11-8 发展模式和经济类型

资料来源：Williamson, Bill, *Education, Social Structure, and Development* (London: Macmillan, 1979), p. 36. Used with permission.

先进的资本主义社会 资本主义已有多种方式来加以描述，并且多年来已经经历了许多改变。经典理论描述它的主要特征有以下几点：

1. 生产方式的私人所有权
2. 劳动力的自由市场
3. 生产集中在工厂，农业合并到资本主义市场
4. 生产适应市场，目的在于实现利润
5. 经济生活合乎明确资本核算的原则
6. 生产适应全球市场

当今社会，多国集团企业席卷全球，为廉价原产品、劳动力和全球市场而竞争。

依赖的社会 它们的特征是"相互依存的贫穷、低收入、低生产力、高死亡率、城市肮脏、经济依赖它国、政治腐败以及文盲现象"（Williamson, 1979, p. 39），这些社会占了全世界人口的近三分之二。威廉姆森认为，经济落后的原因在于，贫穷国家已经使得其经济与社会体制被资本主义企业的海外扩张所扭曲。因此，贫穷不是这些社会固有的，而是诸如殖民主义等历史因素造成的。这些社会在努力进行现代化建设时通常必须依赖西方的资助以及专门技术，这样他们在世界经济中的隶属地位被永久

化了。

图 11-8 展示的模式来自上述这种经济政治类型,它将样本国的经济发展水平与政治倾向联系起来。威廉姆森(1979)认为,教育不是可销售的商品,而是行为活动,其原因在于它有着政治与意识形态的因素,这些因素有助于解释教育形式与内容方面存在的差异性。教育变化或发展的模式反映了这些政治意识形态的基础,详细说明了什么是社会以及社会采取的行动。当然,对处于控制地位的政治群体的意识形态的支持程度呈现多样化,这又影响了对反映主流意识形态的教育系统的支持。如果社会中的一个群体觉得没有得到应得的资源份额,那么它就会对抗现有的体制。

建立在体制相互依赖基础之上的这种类型以及相似类型与开放系统方法密切联系,它们使得教育体制与国家的其他体制以及国际环境中的其他体制之间的关系更为重要。随着社会的变迁,这些模式将需要修改。

全球的高等教育

从中国到南非的全球教育机构,人们所关注的问题中都有学生激进运动的经历。它们也存在着共同的发展趋势:对高等教育要求迅速增高,期望增大,给学生的经济支持增强,对科研与继续教育的参与增强,所提供的教育种类要多样化,性别平等问题,对辍学学生的关注。这些问题中的任何一个都能导致学生的激进运动以及无秩序状态的出现(Rubin,1996)。

有一些共同主题围绕着全球高等教育机构。正如阿尔特巴克(Altbach)与戴维斯(Davis)所概括的,这些主题包括以下几点:

1. 享受权与平等
2. 教育与工作之间的联系
3. 从学校到工作的转变
4. 科技发展的影响
5. 跨国界的人才流动
6. 研究生教育的扩张
7. 高等教育的私有化
8. 学术职业的危机
9. 责任

这些共同的主题渗透到高等教育的世界体系之中,设想一下第一点,享受高等教育的权利。全世界的人将教育看成是未来工作的关键,但是在满足需求的能力方面各国之间差异极大。印度只有近5%的新近高中毕业生进入大学,在非洲的多数地区,

第十一章 世界各地的教育体制：一种比较的观点

只有一小部分有进入高等教育的权利。高等教育体制面临着从精英到大众到全体教育的转变，这样就向更大范围的学生提供就读大学的机会。

随着额外的就读高等教育的机会出现了额外的学生资助问题，国家应该在公民的高等教育上进行投资吗？而这些资金取自包括较低层次教育等基础服务性工作吗？公民应该为所接受的高等教育付费，从而使有限的人获得教育，并且使精英教育体制永久化？财政支持应该来自包括国际组织、商业、私人合同在内的外部资源，从而导致高等教育受到这些资源的影响吗？所有这些计划对这些问题与主题既有利也有不利的一面。

在一些地区，高等教育机构之间正在建立联系，例如，联合的欧洲共同体正导致更多的协作出现，并且使欧洲各国高等教育国际化（Cerych，1990；Woodhall，1991，p.30）。学生交换也造成了机构与国家之间的联系，超过 100 万的学生在国外读书（Altbach and Davis，1999）。表 11-1 展示了在美国读书的外国留学生数量，美国派出成千上万的学生到世界各地留学（见图 11-9）。对来自美国到其他国家读书的交换留学生的研究表明，他们归国后对时事与国际事件更加感兴趣，并且加强了对外国文化的理解（Kraft and Ballantine，1994；Carlson，1990）。此外，国际互联网络通讯的增强正促进学者间的联系与科学研究。

表 11-1　1997—1998 年在美国留学的外国留学生（以国籍统计）

国家或地区	学生人数	一年变化	国家或地区	学生人数	一年变化
日　本	47 073	+1.7%	阿根廷	2 473	+8.7%
中　国	46 958	+10.5	尼日利亚	2 436	+11.5
韩　国	42 890	+15.5	挪　威	2 316	+2.1
印　度	33 818	+10.4	澳大利亚	2 308	+4.6
台　湾	30 855	+1.2	保加利亚	2 265	+25.5
加拿大	22 051	-4.1	阿拉伯联合酋长国	2 225	+4.3
泰　国	15 090	+11.9	秘　鲁	2 127	-3.5
马来西亚	14 597	+0.5	约　旦	2 027	-3.2
印度尼西亚	13 282	+6.6	塞浦路斯	2 026	+12.2
香　港	9 665	-11.7	罗马尼亚	1 951	+16.9
墨西哥	9 559	+6.5	荷　兰	1 938	+2.9
德　国	9 309	+3.5	特立尼达和多巴哥	1 927	-13.3

续表

国家或地区	学生人数	一年变化	国家或地区	学生人数	一年变化
土耳其	9 081	+11.8	巴哈马群岛	1 917	-6.9
英国	7 534	+2.4	伊朗	1 863	-12.5
巴西	6 982	+13.2	斯里兰卡	1 852	+2.0
俄罗斯	6 424	+3.6	瑞士	1 850	0.0
法国	5 992	+5.3	波兰	1 844	+8.0
巴基斯坦	5 821	-4.5	埃及	1 831	+18.9
委内瑞拉	4 731	+3.1	南非	1 809	-2.3
沙特阿拉伯	4 571	+7.2	尼泊尔	1 697	+21.2
瑞典	4 412	+7.7	厄瓜多尔	1 643	+8.4
西班牙	4 371	-6.5	前南斯拉夫	1 498	+5.6
肯尼亚	4 346	+16.7	加纳	1 494	+12.6
哥伦比亚	4 345	+19.5	乌克兰	1 402	+7.4
新加坡	3 843	+3.1	黎巴嫩	1 321	-3.6
孟加拉国	3 458	0.1	巴拿马	1 286	0.0
意大利	3 090	+8.8	越南	1 210	+24.1
希腊	3 065	+1.8	摩洛哥	1 168	+10.9
科威特	2 810	3.9	智利	1 156	+17.0
			丹麦	1 063	+5.7

资料来源：*The Chronicle of Higher Education Almanac*, 1999, p. 29.

当有史以来人数最多的学生出国接受教育或寻找工作机会时，一些国家在人才流失中丧失自己最好、最聪明的人。再来看一下表 11-1，它显示了在美国就读的来自不同国家的国际学生人数。1997 年授予的博士头衔中，35% 给予了非美国籍的公民（*The Chronicle of Higher Education Almanac*, 1999, p. 29）。与美国大学授予外国留学生的博士头衔数量相比，授予给美国人的数量有所下降。

鉴于许多国家在努力前进，高等教育的一些形式也许不合适了。就现存的高等教育结构而言，这些社会需求与体制要求能够改变它。人才流失会带走一些年轻人才，这种现象将会延续下去，直至发展中国家能够吸引它们的毕业生。在发达国家，许多学生正要求一个更加具有职业倾向的实用教育来帮助他们获得工作。

第十一章 世界各地的教育体制：一种比较的观点

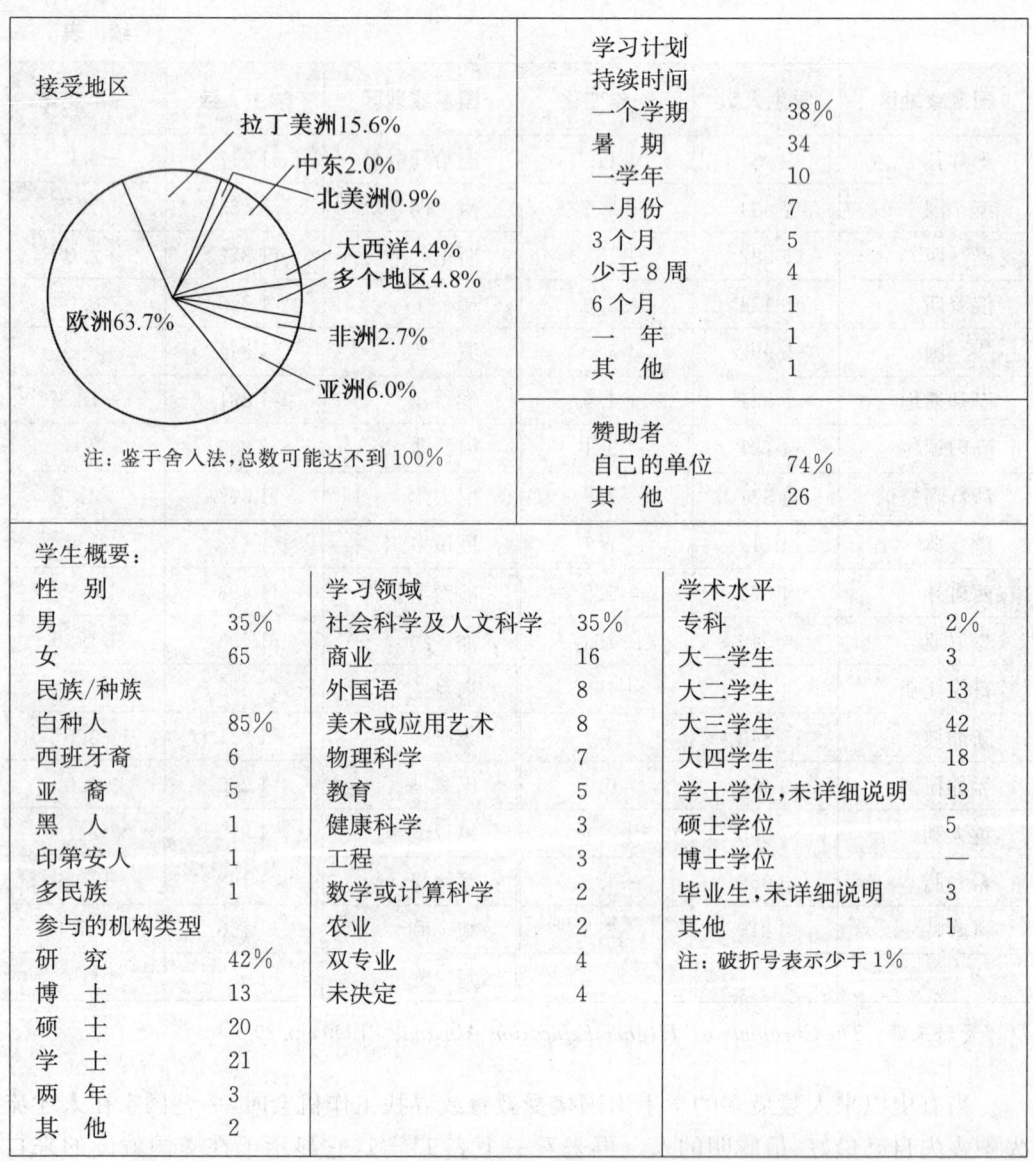

图 11-9　1997—1998 年 12 月留学它国的美国学生

资料来源：*The Chronicle of Higher Education Almanac*, December 10, 1999, p. A61.

为了提供全球的教育体制事例，第十二章呈现了按照威廉姆森三象限类型分类的国家：英国，经济发达的资本主义方向；中国，社会主义方向；发展中国家象限，西非，尤其是加纳，发展中国家，偏向资本主义。只有几个国家属于第四象限，发达的社会主义国家。我们即将探索这些国家的教育体制。

● 实践：请谈谈出国留学的利与弊●

结语

本章是有关全球教育的话题，讨论了教育体制面临的问题，包括了理论研究方法和类型学以便了解体制之间的共同点与差异性。

Ⅰ．跨文化教育研究

跨文化教育研究领域在过去主要是描述性的，对被选国家进行个案研究。理论与类型学推进了人们对此领域的了解，系统研究方法有助于将国家之间的关系概念化，比较研究中的一种方法是对不同学科领域的成就进行跨国评估。

Ⅱ．教育体制的跨文化研究方法

体制相互依赖性是指体制之间彼此影响。一个体制的变化意味着其他体制需要进行调整。世界体系分析强调全球各国之间的相互依赖性，宗主国家或中心区域控制着边缘区域。

在比较国家时，鉴于政治经济体制影响教育体制，人们最重视它，威廉姆森的类型学例证了这一点。教育与宗教、家庭的关系在此得以讨论，并给出了"世界环境"的事例。

高等教育结构范围从西方模式到本土模式，许多国家面临的一个问题是，精英学生毕业于国外，并带回了西方的政治法律模式，这些模式不一定适合国家的奋力发展与扫盲运动。而且，一些毕业的精英可能在发展中国家不能发现需求他们技能的地方，于是逐渐疏远。

Ⅲ．比较教育中的理论视角与类型

最近研究方法对比了功能主义与冲突理论的研究方法，它们当中的几种方法比较着重教育与经济增长以及发展的关系。早期理论注重个体的变化来适应现代社会，而人力资本，知识的合法化、富有国与贫穷国，世界体系分析都得到了回顾。

世界体系分析强调世界各国间的相互依赖性，宗主国家或中心区域控制着边缘区域。跨文化研究归为以下几类：比较富有国与贫穷国，研究国家内部教育体制结构，研究体制的相互依赖性。

实践

1. 与几个国际留学生谈谈他们国家的教育体制，他们体制的结构、各种群体受教育机会、学生种类等。这种体制与美国有何差异？

2. 如果在你所选择的国家学习的话，你将如何接受所在专业领域的教育？

3. 选择两个发展中国家，一个是资本主义国家，一个是社会主义国家。他们的教育体制有何差异？这是否归咎于他们不同的政治意识形态？

4. 试想你是发展中国家的教育部长，在计划教育项目时你主要关注什么？

5. 设计出一个有关跨文化教育体制的问题，试问什么理论研究方法适合解决你的问题？

第十二章 世界教育体制：个案研究

教育提供了受过培训的劳动力，并赋予国家以团结与认同，给予个体与国家进步所需的素质（Benavot，1992）。新近发达国家的教育体制通常沿着西方模式发展，但并不总是这样。拉美热兹（Ramirez）与鲍利（Boli）认为，国家之间的经济竞争给各国带来压力，要求它们以相似方式组织教育体制，从而导致国立学校教育的普及化以及体制之间的相似性。经济上被整合并且依赖发达国家的压力使得刚独立的国家致力于把国家资助的大众教育模式当成国家建设的一部分（Ramirez and Boli，1987）。国家课程之间的共性例证了这种倾向。

教育的全球倾向包括入学人数增加、教育部门的建立、强制的教育法律、国家资助的增加、面向所有人（包括女性与少数族群）的受教育机会以及学校服务于为国家对未成年人进行社会化的目的。

除了该世界相互之间的关系外，社会科学家必须谨慎，不能假设所有体制的相似性是由于跨国的压力以及支配性的权力。即使教育也许受到殖民模式与世界发展趋势的影响（Archer，1987），但每个体制会将本国特有的文化带到教育中。如第十一章所讨论的，一些国家或国内群体积极抵制西方模式。

世界大部分地区女性受教育机会正在增长

第十二章 世界教育体制：个案研究

在下面的个案分析中，我们将不仅能看到教育体制的相似性，而且能看到其差异性。这些案例分析体现了威廉姆森（Williamson，1979）的政治经济类型学中所分析的不同象限的体制（见图 11-8）。英国处于经济发达国家象限，其资本主义政治体制倾向较社会主义的更为明显，而中国代表了社会主义传统的体制，作为英国先前殖民地的加纳，属于经济依赖它国并沿着资本主义政治路线发展的国家。

在讨论每个国家时都将涉及导致目前制度的历史背景，国家教育体制的目标，诸如学校教育的年限以及课程类型等教育结构，教育体制中的平等与不平等以及高等教育等方面。

英国教育

英国教育的发展

英国是个世袭贵族制的君主政体国家，官方礼节盛大而隆重，它曾经统治过世界上近三分之一的地域，也遭到两次世界大战的破坏，紧随工业繁荣之后经历了极度的贫穷，它有移民的遗产，这些人来自以前的殖民地，移居英国，必定接受过教育并能融入社会。

英国是最早工业化城市化的国家之一，教育体制的形成过程缓慢，得益于能够提供满足劳动力需求的流动的农民阶级以及迫切购买货物的国际贸易市场。在此演变过程中，英国严格的阶层结构得以加强，并在教育体制中得以体现。

马克思主义解释者将英国教育发展描述成迎合社会精英们的需求，资本主义扩张需要大众受到教育，需要受过培训的劳动力来满足工业各层次的需求。所有学校都可能教授伦理道德、服从与节俭，这些目标在课程中反映了出来。使低阶层服从这样几个目标：政治控制、抑制犯罪与酗酒、基督教道义的传播以及为低阶层从事勤奋与劳苦的一生做准备（Williamson，1979，p.55）。

随着工人阶级的成长并更有组织化，他们要求更多接受教育的机会以及其他的权利。社会精英们需要更成熟与熟练的劳动力，这正对他们有利。首先，中等教育面向工人阶级，强制的入学年龄为 5 岁，最终延伸至 11 岁。无论过去还是现在，父母被要求确保子女在此阶段接受教育。五年的中学教育之后，学生大约 16 岁，获得普通中等教育证书。

在第二次世界大战期间，任何人都可以免费接受教育，即使大学，只要有资格就读的，也是如此。诚然，学校的划分依旧使得阶层区分永久化，这些学校有：以拉丁文等为主的文法学校，开设学术课程的中等综合学校，提供手工艺培训课程的中等技术学校等。接受高等教育的机会增多起始于 20 世纪 60 年代，当时建立了辅助性大学，如，工学院，红砖大学（地方开设，声望不及牛津、剑桥的大学，如今已经成为大学体制中的一部分），高等专科学院，对那些以其他方式不可能就读高等教育中任何一所大学的人设立的开放大学。

正如1998年的教育改革法案及随后的其他教育法案规定，英国教育的官方目标是：提高所有能力水平的标准，使家长们对学校的选择面更宽并改善学校与家长之间的合作关系，使继续教育与高等教育在经济上适合更多的人、为更多的人所利用，使人们能从整体的教育服务中获得很好的价值(Education in Britain, 1995)。

面向社会精英与中产阶层的教育却是另一回事。英国的公立学校，与许多国家的私立学校相似，对平民来讲，费用太昂贵，在过去，只面向那些希望保持社会声望的人，如今亦是如此。这些学校不仅提供完善的学术基础，而且在人们成为"淑女与绅士"的艺术方面提供培训，培养精英们典型的风格以及说话方式。它们提供所需的全面的教育，以便能通过诸如牛津、剑桥等精英大学的入学考试。许多地位高的公务员和商业、职业领导人毕业于这些学校，过去是，现在还是。当然，低阶层资质很高的学生，有机会以获取奖学金方式进入这些学校读书。

由于失业率高，尤其对于那些16岁离开学校的年轻人更是如此，所以，义务教育后教育(postcompulsory)，中学第六学级教育(sixth-form education)，或对18岁中学生进行的普通教育证书高级考试等为年轻的成人们工作或继续大学培训做准备。也有政府资助的培训项目，然而，那些迫切需要的项目中只有一小部分能被考虑到。这样，大量的年轻人离开学校时，理想破灭，也几乎没有找到工作的希望。

教育中的管理与决策

历史上英国重视地方控制，如今依然如此。但是，1998年的教育改革法案将控制权交给了国家政府，让它实施全国研究与计划，建议教育结构的主要修改，并且决定国家基础课程。学生被要求攻读国家命令的课程，而学校每日的决定与运作权通过地方教育当局的方式由社区保留，这些群体的权力与义务内容广泛。每个学校有个主管团体，理论上由数量均等的地方当局代表组成，学校全体成员包括校长、选举出的家长们，高年级学生和社区代表们。地方教育当局有责任管理学校以及确保管理者的行为正确。政府支持的县级学校和通常为教会办的民办学校，都在它的管辖范围之内，教师感觉到了这样的变化：在地方级别学校中自治权较少，并且政府要求对学生评估方面做更多的文书工作(Poppleton, Gershunsky and Pullin; 1994, p.346)。

教育体制的结构

英国国家资助的幼儿园和小学受到了大量的关注，而且它们已经为许多美国和全世界其他国家的小学提供了模式,得到广泛阅读的《普洛登报告》(Plowden Report[1])与《孩子们和他们的小学》(Children and Their Primary Schools)(Central Advisory Council for Education, 1967)详细叙述了英国小学教育体制,这些学校因其非正式的开放式教育方法而著名。去英国小学参观的人感觉进入了孩子的世界,天花板上垂挂着风铃,墙上贴满了艺术制品,顺墙排列着教育玩具,课堂教学活动以最小程度地组织,强调赋予个性的作品,而课程包括许多的活动时间、音乐、美术、特殊项目时间以及一系列电视教育、戏剧考察与博物馆参观的机会。

近来,英国教育的结构层次在高中和高等教育方面经历着变化。20世纪70年代形成了综合学校来迎合儿童流向精英以及工人阶级学校的需求,先前更倾向于学术性的文法学校与现代中学被结合起来。如今,370万儿童就读中学,其中一些专攻科技、语言、运动或艺术。将近10%的中学生进了英国的公立学校(Whitaker, 1999)。在中学内,学生间或许存在着学术性与职业分轨的差异,但是既定的目标就是确认才能并允许儿童发展自己的能力。

公立学校,如伊顿(Eton),哈罗(Harrow),拉格比(Rugby),温彻斯特(Winchester),以及其他精英公学,起着独特的作用。例如,伊顿公学,建立在离温莎城堡不远的一个小市镇上,人们可以看见年轻人意志坚定地行走着,被环绕在古老而庄严的建筑物之中,它能在英国传统方面引起共鸣。伊顿公学似乎向居民们暗示,"你们命中注定是个政治家和绅士"。伊顿少年遵循严格的礼节仪式,身着黑色背心与马甲,编织的燕尾服,黑白细条文裤子,打着白色蝴蝶结领结,人们永远不会将他们误认为综合学校的学生(London Sunday Times Magazine, 1980, p. 94)。

英国学校的组成

1999年,国土面积与美国俄勒冈州一样大的英国,人口近6 000万,其中包括北爱尔兰在内。这些人口中,890万是学校学生,就读近30 500所中学和2 500所私立学校,托儿所和小学学生占了520万。大约150万年龄在16岁或以上的学生为全职学生或"三明治"学生,即工读交替的学生(总体上,在欧洲,这个年龄段上学的学生数相对较低)。

1988年教育改革法案体现了要求改变的国际压力。它主要的影响在于,所有学校要遵循法案规定的普通课程,包括十门学科:英语,数学,自然科学,科技,一门现代外国语,历史,地理,艺术,音乐以及体育教育(Davies, 1991, p. 28)。决定全国课程的国家教育部于1995年出台了新的学科标准,1998年制定了新的教学大纲,这些概述了每门功课的教学目的、内容以及评估方式,该指导方针也为所有学生毕业时参加普通中等教育证书测试提供了依据。

---

[1] 译者按:这是1967年英国关于学生成绩调查的一个报告。

英国的有效学校与其他国家的有效学校有许多共同特征,伦敦的一项研究选出了有效小学的特征:学校与班级规模小,教师计划编制周期短,较少进行课程安排、教学计划,并对每个学生进行成绩进步情况报告,学校所有职员与学生流动率低,工作环境整洁有序(Mortimore et al.,1988)。

考试与文凭

英国是个高度"文凭化的(credentialed)"社会,强调测试与文凭,主张99%的扫盲率,测试以学科领域形式出现,在16岁时,学生参加诸如数学、文学等主修学科的普通中等教育证书考试(GCSE),随后学习两年,然后参加普通教育证书高级考试,在这两次考试期间,学生可参加准理学士(AS)考试,它等同于两次普通教育证书测试或一次普通教育证书高级考试。大学一般要求学生入学前参加三次普通教育证书高级测试(Whitaker,2000)。

还有另一个著名的考试,即国际学士学位考试,由16至18岁的第六级学生参加,测试六门学科的能力:母语,一门外国语,人类研究(如人类历史、地理、社会科学、或哲学),实验科学,数学以及一门艺术或某领域的高级工作。

批评家们认为,那些能支付精英教育费用的人在普通教育证书高级考试和精英大学入学考试方面准备得最充分,因此,考试制度有助于社会阶层的永久化。

教育与职业流动中的不平等现象

在一些英国青少年身上发现抵触学校教育的行为,几个英国社会学家对此已加以著述。尤其出现在工人阶级男性中的这种反正统文化的抵制行为(counterculture of resistance),以几种行为模式出现:衣着、旷课、抽烟、故意破坏以及粗蛮无礼等行为,它体现了认为学校与即将进入的生活不相干的观点(Lees,1994,p. 86;Willis,1983;Corrigan,1979)。在向所有不同社会背景下的学生提供就学机会方面,教育体制已经尽可能地迈出了巨大的步伐,但是在努力过程中,人们至少遇到了两个问题。《普洛登报告》和最近的研究强调了邻里贫困的特殊问题,譬如,内城区卫生状况差,住房标准低,儿童死亡率高。许多住在这里的是移民群体以及属于社会最贫穷阶层的人。《普洛登报告》建议,在这些遭遇毁坏的区域中,学校应该得到7%的国家教育预算中的额外资金,诚然,该报告也指出,教育的劣势不可仅在学校内得以解决(Garner,1991,p.251)。

另一个抑制流动的问题在于"公立"与国家资助的学校之间的区别。精英学校背后的传统及其所提供的极好的教育,再加上在精英大学、政府和工业中,存在着将高级职位供给这些学校毕业生的趋势,最高位置的流动维持了有限的优秀群体的特权。教育反映了英国历史及其长期以来建立的传统。不改变教育体制的基本结构似乎就不可能有绝对的平等。

教育不平等对职业成就有何意义？依据所使用的衡量方式，总体上可以说，与美国相比，英国个体的阶层背景在职业成就方面更为重要。在美国，教育成就更为重要，在个体第一次工作安排方面尤其如此(Kerckhoff，1989)。尽管两个国家在职业流动的过程上有区别，但是，劳动力进入某职业10年至20年后，我们评量该职业地位时，它开放或流动性的程度几乎是一样的。

英国高等教育：精英教育与大众教育

牛津和剑桥大学，是著名的教育机构，有着锥形体建筑，各种庭院和悠久的传统，成为全世界教育体制的模式。走廊廊墙内，身穿大学制服的指导教师给予的是传统的古典教育，学生隶属于大学内的某学院。

几百年来，这些大学提供了获得高职位的机会，并且使知识精英们永久化，随着全球倾向于给予社会所有群体更多的接受各种层次教育的机会，随着工业化社会需要更有文化的平民来就职科技职位，这就导致主要的大学之门开了一条细缝，让更多来自政府资助的有资格的学生进入就读，而其他大专院校发展起来，以满足逐渐增长的职员培训需求。大学入学机会依旧有限，比起来自社会经济层次较低的学生，来自专业人士家庭背景的学生更有机会被录取。政府正在扩大三年制学位课程的大学就读机会，目的是使88所高等教育学校机构中都拥有31%—33%的18—19岁学生，1998年，此年龄段的学生注册率为34%(Whitaker，2000)。对于那些在最有名望的大学入学考试中失败的学生，或那些希望从事专门研究的学生，高等教育机构可以给予就读机会。在对待大学不同性别教员方面，也存在着差异。1991年，不管年龄与学科差异，女性教员获得的薪水平均比男性少3 520美元("Female Professors in Britain"，1991，p. A46)。

始于1966年的很多工学院发展起来，它们的目的是满足受过培训的工程师、技术专家以及技术员的需求。这些工学院与商业和工业关系密切。英国高等教育中的另一个发展是开放大学的出现，它始建于1971年，目的是向没有其他可能性就读大学的人提供机会，如教师，在职人员，在家人员等。这种观念流行起来，至1976年开放大学每年约收到53 000份申请表，注册数达到20 000人次。目前，每年注册新生数为24 500，其中5 900人攻读硕士学位，625人攻读博士学位(Walker，1991，p. A25)。开放大学学生要交学费，注册就读课程，收听英国广播公司无线广播或电视上的讲座，课程配套的课本得到了改进，课外作业送给指导教师批改并返还，而年末学生参加考试。开放大学提供的课程范围广，而颁发的学位多数在普通文科和科学方面。开放大学住校学生花三到四年时间获得学位，与此相比，非住校的普通学生花六年时间，而且后者退学率比前者高。

开放大学发展20多年来,学生数迅速增加,1996年招收了95 000名本科生,男女各占一半,而且,已经有100 000多名学生已经毕业,多数是希望提高文凭的成年家庭主妇以及全职雇员(Walker,1991)。

最近,高等教育注册人数增长的部分原因是由于社会减少了工作机会。为了应对增长的需求,一些变革的措施具有如下的相似性:扩大班级规模,使用教学助理,在一些通常要花三年时间来完成的学习领域提供集中强化的两年制学位(Walker,1991,p. A51)。未来英国将面临压力,要更加开放其教育体制,并且向社会上多数失业的工人阶级和移民们提供就读机会。

中国教育

中国闭关自守政策多年来将西方排斥在外,然而,最近中国的门户再次向西方开放。该大国1999年人口数超过1 246 872 000,估计到2025年超过15亿,而其国土面积占了全世界陆地面积的近四分之一,其共产党政府选择性地允许官员和学者尝试性介入国外世界,如今已允许感兴趣的旅游者与外国学者进入其辽阔的疆域。事实上,如今在美国就读的外国留学生人数最多的国家中中国排第二位(*The Chronicle of Higher Education Almanac*,1999,p. 29)。

影响教育的近期历史事件

有几个关键年代标志着中国的主要变迁。1949年,中国共产党取得了国家领导权,宣布了中华人民共和国的诞生,此时国门对外封闭。2 200所私立学校,即全国近4‰的学校被关闭。1976年,毛泽东主席与世长辞,这个事件开创了政策与纲要变革的新时代,向世界敞开了大门。自1978年实行了市场社会主义,60 000多私立学校再度出现,它们被称为是社会办学(society-run)或私人办学(people-run)的学校,是私人拥有的教育机构,几乎与政府无关(Kwong,1997)。

1989年,大学生发起的抗议被有力地抑制住了,与西方的联系被缩减,这种状况直至最近才得以改变。尽管中国对西方人的动机有所怀疑,但是,多数的交流已经恢复到1989年前的水平。诚然,由于中国怀疑西方监视它的社会状况,所以社会科学研究受到限制("Chinese Academy Considering New Restrictions",1991,p. A27)。

回顾中国教育时,任何一个阶段都不能忽略,因为每个阶段都是对前一段的回应,并反映着那段时期的政治经济变化情景。

迈向现代化的动力

中国的儒家教育遗产为中国权力精英们的利益服务,它潜在的微妙的反平等主义的政治意识形态,使精英特权教育合理化(Hayhoe,1992)。但是近年来,需要实现现代化的这种意识逐渐增长,已普及开来,此外,人们意识到国家的发展和实现现代化是与全民基础教育相联系的。从根本上讲,教育"旨在满足基本的学习需求",如基础层次教育,儿童早期教育与小学教育,文化教育,普通知识与生活技能等("Meeting Basic Learning",1990,p. ix)。中国在全民扫盲运动中已经取得了一些成绩,问题是如何协调竞争观念与实现现代化之间的关系。

中国教育存在四大竞争目标,即"实现经济现代化,为公民权利的教育提供资源,建立精英补充与流动的途径,共享重新阐述不同政治利益的政治意识形态"(Robinson,1991,p. 177),它们之间存在着压力。迈向现代化的动力不仅有内部原因也有外部压力,如国际环境,市场压力,对社会与政治敏锐度需求(Law,1995)等都被认为是国家发展与繁荣所必需的(Hayhoe,1992)。

1977年,邓小平成为中国的领袖,在他的领导之下,共产主义意识形态得以再阐释,经济发生巨大变化,西方科技与管理方式被引进来加速实现现代化。伴随这些变化的是教育体制的改革。

要实现现代化改革,就需要在教育体制各层次中,一定程度上分化教育权力,并减少中央政府严格的政策(Du,1992)。中央政府正给予群体与私立学校更多的自主权,这对于改革来讲是必需的。80年代末出现的私立学校中,近一半是中等职业学校,一半为文理中学,它们是对政府不能满足教育需求的积极回应,并满足了部分需求。政府认为自己应该控制教育,但是也意识到,自己不能满足所有需求,因此,已经允许建立私立学校。这些学校不是民族或宗教学校,而是在市场社会主义体制中赢利的学校。

教育体制再生产、维持并使现有的社会秩序永久化,在有政府控制的地区尤其如此。但是,在社会处于转型期,教育体制将也会经历变化。中国政府面临着几种两难之境,如,共产党政府允许什么程度的权力分散,允许学者出国旅游导致的潜在人才流失,诸如机械记忆法等用于教授学生的方法不利于培养现代化的决策者(Hayhoe,1992)。权力分散正在产生一种潜在的影响,即英才主义(elitism),那些能够支付私立教育费用的人接受这种观点(Kwong,1997)。在国外学习与旅游的学者们带回去的是新的思想观念,他们培训教师和学生,因为竞争激烈的国际市场需要新的技术(Kelly and Liu,1998)。

谁接受中国最好的教育由一系列政治程序所定型,根据掌权者及其群体制定的政策的不同,这些程序也不相同。有时家庭地位重要,有时政治优先权重要。紧随文化大革命之后,是否有一个做高官的父亲是非常重要的,尽管这时期所有学校教育都是有限制的。而在其他时期,家庭地位就不那么重要,或者对那些对此喜好的人有利。1978年—1994年,随着经济迅速增长与经济改革,中国经历了越来越多的教育不平等之事。譬如,私立学校的出现给予了有钱人上学的机会,而在国家变化中获利最多的是那些职位高的干部、专业人士以及男性等城市居民(Zhou, Moen, and Tuma, 1998)。

中国教育的结构与状态

在中国的小学里,典型的一天课程包括汉语课,数学,体育,音乐,绘画,美术和思想政治教育课。语言学习占了全天时间的三分之一。每天以早操开始,随后上午四节课,两小时的午餐和休息时间,然后再上三节课。下午四点左右放学,放学后,一些学生留校参加特别辅导。星期六早上,有诸如运动会等有组织的活动(Hauser,1990,pp. 44—45)。三年级开始学习外语。历史,地理,科学等开始于四年级并一直学到六年级。班级规模在40到55位学生之间。

根据中国的统计,98%的小学学龄儿童,即13 600万学生,就读于646 000所小学(Turner,2000)。40%的中学学龄儿童上学,其中男生比女生人数超出了几个百分点(The World Bank,1990,pp. 234—235)。近320万学生就读1 032所高等教育机构,三分之一攻读工程领域。这些学生竞争奖学金来支付教育费用。

中国同时也关注着改善成人文化水平一事,并相信,这对经济发展至关重要(Stites and Semali,1991)。回溯至1949年,毛泽东主席讲过,

> 新中国一个重要的使命就是使80%的人口脱离文盲,我们必须积极地实现这目标,这样,工人和农民能够很容易掌握科学知识,拥有阶级斗争和社会主义建设的武器,拥有人民民主专政的完善而发达的武器(Stites and Semali,1991,p. 73)。

他的目标已经实现,扫盲率为82%,中国的学校是政治灌输的场所(Kwong,1988),有时中学课程着重工业与农业课。

中国学校的权力结构建立在人际关系网(personal ties and networks)、对权威以及政治体制忠诚的基础之上。因为党领导看到了教育中的劣势,它会阻碍现代化的实现,所以教育体制中结构正在发生变化。这些变化包括,地方区域为学校获取财政资源的重要性逐渐增长,职业和技术学习得以扩展,为提高创造性与独立性而对新的教学手段的需求等(Delany and Paine,1991)。"90年代早期的政治氛围重新正式地主张共产党的权力,包括它在学校运作中的作用。然而,促使权力关系改变的经济与人口的压力并没有衰退"(Delany and Paine,1991,p. 43)。

近来涉及教育的政府政策方面的变化使得现状处于混乱状态,例如,从集体责任向个体责任的转变,导致了对乡村自给自足的强调,这包括乡村学校的地方资助。但是,许多儿童已经离开学校,去参与个体家庭挣钱的冒险事业。

中国的高等教育

中国高等教育追溯至3 000多年前,在现代时期之前儒家思想占据了主导地位,

主要用于培养政府官员。长期以来,中国有个信念,教育与经济是联系的整体,因此,多数变化已反映了这个信念以及符合此路线的思想。高等教育正经历着激烈的变化,人们越来越重视科学、实用研究以及外国语,商业学校出现了,以西方科学管理模式为框架的教育管理重新建构。在中国教育迅速变化的环境中,这些措施将会维持多久还是个未知数。

文化大革命中中国教育部被解散,并于 1975 年再次建立。巨大的变化发生在 1976 年,政治与高等教育决策分离,使教育处于学术界、教育部以及地方委员会的控制之中。教育部控制教学大纲、课程和招生。1985 年 5 月,国务院教育委员会取代了教育部,以便考虑到更密切的地区控制以及反映地区的需求(Kwong,1987)。

近年来,国家教育委员会和教育机构中的"校长责任制"使改革更可能实现。高等教育的改革着重关注两个领域:管理与结构,课程与教学(Du,1992)。这涉及到提高教员的文凭并且扩大高等教育入学机会,例如,1995 年,高等教育服务于近 3.5% 的大学学龄的学生,到 2000 年,数字接近 8%,发生了自那时起所预测的迅速增长。中国经济、社会与政治变化再次激励了国家教育委员会新的综合计划(Hayhoe,1995,p. 299)。私立学校机构正提高了受高等教育的机会。

对实用研究的强调已经导致教授之职位或聘期更与合同研究(contract research)有关,而不是纯研究(pure research)或教学。一些人已经指出此缺点的危害性。与美国、加拿大、日本、西欧等其他国家联合的大学项目,通常由中国人发起,一般涉及共同分享,彼此尊重,而不是受控于工业化国家。诚然,中国人担心,外国人不能理解他们所接触的文化(Hayhoe,1986)。

抑制西方影响的努力是采取缩减交流的方式,这种交流的机会通常只有工作五年之后才可获得,也可采取再次政治化的计划以及限制允许的研究类型。在对学者和西方知识的需求以及忠诚和教导的需求之间,政府正企图寻求一种平衡,我们仍然看到赞助人与客户之间的关系模式,这里,政治统治者提供名誉、特权和保护,作为对学者支持的回报("Forcing Beijing University Students",1991)。我们仍然可以看到是否允许知识分子自由从事研究是与抑制独立和民主一致的。

中国已经历了不受他国影响的独立时期,但是,大量的处于殖民遗产的非洲劳动者对教育有着非常重要的启示。

殖民地非洲的正式教育

19 世纪与 20 世纪初期,欧洲人占领了大部分非洲,表面上,目的是结束奴隶交易,传播基督教和文明,打开贸易领域,没有提及的目的是对新国土的扩展,以及殖民者们享受原产品带来的财富。

在殖民早期,传教士建立学校传授基督教与圣经,殖民政府也根据自己本国的教育体制建立学校，目的在于教授殖民者的语言，并发展一小组非洲人来填满殖民行政部门的低层职位，也促进对欧洲风格的法律与秩序的理解和接纳。许多欧洲人想将非洲的教育局限于技术、职业和农业技能方面，这有助于他们开发这些国家的资源。可是，非洲人将这种培训视为一种使他们处于原位的企图，他们寻求西方精英的学术教育，一些人在欧洲人的鼓励之下，去国外接受这种教育。

只有少数非洲人沿着殖民教育阶梯向上流动，他们接受了欧洲人的观念，为殖民行政部门工作，通常他们与自己的国民和传统相疏远，是自己国土上的陌生人。随着独立，一些受过相同欧洲教育的非洲人成了后殖民的领导者，他们的提议通常遭到人民的怀疑。

加纳教育的历史

葡萄牙、荷兰、丹麦以及随后英国统治的"黄金海岸"，也就是加纳的旧称。这是一流的殖民地，矿产资源丰富，后来因可可豆种植而受夸耀。1820年英国开始统治，在1844年—1957年的统治期间，英国与其他国家发展了贸易关系，这样，在1957年加纳独立时，其经济稳定，教育机构则是建立在英国模式基础之上的。然而，自独立以来，出现了几个不同的政府，却都被推翻。1961年—1966年是加纳各层次教育迅速扩张时期，1966年后，该国许多地方的公立小学注册率越来越低（McWilliam and Kwamena-Poh，1975，p. 116）。

当1966年一个军事政府掌权时，早期的迅速增长受到了缩减，政府命令对教育体制进行研究，这导致了下面的建议，"教师培训方面重新组织并采用新的方法，在中学一级层次（Secondary Form I level）中创造出新的位置并为大学扩张而加强中学基础，考虑国家在技术教育发展方面的需求"（McWilliam and Kwamena-Poh，1975，p. 117）。诚然，在1966年随后的许多年里，除了研究和建议之外，教育体制中没有什么改变。政治的不稳定导致了1979年与1981年的政变，我们可以将此联系到人民对政府的不信任，国民中贫富划分，受教育机会的缺乏，或政府在教育领域缺乏运作。6岁—11岁的儿童注册率1965年达到顶峰，为66.8%，直至1972年的七年期间，这个年龄组注册率下降了近14%。

1974年，政府为教育设计了一个实验结构，但是90%的学生遵循旧的制度。到1983年，在第一个六年学习中的注册率为79%，其中男孩注册率为89%，女孩70%，而中学学龄生注册率为38%，男孩为48%，女孩28%。1992年与1996年的选举使杰尔·劳林斯（Jerry Rawlings）当选，政治一直不稳定的国家在这段时期处于稳定的状态。到1990年，75%的小学生和39%的中学生注册入学（Turner，2000）。近71%的男孩和63%的女孩在小学和中学注册，其中小学占了40%，中学占了32%。只有2%的人接受高层次的教育，这些数字高于许多其他非洲国家（The World Bank，

1990，p.234)。

非洲文盲率为52.7%,但加纳是36%,其中男性文盲率为25%,女性47%。由于非洲大部分地区面临贫困和饥饿等不可抗拒的问题,提高扫盲率属于次重要优先项目。如果第三世界国家的国民没有文化的话,那么就不能与发达国家进行竞争。一些国家已经将消除文盲作为教育目标的一部分,例如,在坦桑尼亚,减少文盲的动力已经产生了政治与经济目标(Stites and Semali,1991)。

教育的形式

在现代领域与欧洲体制引入之前很久,加纳与非洲其他国家就存在着教育,因此,在许多非洲国家中对传统与正式教育进行区分是很重要的。

> 在殖民期以前,非洲就存在着教育体制,因为每个群体必须有一种方式将积累的知识传给年轻的一代,以便使他们承担成人角色,确保他们的子孙得以生存下去,使群体维持下去。
>
> 在非洲社会中,年长的一代向年轻人传授知识、技能、行为方式以及年轻人在成年生活中扮演社会角色时所应该具有的信念。
>
> 年轻的一代被教授如何应付环境,如何耕种、狩猎、捕鱼、预备食物、建造房屋以及管理一个家庭。他们被传授语言知识、习惯,通常也包括该群体的文化。传授方式是非正式的,年轻人通过与长者一起参与活动的方式学习,他们聆听,观看,动手。通过许多实用途径他们学会了如何以群体成员身份生存着(Busia,1964,p.5)。

许多教育者正在思索,传统教育模式如何才能被用作基础来满足朝现代化发展的国家的教育需求。选择范围从继承法国、英国或其他殖民模式,到发展完全新型的本土教育类型。正式教育依旧主要面向城市精英们,于是出现了这个问题：在乡村农民群体中,应该提供哪种教育？

非正式教育与基础教育受到许多非洲教育者的关注,它们区别于正式教育,其因素有以下几点：

1. 正式教育只是教育中的一部分。
2. 教育不能被看作在某个年龄、阶段、时期和地点发生的事,它一直是未完成的事业。
3. 教育机会,无论正式与否,都必须彼此横向联系,如学校,家庭,清真寺,媒体和工作经历等,同时要纵向联系,贯穿学习者生活的不同阶段。

4. 学习途径有多种,途径没有好差之分,只有哪个更有效、更适合之分。

5. 方法、教材以及传播体制必须加以改变,以便与目标和现有手段相匹配(Hawes,1979,p.163)。

非正式与基础教育似乎彼此协调。它们都不用年龄和时间来约束教育,相反,它们提供了许多不同的途径来获得教育,实现个体目标,终生学习等。这两者都涉及到许多机构,如家庭、学校和社区等。学科范围从功能主义的文化传播,到过程知识(knowledge of processes),诸如健康与卫生知识,庄稼与家畜知识,包括照看病人、衣服制作等家务技能,以及公民知识。非正式的基础教育在社区开发实验中得以尝试,而且已经出现在几个社区。在预防医学、健康、营养学、烹饪、缝纫和其他技能等方面的非正式课程或培训面向村庄的每一个人。非正式教育的另一个事例为库马西的曼瑟尔女子职业学院(Mancell Girl's Vocational Institute),面向年龄为13岁—28岁的女性招生,已经有1 000多人注册就读一年制课程,学习在"洗熨、烘焙、缝纫、女装裁制、设计和公共饮食业"等方面自我发展与寻找工作所需求的技能(Sine,1979)。此外,也发展了其他课程,用以保存非洲模式而不是教授西方思想。

一个相关的课程问题是该用何种语言进行教学。如果使用前殖民统治者的语言,那么有人会认为,这"将语言上的帝国主义强加给了这个国家",但是,如果使用本土语言,那么某个群体就可能控制另一群体。因此,几个国家正在促进每个群体用母语学习,以便保存文化的多元性,从而避免产生冲突(Akinnaso,1991,p.89)。

然而依然存在着这样的问题:基础或非正式教育和母语教学会满足个体与国家的需求吗?如果没有明显地使发展中国家摆脱贫困,那么它们的实施会使贫富区分永久化吗?对许多国家而言,问题在于如何最大限度地进行发展而又保持着国家的文化和传统。

如前所述,在第三世界国家中,如西非的那些国家,国际资助机构试图指挥教育的发展。然而,无论这些努力的意图是多么的好,这些机构也一样会导致问题的产生,因为政策倾向于强调机构的目标以及政治议程,而不是强调国家的需求。

世界银行就是一例。在对发展状况进行研究并提供发展资金的过程中,该组织专门知识与经验的发展"操纵着知识的创造,并以此确立了被称为知识生产的标准"。一些活动课程开始受到青睐,而另一些尽管对一个国家的公民有价值,但是却被抛弃了(Samoff,1993,p.181)。

加纳教育体制的结构

加纳儿童6岁入学,一些儿童12岁进入中学,学期五年。教育目标规定是十年义务教育,但是要达到该水平的学校教育,它还有漫长的路要走。

中学教的科目一般遵循英国教育的模式，有语言、数学、普通科学、社会学科、宗教教育以及体育等。有一个例外，就是"文化与实践活动"，它着重非洲人的传统以及日常生活中所需的技能。考试也遵循英国的模式。高等教育学校机构包括综合性大学、技术与工业学校、工学院和职业学校等。在正式学校环境之外的一些社区内也有职业培训。

加纳教育中的机会均等

城市精英的子女们沿着教育体制向上发展的过程中，他们在教育上享有的位置是不成比例的，这包括教师的配额。然而，如今面向全民的基础教育存在着一个经济动力，那就是，在世界上具有竞争力，并获得社会平等（Stites, 1991, p.74）。

加纳的家庭，正如其他国家的一样，依据许多因素为子女选择教育，这些因素包括，家庭的开支、学校质量、行程时间、预期的价值回报等。那些在适当年龄注册入学并住校的学生中，能力高的学生有更大的机遇上好学校并向前发展（Glewwe, 1994; Glewwe and Jacoby, 1992）。

诚然，精英与大众受教育机会的差异性在多数非洲国家持续着，在加纳，从某种程度上讲，这些是地区性的差异，例如，加纳北部的许多人从没有上过学。有关教育平等的话题的最后一点是，能够讲英语已经成为一种"学术殖民主义"（academic colonialism）的有效力量，它将有文化的精英与农村文盲区分开（Sherman, 1990, p.363）。

尽管每种非洲体制是独特的，但是一些总体观察结果可适用于许多后殖民地国家。教育被看成是紧随殖民地国家独立之后的一种重要优先项目，人们认为，通过教育，国家可以真正独立于外国的统治，并且在为实现现代化而长期进行的努力过程中，从科技发展、工业化、商业和政治等方面培养本土的领导阶层。这些国家有文化的精英们能供得起子女出国读书，通常他们从事有声望的领域，如工程学和法律，同时也学习希腊语和拉丁文，只是他们在国家现代化过程中并不那么直接有用。归国学生带回家的不仅有专业知识，而且有外国意识形态和课程模式。诚然，科技和农业技能的发展，在传统部落医学背景下对预防医学的重视，以及新知识与现存的价值取向和传统的融合，比起欧洲教育模式，与国家的需求更贴切。

一些非洲精英成员赞成西方模式，而抵制本国的传统价值观、文化独特性以及部落关系。而另一些，则因其针对所能获得的工作而言，受教育过度而变得不满并与社会分离。譬如，律师或工程师声誉很高，但是发展中国家只能够吸纳有限数量的律师和工程师，它也许能更好地接纳学校教师和农业技术员。

高等教育

非洲有五所大学，其中一些很难将其课程内容融入到非洲的生活之中（Sherman,

1990，p. 363），而另一些提供本土与西方的综合教育。例如，加纳有两所大学，计11 225位学生，位于阿克拉的加纳大学有一些优秀的课程，如非洲传统艺术、音乐、舞蹈、文学的口头传述等，还有以欧洲模式为典范的学科课程。在尼日利亚，教育计划是，通过规定学生适当地混合在一起，即其中60%学理科，40%学文科，以此来提高科技基础，但是事实上该数字远远没有达到。一些学校是政治活动中心，带头赞成民主主义运动，这有时会产生暴力事件（Morna，1990，pp. A1，40）。同时，高比率的大学毕业生因找不到工作而理想破灭（Chuta，1986）。

许多非洲大学受到几个问题的困扰，在有关撒哈拉沙漠以南非洲高等教育的一个报道中，专家回顾教育状况，发现高等教育注册率与需求迅速增长，收入与开支规范缺乏，质量下降，与所服务国家的需求关系不够，结果是教育体制处于严重的紧张状态。这个报告作了要直接处理的建议（Saint，1992；United Nations Development Program，1992）。

将来，非洲领导者要寻求提高生活水平的方法，就要着眼于新的教育模式。虽然政治因素也许妨碍教育体制的迅速改变，但是人们越来越意识到存在的问题，而且有选择性的教育模式正在普及。

本章讨论了三种教育体制，即英国、中国、加纳和其他非洲前殖民地国家的教育体制，这正符合前一章讨论的威廉姆森的政治经济模式的三个象限，无论我们将世界各国分成这三种政治经济象限，还是核心与边缘国家，南北国家，贫富国家，后工业化与农业国家，或发达与发展中国家，依旧存在着这样的事实：儿童们正接受着截然不同的教育，并准备过截然不同的生活。世界上多数儿童接受正式教育，但是依据本国的文化以及其在世界政治经济体系中的位置，各国接受正式教育的人数与环境也各不相同。

结语

每个国家都向其国民提供某种模式的教育，这些模式因其发展水平以及政府面临的其他问题而有所差异。

Ⅰ. 英国教育

创办英国教育的目的是培养精英领导整个社会。由于需要熟练工人，教育慢慢向大众普及，首先是职业培训，最终中小学教育面向全民，尽管精英公立学校依旧训练的是一群精选的学生，但是在教育的各层次领域，多数年轻人接受教育的机会有了极大的提高。

Ⅱ. 中国教育

在中国，始于儒家哲学思想的教育一直受到重视。文化大革命期间，教育体制步

第十二章 世界教育体制：个案研究

履艰难，到20世纪70年代，教育受到政府严格的控制，并且已经席卷全国，新近私立学校的数量发生了变化，这类学校应教育、尤其是高等教育的需求而建立起来，如今，中国在其广阔国土上扫盲率为82%，并且正在加强与他国的教育联系。

Ⅲ．殖民地非洲的正式教育

殖民地非洲的正规教育由欧洲殖民者建立并控制，随着自身的独立，非洲国家努力寻找着最适合自己特色文化的教育类型，在某些情况下，新型混合的教育制度是欧洲与本土教育体制的组合，加纳就是这样的一例。为了迎合国内需求并且为加纳人民的未来做准备，加纳就要建立现代教育模式，本章回顾了在此过程中加纳面临的争议与问题。

实践

1. 就教育体制访谈来自其他国家的人，内容包括历史、入学机会与平等现象、资助情况、课程、为全民面向21世纪做的准备等等。

2. 在本章中你已经了解作为前殖民地国家的加纳的经历，再了解一个前殖民地国家，然后比较它们的差异。

3. 一些国家将教育控制权集中化，如中国。而另一些则允许学校更多地由地方控制，如美国与英国。这两种的优缺点分别是什么？

4. 本章没有列举出符合第四种象限的国家，即发达的社会主义国家。请研究属于此象限的国家教育体制。

第十三章 教育运动与改革

有两所学校,一个是传统学校,强调基本技能与纪律,另一个是可选择的开放式学校,活动自由,结构不太刻板,而且有更多的学生参与决策,究竟哪个更有效果?有两所学校,一个是集体教学,学生通过学习同样的教材而取得进步,进步速度相等,而另一个是个别教学,学生取得进步,速度因人而异,究竟在哪个学校能学到最多的知识?这两个问题构成了本章讨论教育运动与改革的基础。

自 20 世纪 80 年代早期,无数考察团、特别工作组和个体写出书面材料,悲叹美国的教育状况,认为有必要进行改革。许多州已经跟随着写出数百的报告和提议要求改革,一些已生效。一个值得注意的领域是教育责任制(accountability),如今超过 35 个州要求,未来的教师进入教室之前必须通过测试,还有许多其他州要求,学生级别上升或毕业之前,必须通过各种层次的成绩测试。下面请你思考一下,人们讨论的主要教育运动如何影响着你自身的教育经历。这样的运动,对于那些教育系统中决策缺乏中央集权化的国家而言,具有普遍性,因为在地方层次上影响教育是件容易的事。每个学区对自身教育决策有最终控制权,这个事实激励了教育方面的许多观点。美国对地方管辖学校一事引以为豪,这项计划起初目的是顾及到地方居民的多种需求。一个国家,如果它的教育决策更加中央集权化,并且同质人口数量大,那么它的教育课程差异性就会更少,而要求改变的大众运动也更少。

近年来,对教育责任制的呼吁,以及有关废止种族隔离、审查制度、教会与国家的分离以及筹集资金等方面法庭案例,导致了美国联邦立法机构与地方教育董事会在影响地方层次的教育决策方面作用更大。社会态度像钟摆,左右晃动(见图 13-1)。教育仅仅是社会的一个领域,教育的钟摆体现显著的社会发展趋势、社会运动以及态度等,这些将在讨论教育运动时会触及到。

理论研究方法也构成了理解运动的一部分。一些冲突理论家认为,保守派与少数族群试图强调基础,这只会将机遇结构中的缝隙扩大。他们的论据是:学校越重视基本原则、严格以及纪律,将来的劳动力就会越顺从。通过培养出训练有素的劳动者,依次维持了不平等的阶层结构,那就是当权者需

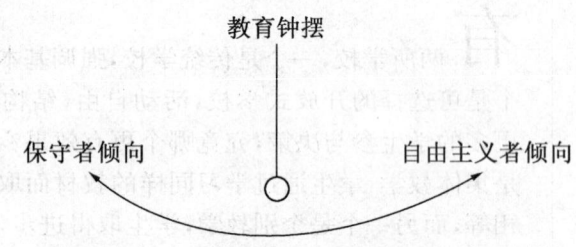

图 13-1 社会态度变化的钟摆左右晃动

要维持的阶层差异。冲突理论家们认为,只有重组过旧的教育与经济体制才能导致机遇阶梯的延伸。如果人们接受这观点,那么鉴于对基础与纪律的重视,少数族群等那些特殊群体中的许多人将受到最大的伤害,而这群人也参与了推进这方面改革的活动,这似乎与期望背道而驰。

学校为学生做好进工作场所准备的这个角色,在教育改革运动中处于最重要的位置,而且学校与工作场所是相互应的。但是,冲突理论家们担心学校受控于国家,因为学校也为资本主义体制培养出工人。强大的社会民主运动要求学校和社会中机遇同等,它能有助于抵制冲突理论家所论述的社会阶级系统的再生产问题(Carnoy and Levin, 1986)。

功能主义理论家持有截然不同的观点。他们相信,更多的强调基础、纪律和责任,将会帮助人们在充满竞争的社会里获得一席之地。基础教育,即使不可能在社会分层系统中产生根本的改变,也能为人们提供机会。

教育运动的本质

来自多种根源的内外部持续压力导致了体制的变化,图 13-2 记录了教育体制变化的一些根源,当然,毫无疑问你们想到的会更多。

当诸如教育和政治等社会系统或子系统发生变化时,它将影响着其他的系统。社会运动在很大程度上预示着社会发展的方向,以及体制要素需发生变化的持续压力。

社会运动用于指代要发生变化所采取的无数集体努力,如女权主义、公民权利、禁酒、反战以及反对堕胎等运动。运动产生的原因在于大量的人对现有状况不满意,他们集中寻找一个总的主导意识形态或哲学体系,主要拥护者们对这意识形态进行理想化和无私奉献,并看重某种形式的行动。

所有的社会成员对社会或教育体制很满意,这种事情从来没有出现过,通常,运动支持者们试图使社会产生变化,或抵制社会的变化,他们参与运动的动机是多样的,从理想主义到个人归属于某一群体的信徒并且有种"理想"而产生的满足感。社会问题也许最初因为逐渐加强的社会运动而暴露出来,如果运动"流行开"并且吸引了大量的拥护者,那么就很可能对现存体制产生直接影响。通常,它开始以反总潮流的小集团

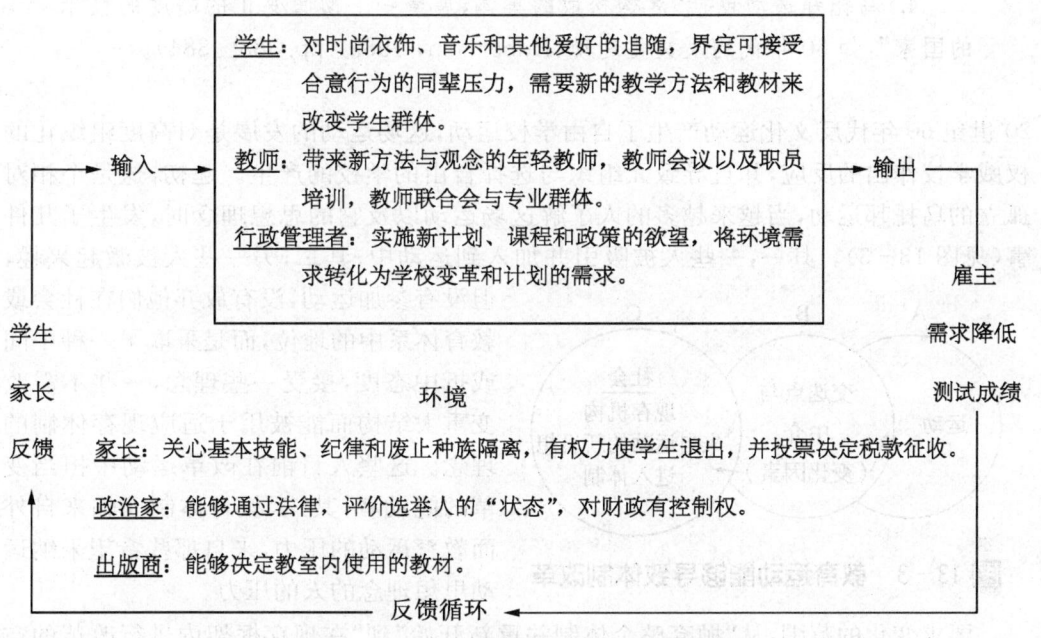

图 13-2 学校系统中的变化根源

形式出现,随着领导能力的提高,通讯及网络的发展,随着媒体的关注,更多的人被运动所吸引,最终,运动的理念可能为学校或其他机构所接纳,并且被制度化(institutionalized),即成为社会的不可分割的部分。一些社会运动因吸引不到追随者而以失败告终,通常,他们这些群体奋力争取的观念不能轻易地结合到现存体制中。任何大型社会运动很可能包括从较大组织中分裂出来的小派别,或改革运动者中的更小群体,或支持相关的特殊意识形态并在支持者们对手段与目的进行争执时导致内部想法分歧的激进者。

运动可以是有组织的,也可能是无结构、无明确领导阶层的,导致自由学校产生的反文化运动就是一例。但是,体现总体思路或意识形态的个体或书籍,如对个性和自由的要求,使得运动结合起来。一些著作产生并赞成运动的哲学与意识形态基础,而已经出版了这些有影响力著作的领导们,提供了普遍存在的焦点。

几种运动类型已经得以建构,下面就是与我们话题最相关的社会运动类型的概要:

1. 改革运动相信,在社会的特定领域中,一定的改革是必须的。
2. 回归运动目的是倒行逆施,使当前潮流后退,回到先前状态或事态。
3. 革命运动对现存的秩序极度地不满意,并寻求对社会的重新组织。

第十三章　教育运动与改革

4. 乌托邦运动包括"建构松散的集体,展望一个彻底变化的超度的极乐的国家",如60年代的反文化运动(Robertson,1989,pp.383—384)。

20世纪60年代反文化运动产生了自由学校运动,这场运动的发展是对高度组织化的权威学校作出的反应,并且导致无组织与选择自由的学校的产生。起初,这是个相对孤立的乌托邦运动,当越来越多的人了解这场运动以及它的思想理念时,发生了几件事(见图13-3)。其一,一些人被吸引并加入到运动中;其二,另一些人被激起兴趣,但没有参加运动,没有放弃他们在社会或教育体系中的地位,而是采取了一种中间或折中态度,接受一些理念,一些不需改变重大结构而能被用于适应现存体制的理念。这些人目前在改革运动中担当变革的能动者;其三,教育体制面临来自外面教育运动的压力,来自那些希望采纳运动思想理念的人的压力。

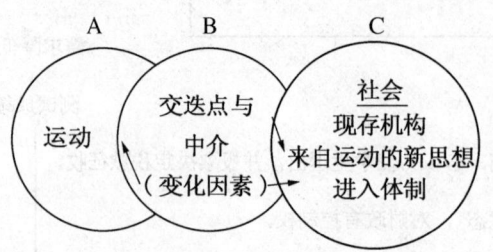

图13-3　教育运动能够导致体制改革

要求变化的范围,从"抛弃整个体制并重新开始"到"在现存框架内进行改革的空间"。多数教育政策制定者,由于逐渐地变化导致无须大量地破坏现存体制,而使计划与适应成为可能,所以在发生变化时,小心谨慎地采取中间态度。但是,对那些要求主要结构与意识形态发生变化的人,这种方式似乎没有作出反应。

使用"运动"来指非常特殊或短期的变化时,人们必须很谨慎,例如,诸如阅读机、发音打字机、程序化的课本等许多科技时尚,使许多学校发生了重大的结构变化,然而,却不可能被认为是种运动,这只能被包含在像"课堂技术"这样的大范围的"运动"之中。

本章提示的目的有两个,即强调教育运动对学校体制的影响,以及讨论影响美国教育的一些重大教育运动。鉴于教育背后的意识形态有助于决定教育的结构、功能、体制的变化,所以理解这些重大运动是重要的。

● 实践:请列举一些特例,讲述你所在区域学校变化的根源。●

历史上的教育运动

早期欧洲教育:社会目标与功能

教育一直是社会使年轻人适应其文化以及教育儿童成为其一员的方法的一部分,它不仅有正规教育,也有非正规教育,当儿童作为一员身处社会环境之中,参与该社会的活动，以此学会自己文化的方方面面时，这是非正规教育；当儿童在特定的场所，如学校，由教师讲授自己文化的某些方面时，这是正规教育。

在古希腊和罗马时期，男孩（女孩几乎没有）得到居无定所的博学家教师的教育，这些教师将需要发展自己推理能力与修辞，即说服艺术的技能教授给年轻人，这种"正规"教育符合社会与时代的需求，哲学家和伟大的教师，如苏格拉底，他的学生柏拉图，以及亚里士多德，他们的教养、思想自由以及理性探索等理念，如今依旧是人们研究的对象。

在罗马帝国瓦解、古典文明衰落之后，正规教育只出现在几个地方，如宗教机构等。欧洲的许多城镇有修道院学校，从事小学教育，但是中等教育只有僧侣有机会获得。这个时期的社会不依赖于一个受过正规教育的阶层来执行必须的功能，诚然，人们在大封建领主的城堡内可以发现一种正规教育模式，这里的年轻骑士训练军事战术技能以及骑士制度的规则。此外，商业行会与手工艺行会继续拥有职业指导学徒的方法。中世纪，大学也发展起来了。

中世纪教育对当今教育运动的一个影响就是人类堕落（human depravity）的概念。人们认为强烈的欲望是种罪恶，所有的儿童都有罪，生来都是邪恶的，早期宗教领导者，如罗马帝国基督教思想家圣奥古斯丁（St. Augustine），以及后来的法国基督教新教加尔文宗的创始人加尔文（John Calvin）和德国神学家、欧洲宗教改革运动的领袖马丁·路德（Martin Luther），他们强调，使用专制方式的强有力教师能够纠正使人堕落的弱点。同样，在新英格兰早期的殖民地，立法制定了《老骗子撒旦法》（Old Deluder Satan Acts），借以从偏离信仰的诱惑中拯救出来，如今许多人依然提倡在教室内使用专制方式。

欧洲文艺复兴时期，出现了全面的自由文化人的概念，人们对人文主义方面的希腊与拉丁文经典著作兴趣极浓。欧洲16世纪的宗教改革运动中的宗派主义教育（sectarian education），具有以上帝为中心的世界观，与此对照，文艺复兴时期的世俗教育（secular education），注重人类的世俗经历。这些观点继续影响着课程运动，在侧重全面发展学生的高等教育中尤其如此。

欧洲历史上影响美国教育的另一时期是18世纪的启蒙运动，当时人们相信，通过推理，使用大脑来解决问题，人类就能改善生活状况，而教育将能够促使社会向一个崭新的更好的社会前进，此外，授课也被认为是培养年轻人推理能力的手段。

美国的教育运动

公立学校运动　直到19世纪早期，美国的许多儿童仅就读小学，而处于中等层次的学校则是为精英子女服务的，他们入学就读的目的是准备上大学，最终导向在教会或商业界任职。这种模式使精英与商业阶层持久化。

人们的关注已经导致要求增加学校教育机会的运动:

1. 随着美国东北部的工业化,许多人担心儿童的健康,学校教育给在工厂长时间工作的儿童提供了一个可供选择的方案。
2. 对于自农村地区来到城镇的人,工业家寻求办法教育他们并使他们城市化,以便使他们成为顺从可靠的工人。
3. 许多人希望同化移民并使他们美国化。

学校似乎是能够解决这些问题的机构。

贺瑞斯·曼恩,1820年—1830年间马萨诸塞州立法机关的一名成员,是公立学校运动的最有力的倡导者和领导者,正是他奋力争取确立学校免费面向所有儿童,抛弃宗教传授,并且从公众税款中获取财政资助。他说道,"让家庭与教会传授信仰和价值取向,让学校教授事实与常识"(Blanchard,1971,p.88)。同时,他也提倡地方教育董事会由地方选举产生,从而排除守旧的教会牧师和校长对学校的控制。地方区域处在集权科层制机构——在州立教育委员会的监督和影响之下,曼恩自己被任命为马萨诸塞州这个部门的负责人。

贺瑞斯·曼恩的另一个创新是教师的职业化,教师培训大学或曰师范学院建立起来,用高薪来吸引高素质的教师,而用科学方法来评价教师。这种改革运动出现在社会需要支持发展大众教育的时期。紧随马萨诸塞州的先例,其他州敦促立法,确立一个全体免费的学校教育,这场运动也触及到了中等教育,但是,直到内战之后,人们需求受过高层次教育的劳动力时,"为更多的人提供更多的教育"的口号才真正产生了影响。

进步主义教育运动 正如19世纪上半期的公立教育运动,与将新到的移民融入工业化社会的这种更广泛的社会总趋势相匹配一样,延伸至1920年—1930年的进步主义教育运动与19世纪90年代的政治进步运动相匹配。

如今,人们对进步主义教育哲学理念的分支"生活技能"存在争议。一些人认为学生离校之前应该学会的基本技能有:性教育与毒品知识、婚姻生活、父母对子女的养育、垂死与死亡、价值观辨析、资金管理、消费知识、购置房屋、保险和其他实用技能的课程。但是,其他人则认为,学校教育应注重基础技能,生活技能应该在家中教授。

要素主义教育 西奥多·布拉梅尔德(Theodore Brameld,1977,pp.118—120)著书详尽地讲述了美国教育中的无数运动,并使用了术语要素主义者(essentialist)来描述那些参与50年代反进步运动的人。对于被称为生活适应运动(life adjustment movement)的进步主义教育的分支,要素主义者尤其感到恼怒,他们认为,这忽略了学校传授学科的智力教育使命,而将教育削弱为教授诸如家政学、驾驶以及卫生学等生存技能。

要素主义批评家，如亚瑟·贝斯特(Arthur Bestor)与罗伯特·梅纳德·赫金斯(Robert Maynard Hutchins)，谴责学校的"智力软弱无力，不果断"。海军上将海曼·瑞可佛(Hyman Rickover)抱怨道，他不能找到足够的科学家和技术员来修建和运作海军原子能潜水艇，而许多教会领导者及其追随者们则指责文化相对论的传授以及对永恒真理的忽略。从政治上讲，50年代的这十年是充满恐惧的时期，约瑟夫·麦卡锡(Joseph McCarthy)强调共产主义威胁论，共产主义者躲在国家学校的教师休息室和管理者的办公室内。一些人将进步主义教育看成是一场削弱教育机构的运动。

人文主义教育 20世纪美国教育遵循钟摆晃动理论，进步主义在许多方面都是对维多利亚女王时代独裁主义起束缚作用的、无效的学校的一种反应，要素主义是对进步主义的回应，而20世纪60、70年代的人文主义教育运动是对学校一直没有抛弃的独裁主义的回应，这是对以儿童为中心的进步主义论者教学的重新发现。

人文主义运动的领导者们认为，学校应该消除强制性的规章制度，应该创造更多机会，让学生参与制定教育目标，尤其是在中等层次上。这场运动深受到诸如心理学家卡尔·罗杰斯(Carl Rogers)与亚伯拉罕·马斯洛(Abraham Maslow)等的以当事人为中心的(client-centered)心理治疗的影响。在实践中，教育者西德尼·西蒙(Sidney Simon)(价值观辨析说)与劳伦斯·科豪伯格(Lawrence Kohlberg)(道德发展进程论)等，为教师提供了各种方式来分辨学生价值观，提高他们的道德基础。查尔斯·斯尔伯曼(Charles Silberman)的《课堂危机》(*Crisis in the Classroom*，1970)一书，其主旨是人文主义教育。他对美国教育的评论将学校描述成过度地正规化，失去活力的，通常是不人道的场所。而英国小学非正式课堂，在他看来是改革的楷模。许多师范学院，连最著名的北达科他大学，都采用了英国小学的经验，并提供学习体验，借此培训教师能够觉察学生的需求与兴趣爱好，并在课堂内得以应用。人文主义教育者坚持认为，人们应该更加关注儿童的"情感领域"(affective domain)的发展，或情绪(emotions)与感情(feelings)的发展，而不只是"认知领域"(cognitive domain)或智力的发展。情绪、智力以及精神运动的技能都需要得到关注。

人文主义教育运动导致人们对"为生活作预备"领域的兴趣，这被称为道德教育，也被称为道德发展(moral development)、公民教育(civic education)、平民/道德教育(citizen/moral education)、道德鉴赏力(moral sensibility)、道德推理(moral reasoning)、价值观辨析(values clarification)等。道德教育不是"教授"道德，而是通过课堂练习的使用来帮助学生处理伦理问题，这种问题影响着他们以及他们生存的世界，并进入到他们决策的过程中(Simon, 1972)。

价值观辨析说整个理念不是去慢慢地灌输或介绍无论新旧的特殊价值观，而是帮助学生发现那些他们已经拥有的东西。此外，该理论强调，经过纸笔练习训练的价值观将有助于学生更坚定他们的价值观取向(Etzioni, 1977)。

人文主义教育批评家们认为,我们不应该在教授价值观方面保持道德中立立场,而应该在方向上更加明确,更为绝对化。他们同时也质疑,教师能否在教授过程中保持中立或隐藏自己的价值取向(Etzioni,1977)。

选择性教育以及相关运动

选择性教育运动的根源来自人文主义哲学观,它强调一个儿童的整体性,认为在运动中所有人共享的哲学体系是不可能的事,但是用于描述学校教育的术语或多或少地坚持着哲学原则,包括*自由*、*开放*、*革新*、*实验*、*崭新*、*激进*的*原则*等。这些哲学基础中的许多方面已在书中得到了详细的说明,书也变成了选择性学校倡导者的"圣经"。

自由学校(*Free Schools*)指那些给予人们自由和选择权利的学校。它们体现着公开性质、非正式性、灵活性、家长与社区的参与以及与种族隔离相对立的民族融合,强调智力、社会与情感方面的发展,鼓励自知之明、独立以及彼此依赖,激励共同承担责任情景下的创造性,并且将失败、竞争、独裁主义、组织管理严密的行政部门、昂贵的设施以及分类减到最小化。

索么黑尔(Summerhill)是坐落在英国小村庄的小型住宿学校,它提倡完全自由的学习环境以及无约束的自发行为。已故的尼尔(A. S. Neill,1960)在1921年创立了这所学校,他相信,要成为满足的成人,儿童必须被允许有自由的体验,纪律下的无拘无束的体验。学校仅有的几条规则经过民主的方式由整个社区确立。尽管从基础到中等层次都有正常班,但是上课确是自愿的(Hart,1970)。美国的一些自由学校具体地模仿了这个学校,而其他一些则采用了此典范的某些方面。

当然,自由学校运动不只是对强制性的学校结构、陈旧的课程、没有效果的教学方法等做出反应,更是对学校教育作为主流文化手段的一种反应。虽然不是全部,但是有许多自由学校倡导者受到一种哲学理念的激励,这种理念就是,教育应该被看成是政治目的的一种手段。

自由学校中最大的学生群体是那些聪明的学生,他们寻求摆脱更传统学校中的焦虑感和无聊感;同时也是那些有过学习不及格经验的潜在的辍学学生。对于这两类学生而言,自由学校满足了他们的需求。

第三世界的选择性教育运动

改变教育权力结构也是一些第三世界教育家们的目标。在《受压迫者的教育学》(*Pedagogy of the Oppressed*,1970)一书中,巴西教育家保罗·佛瑞热断言,领导受压迫的农民意识到自身文化实体(即压迫他们的势力),从而给予他们知识以及伴随着的权利来回击压迫者,通过这样的方式他们的扫盲率能够得到提高。佛瑞热设计了一种教授阅读的新方法,这在巴西东北部贫困地区取得了重大的成功,结果小农阶级的政治化得到加强,这在政府看来是种威胁。于是佛瑞热被监禁,最终被迫背井离乡。伊万·伊利奇(1971)以前是个牧师和改革者,在墨西哥工作,他认为学校属于几种机构中的一种,这些机构具有强制性、差别对待个体并且对个体造成损害。他声称,考虑到变革,如果将教育从学校教育中解脱出来,就会产生对社会秩序的去制度化(deinstitutionalization)。同时,他也认为,人们不必要上学获得教育,学校事实上可能抑制教育。

英国小学

英国开放小学模式勾勒出了教育个性化义务的特点,并且强调基础教育,即阅读、写作和数学等。在这种教育体制内,儿童在自身水平层次上学习基本技能,这些技能的教授与其他科目的教学联系在一起,这些科目有历史、科学、音乐和艺术。对这种体制的评价简要地说明了下列内容。

> 美国与英国的回归基础课程运动似乎在设想,如果儿童花费更长学时、以更狭窄的方式学习基本技能,那么他们将会获得更大的成绩。我们的一个全国性调查表明,其对立面是存在的。如果基本技能嵌在儿童直接经验结构内,而这种结构连接了他个性与本质的许多方面,那么这些技能将会发展得更加的完善(A British Administrator,1979,p.61)。

选择性教育运动的影响可以从许多学校体制和以不太传统的方式教育学生的课堂上看到,此外,可以在那些存在选择性类型学校或课堂的学区内看到其影响。

许多公立学校体制建立了"选择性公立学校",面向那些潜在的辍学学生,以及在传统的中学体制内不能有效地发挥功能的学生。这些"边缘的"(fringe)公立中学包含许多私立选择性学校或自由学校的特征,它们是非正规的,且规模小,是种个性化的学习,学生参与决策制定,学习方法是创新的,而且社区介入其中。一些大城市还为入学受限制的学生保存着选择性的中学。

开放式课堂

开放式课堂(open classrooms)源于进步主义教育运动,有时被称作"大课堂"(open classrooms)、"开放教育"(open education)、"开放学校"(open schools)以及"开放空间"(open space)。它们有以下的特征:

1. 关注教师与儿童互动的质量,热情的、接纳的、认真考虑儿童的想法
2. 强调合作,不强调竞争,几乎没有行为举止问题

第十三章 教育运动与改革

3. 自由运转与使用教材,有一定的范围,儿童之间存在交流
4. 与正面自我形象、愿意冒险和持之以恒相关的其他因素

有教师可供促动学习,在活动中帮助学生。教师的角色是起支持作用、指导作用并以儿童为中心。物质环境呈现一种非正式氛围,课桌以组排列,在教室的不同位置可举行不同的活动。开放式课堂在小学中最常见(见图 13-4)。

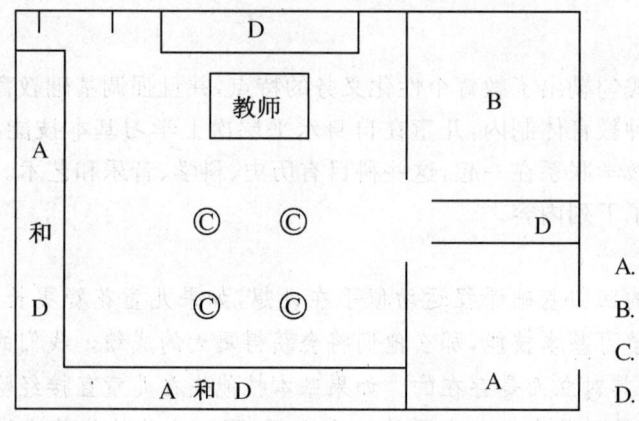

图 13-4 开放课堂

家长趋向参与开放式课堂,自愿帮助孩子或为他们带来计划方案。开放式教育导致产生课堂上的不同互动模式,一般而言,学生互动更多,而正式的教师与学生之间的互动较少。这种教育对一些学生尤其有益,如美洲土著儿童,他们来自一种持有类似开放式教育的价值观的文明,这种价值观包括合作、分享、决策制定的个体责任等。

在回归基础课程运动时期,开放式教育课堂遭到攻击,如"不言失败的学校教育",它机械地使学生升级,却没有意识到成绩的缺乏。一些开放式教育结构被更加传统的教室取代,课桌与椅子排成行,但是许多教师已经保留了该教育类似的课堂氛围。

回归基础课程

选择性教育运动中,钟摆摆动到了保守的一边,被称为回归基础课程运动,呈现的特征有,有益却又过时的阅读、写作和算术,伴随着许多的纪律,并且没有人文主义教育以及艺术等虚饰。基础技能教育的支持者们认为,应该用要素主义者的原则来指导学校,原则包括:

1. 小学课程应该以培养基本工具的使用技能为目的，促成扫盲运动以及算术计算的掌握。
2. 中等课程应该培养历史、数学、自然科学、文学、英语、外国语等方面的能力。
3. 学校教育需要纪律以及对合法权力的尊重。
4. 学习需要勤奋以及遵守纪律的专心(Donohue，1976)。

学完这样的学校课程，学生应该能够运用知识解决许多问题。诚然，一些人认为，学生也将懂得他们在社会阶层结构中的位置。这种回归基础课程教育更强调基本技能的培养，起初这种压力来自关心子女技能水平的家长，此外，还来自调查团报告、国家立法者和公众对成绩测验分数下降的担心等。

我们的历史概要表明，回归基础课程教育并不是新兴的。在清教徒时期，建立的多数学校用于教授基础技能以及宗教，这样儿童能够逐渐理解道德、宗教与法律，来自精英家庭的年轻男子就读文法学校，这些学校教授希腊与拉丁文学，重点常常放在基础技能方面。随着殖民地的扩张，不同种类的学校得以建立，来满足学生和社会不同的需求，重点也常常是基础技能。麦克嘎菲(McGuffey)读物作为用于课堂的主要教科书，盛行了近一个世纪，即从1836年到20世纪30年代。除基本技能外，教科书强调道德与礼仪，见框13-1，它清晰地例证了最主要价值观的文化传播。

框13-1 来自麦克嘎菲读物的摘录：要记住的事情

1. 早上起身时，请记住是谁在夜间使你免受危险。记住是谁在你睡觉时看守着你，是谁的阳光照耀在你的周围，并给予你一天甜蜜的光亮。
2. 让上帝聆听你对他的仁慈和关爱发自内心的感激，请祈祷上帝赐给你每天觉醒时间内的保护。
3. 坐在桌旁，请不要像猪一样贪婪地吃，寂静地吃，不发出一丝噪音，不要伸手去取食物，相反，请他人给予帮助。
4. 避免板着脸，露出生气的神色，避免生气的话语，不要砰地关上门，上下楼梯轻手轻脚，永远不要在房间内发出巨大声响。
5. 举止友善而文雅，不要像冬天里咆哮的暴风雨，而要像夏天阳光灿烂的清晨。
6. 永远做父母吩咐的事，随时服从他们并面露愉悦神色。
7. 永远不去做父母知道时你会感到害怕或羞愧的事情。请记住，即使没有人看见，上帝会看见，面对上帝，即便最秘密的念头你也隐瞒不住。

> 8. 对所有人做好事，因为在上帝的眼里，这是件合意的事情，他乐意看到他的孩子们彼此沐浴在爱的海洋中，慷慨行事。
>
> 练习——清晨你应该记住什么？你应该感谢谁？为谁祈祷？餐桌旁你该如何举止行为？避免什么行为？应该如何对待父母？夜晚该做什么？应该永远信任谁？
>
> 资料来源：McGuffey, William H., *Third Eclectic Reader* (Cincinnati: Wilson, Hinkle, 1857; 2nd ed., 1965, pp. 55—57).

基础教育委员会成立于1956年，是那些对基础教育或基本技能感兴趣的人的联络组织，如今的基础教育支持者有着广泛的兴趣和动机，其中一些提倡使用浆型工具促使轻轻前进，并且强调真理、美德、正义、宗教教义、着装规范等，把它们看成学校的主要关注点，但是，另一些人希望那三种基本技能（阅读、写作和算术）能够被掌握。

回归基础课程的支持者们主要的联合思想意识来自于对以下事件的反应：被允诺的奇迹没有出现、废除种族隔离、禁止课堂内朗读圣经以及祈祷、"社会道德意志的崩溃"以及对"爱国主义、伦理道德、礼仪、成人威信、纪律、秩序和素质教育等"的需要（Egerton，1976）。

学校变化指什么？许多开放式课堂被取缔，除了基础课之外的其他课程被质疑或被取缔，包括艺术与音乐赏析、性与毒品教育、体育和驾驶课程等，它们强调儿童全身心的健康，以及对辅导员和其他社会服务项目的利用。因此，纪律和基础技能取而代之。近年来，犹如钟摆又向回摆动了一下，一些社会活动和附加的课程又缓慢地恢复起来。

私立学校

急速发展的私立学校事业很大程度上归功于回归基础课程的支持者，它靠灰心丧气的家长们的不满情绪而兴旺起来，这些家长希望从废除种族隔离的冲突、觉察到纪律的缺乏以及标准的明显降低等现象中解脱出来。

私立学校的种类有以下几种：精英预备学校，如乔特学校（Choate）、菲利普斯·安杜佛学校（Philips-Andowver）、格罗顿学校（Groton）和劳伦斯威利学校（Lawrenceville），它们迎合入读精英学校的富人的需求；特殊学校供残疾人、有天赋的以及智力迟钝的人就读；军事学院；宗教宗派主义的走读学校，受助于天主教徒、犹太人、浸信会教友、路德教会、基督教教友派成员、信奉正统派基督教的基督教徒以及其他宗教团体赞助。不同的人对教育作用持有不同的信念，这些私立学校迎合了他们的偏爱。

20世纪70年代,一种私立学校经历了巨大的发展,这就是信奉正统派基督教的基督学校,其中,有一些是因人们对公立学校的否定而建立的,另一些因学校整合而产生。此运动的核心因素是人们对教育体制的不信任,觉得它似乎在将相异的价值体系强加给自己。

信奉正统派基督教的基督教徒相信,教育与基督教教义不能分开,他们反对公立学校的教学,包括一些观念的教学,如人类是从更低级的生命进化而来的,这完全否定了圣经中《创世纪》的书面阐释,再如人类是动物的观念,这暗示人类没有灵魂,此外还有些具体的教学内容。对公立学校的这种教学的反应导致人们对基督教学校的兴趣急剧增长,在此运动中,犹如其他运动,人们有种内群体、外群体的感觉,或感到强调我们他们的这种语气,他们正在摧毁我们儿童对上帝的信仰,灌输相异的观念。

自1991年,私立学校教育得到了政府的推动,这种推动以推进"选择性"体制的形式出现。它将允许家长选择不同的学校,依此将获得资助每个学生入学的资金(America 2000, 1991),结果,更多的学生能够进入私立学校。

● 实践:家长和学生能够选择他们中意的学校吗?
赞成和反对的论点分别是什么? ●

教育责任制运动

教育责任制指控制教育资格水平以及测量教育经费结果的一种方式,此运动的产生源于人们对教育的人文主义的关注。人们最关注的是试图解释花费的每一分钱,试图让某些人——通常是教师——对学校的成绩负责任,这种成绩以学生的成绩来衡量。一些赞成学校改革的教育家支持教育责任制的理念,例如,纳特·汗拓夫(Nat Hantoff)力劝家长大声反对"严重的消费者欺诈行为",并且要求使用合格的教师,他指出,教师几乎从没有因为不合格而被解聘过(Hantoff, 1978, pp. 3—8)。为了尽量确保教育责任制的实施,许多计划已经出台来检测教师的成绩,它们包括学生标准测试成绩与全国教师测试的方式。譬如,教师培训机构的因材施教要求学生毕业前掌握一定的技能。

学生测试成绩低、学校暴力现象以及高辍学率等被用来引证近来诉求教育责任制的原因,许多州要求学生在校期间通过测试的一个百分点或以上,一些州和当地学区已经提议,教师工资与学生的测试成绩挂钩。这一措施很可能减少了课堂内的活动,教师实行应试教育。教育责任制运动已经加强了测试部门在学校环境中的权力以及影响力,学区要将所有学生参照州或全国的标准进行评估时,就依赖于标准测试。教育考试服务中心发行的大学入学考试或学习能力测验,以及美国大学测试等标准测试中,成绩有所下降,这被引证为70年代后期和80年代初回归基础课程运动的主要原因。

人文主义者指出,教育责任制可能使学校远离无拘束的、人文的并富有创造性的情境,而转向冷漠的、正规化的情境,前者鼓励形成积极的自我概念以及获取成功,而后者有着测量程序以及清晰描述的目标,几乎不允许自发性和创造性行为。

依据系统研究方法,教育问题不能只归咎于一种缘由,教师不是造成此问题的惟一原因,学生也是如此。也许学校是替罪羊,是由于人们期望它能解决所有社会问题而被责难的。正如所有在学校供职的人,各级别的政府也都与学业成绩有关联,家庭同样也起了一定的作用。

一些教育责任制运动的批评者们认为,除了教师和学校行政管理人员外,有无数因素导致教育问题的产生,这包括家长、社区居民、地方教育董事会、纳税人,以及最重要的学生自己。近来,家庭与教师教育方案因学生不及格而都受到批评,一个儿童得到无数人的教育,只着重该系统和环境中的某一方面将会产生"绷带"效应,然而却不能使问题得以解决。

测试的争议是复杂的,成绩下降有许多原因,而参加测试的学生人数、类型的变化以及学生的学习动机只是其中的两个因素,事实上,一些批评者争辩,在就业以及大学入学方面根本就不应该使用测试这种方式,因为测试是教育领域机会平等的最大障碍。

有效学校与教育改革

最近教育场所一个时髦词语是有效学校,该术语确切含义多样化,但是,共同的主题是学生正达到高水平或成绩已有显著提高的学校。从有效学校的多样研究中,我们可以归纳出促使学生达到高水平的特征:

1. 专业人员有很高的期望,并且相信所有的学生能够实现它。
2. 学生知道这些高期望,有很高的自我概念以及学术无用的感觉很少。
3. 教师和学生的角色期望中包含高的学习成绩。
4. 学校酬劳结构以成绩为中心。
5. 学生的分层以及教学大纲的差别处于最小限度。
6. 学校目的和教学目标是相同的。
7. 学校环境有益于学习。(Brookover,Erickson,and McEvoy,1996)

更多的研究和报告集中在如何实现有效学校这个话题上。已有报道说,学业成绩在下述情况下能以最高比率的提高,即人们明确地阐述年级水平期望和每个学科领域的标准,明确就读期间的家庭作业制度,并且所有学生被教授属于他们年级水平的课程。其他的研究结果侧重在教学方法、课堂期望和规则、学生如何以学科分组以及其他特殊的建议,其中一些前面章节已经讨论过(Talbert,1995)。

诸如有效学校等改革运动中存在着危险,即学校、地区或州将只试图制订出改革的"清单",而不考虑什么最适合哪个学校的问题。一些有影响力的改革家们认为,单个学校必须是努力改善学校的中心。在一项针对13个不同社区38所学校所进行的大量描述的数据基础之上的大型研究项目中,古德拉德(1984)研究了学校的以下几个方面:学校功能、学校与学生的相关性、教师教学的方式、教学的环境、课程、学习资源的分配、公平性、隐性课程、学校质量的满意程度以及学校数据收集的需求等。他认为,学校改革必须发生在单个学校和课堂层次上,而不是在某些偏远的中心地带。一个中心站所强制的一致性会阻碍真正的改革,相反,决策权力分散是必不可少的。给予教师并且与他们一起工作的校长权力,他的有力领导能力将会给学校的成绩带来最大的影响(Bernhardt and Ballantine,1995)。

回归基础课程、教育责任制以及有效学校的风险性在于,降到班级中下层的这些处于不利地位的学生数量在不断地增加,其中的一些将会落得更后,最终导致辍学。

学校结构与课程改革

教育体制中引进的变革影响着结构和角色关系,当运动产生新的观念、关注以及新的课程时,通常,人们努力将它们融入到现存的体制中,这就需要学校物质与角色结构的适应。结构改变可以发生在体制层面,如"磁石"学校[1](magnet school)、保证金制度或特许学校等;也可在学校层面,如将学生按能力分班、整合残疾人、为有天赋学生设计课程、建立建筑风格选择等;也可在课堂层面上,如可选择的课程模式、分组教学制和开放式课堂等。

"择校"(School Choice)运动

几个教育运动提倡为学生提供选择权以及可供选项,它们分为四类,特许学校、正规家庭教育、开放注册和保证金。择校是公共教育中一种迅速成长的改革,在美国公立学校学生中,几乎每十位中就有一位参与了某种类型的选择,虽然法庭案例在限制它们的扩展,但是在许多州,特许学校正越来越普及,正规家庭教育允许家长安排子女的学校教育,开放注册给予家长们选择子女就读学校的选择权,一般是一区域内的选择权,而保证金也允许家长依据自己的喜好将子女送入任何一所学校(Education Commission of the States,1999)。

尽管这观念在一些城市已经实施了许多年,但是直到最近各区域才正式采用磁石

---

[1] 译者按:一种招收在形象和表演艺术上学术成绩突出或者有天赋的学生的公立学校,从全城各个地区招收生源,提供较好的教育,并以此作为消除种族隔离的一种方法。

第十三章 教育运动与改革

学校政策来废除种族隔离以及融合他们,这通常导致体制层面的变化。一些城市建立了科学、数学、美术与音乐以及职业教育,以特殊兴趣或才能为基础将学生分类并且废除学校的种族隔离制度。该计划在一些城市适合,有时成为用校车接送学生方式来废除种族隔离制度的计划中的一部分。1992年,全国共有5 000所磁石学校,此数字一直增长到各区域开始探索其他的选择时才停止。研究表明,磁石学校能够改善学生的选择项,有助于努力废除种族隔离制度,并且提高教学质量(Blank and Archibald, 1992)。

特许学校是更近期的一种革新,它也允许选择,在一些方面与磁石学校相似。到1998年底共有1 050所特许学校在运作,分布在27个州内(Berman et al., 1999)。诚然,它们多数建立的时间不长,其中一些甚至已经倒闭。特许学校可以是公立学校体制的一部分,也可以是盈利性质的学校,可以是新近创建的学校,也可以是公立学校转变而来的学校(Schneider, 1999)。新的特许学校起因于问题儿童、少数族群儿童或迎合家长的担忧等,然而,任何时候只要涉及到选择,一些家庭就会走在那种选择的前列,于是,对有些人而言,这种选择的缺乏可能导致更大的不平等(Wells et al., 1999)。

社区学校类似于特许学校,但它通常兼社会福利服务为一体,譬如卫生与情感需求等(Coltoff, 1998)。像特许学校一样,它注重特别的方式、主题或课程,它得到公共资助,并给予家长和学生管理上的自主权(Bennett, deMarrais, and LeCompte, 1995, p. 298)。关注盈利性特许学校的批评家们,或许以最经济的方式行事以便使成本高效,或许建立官僚机制来限制教师的创造性与自由权(Dykgraaf and Lewis, 1998)。

保证金制度也导致体制的变化。学区建立学校有着许多的哲学观、教育工作计划、各种纪律规则以及服务设施等。从理论角度看,社区与家长参与学校的录取工作和运作过程中,每个家庭接受到为学龄年儿童提供的保证金,这些保证金有益于在自己选择的学校内进行为期一年的教育。

上述这些选择都归为择校这一类型,择校运动的领导已经提倡家长和学生自由选择学校,这样家长能够在教育哲学观与课程之间进行选择。这些项目的一个论点就是,学校之间的学生入学与保证金方面的竞争能够提高标准,在每一种情形下,一个主要的目标就是使家长参与到有关子女的教育决策之中。

择校的反对者主要担心几点,即城区公立学校可能成为其他学校未录取的学生的垃圾堆积场,而部分由公众资金资助的私立学校,开始对学生群体更有选择性,以这种方式可能会深化社会内的区分。一些人预言,公立学校教育将退出,而学校群体构成将出现不同种类。但是,对密尔沃基保证金计划的早期评估表明,家长选择方案吸引了一些更倾向于有行为问题的学生,而且与未涉入此计划的家长相比,这些家长更参与子女的教育,并对教育更为满意(Olson, 1991, p. 12)。

诚然,择校制度是否为低收入的年轻人改善了学校教育条件还不清楚,一方面,它能够鼓励更多的年轻人和家长加入,并给予儿童选择学校的权利,另一方面,它能够使贫富间的差异持久化,其原因在于,与低收入的年轻人相比,高收入的年轻人鉴于自己的选择能够继续获得更好的教育(Wells et al., 1999, Manski, 1992, p.1)。

● 实践:你所在区域学校受到近期择校运动的哪些影响? ●

"多元文化主义"与"政治正确性"

多元文化课程(multicultural curriculum)指除其他科目之外,还教授历史与文学,教授的方式是要正确地反映当今美国乃至全球的不同文化层面(Ravitch, 1990)。将多元文化教材融入现存的课程包括:列入少数族群阅读教材以及有关少数族群的教材,整合所有群体的历史以及其他更广泛的主题。这些可以促进美国与全世界多元文化社会各部分之间的理解。

1987年,美国史坦福大学的口号是"嘿、嘿、呵、呵,西方文化必须前进",第二年,史坦福大学西方文化必修课出现了一些变化,同时大中小学校内该教授什么的争辩也更为激烈。

辩论一方认为,大学课程与入学标准正逐渐丧失其作用,而有时被称为"教规"的知识的共同核心,在多元文化修辞的风潮中正被忽视,此外,学校校园面临"反西方的狂热行为",而多元文化主义在迷惑着人们(Sacks and Thiel, 1995)。

辩论的另一方论点范围从新课程内容详尽论述的计划到推翻我们熟悉的大学教学内容以及教学工作的激进计划。无数的民主社会需要有文化的公民,他们接受民主思想,行为超出了以民族、种族、阶层和文化来区分的国家界限(Banks, 1999)。

一些教育家觉得,要在课程和课堂上真正实现多元文化主义,我们就需要加强多样化(Cope and Kalantzis, 1997)。革命性的多元文化主义赞成重新分析与西方教规(Western Canon)理念相关的资本主义体制下的权力与特权,这种理念中,白色(whiteness)意味着什么将是一个研究的课题(McLaren, 1997a, 1997b)。

政治正确性指公平而精确地将少数族群和女性列入历史、文学和其他科目的讨论之中,此运动的目的在于使学校的许多组成部分敏感于种族主义、男性至上主义和其他微妙的领域。有关"文职人员"的普遍而又常常言词尖刻的辩论,集中在什么是公平与精确上,集中在传统学术自由的价值观是否正受到要求修改所谓"传统"课程压力的威胁。

随着运动转向涉及面变得更广的课程时,一些教育家们提出批评,指责教授传统课程,使用"过时"的术语或解释。于是出现了以普林斯顿和新泽西州为基地的一种对抗性反应,即国家学者协会(National Association of Scholars),最初由保守的学者组成,随着岁月的流逝,成员已经变得多样化,更多的学者已经开始关注起学术自由等问题(Mooney, 1990)。

第十三章　教育运动与改革

迪乃西·德苏扎(Dinesh D'Souza)是有关"政治正确性"运动辩论中最有争议的人物之一,他认为,

> 问题不是列入更多的女性著作、黑人著作或西方传统之外的著作,它更主要体现在正确与合理已经得到了承认。作为学校广泛争议基础的真正问题包括:许多人推测西方价值观与生俱有压制性,教育的主要目标是政治转变以及所有的标准都是专制的(D'Souza, 1991)。

当争议逐渐平息下来时,我们应该看到一些新的革新方法与公立学校和高等教育中核心课程的传统和更新的方法联系在一起。

科技与课堂

对成绩分数下降的忧虑导致50年代后期出现了治百病的万灵药洪潮,在全国,教学机器、程序阅读丛书、发音打字机、教育电视、录音机和其他科技创新被引进了课堂。新科技支持者的观点是,就像商业和其他机构部门那样,学校应该利用科技革命。"传统"课堂应该变成个性化的教育中心,来迎合多样的学习方式和兴趣爱好。科技连接家庭和学校学习的这种潜在性使教育者们惊喜。60年代后期,计算机开始出现在课堂上,并且出现了计算机辅助教学。

尽管课堂内具体的科技种类发生了变化,但是新的形式被普遍接受。随着新的能力的开发,科技的新用途将得以实施,我们经过21世纪时,也只看到了这场影响深远的运动的开端。将来,课堂以及教师的角色也许与现在很不相同,运用电子方式进行信息检索将成为重点,而远程学习将给全球带来无止境的学习潜力。这只是个事例,例证了一种倾向,即由于自身对社会未来工作所起的重要作用而很可能产生一种持久的影响。诚然,科技有其怀疑论者,他们担心人类的教育与学习会丧失,而这种教育和学习涉及到人的感官的使用,以及通过彼此的接触而进行的学习(Jones and Smart, 1998)。

其他运动、改革与时尚

"在过去的十年间,社会科学家和记者们编著的数百份代价高昂的报告和数千篇文章,已经证明了美国学校的缺点。人们普遍认为需要改革,然而对改革的内容与哲学观却有着强烈的不一致性"(Ewen, 1990, p.1)。

人们提倡用教育改革来解决一切问题,范围从主要的教育关注点到细微的问题。一些观念得以尝试,获得了成功,并被融入到教育体制中,作为永恒的特征;另一些由于缺乏人们的关注和支持而没有成功。新的观念根据人们接受程度而有所变化,这种

接受取决于许多要素,如政治环境、经济条件、要求改革的来源和压力、学校和课堂层面需求的常规变化,以及课堂教师的支持等。例如,最近的一次可能是短暂的、也可能会受到人们广泛地接受的创新是"分批教学时间安排"(block scheduling),最初的研究表明,学校氛围得以改进,出勤率提高,阅读与数学方面取得成就、标准测试分数增高,此外教师也喜欢这种形式(Rettig and Canady, 1999; Thayer and Shortt, 1999)。

在过去的30年里,学校改革的语言发生了变化,从"创新"等的概念到"重组与转型"等的系统概念(Hartoonian, 1991)。激励人们努力产生改变的问题是逐渐增长的低收入和逐渐增加的少数族群儿童数量、辍学学生和失败。

观测者们担心,当前教育改革的努力不是建立在研究结果或一个全面的计划之基础上,更可能强化矛盾而不是开始解决这些问题("Research and the Renewal", 1991)。教育研究者、政策专家和对采取行动所产生影响的舆论领导者之间很少进行对话(Gardner, 1992)。教育者们对造成学校困难的原因达成共识,但是没有影响力,他们的建议通常是没人理睬的。

尽管有些人将会使我们回归教育"过去的好时光",但是历史上任何阶段都有教育批评家,都存在学校问题,包括高辍学率、阅读能力

一种教育运动为家庭正规教育。

很差的小学生、厌烦、暴力和无修养的学生等。我们可以预测,钟摆将继续左右摆动。

使用开放系统方式有助于解释清楚,在如此多样的环境压力和运动的体制下,一种教育政策制定的整合方法很难实现。体制内的许多相互依赖的成分必须考虑进去。学校易受到环境压力的威胁,易受到时代氛围的影响,当每一种新的时尚导致体制内的巨变,即改变了它的结构以及角色关系的时候,一种平衡的课程是很难实现的。

● 实践:请预测一下,在我们进入21世纪时,学校将会有什么变化? ●

结语

社会与教育运动反映社会中体现出来的不同观点,反映可观察到的选择范围。系统经受着社会运动产生的要求变化的压力,变化也许涉及到现存课程微小的改变或主

第十三章　教育运动与改革

要结构与课程的改变。运动在改变社会机构中的有效性，就像运动所吸引的注意力和所提倡与激励的课程的可行性一样。一些运动寻求从现存结构中分离出来。本章回顾了运动理论、影响当今教育的教育周期、美国的教育运动并予以特殊事例说明以及运动的总趋势等。

Ⅰ．教育运动的本质

教育运动的来去就如钟摆的晃动，反映着时代的状态，来自环境的压力群体，影响着教育系统，其中，一些激励学校远离传统或公立学校体制，另一些强迫体制内的改革。

Ⅱ．历史上的教育运动

早期欧洲教育对当今教育运动和体制有以下三方面影响：

1. 诸如"推理能力、修辞和劝说艺术"等有影响力的教学法以及理性探询。
2. 儿童人性的堕落，这鼓励了专制方法。
3. 文艺复兴的全面的自由文化人概念。

几种运动已经在美国教育历史中占主导位置，那就是公立学校运动、进步运动、要素主义以及人文主义教育。

Ⅲ．选择性教育以及相关运动

在美国所有的机构面临挑战的时候，出现了选择性教育运动，它的主要拥护者所觉察的学校压制性本质的东西，英国索么黑尔小学是运动哲学观中最有影响力的，此运动产生了现存体制之外的自由学校、选择性学校和开放课堂。

Ⅳ．学校结构与课程改革

回归基础课程运动是对"选择性教育自由性"的对抗性回应，它强调基本技能，而相对不重视"非本质东西"，产生了私立学校、能力为基础的教育，以及诸如教育责任制等的其他次要运动。

教育责任制指代许多事情，常常包括教师对能力的关注以及学校考虑开支并评估教育过程结果。

有效学校关注如何帮助学生成功，为了提高成绩水平，研究指出学校必须考虑的变量。

一些运动有着持久的影响，另一些被认为是治百病的万灵药，却失败了。一些教育科技与成绩的缔约形式辜负了人们的期望。职业教育和一些结构的变化，如磁石学校和保证金制度等，已经交集成功。开放教育，即使有限的，也留下了永久的标志。

社会运动以课程和结构变化的形式体现在高等教育体制中,一些机构已经产生了选择性教育模式。

与教育运动相关的变化反映在被提议的创新、激进改革和其他选择项中,单个群体的许多关注就反映在这些变化中。人们预测,对教育平等的忧虑将继续存在,而实用教育将因经济条件而成为焦点。

实践

1. 请找出你所在社区中小学教育存在的选择。
2. 你所在的社区是否尝试过任何本章中提及的"时尚"?成功或失败的记录是什么?
3. 设计一所你想就读的任何层次类型体制的学校。包括本章讨论的体制特征以及其他你想加入的特征。
4. 就对子女教育的态度以及对选择性与基础相对的教育的态度,对邻区家长进行非正式的调查。
5. 花时间观察两所代表不同哲学观的地方学校或课堂。

第十四章 教育系统的革新与规划

本书呈现的是对动态系统的陈述,这种系统没有停滞不前,也不可能如此,因为要求革新的压力此起彼伏。回顾一下我们学校的系统模式(见图 14-1)。社会中所有的人都受到该系统的影响,而其中大量的人与学校系统息息相关,他们是受过教育的或受雇于学校的人员,而所有纳税人、家长、学生的生活也都受到它的影响。

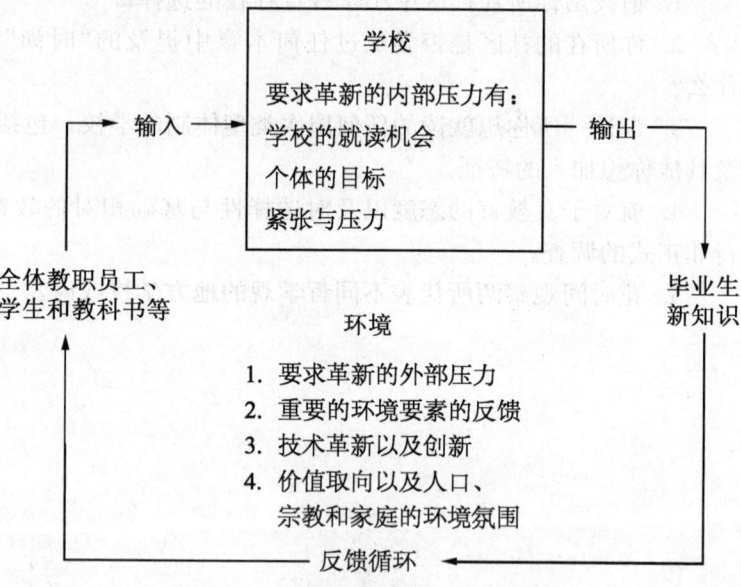

图 14-1 学校革新的系统模式

学校面临来自学校系统内部以及环境的持续不断的挑战,像学校这样的开放系统要生存,就需要有灵活性和适应性,要维持一项可行的课程以及满足各种需求,就需要依赖学校系统内外的个体与群体的支持。革新影响着教育系统中的方方面面。一些要求革新的压力侧重在"放松"社会结构以及允许学生有更大程度的灵活度、选择的自由度方面,另一些则呼吁紧缩必要条件。物理空间和学习的实验已经出现在"开放空间"的学校和选择性课堂内。本章将探索教育系统革新的过程以及一些被提议产生革新的方法。

革新的动力

革新永远存在，它出现在社会、组织、群体以及个体内部，然而，用一个定义来概括所有层面与类型、所有规划或未规划过的革新却不是件容易之事。革新的一个定义就是"社会现象中规划或未规划过的质变或量变的过程"(Vago，1989，p.9)。另一定义为，"规划的社会革新就是革新能动者通过有意识的、谨慎的协作努力来改善社会系统的操作"(Bennis，Benne and Chin，1985，p.280)。让我们来看一下革新过程的几个要素：

- 革新认同指一种在经历转型的特殊的社会现象
- 革新级别描绘某一特定革新发生时在社会系统中的位置
- 期限指某一特定革新形式被人们接受后所能维持的时间
- 革新方向能够表明该革新是发展还是衰退，是进步还是后退
- 革新量级可从递增或最低限度、全面性和革命性革新这三部分构成的系统进行考虑
- 革新速度可从快或慢这样的主观纬度上考虑(Vago，1989，p.9)

革新过程可以迅速迸发出来，也可以是渐进，甚至是进化而产生的，可以是规划也可以是未规划的。规划的革新通常是某一系统"很显然的功能"或明确的目标的结果，而未规划过的革新，在某些情景下被称为"潜在的功能"，可能是人们不曾预料的规划革新的结果。

导致革新的推动力来自学校内部功能作用或环境影响力。譬如，我们可以设想记录瞬间的快照，明日的快照与今日的截然不同，这是永无止境的革新过程的本质，这种革新过程也是本书通篇的基本主题(Hall，1991)。

通常，革新被看成是改善我们生活的积极的具有生产力的过程，诚然，它也能成为导致威胁、令人恐惧和产生矛盾的力量，用它持续的运动来推动、牵引着人们。它经常颠覆我们已经建立的常规，作为需求稳定的人，我们发现这种状况令人头疼。阿尔文·托夫勒(Alvin Toffler)杜撰的术语"未来冲击"(future shock)指不能调整或适应社会文化迅速革新的极端情形(Toffler，1970)。常规很重要，它们给予我们熟悉的基准，没有了它们，就没有了不同活动转换的结构框架，正是在这种过程框架内我们审视教育机构的革新。

● 实践：概述你所在学校或社区发生的规划性革新的要素。●

革新以及层次分析

我们考虑革新时，应该设想一个复杂而普遍存在的革新过程，在计划与实施革新并且研究其影响时，意识到革新发生所在的层面是很有用处的，在指涉诸如学校等系统内的革新时，社会科学家通常把四种"层次分析"概念化：

1. 个体层次革新指教师、学生或其他在系统内扮演角色的人所发起的或导向他们的革新。譬如，企图改变教师对一个新计划的态度。

2. 组织层次革新指学校内的革新，或许引进一项新的课程模式将需要学校物质和角色结构的革新。

3. 制度或社会层次指系统范围内的大革新，它通常与社会其他部分的革新相联系，例如，国家政治制度和结构的革新常会导致教育政策的革新。

4. 文化层次指社会态度与价值取向方面的革新，它们通常革新得最慢，落后于技术创新。

革新发生在分析的所有层次上，而主要的革新影响着所有的层面。在考虑层次分析时，可以根据长期还是短期革新而使用几种类型的策略（见表14-1）（Vago，1989，pp. 281—282；Zaltman and Duncan，1977，p. 11）。在微观或个体层面上，也许在态度和行为方面是短期的革新（类型1），这种革新的例子是运用培训灵敏度来改变个人的态度。微观层面上的长期革新（类型2）是指一个机构内培训和使新成员社会化的过程，譬如牧师，在开始他们的培训课程时，学会了一系列新的影响终身的态度和行为。在短期或中间层面上的革新包括规范化或行政管理的革新。规范化革新是在一群体临时改变其标准来尝试施行新的创新时产生的（类型3），例如，公司内一组人建立了新颖的计算信息库，小组成员有实验的自由，他们能够服从于确立的组织规则。革新的动因（在此情形下，管理人员负责创新工作）激励着这组成员，一旦创新被尝试并发现有益，那么就被制度化（Kanter，1991，1985）。这时，它将成为组织层次上更长期的革新（类型4）。最初参与努力变革的人将得到奖励，随后这过程刺激着其他人进行尝试。

在社会层次革新中，短期革新（类型5）常常是变革或创新的结果，例如，在一个敏悟的社会，引进节育技术能够在相对较短时间内改变出生率和人口，从长远角度看，这些革新能够导致全社会结构的主要革新。长期结果（类型6）是社会文化革新，譬如在一个不发达的国家内使现代化过程简易化。

对"有效学校活动"以及其他教育改革进行的全国性研究——"对学校彻底改进"，

表 14-1　期限度和目标级别

期限度	社会级别		
	微观(个体)	中间(群体)	宏观(社会)
短期	种类 1 (1) 态度革新 (2) 行为革新	种类 3 (1) 规范化革新 (2) 行政管理革新	种类 5 发明创新
长期	种类 2 人生周期的革新	种类 4 组织革新	种类 6 社会文化的进化

资料来源：Zaltman, Gerald, and Robert Duncan, *Strategies for Planned Change* (New York: Wiley, 1977)p. 11. Reprinted by permission of John Wiley & Sons, Inc.

呈现了在解决学校问题、改善教学和增加学生学识方面成功的改革信息。成功的改革通常发生在个体学校内，这里教师协作工作、在决策制定方面观点一致而且在革新的过程中有种主人翁感，此外也涉及到区域的行政管理者。这些改革使得组织自上而下与自下而上的决策结构保持着平衡状态(Shields et al., 1995)。

通过认识到革新所处的层面，我们能更好地理解革新的过程，更好地应付其产生的结果。

学习背景与方式呈多样性。

革新的根源

学校系统的压力和紧张感是革新的主要根源，奥斯兰(Olsen, 1968, pp. 141—142)将压力描述为"一个组织的外部根源"，压力也是教育系统环境的一部分，分为四个主要的类型：

1. 人口规模及其构成　60 年代早期，因出生率增长而引起学生人数剧增，这就需要更多的教师来满足这种需求，然而现今许多学校被迫关闭，因学生人数的减少而出现教师供大于求。尽管这些总趋势很难控制住，但是通过一定准确程度的未来规划可以预测到它们。

2. 人的因素　在权力位置上的个体能够通过他们的个性导致课堂氛

围、结构或学校系统的氛围、结构发生革新。例如,任课教师通常能够在此级别发起革新。在学校系统中占有一席之地的个体必须考虑到革新是否在规划、实施或分析之中。

3. **物质技术**　总存在着可以融入教育系统中的新观念和新物质,无论一项发明是否重大,涉及到物质还是技术,教育者都面临着挑战,要将新技术融入系统中并通过学习过程将它传递下去。

4. **自然环境**(包含的要素有"气候的改变"、至关重要的自然资源的损耗、自然灾害、流行病以及天气条件等)　受自然环境影响的事,例如,在1977和1978年严冬最冷的日子里,一些学校因燃料短缺而被要求关门,大风雪和冰冻也影响教学日,并且改变了课程表。

除了上述的四种根源外,社会中存在的主要趋势激励着所有机构的革新,如城市化、工业化、现代化、后工业化、技术专家社会的趋势。革新的另一根源来自公众和教育者们的态度,这种态度任何特殊时期会受到社会运动的激励,它反映了社会的关注。学校革新的主要根源是立法、命令或鉴定合格的要求等(Adams,1997)。

紧张感(strains)是冲突和压力产生的根源,是在组织内部形成的。文献中许多革新的事例侧重紧张感,然而,我们应该记住,组织内部的革新还受到正在运作的环境的影响。下面我们来看教育系统中内部紧张感的几个事例。

1. **组织内的个体或亚群体**　组织内的个体或亚群体的目标或许与教育系统的目标相一致,或许彼此相抵触。当目标不同时冲突产生,如果个体或亚群体有影响力或有着一定的权力并且赞成变革,那么革新很可能来自这种冲突。然而,对于系统内少数派而言,成功定义为个体的获利以及向上层的流动,它设想所有人都能够平等地获得这些,并且所有人都共享这些目标。这种假设或许也将导致冲突的产生(Sleeter and Grant,1988)。

2. **组织内"越轨"的个体或亚群体**　有些学生桀骜不驯,存在着行为问题,或者很可能辍学,因为他们不为教育系统目标努力,造成了系统内的压力,于是,该系统将频繁地投入人力、财力资源来缓解或消除这种压力。那些"越轨的"教师也能够导致压力的产生,因为他们提议强迫该系统做出改变的选择性方法或结构。

3. **意识形态、目标、结构和资源**　系统的意识形态与目标、系统发挥功能时所处的结构以及系统能获得的资源之间不调和,结果就产生紧张。"开放空间"学校,或建立于60年代后期与70年代早期的没有围墙的学校,有时被看成是通向更严格课程的障碍。

● 实践：查阅表14-1，填入每一类型的事例。●

关于革新的不同视角

假设有个任务，要我们概述某学校产生革新的过程，这个过程中的一个重要方面就是识别出自己对待革新的视角。当社会学家考虑革新过程时，其文献中有两个主要的理论视角，结构功能主义理论将革新看作是系统对压力和紧张感的逐渐调适过程，而冲突理论将革新看作是在冲突或更引人注目的革命中产生的（见表14-2）。

结构功能主义的革新说

教育系统试图在其主要部分中维持秩序与整体性。系统基本上处于平衡状态，社会控制机构帮助维持稳定与调整，要求革新的压力对这种平衡状态所造成的威胁，很可能被看成是该系统的功能失调或消极因素，然而保持平衡是个持续的过程。"功能失调"、压力和越轨存在并持续在系统中，但是它倾向于成为正在进行的系统的一部分，或被"制度化"。该系统试图获取平衡与整体性，并保持它们，革新被认为是在一种渐进的有适应性的潮流中发生，突然的革新使核心结构不会发生改变。从这观点看，革新源自三个方面：系统对环境需求的调适、系统的发展以及群体成员的发明或创新。

结构功能主义理论批评家指出，该理论没有给予我们一个有关革新的全貌。例如，它不能解释突然或革命性的革新，不能解释那些没有被一体化的体制。对某一群体而言有用的革新可能对另一群体无益（Eisenstadt，1985）。随后，本章将讨论通过功能主义的方法产生革新的几种策略，这种方法可以维持秩序，并且试图在尽量使该系统不受破坏的情况下获得革新。

冲突理论的革新说

冲突理论家视革新为不可避免，甚至是现在的、自然事件的一部分。革新是社会生活中的重要元素。

当代社会利益竞争群体的冲突加强了学校和社区变革的压力。支配群体或权力持有者试图保卫系统，使其免受那些会改变他们地位或危害到既得利益方面的革新，譬如偏袒某些群体的教育体制等。当革新确实发生时，它也许是权力与决策方面的冲突和危机的结果。当前有关课程内容的冲突就是一例。根据冲突理论者的观点，学校内重大的革新不太可能是额外的缘由导致的，而是要求学校内部结构、角色以及权力关系等的改变。从冲突理论观看来，教育系统内已经产生革新的既定策略很少，但是，革新确实通过破坏系统而产生，系统中冲突有可能经常存在。

第十四章 教育系统的革新与规划

表14-2取自劳伦斯·沙哈（Lawrence Saha,1996）的一篇文章，它总结了革新的概念和理论框架，以及它们与教育改革的关系，请注意，规划的策略以及结果取决于所使用的理论。表中每一栏下的目录代表了一簇群，并非特意将此与临近的特别目录联系在一起。

表14-2 教育社会学理论摘要及其对规划的意义

理论方法	社会理论	教育理论	政策优先权	规划策略
功能主义共识理论	整合的社会机构；达成共识的社会秩序；处于平衡状态的系统，换言之，各机构之间寻求平衡	教育与其他机构互为整体；社会化的功能；筛选和分配的功能；创造新知识；"临时照看幼儿"的功能，即避免年轻人在街上闲逛，延迟他们进入劳力市场	平等的机会/精英领导；每个人都能提高自身能力水平；最大化的使用人才；与社会的其他部分关系密切	选择性的教育体制/最新选择；人力资本，"回报率"的规划；作为投资的教育扩张；补偿教育计划；取消社会流动障碍
冲突论（马克思主义与非马克思主义）	冲突与剥削；维持秩序的权力和强制；支配与被支配群体之间不断的斗争	教育是支配群体权力/值得怀疑的自治力的延伸；教育再生产社会秩序	打破学校组织/结构与经济需求之间的符应；意识提高与学校中传授的抵制	革新学校/工作/社会的结构；取代课程中主流的意识形态；作为解放运动的教育扩张
互动论	行动者磋商和界定的社会现实；社会秩序是共享符号和价值观的结果	教育作为现实界定的过程；课堂互动是教育过程的中心；课堂是自我实现的预言	取消来自课堂互动的偏见；课堂里机会均等与同等对待	教师训练——暴露教师偏见；聚焦优良学生的自我认同和自信；重新调整课堂情境以消除贴"标签"；减少对考试和班级竞争的强调
批判理论	支配阶级与主流意识形态的压迫，这些由潜在议程和隐性课程所维持	教育目的在于维持压迫	通过赋权技能取消压迫	课程改革 批判的探究

资料来源：Saha, Lawrence J., "Bringing People Back in: Sociology and Educational Planning," in A. Yogev (ed.), *International Perspectives on Education and Society*, Vol. 5 (Greenwich, CT: JAI Press, 1996).

当社会学家研究革新时,他们的理论视角影响着他们的阐释,例如,请注意结构功能主义者侧重"系统需求"而提出的"教育革新基本原理",与新马克思主义者所侧重的"社会公正与平等"之间的差异。

> ● 实践:试想你所处学区的一个特殊的革新事例,不同的
> 理论研究方法将如何解释这个事例? ●

开放系统法的革新说

开放系统研究方法基于这样的假设:无论是进化的还是革命性的,革新都不可避免,并在系统中经常存在。系统由于要适应环境的反馈而不断处于革新的过程中。开放系统研究方法为我们提供了框架来看待整个系统,给革新的动因定位,以及探询全系统内革新的反响。前面讨论的对待革新的两种理论视角都存在着局限性,而开放系统研究法的中心从稳定与平衡性移开,从不同的视角研究该系统。它没有固定在一种特定的理论视角内,因此,能够有助于我们分析整个系统革新的类型、速度、方位以及影响等。它不认为平衡性或破坏与革新有联系,没将系统看成不调和或处于危机之中,相反,不管革新是否规划过,它都是系统中的一部分。革新的理论可以与系统方法联合使用,从而更好地理解革新过程的整体影响。

从开放系统研究方法来看,革新可以源自学校系统内部、子系统或外部的环境因素。环境对学校有着持续的影响。向学校系统输入信息,如法律要求、财经资源和社区态度等,革新就会不断,并要求系统来适应它。这种革新也许正是学生运动或时尚导致的,迅速发生,也许它发展很缓慢,就如提高或缩减学生或教师人数的革新(Morris,1996)。

看下面一例。对教师来讲,最重要的教育环境不仅指那些正规政策确定的环境,而且也指其他正式与非正式组织。系统中所有成分推动或抑制着系统的革新,图14-2呈现了影响革新过程的部分系统成分(McLaughlin and Talbert,1993,p.17)。

学校系统调整课程时依赖于环境的反馈,譬如,假设一个目标是培养出能够找到工作的学生,那么,学校系统必须意识到逐渐革新的技能需求。它甚至试图通过与企业和社区相互作用而影响劳动力市场。学校系统也许试图控制环境因素,例如,筹款与资金对计划的继续执行很重要。为了加强安全和稳定性,学校系统就会涉入公众联系的努力之中,将自己"兜售"给公众。在努力使开支合理化以及使征收审查通过等方面,这尤其真实。在学校与环境之间存在着给予与索取,由于学校必须适应环境的需求,这通常使革新成为必要。

开放系统研究方法最常见的重心是在结构和角色的组织层面上,给予系统及其部分以全貌。存在着一种可能性,将系统革新的无数研究纳入总括之下,这样就能够获

得比个体研究所能提供的更接近现实的整体的观点。

对于局外人看组织,或局内人试图获得有关组织的某一视角,开放系统研究法能够有助于组织或环境内部革新的特殊兴趣要素的定位。这种看待整体与部分之间关系的能力,在精确评估革新过程中潜在问题和革新需求方面,能够起至关重要的作用。开放系统研究方法也有助于规划革新,这样比起对短期社会运动偶然的反应,它更有效果。

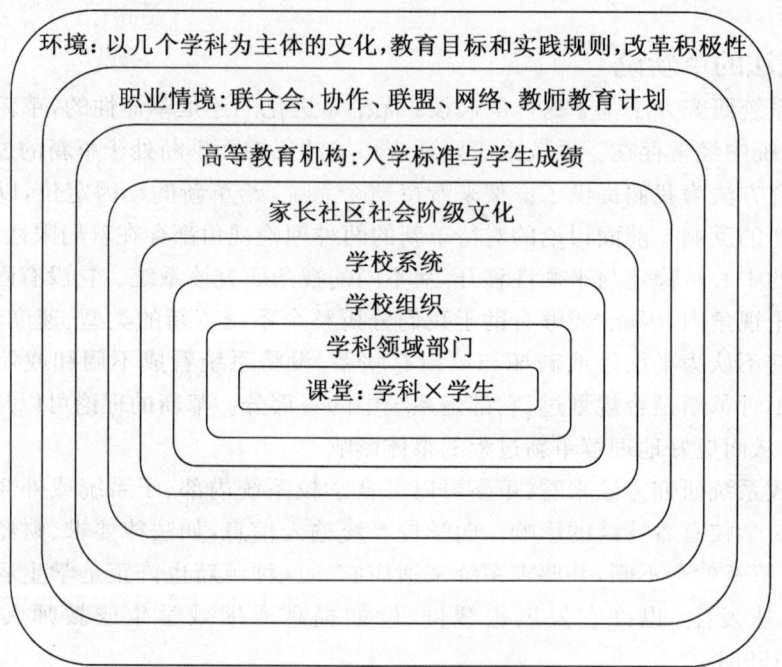

图 14-2 嵌入教学的情境

资料来源:McLaughlin and Talbert,"Contexts That Matter for Teaching and Learning," Center for Research on the Context of Teaching. Standford,CA:Standford University School of Education,march 1993,p.17.

革新的产生

审视教育系统内的革新,人们会感觉到一种力量、一种永久运动着的机器。然而,参与者的抵制以及政策制定者的谨慎会阻止革新过程无控制力的向前冲去,这些阻碍物虽然不能使系统运作停止,但是却能够使它缓慢下来。教育系统的每一部分都牵涉到革新,没有哪一部分是完全独立的。涉及革新的推动因素有哪些呢?多数的因素植根于组织或结构,而不在个体特征中。

任何时候引入一项重要的革新，我们都必须考虑它对整个系统的影响，因为系统的每一部分都经历着压力和紧张感。要求革新的动力来自环境压力以及教育等级制，并常受控于一个中央办公室。负责人难以利用地方区域层面上的权力以及资源来致使革新。诚然，操作此革新的必须是个体学校和教师，没有他们的支持革新可能就会失败。

系统内的个体

在教育系统内占有一席之地的个体，通过自身的发起、接受或抵制状态，影响着革新程度。我们来看一下行政管理者和教师的具体事例。行政管理者要求革新的动因来自以下领域，如法庭规定的用校车接送孩子们上学或教职员工的平等待遇，将残疾学生编入学校正规班级，缩减预算的量度标准，诸如计算机技术和计算机辅助教学等新项目，以同质性或异质性重组课堂，以及阅读和测试项目等。通常，革新由权力更大的个体发起，原因是他们控制着资源。权力较弱的个体或者被说服同意，或者对革新保持中立，或者即使反对革新也将不能发动巨大的抵抗活动。尽管人们承认，学校行政管理者，尤其是负责人，在创新和革新中起着重要的作用，但是在他们影响程度方面，研究结果存在差异，一些行政管理者被认为是现状的维护者，而另一些则是革新的动力。

革新的动因也来自任课教师，教师面临环境内的新技术和物质的轰炸，他们允诺会改善教学、减轻教学负担，如新教科书、新颖的课堂安排、为学生更好的互动而进行的重组、新的技术进展等。有时，因为在结构中的从属地位，教师发起革新的作用不被重视，许多教师有一些好的观念，但因受到行政管理者、地方教育董事会或家长的反对而没有实现。

学校层面的革新

提议学校级别革新的人包括教师、行政管理者、董事会，有时还有家长或其他学校外决策制定的人。考虑下面两个事例，一个源自宾夕法尼亚州费城学区，另一个来自国家级别。

费城首创项目群(cluster initiative program)——PATHS 或 PRISMS——的目标就是"在学校内产生系统革新，以便为低收入的学生服务"(Useem, 1994)。那些通过共享决策和行动来实施项目是成功的。

成功因素：首创项目成功的学校条件是(a)全体教员和校长之间以及全体教员内部彼此有合理的尊敬关系的历史；(b) 不止一个能力强的尽责的教师或行政领导者承担将计划和观念贯彻到底的任务；(c) 校长持支持态

度;(d) 一个委员会结构确立,它将全体教职员工包含在内;(e) 不止一个教职员工有以前曾经参加过 PATHS 或 PRISMS 项目的经历(p.3)。

美国全国教育目标的第七条规定,"到 2000 年,美国所有的学校将没有毒品、暴力、擅自使用武器以及饮酒现象,将提供一个有益于学习的有纪律的环境"(The National Education Goals Panel,1995)。另一个报告概述了学校实现这目标以及其他目标所采取的策略。它说明,任何成功的策略都必须是综合性的,要包含同辈群体、家庭、学校、传媒、社区组织、宗教和法律强制执行机构,用以发展生活技能,改变社区政策以及规范("Reading the Goals,"1993,p.2)。

这些事例的关键点再次加强了我们的开放系统理论,即革新只有在系统的各级别发生时才可能有效果。

● 实践:你希望所在区域的学校内实施什么革新?规划这样的革新需要考虑哪些因素? ●

学校革新的策略

为了促使主要革新发生,整个学校系统通常连同社区一起必须参与进去。在 20 世纪 60、70 年代,革新动因强调自下而上的方法使教师参与其中,并使他们有种要改变学校的主人翁感。八九十年代的重心转移到强调自上而下的外部的动力(Levine and Levine, 1996, p. 445)。然而,这种方法必须有内、外部的支持方可成功(Shields, 1995, Fullan and Miles, 1992)。首先,关注某事件的社区,因其提供反馈信息以及财经支持而刺激着革新。其次,必须有来自学区的支持,以便提供资金、项目以及额外的人员来帮助实施革新。再次,在整个革新过程中校长必须提供领导。此外,教师必须愿意支持革新,在革新过程中,一些教师成为"早期的接受者",他们被公认之后,其他的教师也紧随其后。实施革新经历几个阶段,首先是一些教师学会做什么,如何去做;然后,将革新过程扩展到更大的群体中;最后,将此革新制度化(Shacher, 1996)。虽然,通常不需要全体教职员工来支持革新,但是似乎有必要拥有早期的接受者,他们愿意冒险参与此过程。最后,受到革新影响的学生能够推进革新的采纳,或者反对新的规划。

策略的种类

在有关实施革新的最有效策略方面,教育者和社会学家观点不同。有关教育系统革新的经典书籍中,巴尔德瑞格(Baldridge)与狄儿(Deal,1975, pp. 25—33)概述了五种关键视角,这是人们普遍提倡的产生革新的视角,并且,与我们的层次分析相对应。

个体视角 个体视角侧重个体与小群体方法,它受到心理学和社会心理学研究的极大影响。人们认为个体会提议、采纳或拒绝革新,因为对待革新的态度受到个体价值观体系的影响,所以人们的一个基本假设是,可以通过改变个体态度以及随后的个体行为来产生组织的革新。

实施革新取决于个体的改变,这些个体将建立和使用创新或发明。而组织成员的选入依靠他们的可靠性和责任性,这是能够导致惯性的因素。

诚然,通过强调在学校内占有一席之地的个体而使革新概念化与规划的问题在于,它忽略了革新发生所处的系统的特征。

目标与传奇视角 目标是教育革新的焦点。除了在阐明模糊冗长的目标时存在着困难,通常,这种视角很重要,其重要性在于目标确定了组织存在的理由,以及参与者能够确定努力方向的一般范围。传奇是根植在组织历史中的神话或信仰体系,它使组织存在合理化,并且缩减了维持系统所需的时间和力量。一个组织,有着根深蒂固的传奇,就很难发生革新。但是,在危机情况下,有可能形成新的传奇,这样就发生了持久的革新。在操纵组织革新时,目标与传奇是至关重要的考虑因素。

技术视角 系统或组织的技术是组织从事工作的本质,是实现目标与目的中起帮助作用的程序、过程、行为以及方法。技术革新有几种因素。有时环境施予组织新的要求,或者新的革新产生了,有时组织参与者自己设计新的做事方式。技术革新必须根据它们对结构的要求而加以评价,例如,实施新的个性化的教育方式,也许涉及到以小组形式组织教师并且增强他们应付个体学生(即结构革新)的能力。技术创新需要新的角色,更多的调和,解决更多的问题,彼此依赖性加强,这些都涉及结构革新。

环境视角 学校环境不仅包括家长、教师、当地社区,还包括教师联合会,国家、州和地方政府机构,其他教育机构,职业和教育氛围等。所有教育系统从所在环境获取资金和精神支持,环境既是教育革新的激励者又是它的障碍,在试图实施革新时,我们必须经常将其考虑进去。

结构视角 结构要素包括个体工作、次级单位(部门、学区)、组织的等级制、规则、目标以及规划,组织的结构可以看成是革新的结果(教育方式的革新能够对结构提出新的需求),或看成是革新的促进因素。两个组织的合作需要两个单位均衡其兴趣以及控制其紧张局势(Osguthorpe and Patterson, 1998)。

许多社会学家主张,持久的组织革新只能在组织变量的操纵过程中出现,这些变量有权力结构、报酬体制、技术和环境关系等。尽管需要个体和小群体来实施革新,但是系统的结构要素必须成为规划的一部分,通常,学校要实现目标,监控和影响环境、成功地采用新技术、基础结构重组是必须的。策略分为以下四种主要类型:

1. *简易化策略*使得目标组更为容易地实施革新,以及/或者在目标组内实施革新更为容易(Zaltman and Duncan, 1977, p. 90)。

2. 再教育性策略在时间要求不紧的情况下使用。相对主观的陈述目的在于为行动提供合理的理由。

3. 说服策略试图通过信息构成与呈现的偏见形式导致革新的产生。

4. 权力策略就是使用高压政治来保护目标组的顺从(Vago，1989，pp. 289—290)。

从我们的开放系统视角来看，如果一个系统，能使其主要的参与者参加到以革新为方向的活动中，能考虑到组织结构，并且能对环境做出回应，形成一个产生革新的内部过程，那么，这样的系统很可能对组织内外的许多要求做出反应(Goodlad，1975)。

对于那些没有成功的伟大理念我们都很熟悉，如阅读机和卫星教育，它们曾经被提议过，但是从没有完全纳入课堂中。这些理念为何失败呢？

学校的实际革新应该将重要参与者卷入革新规划中。如果革新将对课堂产生影响，那么规划早期就使教师参与进来能够减少对革新的抵制力量。在成功的规划中，培训是至关重要的因素，如果教师对任何细节不清楚的话，那么该新项目就不可能被采用。成功实施过程中，来自领导的支持也是至关重要的(Goodlad，1984)。主要原理在于组织中某一级别、某一部分的革新将会影响到其他级别、其他部分，毕竟革新不是发生在真空中，而且如果关键参与者都参与到规划和实施革新的过程中的话，那么革新将更可能获得成功。

革新的实施程度也取决于实施过程中现存的条件范围，如目标与规划的透明度、行政管理者和教职员工的能力、资源的可利用度、组织结构与提议的革新之间的相容性以及参与者花费时间和精力的意愿等。这些条件满足的程度取决于行政管理者实施过程中的行为，譬如，教师和学生等关键参与者能够确保革新顺利进行，当然，他们也能够成为革新的绊脚石。

● 实践：在你提议的革新中，上述几种视角是如何相关联的？ ●

实施革新过程中的困难与抵制

对于那些参与实施的人来讲，革新的障碍物通常显得无法抵抗。在现状中的既得利益、对立的价值观和目标、提议的革新中存在的明显的不足和不恰当之处、觉察到的无法容忍的结果以及纯粹的人类惰性等，它们自己就能限制革新，抑或允许对立面形成与阻碍革新。

最难逾越的障碍是来自教育系统内部的抵制，尤其是那些可能觉得易受伤害的教师的抵制，他们会被认为不胜任自己的工作，而他们的担心可能正源自这种觉察到的威胁。教师有着既定的惯例和工作模式，要他们放弃这些模式而冒险尝试新的模式，必定要有令人信服的理由。他们,尤其是年长的有经验的教师,可能相信被提议的革新不是一个良好的改革。尊重他们的观点,努力使他们参与到决策中去能够减少障碍(Rusch and Perry,1999)。

理念、价值观、传统和信仰是我们非物质文化以及它所包含的制度的基础。尽管物质文化变化迅速,但是非物质文化落在后面,有时抵制着革新。例如,科学家发明了卫星电视,并且告诉我们,通过将教育传播到国内外的各个站台,这将解决全球的扫盲和基础技能问题,然而,这发明的过程,对照获得人们承认并将"治百病的万灵药"实施到课堂和社区中的复杂性而言,理念的变化很缓慢。

总之,实施革新必须考虑几个因素:

1. 必须对组织需求进行认真的评估。
2. 被提议的革新必须与组织相关联。
3. 必须考虑环境因素。
4. 必须考虑组织结构和个体态度。
5. 革新必须导向可操作的因素。
6. 革新必须在政治和经济上都切实可行。
7. 革新必须在解决诊断出来的问题方面有成效(Baldridge and Deal,1975,pp.14—18)。

只有考虑到上述几点,才更可能成功地实施革新。

教育革新与政策形成过程中社会学家的角色

社会学家出现在公民权利运动、废除种族隔离斗争、种族融合与用校车接送学生上学的争议、反歧视运动事件、给予少数族群奖学金的争议以及当代的其他主要事件中。他们扮演多种角色,呈现种种能力。本章最后一节就讨论他们的一些角色,以及对社会学家合适角色的争论。

社会学家从事**基础研究工作**。他们在理论框架内将学校系统概念化,收集资料,分析系统的各方面。他们或许将韦伯的科层制模式,马克思主义的冲突理论或者其他许多研究方法作为基础来运用,他们的研究侧重在诸如本书所讨论的学校教育的许多方面。

基础研究工作提供了有关教育系统的知识,这在其他地方是获取不到的。知识被调查委员会、法律系统、地方教育董事会、行政管理者和教师用来制订规划。一些研究工作是分派的任务,或者是得到资助的,譬如社会学家关于教育的调查数据资料分析。

教育社会学家执行的另一主要角色是**问题研究与整合**,这涉及到以下几项任务:

第十四章　教育系统的革新与规划

1. 为特殊目标收集数据资料　研究者可能面临一个问题或难题,如注册人数下降等,并被期待收集相关数据资料,对此加以阐释,从而使问题清楚明白地显示出来。

2. 对现存数据资料进行研究　社会学家可能考虑来自一个或多个源头的现存数据资料,如学校测试结果的调查统计,然后在理论框架内加以分析和阐释,从而找出现存趋势。

教学　是多数社会学家从事的另一项角色。作为教师和指导老师,许多教员意识到要改变学生群体构成及其需求,而且他们能够训练学生应付终生学习以及解决复杂难题(Ewens,1987)。在这种角色中,有关教育系统的知识传播给了未来的社会学家、教育家和公民们。而采取什么理论视角、教授什么信息,这种决定在该位置上是不明显的。

教育评估　由于目前的责任性的压力正受到越来越多的关注,评估可以作为一种策略来发展和操纵教育系统内的创新和改革,目的是了解一项活动或革新如何很好地实现它的目标。在实践中,最常见的是评估被用来帮助做出采用、改进或中断一活动的决定。评估能够论证三点:

1. 革新的需求度
2. 革新是否已经进行
3. 任何特殊改变或革新的结果(Ballantine,1992)

过去,评估研究在支持或阻碍教育革新方面发挥了最大的潜能,原因在于教育系统显示了对不必要的、消极的信息的抵制,对不需要的革新的抵制。但是,鉴于人们认识到教育舞台上准确评估的重要性,而且许多资助机构要求责任感,评估可能运用的范围更广泛,甚至被要求作为未来革新的一种策略。

政策形成与提倡　是最有争议的角色,围绕社会学家是否应该涉入他们研究培训之外的领域,即转向"非客观"舞台,产生了争议。在20世纪50年代,莱特·米尔斯(1959)倡导社会学家扮演更积极的角色,此时争论开始激烈。他认为,当社会学家具备的知识被贯彻到政策之中,能够改善许多人的生活环境时,他们就不能依旧超然地保持中立。许多社会学家选择了中间道路,从而对教育和革新做出了重大的贡献。

教育的动态系统将继续革新,只有在具备了研究能力、对革新过程的理解力,以及清晰的教育系统概念的情况下,我们才能够以合乎逻辑的、前后一致的方式来面对革新。

无论你是或将是位学生、纳税人、学龄儿童的家长、家长和教师联谊会的成员、地方教育董事会的成员，还是位教育者，对构成教育系统的复杂要素的理解将会有助于你有效地处理该系统中的问题。

结语

这最后一章分析了革新的一般过程。

Ⅰ．革新的动力

革新是个动态的过程，是教育系统整体概念中的一部分，可以发生在任何一个层次分析上——个体、组织、社会或文化，如果它是个巨大的变化，也可以影响到所有的层面。革新的过程源自于系统内外的压力和紧张感。

革新来自系统外部的压力，如人口数量与构成、影响系统的个体、物质技术以及自然环境，或者来自于系统内部的压力。而这些压力可能源于个体或亚群体的相互冲突的目标、脱离常轨的个体或群体，或者意识形态和目标之间的不调和。

Ⅱ．关于革新的不同视角

革新可以从许多的理论视角来研究。结构功能主义研究方法视系统处于均衡状态，并趋向于稳定。重大的革新会破坏这种均衡状态，但是，重大的革新是缓慢的，系统适应这种革新。冲突理论研究法将革新看成是不可避免之事，它可以是破坏性的，也可以有助于系统调适来改变环境的需求。

Ⅲ．革新的产生

产生变革的最重要之处在于系统全层面的变革。那些试图实施变革的人需要一定的环境：对系统的了解、熟悉产生革新的策略，以及具备在革新过程中的体验。行政管理者、教师和学生是革新的催化剂。理论上，组织应该具有一定的特征，以至于在努力革新过程中容易被接受与成功。组织的健康程度可能决定革新是否成功。

如果革新过程要进展顺利，那么重要参与者需要熟悉此事并且参与其中。当然，通常存在着障碍。这些障碍在可以实施革新之前，就必须被处理掉。

Ⅳ．学校革新的策略

革新的策略范围包括从次要的有计划的变化到改革策略，到对整个系统的全面改革。多数规划是用来实施项目革新的，虽然，规划与操纵的革新是种理想，但是事实上，革新过程并非运作顺畅的。策略注重系统不同的级别和部分。

对革新的抵制也许来自系统或环境的任何部分，而任课教师参与规划革新是很重要的,否则革新不可能获得成功。

本书系统主题表明,没有一个级别能够成功地实施革新,几个组织革新的个案在此得以讨论,此外,对实施革新的失败原因也作了探讨。

V. 教育革新与政策形成过程中社会学家的角色

社会学家在革新过程中扮演了几个角色:基础研究者、问题研究者以及阐释者、教师、评估者、政策制定者以及倡导者。

实践

1. 设想你处在学校系统中的任一位置上:学生、教师、或行政管理者。现在假设学校发生了一项重大的变革,可以说,从正规的封闭式课堂结构转变成开放式课堂(学校没有了围墙)。从你所处的角度出发,谈谈你会经历什么感受?你扮演的角色是否因为此变革而出现冲突?为什么?

2. 研究一所公立学校或大学中某项目实施的历史,找出导致实施的几个步骤。此项目目前的状况是什么?

3. 调查一项失败了的或没有实施的项目或计划的历史。为什么会这样?

4. 设计一项你希望看到付诸实施的项目,你打算采取什么措施来规划这项实施?

5. 与行政管理者、教师面谈他们引进新理念的方法。他们所处的地位是否对理念成功地引入产生影响?如果有,是什么影响?

结　语
21世纪初期的学校

革新的规划呈现出教育系统及其未来趋势的讯息，人口统计学家为我们提供了相关的信息：人口规划、移居模式、社会总趋势等。其他社会学家也研究教育系统。对改革和革新的提议不仅来自教育组织内部，也来自环境因素，如政治、经济、技术层面，以及国家和全球的总趋势（Tedesco，1995，p.1）。在此最后一节中，我们将呈现一些影响教育的趋势和规划，以及一些政策含义。

人口的发展趋势

20世纪60年代，美国和其他许多国家教育的迅速发展促进了思想的繁荣，教师培训计划得以发展，新的设施修建了起来，有资金可以利用，此外，革新被加以实施。繁荣景象末期，人们预言毁灭、失业、学校人满为患，财政基础降低等。

20世纪60年代以来，出生率一直在下降，期间只有一时的上涨，注册率最低点出现在1983年，从那以后，一直到90年代中期，每年都有缓慢地增长，高中注册率最低点出现在1990年，表E-1显示了到2009年期间实际与规划的注册率。

家庭、经济与社会总趋势

学龄人口的社会阶层构成正在发生变化，原因在于少数民族群体中，许多不成比例地分布在教育成绩数值范围的较低点，而他们却是美国人口增长最快的群体，同时，他们生活在贫困线的儿童比例最高（见图E-1）（Levine and Levine，1996，p.28）。（框E-1概述了对于许多学生来说教学与学习困难的因素。）

在美国，西班牙裔人是人口增长最快的种族（National Center for Education Statistics，1999），超过三分之一的人口进入90%—100%是少数民族学生的学校就读，其辍学率是其他群体的两倍。这些数据表明，学校将教授越来越多的来自贫困和非英语家庭的学生。

人口比率逐渐增长的少数民族是亚洲难民、移民和非法外侨，这对一些州产生了极大的影响，如加利福尼亚州，将英语作为第二种语言是课程中重要的一部分。来自城区贫困家庭的儿童比率增加，使得城市税收基础在降低，这导致财政问题增加。除了等级和种族构成外，家庭结构正经历着变化，许多儿童十八岁独立之前将住在单亲家庭内（见图 E-1）。学龄儿童的母亲从事职业的数量在逐渐增加，这导致了放学后照看的需求的产生。

表 E-1　从组织层面看所有公立与私立中小学注册人数，包括预测在内，秋季 1984—2009

年　份	总　数		
	K-12[a]	小　学	中　学
1985	44 979	28 330	16 649
1990	46 448	31 145	15 304
1995	50 502	33 894	16 608
2000[b]	53 539	35 438	18 101
2005[b]	54 477	35 075	19 403
2009[b]	54 174	34 844	19 300

a 包含多数的幼儿园和一些托儿所的注册人数
b 指预测
注：史料数据或许与先前的版本提供的不一致。……小学或中学的年级名称各个学校存在着差异，预测的来源是 1996 年的数据，鉴于要合成整数，小数未呈现出来。
资料来源：U. S. Department of Education, National Center for Education *Statistics*, *Statistics of Public Elementary and Secondary Schools*; Common Core of Data Surveys; NCES *Bulletin*, December 1984; 1985 Private School Survey; "Key Statistics for Private Elementary and Secondary Education：School Year 1988-1989," *Early Estimates*; "Public and Private Elementary and Secondary Education Statistics：School Year 1991-1992," *Early Estimates*; "Public and Private Elementary and Secondary Education Statistics：School Year 1992-1993," *Early Estimates*; *Private School Universe Survey*, 1995-1996; and National Elementary and Secondary Enrollment Model.

　　许多生活在贫困中的人，由于辍学比率高、缺乏就读机会或资金来继续接受教育，而不能获得成功。社会服务部门以及熟练的高科技工作的数量在增加，然而，需要的技能将因新科技而不断地变化，于是也需要再教育。那些没有读完高中的人将缺乏技能，并很难为新工作而接受培训。

　　当我们的社会进入后工业信息时代，知识创造以及处理成为一个主要的商品。卫生、教育以及其他服务领域的工作在迅速地增多，而农、林、渔、制造业等基础部门的工作在减少，正如白领工作超过了蓝领工作（Judis，1994）。发展的部门将需要信息处理的技能，尤其是能够使用计算机以及相关科技的能力。这样，工作的增长将出现在需要高层次教育领域,而文化层次低的人将在竞争方面更加困难,一些将会落伍。

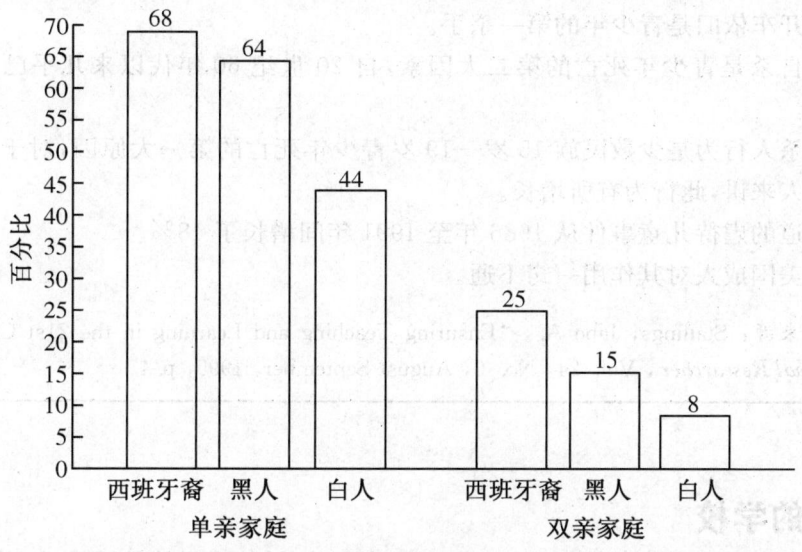

图 E-1:1990 年 18 岁以下儿童处于贫困状态的比例
(按种族/民族与家庭来划分)

资料来源:U. S. Bureau of the Census; reprinted in Levine, Daniel U., Rayna F. Levine, Society and Education, 9th ed. (Boston: Allyn and Bacon, 1996), p. 28.

框 E-1　学生成功的障碍

- 近 1 300 万儿童生活在贫困线下,十多年前是 200 万。
- 至少每六个儿童中就有一个根本没有获得健康护理。
- 只有略多于一半的学龄前儿童能够获得完整的免疫接种。
- 在任何一个夜晚,至少 100 000 位儿童无家可归。
- 每年,超过 100 万的年轻人加入逃亡者的行列。
- 1985 年至 1990 年间毕业于中学的白人、黑人和西班牙裔学生总比例有所下降。
- 辍学学生可能被拘捕的几率是中学毕业生的 3.5 倍。[秘书长赖利(Riley)讲到,监狱内 82%的人是中学辍学学生]辍学学生可能成为未婚父母的几率是中学毕业生的六倍。
- 每年,近 100 万十多岁的少女怀孕,从 1986 年至 1991 年间,十几岁未婚少女生育率提高了 16%。
- 1960 年至 1988 年少年暴力犯罪拘捕率增高了 300%。

> - 每天 135 000 美国学生将枪支带进学校。
> - 酒后开车依旧是青少年的第一杀手。
> - 如今自杀是青少年死亡的第二大因素,自 20 世纪 60 年代以来几乎已经翻了三番。
> - 如今杀人行为是少数民族 15 岁—19 岁青少年死亡的第一大原因,对于白种人年轻人来讲,此行为有所增长。
> - 被报道的虐待儿童事件从 1986 年至 1991 年间增长了 48%。
> - 50% 美国成人对其作用一窍不通。
>
> 资料来源:Stallings, Jane A., "Ensuring Teaching and Learning in the 21st Century," *Educational Researcher*, Vol. 24, No. 6, August-September, 1995, p. 4.

新世纪的学校

科技在如此迅速地变化,以至于明天不可预测,所以预测总是困难的,然而,许多未来学家利用社会经济环境知识、预测的新技术、30 多份调查团和特别工作组报告中的建议、人口统计学知识以及其他资源,试图勾勒出未来学校的情景。《未来的学校:21 世纪的教育》(*Schools of the Future: Education into the 21st Century*)(Cetron et al., 1985)呈现了以下的观念:缩短工作周而延长学习周;为了适应迅速变化的职业界而将开始接受教育的学龄降低,提供更多的教育以及全体劳动力的再教育;学年延长至不少于 210 天;增加家庭内运用新技术的教育;商业涉入学校;提高教师工资待遇;运用计算机软件代替一些教科书;以及安排学生于商业内来进行职业培训等。

未来学家预测,技术在课堂内以及课堂外信息检索教育过程中所起的作用将逐渐增加,教师很可能与学生联系更为密切,给教育赋予了人性;课堂更多的时间将被运用到小组讨论上;校外现场学习将更为频繁,示范、研究项目以及亲身实验室体验将增多;教育更加的个性化。终生学习成为成人经历中的常规部分,并且出现在许多情景之下。而学校的结构可能也会发生变化,包括小型学校也是如此;会有更多的私立学校,在保证金制度颁布的情况下尤其如此;包括课外和夜校课程的实施时间更多。

这些计划中,多数看似有理,但是我们必须记住几点,第一就是金钱。多数要求学校革新的建议都需要资金,在许多学区努力坚持实施方案和保留教师,不作出重大的缩减之时,改革看似困难的。迄今为止,通过征收额外资金的公共记录是一直没有希望的。

此外,美国社会中的一些群体也许没有参与到新的教育与经济状态中,当今存在的知识和技能差距很可能加剧社会经济群体之间的差距,产生更为显著的下层阶级。

教育系统中的改革与政策

本书讨论了当今教育面临的问题。在一些情况下，政策已被制定，规划已被实施，用以解决难题，如废止种族隔离和儿童早期教育。在其他现存和新兴的领域中，如世界教育体系，难题开始受到人们的关注。社会学家在研究、政策制定和革新过程等几个阶段中起着一定的作用，每个组织需要内置的进行中的数据资料收集机制，社会学家能够帮助发展程序收集和分析数据资料，方法论技巧和数据收集在特殊信息的探寻中是很重要的。项目通常需要评估来决定目标是否实现，而社会学家被频繁地邀请来给这些项目作评估，他们通过研究系统如何运作以及各个部分如何组合，提供数据资料来帮助我们对教育系统的理解。将教育看成是一个完整的体系有助于我们想像一种动态的组织，即教育。

从产生革新动力的组织内外部角度，我们已经分析了压力、紧张以及革新的一些源头，然而，对于用更浅层的方法来改变"自我保存、灵活的"教育系统，许多改革者持有悲观态度。我们讨论的结论是，教育体系易受到来自系统内部和环境的压力的威胁。如果那些实施革新的人考虑到教育系统及其成员的整个环境，那么，改革就可能实现，但不曾预料到的结果可能经常存在。因此，要使改革发生，就必须理解个体、组织和环境。

国家教育目标

2000年的教育目标体现了美国统治者以及布什和克林顿总统在任期间的工作，这六项国家教育目标（见框E-2）试图将教育体系领出困境，这困境就是，每十位学生中就有一位没有读完高中，50%的学生在读书期间感到不安全。诚然，还存在着许多其他的问题，一项盖洛普民意测验，即通过对一部分人进行典型调查以了解民意的方法，要求公众指出每一目标的重要性，最重要的优先项目被认为是摆脱学校的毒品与暴力，以及向在校生提供一个遵守纪律的环境(Rose and Gallup, 1999)。这些目标能否实现是个值得争议的问题，但是，多数教育者认为当今的政策不会使教育体系转向，以便足够看到重大的进步，事实上，一些人预测，教育统计数据将只会倒退("How're We Doing," 1991)。

框E-2 2000年全国教育目标

● 美国所有儿童开始上学，心甘情愿地学习。
● 高中毕业率至少增至90%以上。

> - 美国学生离开 4、8 和 12 年级时,都要证明自己在富有挑战性的学科领域内的非常合格的状态,这些学科有英语、数学、科学、历史和地理等。国内所有学校要确保所有学生学会很好地使用智力,这样他们就准备好做一个有责任心的公民,并且为将来的学习以及在当代经济领域的生产性的工作做好准备。
> - 在科学和数学成就上,美国学生将在全球内是第一流的。
> - 每个成年美国人将接受教育,并拥有在全球经济领域内竞争所必备的知识和技能,并且行使公民的权利和义务。
> - 美国的各所学校将杜绝毒品和暴力现象,并将提供一个遵守纪律的有益于学习的环境。
>
> 资料来源:National Education Goals Panel, "The National Education Goals Report: Building the Best"(Washington, D.D.:NEGP Communications, 1993), p. 3.

综述

很显然,学校不能解决社会问题。尽管一些人曾经希望平等的受教育机会能够减少社会的不平等现象,但是,如今我们对于学校教育的局限性更为现实,它也许能巩固一些个体的社会地位,增加在社会机构中的机遇,但是,学校也可以通过它的结构、期望和其他的实践使不平等现象永久化。

我们已经了解了学校的结构,个体承担的角色,以及这些结构中的功能失调现象,例如,我们知道,科层制结构通常导致专业人士间的矛盾,而教育系统内的决策制定被科层制复杂化。

我们已经了解了课堂和学校氛围如何影响学习,并知道隐性课程在学生和教师的经历中起着至关重要的作用,来自学生背景和其他因素的价值倾向对学生的成绩好坏很重要,而课堂上学生与教师的权力关系以及其他互动关系对成绩也有影响。

我们知道,环境不仅能促进教育系统参与各项活动与决策制定中,而且能够妨碍或阻止这一切的发生。涉及学校资源与决策的控制权问题与环境的控制相关联,家庭环境是学校成功的关键因素,其原因在于儿童在家习得的语言模式以及行为法则,这些对学校内是否成功有影响。此外,社区责任与支持的类型和程度对学校的运作也很重要。

我们知道,全球不同国家教育系统差异迥然。我们已经讨论了一些与这些差异相关的变量,它们包括,迫使国家进入独立或不独立状态的经济和政治体系,以及殖民地历史。

我们已经了解到,教育运动变来变去,一些新的观念得到赞成,被接受并融入到教育结构中,而另一些由于不被人们接受,或者难以实施而被摒弃。一个例证就是自由选择学校运动、回归基础课程运动以及选择运动。教育系统不停地对环境中的变化做出回应。一旦条件合适,变革就能被规划并赋予实施。对教育系统及其环境的了解能意味着达到了规划的革新。

词汇表

A

Ability grouping 能力分组
Abuse of drugs, sex, alcohol 滥用毒品、性与酒精
Academic freedom 学术自由
Access to higher education 受高等教育机会
Achievement tests 成绩测试
Accountability 教育责任制
ACT(American College Testing Program) 美国大学测试
Administration 行政管理
Admissions 招生
Adolescent employment 青少年雇佣现象
Affirmative action 入学特别保障政策
Afro-centric curricula 黑人为中心的课程
AIDS education 艾滋病教育
A-level exams 高级考试
Alternative credentialing 颁发选择性证书
Alternative education movement 选择性教育运动
American School Counselor Association 美国学校辅导员联合会
Anomie 社会的反常状态
Anti-rape movement 反强奸运动
Apathy 冷漠、无动于衷
Aspirations 志向、抱负
At-risk students 问题学生
Attendance laws 强制入学法
Authoritarian classroom 权威性课堂

B

Back-to-basics movements 回归基础课程运动
Basic education 基础教育
Big business 大企业
Bilingual education 双语教育
Board of education 校董会
Brain drain 人才流失
Bureaucracies 科层制机构

C

Censorship 审查制度
Centralized decision making 集权化决策
Change 变革、革新
Charter schools 特许学校
Choice 选择权
Choice programs 选择方案
Class size 班级规模
Classroom codes 班级符号
Classroom interaction 班级互动
Classroom management 班级管理
Classroom observation 课堂观察
Clients 受教育者、客户
Collective bargaining 集体谈判
Community colleges 社区大学
Community schools 社区学校
Comparative education 比较教育
Comparative higher education 比较高等教育
Compensatory education programs 补偿教育计划
Comprehensive schools 综合学校
Conflict theory 冲突理论
Consensus theory 共识理论
Control of education 教育控制
Cooling-out function 降温功能
Cooperative learning 合作学习
Coping mechanisms 应对机制
Core states 核心国
Corporal punishment 体罚
Corporate schooling 集体学校教育
Correspondence principle 符应原理
Council for Basic Education 基础教育委员会
Counselors 辅导员
Counterculture 反正统文化
Credential Crisis 文凭危机
Critical thinking 批判性思维
Cross-cultural studies 跨文化研究
Cue-consciousness 暗示觉察力

词 汇 表

Cultural capital 文化资本
Cultural literacy 文化读写能力
Cultural politics 文化政治学
Cultural reproduction theory 文化再生产理论
Cultural transmission 文化传递

D

Day care 日托
Decentralized 分权化
Decision making 决策
Democratic classrooms 民主性课堂
Demographic trends 人口的发展趋势
Dependency theory 依附理论
Dependent societies 依附性社会
Desegregation 废除种族隔离
Discipline 纪律
Discrimination, sexual 性别歧视
Division of labor 劳动分工
Dropouts 辍学学生

E

Early childhood education 早期儿童教育
Educational movements 教育运动
Educational sociology 教育社会学
Effective schools 有效学校
Elite education 精英教育
Enrollments 入学人数
Environmental feedback 环境反馈
Environmental perspective 环境视角
Equality of educational opportunity 教育机会均等
Equilibrium theory 均衡理论
Essentialist movement 要素主义运动
Ethnic trends 民族发展趋势
Ethnography 人种志、民族志学
Exchange theory 交换理论

F

Financing for education　教育资助
Follow-Through Program　继续计划
Fraternities　大学生联谊会
Free school movement　自由学校运动
Functional theory　功能主义理论
Functions of education　教育功能
Fundamentalist schooling　信奉正统派基督教的学校教育

G

Gang violence　团伙暴力
Gender differences　性别差异
Gifted students　天才学生
Global interdependence　全球的相互依赖
Goals，educational　教育目标
Goals and saga perspective　目标与传奇视角
Goals-means typology　目标与方法类型学
Graying　学龄增长

H

Head Start　幼儿早年教育计划
Hidden curriculum　隐性课程
Hierarchy　等级制
Higher education　高等教育
Home environment　家庭环境
Home schooling　正规家庭教育
Human capital theory　人力资本理论
Humanistic education　人文主义教育
Humanities education　人文学科教育

I

Illiteracy　文盲
Individual perspectives　个体视角
Infant schools　幼儿园
Informal system　非正规/非正式系统

Institutional interdependence 机构的相互依存
Integration 融合
Interaction theory 互动理论
Interest groups 利益群体
Interpretive theory 解释理论

J

Janitors 学校工友
Junior colleges 初级学院

L

Labeling theory 标签理论
Language development 语言发展
Latent functions 潜在的功能
Leadership, effective 有效的领导
Learning climate 学习氛围
Learning disabilities 无学习能力
Learning styles 学习风格
Levels of analysis 层次分析
Life adjustment movement 生活适应运动
Life skills 生活技能
Loosely structured 结构松散的

M

Macro-level analysis 宏观层面分析
Magnet schools 磁石学校
Mass education 大众教育
Math achievement 数学成绩
Merit pay for teachers 教师按劳付酬
Meritocracy 能人统治
Micro-level analysis 微观层面分析
Minimum competency tests 最低能力测试
Minority students 少数族群学生
Modernization theory 现代化理论
Moral education 道德教育
Multicultural education 多元文化教育

Multiple intelligence　多元智力

N

Non-formal education　非正式教育
Nontraditional students　非传统学生
Normal schools　师范学院

O

Occupational attainment　职业成就
Open classrooms　开放式课堂、大课堂
Open education movement　开放教育运动
Open schools　开放学校
Open systems approach　开放系统(方)法
Open University　开放大学
Outcomes of education　教育成果

P

Paraprofessionals　教学辅助人员
Parental involvement　父母参与
Parenting style　父母养育子女风格
Pedagogical codes　教学符号
Peer groups　同辈群体
Periphery countries　边缘国
Political correctness　政治正确性
Political environment　政治环境
Population size, composition　人口规模及其构成
Postmodernism　后现代主义
Power dynamics　权力机制
Preschool education　学前教育
Principal　校长
Professionalization　职业化
Progressive education movement　进步主义教育运动
Public and private schools　公立与私立学校
Public school movement　公立学校运动

词 汇 表

R

Race-based scholarships 种族奖学金
Reading, achievement and 阅读与学习成绩
Reentry women 女复读生
Reform movements 改革运动
Regressive movements 回归运动
Reproduction theory 再生产理论
Resistance theory 抵制理论
Retention 留级
Revisionists 修正主义者
Rich vs poor typology 富裕与贫穷类型
Role conflict 角色冲突
Role expectations 角色期待

S

Safe school 安全学校
School boards 校董会
School choice 择校
School culture 校园文化
Effective schools 有效学校
School partnerships 学校合作关系
School reform 学校改革
School staff 学校教职员工
Seating arrangements 座位安排
Secularism 世俗主义
Segregation 种族隔离
Selection and allocation 筛选与分配
Selection and training 筛选与培训
Self-concept 自我概念
Self-esteem 自尊
Semiprofessionals, teachers as 教师为半专业人员
Sex and sex roles 性别与性别角色
Sex education 性教育
Sex role composition 性别角色构成
Sexism 性别歧视（现象）
Site-based management 以实地为基础的管理

Size of school/classrooms　学校/班级规模
Social movements（type）　社会运动（类型）
Socialization　社会化
Sociology of education　教育社会学
Sororities　大学女生联谊会
Special education students　特殊教育的学生
Special interests　特殊利益
Sponsored and contest mobility　赞助性录取与择优录取
Standardized tests　标准化测试
Stereotypes　刻板印象、社会偏见
Strategies for change　革新的策略
Stratification　分层
Stress and burnout of teachers　教师的压力与燃尽感
Structural functional approach　结构功能主义法
Student achievement　学生成绩
Student culture　学生文化
Student goals　学生目标
Student expectations　学生的期待
Student peer groups　学生同辈群体
Student role　学生角色
Substance abuse　滥用药物
Superintendent　督导
Support staff　辅助（教职）员工
Suspension from school　停学

T

Taxonomy　分类学
Teacher expectations　教师期待
Teaching styles　教学风格
Technological perspective　技术视角
Teenage pregnancy　少女怀孕
Terminal programs　结业教育
Tracking　按能力分班、分轨
Transfer students　转学学生
Two-year colleges　两年制大学

U

Unions, teacher　教师联合会
Upward Bound　升学补习班

V

Value climate　价值观氛围
Values clarification　价值观辨析说
Violence in schools　学校暴力
Virtual university　虚拟大学
Vocational education　职业教育
Voucher systems　保证金制度

W

White flight　白人迁移
World systems perspective　世界体系观
Writing-across-the-curriculum　写作课程

译后记

自教育社会学于20世纪80年代初在中国大陆重建以来，国内借此学科理论分析、研究教育现象、问题的学术文章与著作日益繁荣，并着实为国家、地区教育政策的制定与评价、教育问题的探索提供了应有的科学依据。研究者对国外，尤其是欧美教育社会学理论的发展与研究也确实做了较为实用的介绍与编译，然而，这些介绍多散见于学术文章或个人专著之中，冠以"教育社会学"的西方译著在中国大陆并不多见，为了"忌片面强调'民族特色'，自我封闭，致使所谓研究成果颇有井蛙之嫌"（吴康宁，《教育社会学》（前言），人民教育出版社，2001年），译者特此翻译，以为"避嫌"。

珍妮·H. 巴兰坦（Jeanne H. Ballantine）为美国社会学教授，1970年起在俄亥俄州代顿市（Dayton，Ohio）的赖特州立大学（Wright State University）从事教学与科研工作，主要研究领域为教育社会学、跨文化研究、教学社会学与学习社会学，在其34年的社会学研究生涯中，担任过行政管理者，积极参与美国与全球的组织活动，如国际社会学协会等，目前为美国教育社会学研究委员会的副主席。其教学与研究曾多次获奖，2004年被美国社会学协会授予教学杰出贡献奖。她著述颇丰，其中两本专著是教育社会学领域，发表了许多论文，做了几百场学术报告。

《教育社会学》中译本是根据原著的第五版翻译的，在以直译为原则的翻译过程中，吴康宁教授在百忙之中为本书审校，提出了许多很有见地的意见，在此致以诚挚谢忱，同时还要感谢江苏教育出版社的编辑，他们为本书的出版付出了不

译 后 记

少的心血,此外,感谢本书的原作者珍妮·H.巴兰坦教授,她欣然为我们解释书中概念。在获悉该书被译为中文后,为其中文版作序,并同时寄来自己的简历。

鉴于译者才疏学浅,虽然反复斟酌,然必有商榷余地,不妥之处,敬请读者批评指正。

译 者
2005年2月于南京师大茶苑